Germanistische Texte und Studien

Band 107

Detlef Haberland | Erszébet Szabó [Hrsg.]

„Apparat und Inscenirung“

Eine Tagung zum Werk von Theodor Fontane

GEORG OLMS
VERLAG

Tagung und Publikation wurden freundlicherweise von der Fritz Thyssen Stiftung, Köln, finanziell unterstützt.

Fritz Thyssen Stiftung
für Wissenschaftsförderung

Die Deutsche Nationalbibliothek verzeichnet diese Publikation in der Deutschen Nationalbibliografie; detaillierte bibliografische Daten sind im Internet über http://dnb.d-nb.de abrufbar.

ISBN 978-3-487-16696-4 (Print)

ISBN 978-3-487-42454-5 (ePDF)

Onlineversion
Nomos eLibrary

1. Auflage 2024

Besuchen Sie uns im Internet
olms.de

Inhaltsverzeichnis

Einleitung

Detlef Haberland, Erzsébet Szabó

Das Jahr 2019 stand für die Welt der Forschung und der literarischen Öffentlichkeit im Zeichen des 200. Geburtstags des Dichters Theodor Fontane (1819–1898). Abgesehen von großen Artikeln in den überregionalen deutschen Zeitungen[1] waren es vor allem drei Tagungen, die das Jubiläum zum Anlass nahmen, sich mit ihm auseinanderzusetzen:

- Am 12./13. April 2019 fand unter dem Titel *„Ach, die Wahrheit" – Theodor Fontane und das Erbe der Aufklärung* eine Tagung der Fontane-Gesellschaft und des Instituts für Germanistik der Universität Leipzig in Leipzig statt.
- Vom 13.–16. Juni 2919 veranstaltete das Fontane-Archiv Potsdam eine Konferenz zu dem Thema *Fontanes Medien.*
- Am 18./19. November 2019 fand an der Universität Siena eine Tagung zu Fontane mit dem Titel *Grenzüberschreitungen zwischen Sprache, Literatur und Medien* statt.

In den letzten beiden Jahrzehnten war die Forschung, das Verhältnis zu Fontanes literarischem Œuvre betreffend, durch eine doppelte Richtung gekennzeichnet. Vor allem richtete sich die Aufmerksamkeit auf die Genese und Gestalt der Texte. Grundlegende Editionen haben die Forschung vorangetrieben: Wesentliche Abteilungen der historisch-kritischen *Großen Brandenburger Ausgabe*[2] – die Gedichte, die *Wanderungen*, die Tage- und Reisetagebücher, der Ehebriefwechsel, das erzählerische Werk – wurden abgeschlossen; Fontanes Notizbücher, welche Notate zu den dichterischen Plänen, Werkentwürfen, Exzerpten des Autors, sowie Zeichnungen, Alltags- und Kunstnotizen enthalten, sind in einer genetisch-kritischen und kommentierten Edition veröffentlicht worden.[3] Auch die Fragmente wurden

---

1 Ijoma Mangold: Mal Revolutionär, mal Reaktionär. In: Die Zeit, Nr. 41 v. 2.10.2019; Jens Bisky: Interessantheitshöhepunkte. In: Süddeutsche Zeitung v. 30.12.2019; Andreas Platthaus: Das Fontane-Phänomen. In: FAZ v. 30.12.2019, sowie Artikel in zahlreichen regionalen Zeitungen.

2 Deborah Helmer, Gabriele Radecke (Hg.): Theodor Fontane. Theaterkritik. In Zus.arbeit m. d. Theodor-Fontane-Arbeitsstelle, Universität Göttingen. 4 Bände. Berlin 2018 (Große Brandenburger Ausgabe, Abt. 8: Das kritische Werk). Diese Ausgabe wurde von der Fritz Thyssen Stiftung und der Deutschen Forschungsgemeinschaft 2010–2017 gefördert.

3 Von 2011–2019, Projektleiterin: Gabriele von Radecke. Siehe <https://fontane-nb.dariah.eu/index.html>.

mit Kommentaren versehen herausgebracht,[4] und zahlreiche Primärquellen wie eine Auswahl an Fontane-Handschriften und ein umfassender Teilbestand der Handbibliothek des Autors visualisiert und online gestellt.[5] Darüber hinaus wurde Fontanes im Journalismus verwurzelter, mit Zettelkastensystem und Kompilation operierender kreativer Prozess präzise rekonstruiert.[6] Auch eine Auswahledition seiner Theaterkritiken wurde von der Theodor-Fontane-Arbeitsstelle der Universität Göttingen realisiert.[7] Passend zum Jubiläumsjahr lagen zwei neue umfangreiche Biographien Fontanes vor: die von Regina Dieterle und Iwan-Michelangelo D'Aprile.[8]

Allerdings ging dieses Interesse nur wenig mit einer interpretatorischen Auseinandersetzung mit den Texten selbst einher. Die neuere Forschung hat sich in hohem Maße mit biographischem Material sowie mit den kontextuellen Voraussetzungen des Œuvres, d. h. mit medialen, medienhistorischen und sozialgeschichtlichen Fragestellungen der zweiten Hälfte des 19. Jahrhunderts befasst[9] und lässt weitgehend eine intensive Auseinandersetzung mit den Texten selbst vermissen.

Die Herausgeber des vorliegenden Sammelbandes haben diese Forschungskonstellation als Chance wahrgenommen, sich im Rahmen der für das Jahr 2020 in Szeged geplanten Tagung wieder den Texten selbst zuzuwenden. Sie sind davon ausgegangen, dass diese Ausrichtung der Veranstaltung sowohl davon profitieren könnte, dass infolge der Editionstätigkeit der letzten Jahrzehnte zum ersten Mal in der Geschichte der Forschung das Œuvre des Autors in seiner ganzen Breite und facettenreichen Vielfalt in authentischen Editionen vorliegt, als auch davon, dass die biographischen, medien- und kulturhistorischen Kontextualisierungen ebenfalls als wichtige Impulse für die Erschließung des dichterischen Werks dienen können, das aufgrund seines Umfangs, seiner Komplexität und durch eine vielfach kontroverse Diskussion darüber ein reichhaltiges und noch keineswegs vollständig erschlossenes poetisches Terrain bietet.

---

4 FF.

5 Siehe die Sammelseite des Theodor-Fontane-Archivs unter <https://www.fontanearchiv.de/forschung/fontanes-handbibliothek>.

6 McGillen, Petra S.: The Fontane Workshop: Manufacturing Realism in the Industrial Age of Print. New York, London: Bloomsbury Academic, 2019 (New Directions in German Studies, Vol. 26).

7 Deborah Helmer (Hg.): Theodor Fontane. Da sitzt das Scheusal wieder. Die besten Theaterkritiken. M. e. Nachw. von Simon Strauß. Berlin 2018.

8 Regina Dieterle: Theodor Fontane. Biografie. München 2018, 831 S.; Iwan-Michelangelo D'Aprile: Fontane. Ein Jahrhundert in Bewegung. Reinbek bei Hamburg 2018, 544 S.

9 Stellvertretend für andere Forschungsarbeiten sei hier folgendes Werk genannt: Roland Berbig / Bettina Hartz: Theodor Fontane im literarischen Leben. Zeitungen und Zeitschriften, Verlage und Vereine. Berlin 2000 (Schriften der Theodor Fontane Gesellschaft, Bd. 3).

Die diesem Band vorausgegangene Tagung in Szeged hat – gegen die verbreitete, präfigurierende Medien- und Theoriedominanz – eine klassische Forschungsmethodik aufgegriffen und gezielt nach den Konstruktionsprinzipien der literarischen Prosawerke Fontanes gefragt. Also etwa:

- Mit welchen sprachlichen Strategien erzeugt der Autor Bedeutungen?
- Mit welchen Mitteln und auf welche Weise baut er seine Textwelten auf?
- Welche ästhetischen Verfahren des Realismus (oder auch andere) übernimmt er und was sind seine eigenen ästhetischen oder kompositionellen Innovationen?
- Wie erzielt er die Wirkungen seiner Texte, mit denen er im Leser Spannung, Mitleid, Empörung oder andere Emotionen auslöst?

Aus diesem Grund wurde das Jubiläumsjahr abgewartet, um dessen Ergebnisse überblicken zu können.[10] Es konnte keine Aktivität ausgemacht werden, die die Intentionen der Veranstalter als nicht relevant oder gar als überflüssig erscheinen ließe. Die Begründung für deren Vorgehen basiert grundsätzlich auf Fontanes Poetik. Ohne sie ist seine „realistische" Dichtung nicht zu verstehen.

Der nachfolgende Abriss der Poetik Fontanes stützt sich auf die noch immer gültige Zusammenfassung von Hugo Aust.[11]

Fontanes Realismus ist zwischen Idealismus und Verismus zu positionieren.[12] Daraus ergibt sich eine ambivalente Stellung seiner Werke, die zwischen dem vorgefundenen Wirklichen, der Position des Betrachters (Künstlers) sowie den Autonomie-Gesetzen der Kunst oszilliert.[13] Wenn Fontane formuliert, der Realismus wolle „nicht die bloße Sinnenwelt", sondern „das Wahre",[14] deutet sich bereits in dieser Formulierung ein von ihm verstandenes komplexes Miteinander der verschiedenen Sinnebenen eines dichterischen Textes an, das die „realistische" Beschreibung bestimmter Figuren oder Aktionslokale um ein Vielfaches übersteigt. Hinzu kommt, dass Fontane eigenem Bekunden nach „seinen Stil aus der Sache nimmt"[15] und nicht „für alles *einen* Ton" hat. Das heißt, dass er bereits an der Oberfläche des Textes variiert, moduliert und differenziert – ein künstlerisches Vorgehen, von dem man annehmen muss, dass es Auswirkungen bis in die Tiefen der Textstrukturen hat. Dazu gehört auch seine mehrdeutige Äußerung: „Meine ganze Produktion ist Psychographie und Kritik, Dunkelschöpfung im Lichte zurechtgerückt."[16] Dies bedeutet allerdings nicht, dass die von ihm geforderte „Über-

---

10 Leider konnte sie wegen der Corona-Pandemie nicht 2020 stattfinden, sondern erst ein Jahr später.

11 Hugo Aust: Fontanes Poetik. In: Fontane Handbuch 2000, S. 412-465.

12 Ebd., S. 414.

13 Ebd., S. 415.

14 Ebd.

15 Ebd., S. 424.

16 Ebd., S. 444.

einstimmung der Sprache der Kunst mit der Sprache des Lebens"[17] lediglich auf die Realistik der Darstellung abzielt.

Die von ihm nicht ohne Stolz als „Finessen" bezeichneten handwerklichen Besonderheiten[18] zeigen sein Bemühen, in seinen Werken über die genaue Charakterzeichnung, den kalkulierten dramatischen Aufbau und die exakte Verwendung topographischer Details noch andere Mechanismen wirksam werden zu lassen: Jedes Element ist in einen dichten künstlerischen Verweiszusammenhang eingebunden und erhält eine Doppel- oder Mehrfachkodierung. Aust formuliert zutreffend, dass diese Schaffensweise „eine Gratwanderung zwischen zeigenden und verbergenden Kunstgriffen vollzieht".[19] „Zeigend" in dem Sinne, dass realistisches und vorgefundenes Rohmaterial in ein ästhetisches Konstrukt transformiert werden soll, das sich selbst durch unterschiedliche – durch subtile wie „übersubtile"[20] – Mittel, etwa durch textinterne und textexterne Wiederholungen, Anspielungen, Korrespondenzen deutlich als Kunstschönes, als raffiniertes künstlerisches Konstrukt erkennbar macht. Und „verbergend" in dem Sinne, dass das Werk trotz dieser „Modelung"[21] die Wirkung des Natürlichen, den Eindruck des Kunstlosen erzielen und „eine Welt der Fiktion auf Augenblicke als eine Welt der Wirklichkeit erscheinen [...] lassen"[22] soll. Es soll emotional einen realen Eindruck hinterlassen, ähnlich einer Erinnerung. All das bezieht sich auf die Anlage der Werke als Ganzes sowie auch auf die Einzelteile: Fontane behandelt die Details mit der gleichen Sorgfalt wie die großen Züge, „weil ich den Unterschied zwischen klein und groß nicht recht gelten lasse, treff ich aber wirklich mal auf Großes, so bin ich ganz kurz."[23] Das „Große", also existentielle Konflikte etwa, ist nicht alltäglich, sondern wie im Leben auch, eher selten. Seine Darstellung folgt eigenen Regeln: „Das Große spricht für sich selbst; es bedarf keiner künstlerischen Behandlung um zu wirken. Gegentheils, je weniger Apparat und Inscenirung, um so besser.

---

17 Ebd., S. 424.

18 Ebd., S. 445.

19 Ebd.

20 Vgl. mit Guthkes Kritik an diesen zu dick aufgetragenen Verweisen in Karl S. Guthke: Fontanes „Finessen". Kunst oder Künstelei? In: JDS, Bd. 26 (1982), S. 235-261. Wir sind der Auffassung, dass subtile und übersubtile Verweise mit der Zusammensetzung des Publikums von Fontane zusammenhängen: Er schreibt sowohl für die Leser der *Gartenlaube* und ähnlichen Zeitschriften, wo seine Werke im Vordruck erschienen sind, als auch für Leserelite, die nicht nur Freude am *Was*, sondern auch am *Wie* empfanden.

21 Zu dem Ausdruck vgl. z. B. Fontanes Rezension des Dramas *Familie Selicke*. In: Fontane. Der Dichter über sein Werk, Bd. 2, S. 704.

22 Ebd., S. 461, 639.

23 Ebd., S. 446.

Ich kann also unter Einräumung des Thatsächlichen den Fehler, der in dem ‚Auspulen' stecken soll nur sehr bedingungsweise zugeben."[24]

Aus der hier notwendigerweise sehr verkürzt vorgestellten Poetik Fontanes resultiert eine entscheidende Konsequenz: Die neuere Forschung wendet sich zwar zahlreichen literatur- und kulturwissenschaftlichen Fragestellungen zu, die seine Werke in die unterschiedlichsten Traditionen und Rezeptionen einbinden, aber sie lässt weitgehend eine intensive Auseinandersetzung mit den Texten selbst vermissen. Im Folgenden wird dieses Defizit anhand eines Überblicks über die neuere Forschung dargestellt. Hierzu möchte ausdrücklich hervorgehoben werden, dass im Folgenden auf den Aspekt der Textanalyse abgehoben wird. Die Kritik an den genannten Arbeiten stellt diese also nicht grundsätzlich in Frage oder spricht ihnen nicht per se einen Erkenntniswert ab.

Der 100. Todestag Fontanes 1998 war eine prominente Gelegenheit, nach seinem „Verhältnis zu seinem Jahrhundert, sondern und vor allem auch nach seinem Verhältnis zu dem neuen, dem zwanzigsten Jahrhundert zu fragen".[25] Dementsprechend dominieren in den Tagungsbänden Aufsätze zu Fontanes Verhältnis zu Preußen, zum Judentum und zum Nationalgedanken. Zwar werden auch einige Rückgriffe auf einzelne Werke vorgenommen,[26] aber insgesamt dominiert die Einbettung des Dichters in seine Zeit. In Band 2 (*Sprache. Ich. Roman. Frau*) tritt zwar das Werk selbst stärker in den Vordergrund, aber es sind jeweils ganz spezifische Fragestellungen, die sich zum Teil auch an theoretischen Vorgaben der Gegenwart orientieren, mit denen einzelne Aspekte des Werkes betrachtet werden: Geschlechterkonfigurationen (Liebrand), Ehe im historischen Kontext (Schmiedt), Wechselbeziehung von Körper und Sprache (Gnam), Ich-Konzeptionen (Böschenstein), *Mathilde Möhring* als Roman und Film oder Weiblichkeitsbild in der Moderne (Dethloff) sind einige der behandelten Themen. Auch wenn man annehmen kann, dass wichtige Themenbereiche zur Sprache kommen, so wird bereits durch die Themenwahl ersichtlich, dass es weitgehend um die Analyse von Problemlagen von Fontanes Lebenswirklichkeit geht, deren Spuren in der Dichtung aufgesucht werden. Das gilt cum grano salis auch für Band 3 (*Geschichte. Vergessen. Großstadt. Moderne*).

Im selben Jahr wie das dreibändige Ergebniswerk zum Jubiläum erschien die Festschrift für den Linguisten Helmut Richter, in der Ernest W. B. Hess-Lüttich

---

24 Brief von Fontane an seine Frau Emilie Fontane vom 8.8.1883. In: GBA-Ehe, Bd. 3, S. 360-362, hier S. 361.

25 Hanna Delf von Wolzogen, Helmuth Nürnberger: Vorwort. In: Fontane. Am Ende des Jahrhunderts, Bd. 1, S. 11-13, hier S. 11.

26 Peter Sprengel zu *Cécile*, Hans Dieter Zimmermann zum *Stechlin*, Bernd Witte zu *Vor dem Sturm*, Gudrun Loster-Schneider zu *Kriegsgefangen*.

mit einem Beitrag über die Rhetorik in Fontanes *L'Adultera* vertreten ist.[27] Die Intention des Verfassers ist, „Sprachgebrauch und Gesprächsführung" zu untersuchen, weil er mit der Forschung zu Recht bemängelt, dass literaturwissenschaftliche und linguistische Gesprächsforschung nicht verbunden seien.[28] Es gelingt ihm jedoch nicht, mehr als die Widerspiegelung der realen Struktur des „Klatsches" im Roman zu konstatieren. Welche strukturelle Funktion dieser hat und ob er darüber hinaus andere Bedeutungsebenen konstituiert, bleibt offen.

Johanna Fürstenberg widmet sich den „Klatschgesprächen" in Fontanes Romanen sogar monographisch.[29] Nach einer ausführlichen erzähltheoretischen Einführung untersucht sie *L'Adultera* und *Effi Briest* auf dieses Phänomen hin. Das Ergebnis ist jedoch von sehr begrenzter Aussagekraft hinsichtlich der Romankunst Fontanes:

> Die Klatschverweise haben distinkte Funktion. Zwei dieser Verweise stellen Parallelen zu den Hauptkonflikten dar. [...] Die zweite Gruppe bilden die Klatschgespräche, die auf den Unterhaltungswert und die ambivalente Praxis der Kommunikationsform abzielen und damit die generellen Eigenschaften von Klatsch hervorheben. [...] Der auffälligste Unterschied zwischen ‚L'Adultera' und ‚Effi Briest' ist das Klatschvorkommen im Verhältnis zum Gesamtumfang der Romane. Während die Klatschgespräche bei ‚L'Adultera' 11,3 % ausmachen, sind es bei ‚Effi Briest' nur 5,4 % [...]."[30]

Das Ergebnis der Untersuchung ist, was die *poetische* Bedeutung von „Klatschgesprächen" betrifft, nicht aussagekräftig. Auch erscheint es methodisch zweifelhaft, ein einziges strukturelles Merkmal herauszuheben, ohne die Gesamtanlage der Romane einzubeziehen.

2001 erscheint der Tagungsband *Theodor Fontane and the European Context. Literature, Culture and Society in Prussia and Europe* mit 19 Beiträgen.[31] Wie bereits der Untertitel verdeutlicht, ist das Ziel der Herausgeberinnen, einen weiten kulturhistorischen Bogen zu schlagen, der die verschiedenen nationalliterarischen

---

27 Ernest W. B. Hess-Lüttich: „Die bösen Zungen..." Zur Rhetorik der diskreten Indiskretion in Fontanes *L'Adultera*. In: Ernest W. B. Hess-Lüttich, H. Walter Schmitz (Hg.): Botschaften verstehen. Kommunikationstheorie und Zeichenpraxis. FS für Helmut Richter. Frankfurt a. M. [u. a.] 2000, S. 127-141.

28 Ebd., S. 128f.

29 Johanna Fürstenberg: Die Klatschgespräche in Theodor Fontanes Gesellschaftsromanen. Eine Analyse von *L'Adultera* und *Effi Briest*. Hamburg 2011.

30 Ebd., S. 128f.

31 Patricia Howe, Helen Chambers (ed.): Theodor Fontane and the European Context. Literature, Culture and Society in Prussia and Europe. Proceedings of the Interdisciplinary Symposium at the Institute of Germanic Studies, University of London in March 1999. Amsterdam, Atlanta/GA 2001 (Allgemeine Forschungen zur Allgemeinen und Vergleichenden Literaturwissenschaft, Bd. 53).

Bezüge einschließt, philosophische und translatorische Probleme berührt wie auch strukturelle Ähnlichkeiten mit anderen Autoren und Werken herausarbeitet. Hingewiesen werden soll auf die Beiträge von Peter James Bowman und Barbara Hardy,[32] die sich strukturellen Problemen der Romantexte widmen. Sie bleiben beide jedoch bei aller Genauigkeit auf der Ebene dessen, was die Texte anbieten, ohne das Zeichensystem als Ganzes kritisch zu befragen.[33]

Lucia Salvato widmet sich in ihrer Dissertation der erlebten Rede.[34] Sie untersucht nur *Unterm Birnbaum* auf dieses erzähltechnische Merkmal hin und kommt zu dem Schluss, dass sie als ein „Kennzeichen einer einzigen Figurenstimme gebraucht wird, nämlich für die Darstellung des Bewußtseins der Hauptfigur".[35]

In dem Sammelband *Realien des Realismus* geht es, wie der Titel es ausdrückt, um die Realien, die Fontane in Literatur verwandelt.[36] Dabei kommt es vielfach zu interessanten Einblicken in die Medienwelt (Post, Telefon), das militärische Wissen und die Vernetzungen zu Fontanes Zeit. Bestimmte Objekte und Zusammenhänge werden aufgerufen und für die Erläuterung von Sinnzusammenhängen in den Texten Fontanes fruchtbar gemacht. Auch wenn immer wieder die Zeichenhaftigkeit der geschilderten Dingwelt betont wird[37] und damit die „Finessen" Fontanes betont werden, so werden kaum Einblicke in die Gesamtstrukturen der Texte gewonnen, die maßgeblich über die Forschung hinausgehen. Z. B. heißt es bei Strowick: „Wie die Lektüre gezeigt hat, kann jedes Detail zugleich bedeuten und nicht bedeuten. *Unterm Birnbaum* macht nichts anderes, als die Frage nach der Bedeutung / Nicht-Bedeutung als Frage nach der Konstitution von Wirklichkeit mit jedem Detail aufzuwerfen und Entscheidungskriterium konsequent zu versagen."[38] Das ist bis heute die Kunst eines jeden guten Kriminalromans und kann nicht nur für Fontane in Anspruch genommen werden. Aber die Frage nach den Zeichen, ihrer Bedeutung und ihrer Auswirkung auf weitere mögliche Schichten des Romans wird nicht gestellt. Dies ist der Fall auch bei den anderen

---

32 *Schach von Wuthenow*: Interpreters and Interpretants, ebd., S. 43-62; Tellers and Listeners in *Effi Briest*, ebd., S. 119-135.

33 Bowman sieht sein Ziel in „identifiying Schach as a victim of reductive social discourses and of his own futile opposition to them" (ebd., S. 62); Hardy arbeitet eine "imaginative incertainty" heraus (ebd., S. 131), was jedoch keinen neuen Deutungshorizont eröffnet: "History and nature are all we have", ist ihre Schlussfolgerung (ebd., S. 135).

34 Lucia Salvato: Polyphones Erzählen. Zum Phänomen der Erlebten Rede in deutschen Romanen der Jahrhundertwende. Bern [u. a.] 2005 (Europäische Hochschulschriften, Reihe I, Bd. 1913).

35 Ebd., S. 178.

36 Stefan Braese, Anne-Kathrin Reulecke (Hg.): Realien des Realismus. Wissenschaft – Technik – Medien in Theodor Fontanes Erzählprosa. Berlin 2010.

37 So z. B. bei Elisabeth Strowick in ihrem Beitrag: „Schließlich ist alles blos Verdacht". Zur Kunst des Findens in Fontanes *Unterm Birnbaum*. In: Ebd., S. 157-181.

38 Ebd., S. 181.

Beiträgern, die weitestgehend die Objekte als motivische Zeichen untersuchen, nicht aber versuchen, Fontanes poetologischen Prozess auf das Erzählganze zu übertragen.

Auch im „Metropolen-Kompendium" zum 19. Jahrhundert in Berlin ist Fontane vertreten,[39] jedoch nur mit einer biographischen Miszelle.

Der Sammelband mit Aufsätzen von Gerhard Neumann, *Romankunst als Gespräch*, erscheint ebenfalls 2011, beinhaltet jedoch bis auf zwei Ausnahmen ältere Arbeiten des Verfassers.[40] Die einzelnen Aufsätze (aus den Jahren 1996 bis 2006) behandeln Fontanes Romane, wobei sechs seiner Erzählwerke im Mittelpunkt stehen: *Vor dem Sturm*, *L'Adultera*, *Schach von Wuthenow*, *Cécile*, *Effi Briest* und *Der Stechlin*. Neumann durchleuchtet diese Romane v. a. unter kulturhistorischem und sozialgeschichtlichem Aspekt und thematisiert soziale Rituale wie Gastmahl und Gespräch, Duell und Ehre, bzw. raffinierte Diskursstrategien wie Tischgespräche und den Liebesdiskurs auf komplexe Art und Weise. In den Analysen geht er indes – seinem Erkenntnisinteresse entsprechend – weniger auf Fontanes „Finessen", seinen „Apparat" und seine „Inscenirung" ein. Vielmehr greift er die Konzepte des Dispositivs (Foucault), der Distinktionsrituale (Bourdieu), der Moderne (Luhmann) und den Doppelbegriff *imprévu* und *déja vu* (Barthes) auf, um mit ihrer Hilfe die in den Romanen dargestellten fiktiven Welten zu beschreiben. Fontane ist für Neumann ein „Ethnologe der eigenen Kultur" und ein „Semiologe", dessen Interesse der gesellschaftlichen Arbeit der Sprache, ihren Wahrheits- wie Täuschungsstrategien und der kulturellen Wissensproduktion gilt.[41] Auf diese Weise durchleuchtet er meisterhaft das Paradox seiner eigenen Zeit, die gleichzeitig von Fortschritt und Dekadenz gekennzeichnet ist. In dieser Hinsicht gilt er – so Neumanns Hauptthese – als Bahnbrecher, sogar Vertreter der europäischen Moderne.[42]

Franziska A. Irsiglers umfangreiche Dissertation zu literarischen Ekphrasen im Poetischen Realismus[43] bietet anhand von Untersuchungen zu Fontane, Raabe, Spielhagen, Stifter, Storm, Keller, Heyse und anderen Schriftstellern ein breites Spektrum von Verarbeitungsvarianten und -möglichkeiten. Die überzeugende

---

39 Roland Berbig: Das königlich-kaiserliche Berlin des Rütlionen Theodor Fontane. In: Ders., Iwan-Michelangelo D'Aprile, Helmut Peitsch, Erhard Schütz (Hg.): Berlins 19. Jahrhundert. Ein Metropolen-Kompendium. Berlin 2011, S. 203-214.

40 Gerhard Neumann: Theodor Fontane. Romankunst als Gespräch. Freiburg i.Br., Berlin 2011 (Rombach Wissenschaften. Reihe Litterae, Bd. 151).

41 Ebd., S. 8.

42 Ziemlich genau vier Jahre nach Fontanes Tod hat Hofmannsthal in seinem „Chandos-Brief" (1902) einen grundsätzlichen Zweifel an der Sprache als Ausdrucksmittel angemeldet und nach einer neuen Poetik gesucht – ein Verfahren, das sich schon lange vorbereitet hatte.

43 Franziska A. Irsigler: Beschriebene Gesichter. Ekphrastische Porträts in der Erzählkunst des Poetischen Realismus. Bielefeld 2012.

Gliederung der verschiedenen Ekphrasen zeigt ihre höchst variable Anwendung in der Literatur. Es bleibt zu konstatieren, dass für die Epoche an sich ein großer Erkenntnisfortschritt gelungen ist, für die Analyse der einzelnen Schriftsteller und ihrer zahlreichen Werke jedoch weniger erreicht wurde. Es wäre zu viel von der Verfasserin erwartet, wollte man verlangen, dass sie, ausgehend von der Ekphrasis, jedes Werk vollständig analysieren könnte. So ist die Untersuchung dieses Strukturmerkmals eine wichtige Forschungsleistung, deren Ergebnisse z. B. in die Fontane-Forschung intensiv übernommen und mit anderen Analysebestandteilen verbunden werden müssten.

Fontane als „Dichter des Übergangs" ist das Thema einer Tagung der Theodor Fontane Gesellschaft.[44] Die zwölf Beiträge wenden sich den Texten selbst zu. Gleichwohl könnten dazu einige Vorbehalte angemeldet werden. Diese betreffen nicht die Forschungsleistung in den einzelnen Beiträgen, mit denen Desiderate geschlossen werden. Die Themen der Aufsätze sind durchweg kleinteilig: Die Reihe reicht von Bibelbezügen über weibliche Heilige, Geschichtsbilder im Vergleich zu Gustav Freytag, Alter und Komik, wirtschaftlicher Strukturwandel, Verkehrsmittel, die literarische Dekadenz bis hin zur Malerei und verwandten Wahrnehmungsweisen.[45] So förderlich und anregend die einzelnen Untersuchungen auch sind, mit einem singulären Motiv kann wohl kaum ein Roman (und sei er noch so kurz) erschöpfend analysiert werden. Sie tragen zur Erhellung der Komplexität einer Dichtung in einem Punkt bei, verweisen aber immanent durch ihren Charakter als Bruchstück auf das noch zu erläuternde Ganze.

Aufschlussreich ist der von Moritz Baßler herausgegebene Sammelband,[46] der sich als „Beitrag zu einer Verfahrensgeschichte [...] realistischer Schreibweisen" versteht.[47] Darauf bauen die 15 Beiträge auf. Auch wenn nur zwei Aufsätze Fontanes Roman *Frau Jenny Treibel* gewidmet sind (Drügh, Leine), so ist doch der Ansatz vielversprechend, weil er nicht nach einem motivischen Schema „Fontane und xyz" verfährt (xyz steht etwa für Historie, Soziales, Polen, Ehe etc.), sondern aus der semiotischen Teleologie der Textstruktur heraus argumentiert. Dabei erscheint es zwar wohl nicht ganz zutreffend, dass die Realisten nur „genau einen Metacode für ihre Welt" zu finden versuchen (die ‚Verklärung'),[48] aber das

44 Fontane. Dichter des Übergangs Fontane. Dichter des Übergangs. Beiträge zur Frühjahrstagung der Theodor Fontane Gesellschaft 2010. Würzburg 2013 (Fontaneana, Bd. 10).

45 Fontanes Shakespeare-Übersetzung und seine England-Berichte seien hier nicht betrachtet. Der Band wird ergänzt durch den Abdruck einer Publikation aus dem Nachlass der 2003 gestorbenen Fontane-Forscherin Charlotte Jolles.

46 Moritz Baßler (Hg.): Entsagung und Routines. Aporien des Spätrealismus und Verfahren der frühen Moderne. Berlin, Boston 2013 (linguae & litterae, Bd. 23).

47 Ebd., S. 7.

48 Ebd., S. 8.

Modell einer „Kippfigur“[49] ist wohl die beste Beschreibung einer vielschichtigen Struktur, die die Problematik der nachgoethischen Literatur umreißt. Hierdurch tun sich, was in diesem Kontext nicht näher erläutert werden kann, neue diskursive Ebenen und Strategien der realistischen Literatur auf.

Der Sammelband zu Fontane zwischen Berlin und der Welt[50] reiht sich in die aktuelle Tendenz der Literaturanalyse ein: Ausgehend von werkexternen Phänomenen wird ein multiperspektivisches Bild des Dichters entworfen. Hier soll der „Erweis seiner [Fontanes] generellen Welthaltigkeit“ erbracht werden, um sein Werk „in immer weiteren Kreisen zu rekonstruieren, zu analysieren, hie und da auch zu dekonstruieren, ja zu kritisieren“.[51] Ob es sich um „mentale Karten“ (Parr) handelt, um die Rekonstruktion einer Arbeitswoche (Berbig), Fontanes Schottlandreise (Maurer) als „Lieux de mémoire“, das Motiv der Landpartie (Bauer), das Gedicht *Auf der Kuppe der Müggelberge* (Cancik), die Utopie eines brandenburgischen Preußens, die Grafschaft Ruppin als Erinnerungsort (Kohlstruck), den Vergleich der literarischen Figur Effi Briest und der realen Franziska von Reventlow (Faber), das Motiv der Eisenbahn in *Aus den Tagen der Occupation* (Briese), den Vergleich der „Eheromane“ Fontanes mit denen Flauberts und Tolstois (Schröder), das Verhältnis Fontanes zu Polen (Flemming), Nation und imaginäre Fremdheit in *Graf Petöfy* (Patrut/Schößler) oder schließlich um den Antisemitismus in *Mathilde Möhring* (Mecklenburg) – vielfach zeigt sich auch an den thematisch weitgespannten und kenntnisreichen Aufsätzen dennoch, dass Fontanes Werke als literarische Kunststücke vielfach in den Hintergrund treten und Beobachtungen Platz machen, die textliche Einzelphänomene ans Licht holen und sie als motivische oder strukturelle Bestandteile mit realen Verhältnissen oder Objekten in Bezug setzen. Das ist bei weitem kein grundsätzlicher methodischer Fehler, wie ja die frühe Erforschung von Schriftstellern (das gilt für alle) zahlreiche Realia und Bezüge zutage fördert, durch die Person und Werk deutlicher hervortreten und konkreter erfasst werden können.

Gesondert soll auf den von der ausgewiesenen Fontane-Forscherin Bettina Plett herausgegebenen Band *Neue Wege der Forschung* eingegangen werden.[52] „‚Wege‘ der Forschung‘ als Reihentitel meint wohl nicht in erster Linie das Eingehen auf weniger beachtete Themen, sondern auf Methoden, Deutungsansätze oder Forschungslinien. Es werden vorwiegend biographische, allgemeinhistorische oder

49 Ebd.

50 Hanna Delf von Wolzogen, Richard Faber, Helmut Peitsch (Hg.): Theodor Fontane. Berlin, Brandenburg, Preußen, Deutschland, Europa und die Welt. Würzburg 2014 (Fontaneana, Bd. 13).

51 Ebd., Vorwort, S. 7.

52 Bettina Plett (Hg.): Theodor Fontane. Neue Wege der Forschung. Darmstadt 2007.

mediale Bezüge erläutert, Motive bearbeitet oder bekannte schriftstellerische Verfahrensweisen betrachtet.

Methodisch innovativ erscheinen vor allem die Beiträge von Renate Böschenstein zur poetischen Namengebung Fontanes und von Norbert Mecklenburg über die „Erzählkunst der feinen Unterschiede", die sich von dem Zwang befreien, partout eine Analyse mittels aktueller theoretischer Modelle vorzunehmen, sondern vielmehr die Texte selbst in den Mittelpunkt zu stellen. Gabriele Radeckes minutiöse Untersuchung zu Fontanes Arbeitsweise geht vom Schreibprozess aus und kann als Basis für weitere Untersuchungen dienen, die den Aufbau der „Finessen" klar hervortreten lassen.

Ein Schwerpunkt des von Delf von Wolzogen und Hehle 2018 herausgegebenen Bandes *Formen ins Offene* sind die von Fontane hinterlassenen zahlreichen Fragmente, Entwürfe, Brouillons und Exzerpte.[53] In diesem Sinne steht natürlich die Eigenart des künstlerischen Schaffensprozesses des Autors sowie die Frage der Rezeption des Offenen und Unfertigen in seinem Zentrum. Alle Beiträge (zu nennen sind v. a. die von Hehle, Ester und McGillen) fragen aber am Rande auch nach den in den Fragmenten erkennbaren Schreibverfahren des Autors, so etwa nach der Mehrstimmigkeit des Erzählers, der Kompilation oder der dichten intertextuellen Verweisstruktur.

Der im Jubiläumsjahr 2019 erschienene Sonderband der Reihe *Text + Kritik*[54] konzentriert sich in hohem Maße auch auf die medialen Aspekte der Werke von Fontane. Der Band enthält weiterführende Beiträge zu Fontanes Produktionsweise (so etwa zur Funktion der Skizzen des Autors in seinen Notizbüchern, bzw. zu Fontanes serieller Publikationspraxis), deutet aber zugleich auch – wie der genannte Band Delf von Wolzogens und Hehles – eine offensichtlich beginnende Hinwendung der Forschung zum Inhaltlichen an, indem er auch mehrere Aufsätze enthält, die sich mit der Konstruktionsweise und Beschaffenheit der Werke auseinandersetzen. Hervorzuheben sind v. a. der Beitrag von Barz, die Fontanes Techniken der poetischen Wiederbelebung der historischen Überlieferung in den *Wanderungen* behandelt, die Studie von Igl zu Fontanes Konstruktionsprinzip der Überblendung von realer und fiktiver Topographie und seiner „Technik des Trödelladens" zur Inszenierung der Un/gleichzeitigkeit der modernen Stadt Berlin, ferner der Artikel von Parr zu Fontanes rhetorischem Muster der einschränkenden Bedingung, und der Beitrag von Ammons über die Stellung des alten Fontane in der Literaturgeschichte unter dem Blickpunkt der speziellen Konstruktionsweise seiner Romane.

---

53 Hanna Delf von Wolzogen, Christine Hehle (Hg.): Formen ins Offene. Zur Produktivität des Unvollendeten. Berlin, Boston 2018 (Untersuchungen zur deutschen Literaturgeschichte, Bd. 151).

54 Peer Trilcke (Hg.): Theodor Fontane. München 2019 (edition text + kritik, Sonderband).

Aus den poetologischen Bemerkungen Fontanes sowie aus dem Überblick über die Forschung der letzten beiden Jahrzehnte kann der Schluss gezogen werden, dass für eine analytische Fruchtbarmachung realistischer Literatur im Hinblick auf traditionelle Verwurzelung wie zugleich als Ausgangspunkt für die Moderne des 20. Jahrhunderts vor allem ein methodischer Weg in Frage kommt: die Hinwendung zu den Texten Fontanes mit dem zentralen Anliegen, diese in ihren keineswegs einsinnig-zielgerichteten, sondern vielmehr hochkomplexen Aussagen zu begreifen.

Der genannte Ansatz von Baßler, anhand der Texte Fontanes die „Verfahrensgeschichte realistischer Schreibweisen" zu erhellen, wäre dafür eine Möglichkeit des Zugriffs. Es ist darüber hinaus daran zu denken, Blambergers morphomatischen Ansatz einzubeziehen und fruchtbar zu machen.[55] Der Spielraum zwischen den „figuralen und diskursiven Dimensionen kultureller Artefakte" sind an Kants „ästhetische Idee" geknüpft.[56] Von Blambergers Ansatz her „ergibt sich ein reziprokes Verhältnis von ästhetischer Idee und der sinnlich-konkreten Gestaltbildung eines Artefakts, die vom Medium und vom Material abhängig ist."[57] Da die „ästhetische Idee" sich nicht auf konkrete Begriffe etc. bezieht, ist sie auch „offen für Neudiskursivierungen", bezogen auf das Ausgangsartefakt oder auf neue Artefakte.[58] Sehr verkürzt ließe sich die morphomatische Theorie und ihre Anwendung auf künstlerische „Artefakte" als Bemühen verstehen, den Prozess der Implementierung von Ideen, ihre ästhetische Verarbeitung und Umwandlung in eine künstlerische Aussage zu beschreiben. Damit kommt eine übergeordnete historische Dimension ins Spiel, denn die „ästhetische Idee" ist nicht auf den Zeitraum des Realismus oder des 19. Jahrhunderts beschränkt. Im Falle Fontanes wäre damit die poetische Verbindung von komplexen literarischen (Sub-)Strukturen, mentalitären Prozessen und historisch-kulturellen Präfigurationen umrissen.[59]

Dabei ist ausdrücklich hervorzuheben, dass es nicht darum geht, den Nachweis etwa des nationalen oder regionalen Denkens in Fontanes Werk als Frucht seiner Arbeit als Journalist und Regional- und Kriegshistoriker zu konstatieren; auch etwa der Einfluss von Ehe, Familie oder Religion in seiner zeitgeschichtlichen

---

55 Günter Blamberger: Gestaltgebung und ästhetische Idee. Morphomatische Skizzen zu Figurationen des Todes und des Schöpferischen. In: Ders., Dietrich Boschung (Hg.): Morphomata. Kulturelle Figurationen: Genese, Dynamik und Medialität. München 2011 (Morphomata, Bd. 1), S. 11-46.

56 Ebd., S. 14.

57 Ebd., S. 15.

58 Ebd., S. 16.

59 Der mediale Aspekt der Morphom-Theorie wird im Falle Fontanes insofern ausgeblendet, als das zu untersuchende Objekt immer einer seiner Texte ist und nicht ein Bild oder eine Plastik. In die Untersuchung können jedoch alle Formen gestaltgewordener „ästhetischer Ideen" einfließen, die jemals entstanden sind.

Dimension kann nicht ein zentrales Anliegen sein. Hingegen könnte jedes noch so kleine Motiv zwar der Ausgangspunkt für eine Untersuchung sein, hat sich aber durch eine nicht selbstgenügsame Begrenzung auszuzeichnen, sondern durch den Nachweis eines Bezugsrahmens, durch den das jeweilige in Frage stehende Kunstwerk seine Bedeutung aus einem mehrdimensionalen Geflecht von Metacodes erhält. Durch die Ansätze Baßlers und Blambergers wären die immanenten Strukturen und „Verfahren" des Dichters und deren historische Dimension miteinander verbunden und würden Fontanes Vielschichtigkeit deutlich herausarbeiten. Damit wäre seinem poetischen Ansatz – den „Finessen" – wohl am besten entsprochen.

Entsprechend der eingangs genannten methodischen Vorgaben sind folgende Beiträge enthalten.[60] Sie werden, weil die Vorträge wie auch die vorliegenden Aufsätze nicht thematisch gegliedert sind (nach der Struktur „Fontane und xyz"), sondern nach dem Alphabet der Verfasser aufgeführt.

Peter J. Brenner setzt sich mit Fontanes *Wanderungen durch die Mark Brandenburg* auseinander und stellt die Mechanismen der Landschaftswahrnehmung und -darstellung des Autors dar. Er identifiziert anhand zahlreicher Textbelege als grundlegende Wahrnehmungs- und Darstellungsformen etwa seinen panoramatischen Blick oder dessen Technik des panoramatischen Entrollens der Natur, der „Rahmenschau" und den Blick des Landschaftsmalers.

Christoph Gardian geht von Fontanes Formel vom Realismus als einer Erneuerung der Romantik aus, und zeigt an *Vor dem Sturm*, wie er in Auseinandersetzung mit romantischer Literatur eine Positionsbestimmung seines eigenen Realismus vornimmt und mit welchen Mitteln er auf dieser Grundlage eine gesellschaftliche Wirklichkeit als nicht mehr realisierbare „poetische" Möglichkeit entwirft.

Daniela Gretz wendet sich der Journalform des *Stechlin* zu. Sie positioniert den Roman im Spannungsfeld von zwei medial bedingten Schreibweisen – der des handlungszentrierten sequenziellen Fortsetzungsromans und der durch die Miszellanität des Mediums formatierte „feuilletonistische", vermischte Schreibweise des Durch-, als Neben-, Gegen- und Miteinander erzählerischer Kleinformen. Damit macht sie die zugleich miszellane wie seriell etablierte Makrostruktur des Romans sichtbar.

Detlef Haberland wendet sich den übersinnlichen Erscheinungen (Aberglaube, Spuk, Gespenster, Geister, Zweites Gesicht, Vorahnung etc.) zu, die in Fontanes Werken in vielfältiger Weise vorhanden sind. Deren systematische Untersuchung stellt bis heute ein Desiderat der Forschung dar. Nach Überlegungen zu den Möglichkeiten systematischer Analyse dieses Phänomens zeigt er anhand mehrerer

---

60 Dr. Maja Frateva und Dr. Gábor Kerekes trugen ihre Beiträge zu *Medialität und Geschlecht in Fontanes Romanwelt* (Frateva) und zu *Fontane und/in Ungarn* (Kerekes) per Skype-Zuschaltung vor, konnten ihre Beiträge aber leider nicht einreichen.

Motive im *Stechlin* exemplarisch die Funktion des Übersinnlichen als textuelle Struktur und Autorstrategie auf.

Christine Hehle untersucht Fontanes kreativen Prozess. In Anlehnung an die von Petra S. McGillen erarbeitete, auf Rekombination vorgefundener Elemente beruhende Zettelkastenmethode Fontanes stellt sie anhand des Stichworts „Ostfriesland" die – in McGillens Modell ausgeblendeten – unbewussten Elemente dar, die die Initialzündung für ein poetisches Projekt geben, das „Feuerwerk der Assoziationen" steuern, und Heterogenes miteinander in ein dichtes Netz von Beziehungen setzen.

Natalia Igl setzt sich mit dem autobiographischem Roman *Meine Kinderjahre* auseinander. Als dessen narratives Grundprinzip identifiziert sie die Verbindung der Erinnerungs- und Reflexionsebene des autodiegetischen Erzählers mit der Erlebnis- und Empfindungsebene des erzählten Fontane. Von diesem Befund ausgehend zeichnet sie die Gestaltung der Vergangenheit als eine Kette von Momentaufnahmen (erlebbar gestaltete erlebte Räume) und bewegt-bewegender Bilder nach und stellt dies in den Kontext der Wirkungsästhetik Fontanes.

Florian Krobb nimmt das Motiv der Musik im *Stechlin* unter die Lupe. In detailreichen Einzelanalysen weist er nach, dass die zahlreichen musikalischen Anspielungen zum einen eine strukturierende Funktion haben, indem sie die entscheidenden Stufen im Verhältnis von Armgard und Woldemar markieren. Zum anderen werden sie antithetisch oder antizyklisch gegen andere Züge der Figurendarstellung oder sonstigen Bedeutungserzeugung eingesetzt, mit dem Bereich des Emotionalen, Polyvalenten und Ironischen verbunden und tragen auf diese Weise dazu bei, dass das Werk für die Moderne geöffnet wird.

Stefan Lindinger vergleicht komparatistisch vier Frauenfiguren Fontanes – Grete Minde, Victoire von Carayon, Franziska Franz und Cécile von St. Arnaud – unter dem Aspekt des Katholizismus. Er zeigt auf, welchem übergeordneten Symbolbereich das „Katholische" in den behandelten Romanen angehört und was ihre jeweilige spezifische Funktion ausmacht.

Klaus-Peter Möllers Interesse gilt Fontanes Intention, politisch Brisantes funktionalisiert zu benennen. Durch exemplarische Analysen verschiedener Dialogszenen im *Stechlin*, in denen scheinbar Nebensächliches besprochen wird, zeigt er, wie Techniken der historischen Parallelisierung, Kontrastierung, Gesprächsabbruch usw. sowohl grundsätzliche Bedeutungsebenen innerhalb des Romans etabliert als auch politische Geschehnisse, gesellschaftliche Tabus seiner Gegenwart angesprochen und kommentiert werden.

Rolf Parr untersucht Fontanes Rückbezug auf das Boulevardtheater als eines seiner Konstruktionsprinzipien. Am Beispiel von *Effi Briest* und Ernst Wicherts Lustspiel *Ein Schritt vom Wege* , sowie von *Jenny Treibel* und Wicherts *Die Realisten* arbeitet er die Funktionen heraus, die Boulevardstücke in Fontanes Romanen und Erzählungen haben. Darüber hinaus zeigt er auf, was bei der Transformation eines Boulevardstücks in einen Roman verändert wird.

Von der Schlüsselrolle des Theaters für Fontanes Werk geht auch Michael Scheffel aus und liest *Graf Petöfy* unter diesem Gesichtspunkt neu. Er weist nach, dass das Werk nicht nur eine Form des theaternahen Erzählens darstellt (die eigentlich alle Erzähltexte des Autors kennzeichnet), sondern dass das Theater ein allgegenwärtiges Thema ist und (durch die Idee der Theatralisierung des Lebens) den gesamten Verlauf des Romans bestimmt.

Erzsébet Szabó bietet eine neue Lektüre der Kriminalgeschichte *Unterm Birnbaum*. Sie geht von Fontanes Selbstkommentar zur Erzählung aus, wonach das „Trostreiche" und „Erhebende" der Geschichte die „Gerechtigkeit Gottes" sei, die ihr unterlegt ist. Sie verbindet dies mit dem literaturwissenschaftlichen Prinzip der „poetischen Gerechtigkeit" und zeigt, wie und warum Fontane den Roman auf den Sieg dieses Prinzips hin konstruiert.

László V. Szabó beschäftigt sich in seinem Beitrag mit Fontanes „Geschichtspoetik", d. h. mit den narrativen Formen der Wiedergabe historischer Themen im Bereich der Fiktion. Dabei greift er auf Wolfgang Isers Konzept des Fiktiven, Imaginären und Realen zurück und wendet dessen Theorie auf Fontanes *Vor dem Sturm*, bzw. auf den *Stechlin* an.

Dafür, dass die Tagung wie auch der vorliegende Band zustande kommen konnten, statten die Herausgeber gern mehrfachen Dank ab. Zunächst ist den Teilnehmern/Beiträgern des Bandes für ihr Engagement und ihre Geduld zu danken. Leider musste aufgrund der Covid-Pandemie die Tagung zweimal verschoben werden und konnte erst am 14./15. Oktober 2021 an der Universität Szeged stattfinden.

Die Fritz Thyssen Stiftung hat das Projekt und den Ergebnisband großzügig gefördert und ebenfalls mit Geduld die Verschiebungen mitgetragen; ihr wie insbesondere der Referentin Frau Dr. Ricarda Bienbeck gilt dafür ein besonders großer Dank. Die Universität Szeged stellte die Räumlichkeiten und Technik zur Verfügung, durch die auch die nichtanwesenden Teilnehmer an der Diskussion beteiligt werden konnten. Nicht zuletzt ist es dankenswerterweise der Georg Olms Verlag (Baden-Baden), der das Buch in sein Programm aufgenommen hat.

Fontanes Landschaften

Natur, Kultur und Zivilisation in den *Wanderungen durch die Mark Brandenburg*

Peter J. Brenner

„Aber der eine denkt so, und der andre so“ (II, 490)[1]

Der Wanderer

Die *Wanderungen durch die Mark Brandenburg* tragen einen trügerischen Titel. Denn Fontane ist nicht gewandert. An verstreuten Stellen seines Textes und in seinen Briefen gibt er gelegentlich Auskunft über die Art seiner Fortbewegung. Sie lässt sich leicht auf einen Nenner bringen: Er wählt stets das bequemste Verkehrsmittel. In selteneren Fällen ist es die Eisenbahn, da das Streckennetz in der Region um Berlin nur langsam ausgebaut wurde, öfters benutzt er Schiffe, vom geruderten oder getreidelten Torfkahn bis zum Raddampfer. Das häufigste Verkehrsmittel war jedoch, dem zeitgenössischen Stand der Verkehrstechnik entsprechend, die Kutsche, und zwar oft die nicht ganz billige Mietkutsche. Zu Fuß gegangen, „gewandert“ gar, ist er hingegen nur wenig und ungern, und wenn er es getan hat, dann handelt es sich in der Regel um mehr oder weniger ausführliche Spaziergänge in der Umgebung seines jeweiligen Gasthofes oder Rastplatzes: „Seine ‚Wanderungen‘ waren eben eigentlich Fahrten“.[2]

Dem Publikum gegenüber hielt Fontane hingegen ganz gerne die Illusion aufrecht, dass er ein Wanderer gewesen sei. Obwohl viele verstreute Hinweise in den Texten selbst den aufmerksamen Leser in eine andere Richtung weisen, erklärt

---

1 Als Textgrundlage wurde die Hanser-Fontane-Ausgabe (HFA) der „Wanderungen“ in der 3., im Text und in den Anm. rev. Aufl. von 1987 herangezogen (Theodor Fontane. Werke, Schriften und Briefe, Abt. II, Bde. 1-3. 3. Aufl. München, Wien 1987). Dieser Ausgabe wurde gegenüber der Edition der „Wanderungen“ in der „Großen Brandenburger Ausgabe“ (GBA V. Abt., Bde. 1-5. 2. Aufl. Berlin 1994-1997) der Vorzug gegeben, weil die GBA-Edition der Ausgabe des Aufbauverlages (Berlin/DDR 1976-1987) entspricht, also einen etwas älteren Stand als die Hanser-Ausgabe präsentiert. Alle anderen Nachweise aus Fontane-Texten erfolgen in den Fußnoten mit Angabe der üblichen Siglen.

2 Jutta Fürstenau: Fontane und die märkische Heimat. Berlin 1941 (Germanische Studien, H. 232), S. 46; Kirsten Wiese: Erwanderte Kulturlandschaften. Die Vermittlung von Kulturgeschichte in Theodor Fontanes *Wanderungen durch die Mark Brandenburg* und Wilhelm Heinrich Riehls *Wanderbuch*. München 2007 Phil. Diss. LMU. München 2006, S. 120-126.

Fontane noch im letzten, nicht wirklich zum *Wanderungen*-Komplex gehörenden Band *Fünf Schlösser*:

> In den Wanderungen wird wirklich gewandert, und wie häufig ich das Ränzel abtun und den Wanderstab aus der Hand legen mag, um die Geschichte von Ort oder Person erst zu hören und dann weiter zu erzählen, immer bin ich unterwegs, immer in Bewegung und am liebsten ohne vorgeschriebene Marschroute, ganz nach Lust und Laune. (W III, 9)

Das ist eine der ersten Lektionen, die der Leser Fontane lernen muss: Seinen Selbstauskünften darf man nicht immer Glauben schenken; Fontane gehörte wie Heine zu den „Meistern der strategischen Kommunikation".[3] Das Wandern war ihm jedenfalls zu anstrengend: Das „*Fahren* ist das Beste von der Geschichte", schreibt er vom Lago Maggiore. „Mit offnen Augen vom Coupé, vom Wagen, vom Boot, vom Fiacre aus die Dinge an sich vorüberziehen lassen, das ist das A & das O des Reisens".[4] Das war für die Familie bestimmt, aber gegenüber dem Leser hielt er die „Wanderer"-Fiktion gerne, wenn auch nicht dogmatisch, aufrecht. Wer genau hinschaute, konnte sich schon seinen Reim auf den Wanderer Fontane machen.

Ein Wanderer war Fontane also nicht, aber ein Tourist war er auch nicht. Den Begriff hat er möglichst vermieden, auch wenn er sich passagenweise den „Plauderton des Touristen" bescheinigt (II, 870). Lieber bezeichnet er sich selbst als „Wanderer" oder „Reisender".[5] Die angemessenste Bezeichnung seiner Mobilitätsform wäre wohl der Begriff des „Ausflugs", der eine Zwischenstellung einnimmt zwischen dem „Spaziergang" und der „Wanderung" und der in der Form des „Familienausflugs" beim deutschen Bürgertum des 19. Jahrhunderts eine gut etablierte Form der Freizeitgestaltung war. Reuter hingegen zieht aus wohlerwogenen ideologischen Gründen den anachronistischen Begriff des „Reporters" vor, dessen von Egon Erwin Kisch ererbte gesellschaftskritische Konnotation im direkten Gegensatz steht zur spießbürgerlichen Gemütlichkeit, die dem Spazierengehen und Wandern eignet:[6] „Kundig und sachgemäß erörtert der Reporter Möglichkeiten und Widersprüche kapitalistischer Produktionsverhältnisse."[7]

---

3 Andreas Stuhlmann: Fontanes *Wanderungen* als Gegenentwurf und Komplement zu Heines *Reisebildern*. In: Fontanes „Wanderungen", S. 137-157; hier S. 155.

4 GBA-Ehe, Bd. 3, S. 39 (an Emilie Fontane, 9. August 1875); der Brief ist in HFA nicht enthalten. Vgl. Uwe Hentschel: *Märkische Bilder* oder *Wanderungen*? Anmerkungen zur Textsortenproblematik. In: Fontanes „Wanderungen", S. 81-110; hier S. 87.

5 Claudia Buffagni: Das Motiv der Reise als strukturbildendes Element im Prosawerk Theodor Fontanes: Die *Wanderungen durch die Mark Brandenburg*. In: Fontanes „Wanderungen", S. 433-452; hier S. 435.

6 Hans-Heinrich Reuter: Fontane, *Glindow*. Zugleich Anmerkungen zum besseren Verständnis einiger Aspekte der *Wanderungen durch die Mark Brandenburg*. In: Alexander v. Bormann

In moderner Begrifflichkeit muss man allerdings Fontanes „Wanderungen" wohl als Geschäftsreisen bezeichnen: Sie dienten dem Gelderwerb.[8] Ein Vergnügen waren sie nicht, jedenfalls nicht in jedem Fall, anders als der heitere Berichterstatter es seine Leser glauben machen will. Bereits 1862, also als gut Vierzigjähriger, klagt Fontane schon über die Beschwerlichkeiten seiner „Wanderungen", über die „Strapatze des Marschirens und Bergkletterns" – „das halte aus wer kann. Ich habe in diesen 3 Tagen so viel gesehn, daß das bloße Sehen eine Arbeit wäre, aber es sehen und dabei beständig ordnen, schreiben, arbeiten, einreihen in andres, ist wirklich eine große Anstrengung."[9] An anderer Stelle klagt er über das „Glockeninschrift-Lesen" als die größte unter den „mannigfachen kleinen Strapazen", denen der wandernde Lokalhistoriker sich aussetzt (I, 1001),[10] wobei die Klage durch die slapstickartige Darstellung dieses Erlebnisses doch wieder ins Komische verzerrt wird. Dem Leser stellt er es freilich anders dar, wenn er von „jenem stolzen Wandergefühl" schwärmt, „das sich nach Strapazen sehnt" (II, 606). Dass ihm das Wandern bei seinen letzten Ausflügen fast dreißig Jahre später nicht leichter gefallen ist, darf man annehmen.

Aber auch wenn Fontane nicht wirklich gewandert ist, so ist er doch viel herumgekommen. Er ist häufig umgezogen und auch sonst viel unterwegs gewesen, man muss ihn wohl als ruhelos beschreiben. Hans Scholz, selbst ein Wanderer und Berichterstatter auf den Spuren Fontanes, kann 57 Reisen, nicht gerechnet die „Wanderungen" durch die Mark, auflisten, von 1844 – London – bis zur letzten Reise nach Karlsbad im September 1898.[11]

Die „Wanderungen" in der Mark sind ein eigenes, und man kann wohl sagen prägendes Kapitel nicht nur in der Werkgeschichte, sondern auch in der Biographie Fontanes. In einer skrupulösen Auswertung von Fontanes Notizen hat Jutta Fürstenau, die erste Archivarin des Fontane-Archivs, in ihrer auch 80 Jahre später noch unverzichtbaren Dissertation von 1941, ganz im Geiste ihres Doktorvaters Julius Petersen,[12] vom 18. Juni 1859 bis zum 14./15. November 1889 116 „Wanderungen" identifizieren und mehr oder weniger genau datieren können.[13] Es sind

---

(Hg.): Wissen aus Erfahrungen. FS f. Herman Meyer zum 65. Geburtstag. Tübingen 1976, S. 512-540; hier S. 530; S. 535 u. ö.

7 Ebd., S. 529.

8 Peter Wruck: Fontane als Erfolgsautor. Zur Schlüsselstellung der Makrostruktur in der ungewöhnlichen Produktions- und Rezeptionsgeschichte der *Wanderungen durch die Mark Brandenburg*. In: Fontanes „Wanderungen", S. 373-393; hier S. 376f., S. 386.

9 HFA, IV/2, S. 84 (Brief an Emilie Fontane, 16. September 1862).

10 Wiese, Erwanderte Landschaften (wie Anm. 2), S. 111f.

11 Hans Scholz: Theodor Fontane. München 1989, S. 211-214.

12 Die Arbeit ist solideste Germanistik der positivistischen Petersen-Schule. Zu Fürstenau und Petersen vgl. Iwan-Michelangelo D'Aprile: Fontane. Ein Jahrhundert in Bewegung. Reinbek bei Hamburg 2018, S. 466-470.

13 Fürstenau, Fontane und die märkische Heimat (wie Anm. 2), S. 191-196.

Ausflüge unterschiedlicher Länge. Die meisten dauern nur einen Tag; etliche etwa drei oder vier Tage. Am längsten, nämlich 13 Tage, währte der Aufenthalt in Ruppin im September 1873, von wo aus Fontane zahlreiche Ausflüge in die Umgebung machte. Ebenfalls etwas aufwendiger waren naturgemäß die Reisen in das „Oderland" im Juni und September 1862 mit jeweils einer knappen Woche Reisedauer. Die größte Reisefrequenz hatte Fontane in der ersten Hälfte der 1860er Jahre – allein 1860 hat er 16 Ausflüge unternommen –, danach dünnt das Pensum merklich aus, wird aber nie über einen längeren Zeitraum völlig eingestellt. Keine Einträge verzeichnen nur die Jahre 1871, 1877, 1885 und 1886.

Fontanes Vita ist also von einer erkennbaren Rastlosigkeit gekennzeichnet, ganz dem Geist der Zeit entsprechend, die man als „Zeitalter der Nervosität" bezeichnet hat.[14] Fontane selbst hat, ebenso wie Frau und Tochter, an dieser Zeitkrankheit seinen Anteil gehabt, das auch gewusst und gelegentlich in seinen Briefen thematisiert.[15] Aber trotz der offenkundigen Ruhelosigkeit, die sich in den Reise- und Wanderungs-Statistiken widerspiegelt, bleibt der „Wanderer" Fontane gelassen. Er begegnet seiner Umgebung mit jener Abgeklärtheit, die auch seinen Dubslav Stechlin auszeichnet. Das von der reisepsychologischen Forschung beschriebene „Stendhal-Syndrom" mit seinen Merkmalen der „Übererregung", „Ergriffenheit", die auch „Herzbeklemmung, Schweißausbrüchen, Schwäche und Ohnmachtsanfälle" mit sich bringen können, ist ihm jedenfalls fremd.[16]

Solche Gefühlexzesse gibt die märkische Landschaft nicht her. Fontane bleibt in jeder Situation, das erwartet man nicht anders von ihm, ein ausgesprochen gut gelaunter Wanderer, der sich selbst „ein gut Teil Gutmütigkeit" attestiert. (II, 872) Er begegnet Land und Leuten mit einer positiven Grundeinstellung; er sucht und findet überall das Freundliche und Erfreuliche. Das war sein erklärtes Programm: Wer die „Mark" durchwandert, so dekretiert er, „muß den guten Willen haben, das Gute gut zu finden, statt es durch krittliche Vergleiche totzumachen." (I, 12)[17] Ganz frei davon ist er freilich nicht. Seine nörgelige Darstellung der Schmöckwitzer Kirche (II, 521) findet im ausgehenden 20. Jahrhundert ihrerseits einen Kritiker, der sich fragt: „War er nur mißgelaunt, oder nieselte es gerade?"[18] Selten nur fin-

14 Zur zeitgenössischen Affinität von „Reisen" und „Nervosität" vgl. Joachim Radkau: Das Zeitalter der Nervosität. Deutschland zwischen Bismarck und Hitler. München 2000, S. 269-272.

15 Heinz Ohff: Theodor Fontane, Leben und Werk. 3. Aufl. München, Zürich 1996, S. 294f.

16 Martina Zschocke: Warum Reisen? In: Aus Politik und Zeitgeschichte 71 (2021), H. 50: Reisen und Tourismus, S. 4-8, hier S. 7.

17 Erläutert bei Erdmut Jost: Das poetische Auge. Visuelle Programmatik in Theodor Fontanes Landschaftsbildern aus Schottland und der Mark Brandenburg. In: Fontanes „Wanderungen", S. 63-80, hier S. 67f.

18 Wolfgang Schuller: Auf den Spuren von Theodor Fontane und Hans Scholz. Stendal 2003 (Akzidenzen 14. Flugblätter der Winckelmann-Gesellschaft), S. 27. In seinem literarischen Umfeld der 1850er Jahre trug Fontane übrigens den Vereinsnamen „Nöhl", von berlinerisch „nölen", hochdeutsch „nörgeln". D'Aprile, Fontane (wie Anm. 12), S. 234.

den sich aber wirkliche Misstöne in seinen Schilderungen, eigentlich nur an einer Stelle, die so singulär ist, dass Fontane selbst im Nachwort zur Gesamtausgabe darauf als einen „Ausnahmefall“ verweist. Der nun hat tatsächlich bei Fontane das Bedürfnis nach „Haß und Rache“ ausgelöst (II, 672), was sicher dadurch befriedigt wurde, dass Fontane dem betreffenden Lehrer im *Malchow*-Kapitel des *Spreeland*-Bandes ein bleibendes Denkmal gesetzt hat (II, 876).[19]

Fontane reist häufig in Begleitung, wobei die Namen der Begleiter oder auch nur ihre Anzahl in der Regel nicht genannt werden. Allerdings lassen sie sich gelegentlich durch Fontanes Briefe identifizieren. Am häufigsten wurde er begleitet von Wilhelm Hertz und Bernhard von Lepel, die beide wohl die Kosten teilweise übernahmen.[20] Oft ist von einem anonymen „wir“ die Rede, das aber nicht unbedingt auf weitere Reisebegleiter verweisen muss. Der Kontext legt nahe, dass mit dem „wir“ neben dem Erzähler einfach der Kutscher oder ein anderer dienstbarer Geist gemeint ist, wenn nicht die Form des *pluralis majestatis* in Frage kommt.

Dass Fontane und sein Verleger Wilhelm Hertz dann, was niemand ahnen konnte, die sich über gut dreißig Jahre hinweg erstreckende Textsammlung mit dem Titel *Wanderungen* versahen, sollte man nicht überbewerten. Der erste Sammeltitel, den 15 von Fontanes „Reisefeuilletons“ – eine von ihm selbst gelegentlich verwendete Gattungsbezeichnung (II, 870) – bei ihrer Publikation in der *Kreuz-Zeitung* erhielten, hieß *Märkische Bilder.* Die im *Morgenblatt für gebildete Leser* ab August 1860 erscheinenden Beiträge trugen den Sammeltitel *Bilder und Geschichten aus der Mark Brandenburg.* Zu *Wanderungen* wurden die *Bilder* erst mit der Buchausgabe seit 1861. Markenstrategisch war es bestimmt gut und richtig, die für die Buchausgabe gewählte und vom Publikum gut aufgenommene Bezeichnung dann dauerhaft beizubehalten. Warum diese Bezeichnung gewählt wurde, ist leicht nachzuvollziehen. Autor und Verleger werden sich sicherlich nicht allzu viel Gedanken darüber gemacht haben, ob die dann tatsächlich praktizierte Reiseform dem im Wortsinne gerecht wird. Man wird annehmen dürfen, dass der Titel eher im Blick auf die Erwartungen des Publikums gewählt wurde.[21]

Wer sich die literarischen Eigenarten von Fontanes *Wanderungen* erschließen will, muss sich diese biographischen Entstehungszusammenhänge vor Augen halten. Denn es sind eben Texte, die zwar am Schreibtisch geschrieben, aber dort nicht erdacht wurden. Ihr Ausgangspunkt war vielmehr in jedem Fall eine Be-

---

19 Opitz, Alfred, Die „Wurstmaschine“. Diskurspolyphonie und literarische Subjektivität in den *Wanderungen durch die Mark Brandenburg.* In: Fontanes „Wanderungen“, S. 41-621, hier S. 53.

20 Fürstenau hat in gewohnter Gründlichkeit noch sechs weitere Reisebegleiter namentlich ermitteln können; Fürstenau, Fontane und die märkische Heimat (wie Anm. 2), S. 57; vgl. auch Wiese, Erwanderte Landschaften (wie Anm. 2), S. 131f.

21 Vgl. Hentschel, *Märkische Bilder* oder *Wanderungen*? Anmerkungen zur Textsortenproblematik (wie Anm. 4), S. 81-110, hier S. 83.

gegnung mit der Wirklichkeit einer Landschaft. Die Art und Weise, wie diese Begegnung gestaltet wurde, hat unmittelbare Auswirkungen nicht nur auf die Wahrnehmung, sondern auch auf die Gestaltung der Texte selbst. Fontane selbst waren diese Zusammenhänge sehr bewusst, auch wenn er sie gegenüber dem Publikum eher verborgen als hervorgehoben hat

Die Wanderungen durch die Mark Brandenburg – ein „Werk"?

Wenn sich jemand mehr als drei Jahrzehnte lang mit einem einzigen Werk beschäftigt hat, dann ist es sicher nicht verfehlt, von einem „Hauptwerk" zu sprechen.[22] Als solches sind die *Wanderungen* jedoch kaum wahrgenommen worden. Die literaturwissenschaftliche Forschung hat die *Wanderungen* fast durchgehend als Neben- oder Vorläuferarbeiten für das eigentliche Werk, die Romane, betrachtet, für die die *Wanderungen* als „Steinbruch" – so eine gerne verwendete Metapher[23] – oder Vorstufe gedient hätten. Diese Missachtung der *Wanderungen* reicht bis in die jüngste Biographik hinein. Wenn in einer 800-Seiten-Biographie zum 200. Geburtstag Fontanes den *Wanderungen* ganze sechs, auf Neuruppin und das völlig marginale Köbernitz konzentrierte Seiten gewidmet werden, und dieses Riesentextgebirge der *Wanderungen* ansonsten nur als „‚Material' zu einem großen Roman" – nämlich *Vor dem Sturm* – wahrgenommen wird,[24] dann ist das eine Fehleinschätzung der Bedeutung, die dieses Werk sowohl für Fontane wie auch für die Literatur- und Kulturgeschichte hat.

Nun ist die Vorstellung, die *Wanderungen* lieferten Material für die ästhetische Ausgestaltung in den Romanen, gewiss nicht falsch. Sie verkennt aber den Befund, wie die Romane mit den *Wanderungen* zusammenhängen, dass nämlich jene das „Negativ zum ‚positiv' entworfenen Bild der Mark Brandenburg in den ‚Wanderungen'" darstellen.[25] Und dieses „positive Bild" mitsamt dem Bildträger, eben dem Werkkomplex der *Wanderungen*, hat seinen eigenständigen Wert und Stellenwert im Œuvre Fontanes.

Aufgrund ihrer lang anhaltenden Geringschätzung des Eigenwerts der *Wanderungen* ist die literaturwissenschaftliche Forschung gegenüber der zu Fontanes

22 Walter Erhard: *Die Wanderungen durch die Mark Brandenburg.* In: Fontane-Handbuch 2000, S. 818-850, hier S. 818.

23 Walter Erhard: „Alles wie erzählt". Fontanes *Wanderungen durch die Mark Brandenburg.* In: JDS, Bd. 36 (1992), S. 229-254, hier S. 229. Vgl. auch Reuter, Fontane, *Glindow* (wie Anm. 6), S. 531.

24 Regina Dieterle: Theodor Fontane. Biografie. München 2018, S. 427f., S. 538-544, Zitat S. 445f.

25 Erhard, „Alles wie erzählt" (wie Anm. 23), S. 253f.

Romanwerk weit zurückgeblieben.[26] Sie hat allerdings sehr beachtliche, im Detail wie in der Gesamtdeutung erhellende und weiterführende Erträge gebracht, die aber weit verstreut und meist nicht an prominenter Stelle publiziert wurden. Eine große Monographie, welche die Erträge dieser Forschung zusammenfasste, fehlt weiterhin.[27] Eine gewisse, in jüngerer Zeit im Zuge des „spatial turn" aber abflachende Geringschätzung der Regionalität gegenüber der Urbanität mag hier eine Rolle gespielt haben;[28] ebenso die generelle Missachtung des Raumthemas in der deutschen kulturwissenschaftlichen Forschung, die ihre speziellen Gründe hat.[29]

Umgekehrt allerdings haben Fontanes *Wanderungen* um die Jahrtausendwende einen bedeutenden Rezeptionsschub erfahren, weil sie, im Verein mit einer „Preußen-Renaissance", auch ein probates Mittel zur Belebung des Tourismus in den einschlägigen Regionen nach der Wiedervereinigung waren.[30] Neu ist das übrigens nicht: Schon die Zeitgenossen wussten den touristischen Propagandawert der „Wanderungen" zu schätzen. Der 1884 gegründete „Touristenklub für die Mark Brandenburg" bezieht sich ausdrücklich auf die *Wanderungen* und ernennt Fontane später zum Ehrenmitglied.[31]

Die Vor- und Entstehungsgeschichte der *Wanderungen* ist gut bekannt und von Fontane im Vorwort zum ersten Band selbst ins rechte, nämlich verklärende Licht gerückt. Fontane inszeniert eine auf der schottischen Reise erlebte Episode als „Erweckungserlebnis": Die Epiphanie des „Rheinsberger Schlosses" mitten in Schottland über dem Wasserspiegel des Leven-Sees habe ihn zu seiner „Mission" berufen, sich statt der schottischen der märkischen Landschaft zu widmen.[32] Im „Schlußwort" des letzten Bandes kommt er ausdrücklich darauf zurück. (II, 868) Glauben muss man das nicht, aber es ist doch effektvoll inszeniert: „Damit war

---

26 Zur älteren Forschung bis 1990 vgl. Peter J. Brenner: Der Reisebericht in der deutschen Literatur. Ein Forschungsüberblick_als Vorstudie zu einer Gattungsgeschichte. Tübingen 1990 (Internationales Archiv für Sozialgeschichte der deutschen Literatur, Sonderheft 2), S. 542-547.

27 Die Lücke wird aber mehr als nur notdürftig gefüllt von dem Symposiums-Sammelband *Geschichte und Geschichten aus Mark Brandenburg* (wie Anm. 3).

28 Wolfgang Albrecht: Kulturgeschichtliche Perspektivierung und Literarisierung des Regionalen in den *Wanderungen durch die Mark Brandenburg*". In: Fontanes „Wanderungen", S. 95-122, hier S. 96.

29 Vgl. Karl Schlögel: Im Raume lesen wir die Zeit. Über Zivilisationsgeschichte und Geopolitik. Frankfurt a. M. 2006, S. 52f. Noch im *Wörterbuch des Unmenschen* hat „Raum" ein eigenes Stichwort. Dolf Sternberger, Gerhard Storz, Wilhelm E. Süskind: Wörterbuch des Unmenschen. Erw. Ausg. München 1970, S. 120-123.

30 Peter Wruck: Wie Fontane die Mark Brandenburg entdeckte. In: FB, H. 74 (2002), S. 60-77; hier S. 60.

31 Ohff, Theodor Fontane, S. 226 (wie Anm. 15); D'Aprile, Theodor Fontane (wie Anm. 12), S. 253.

32 Wruck, Wie Fontane die Mark Brandenburg entdeckte (wie Anm. 30), S. 64f.

die magische Formel der ‚Wanderungen' geboren."[33] Ganz richtig ist diese Selbstdarstellung allerdings nicht, denn die Pläne für das *Wanderungen*-Projekt lassen sich deutlich früher feststellen. Frühe Ansätze einer Beschäftigung mit der „Mark" reichen bis 1850 zurück[34] und eine erste Notiz zu einem Plan „Brandenburgische Geschichten" findet sich in einer Aufzeichnung vom 19. August 1856.[35] Bei der Passage im Vorwort handelt es sich „offensichtlich um die öffentliche Inszenierung eines mythischen Autor- und Werk-Komplexes".[36]

Nach Fontanes eigenem selbstironischen Bericht hat das ganze Unternehmen noch einige Jahrzehnte früher begonnen.[37] Als „Untertertianer", also etwa 14-Jähriger, habe er, so berichtete Fontane 1894, 35 Jahre nach dem Erscheinen des ersten *Wanderungs*-Texts und höchstwahrscheinlich nicht besonders wahrheitsgemäß, einen Ausflug vom Halleschen Tor zu dem drei Meilen, das sind gut 22 Kilometer, südlich von Berlin gelegenen Dorfes Löwenbruch unternommen und auf dem Schlachtfeld von Groß-Beeren Rast gemacht. Dabei sei ihm die Erinnerung an eine von der Mutter erzählte Episode an eben diese Schlacht gekommen, die er dann zu dem vom Deutschlehrer verlangten „Deutschen Aufsatz nach selbstgewähltem Thema" ausgearbeitet habe und die mit einem erfreulichen „Recht gut. W." bewertet worden sei. Im Rückblick adelt Fontane diesen juvenilen Vorläufer seiner *Wanderungen* als seinen „Erstling".[38]

Dem Liebhaber postmoderner Literaturtheorie böten die *Wanderungen* ein ergiebiges Untersuchungsobjekt. Denn die inzwischen auch wieder in die Jahre gekommenen Fragen nach Autorschaft und Werkcharakter stellen sich hier auf augenfällige Weise.[39] Gewiss: Der Autor ist Fontane, daran hat es wenig Zweifel gegeben, obwohl bei etlichen Stücken der Zweifel sehr berechtigt wäre. Aber am Zustandekommen des Werkes und seiner konzeptionellen Gestaltung war offensichtlich nicht der Autor allein beteiligt. Von Anfang an haben der Verleger als Geldgeber und Reisebegleiter ebenso wie das spendable Kultusministerium eine Rolle gespielt, ein externer Gutachter war beteiligt, und ganz gewiss haben die Erwartungen des Publikums mit hineingespielt.

---

33 Stuhlmann, Fontanes *Wanderungen* als Gegenentwurf zu Heines *Reisebildern* (wie Anm. 3), S. 147.

34 Wruck, Wie Fontane die Mark Brandenburg entdeckte (wie Anm. 30), S. 61-63.

35 Fürstenau, Theodor Fontane und die märkische Heimat (wie Anm. 2), S. 40.

36 Opitz, Die „Wurstmaschine" (wie Anm. 19), S. 46.

37 Stuhlmann, Fontanes *Wanderungen* als Gegenentwurf zu Heines *Reisebildern* (wie Anm. 3), S. 147.

38 HFA, III/4, 1029-1031.

39 Opitz, Die „Wurstmaschine" (wie Anm. 19), S. 43-45.

Im Laufe der Jahrzehnte haben die *Wanderungen* ihren eignen, und man kann sagen singulären Werkcharakter erhalten.[40] Singulär: Denn es gibt kein anderes Werk in der deutschen Literaturgeschichte, das sich über gut 30 Jahre hinweg entwickelt, immer wieder verändert und sich am Ende doch als wahrnehmbare Einheit, als „Werk" also, etabliert hat. Das geschah durchaus nicht zufällig. Denn die *Wanderungen* waren von Anfang an ein „Projekt" – hier ist das etwas überstrapazierte Wort durchaus angebracht. Das Projekt folgte einem Plan, an dem Autor, Zeitungsredaktionen, Buchverleger, Rezensenten und Publikum in gleicher Weise beteiligt waren.

Von Auflage zu Auflage hat Fontane erhebliche Eingriffe in die Bände vorgenommen, am stärksten in den ersten Teil, der ursprünglich eben nicht als erster Band eines vierbändigen Werks geplant war. Jedenfalls entsteht so etwas wie eine „kumulative Makrostruktur", die sich dem „Werkbegriff der traditionellen Ästhetik" entzieht.[41] Die „Vielfalt der Gattungselemente und Diskursformen",[42] die Fontane in seinem *Wanderungen*-Werk versammelt, ist oft vermerkt und gerne als besonders raffinierte Form des Erzählens gewürdigt worden. An dieser Aufwertung hat Fontane sich übrigens selbst gerne beteiligt mit entsprechenden Bemerkungen in den Texten selbst wie in Briefen. Das sollte allerdings nicht überbewertet werden, denn vieles an der Konzeption hat sich eben doch zufällig, äußeren Umständen und Zwängen folgend, ergeben. Von Anfang war damit auch die Vorstellung verbunden, dass daraus ein Buch entstehen solle, für das den Verleger Wilhelm Hertz zu interessieren Fontane sofort gelungen ist. Man kann die *Wanderungen* als „episodischen Großtext" charakterisieren,[43] und als solcher hat er sich am Ende auch etabliert. Es sind aber einige Entwicklungsschritte nötig gewesen, bis aus den verstreuten Zeitschriften- und Buchveröffentlichungen der „Werkkomplex" *Wanderungen durch die Mark Brandenburg* entstanden ist, der alle „Spuren der Einzelveröffentlichungen" hinter sich gelassen hat.[44] Fontane war sich der mangelnden Kohärenz seiner Darstellung bewusst, wusste aber aus der Not eine Tugend zu machen, indem er auf den angesichts seiner Zielsetzung erforderlichen „constanten Wechsel in der Darstellung" verwies.[45]

---

40 Seit ihrem dekonstruktionistischen Jahrzehnt, den 1990er Jahren, plagt sich die Literaturwissenschaft mit der Frage ab, was denn nun ein literarisches „Werk" sei. Die Frage kann hier unbeantwortet blieben; vgl. aber Peter J. Brenner: Das Problem der Interpretation. Eine Einführung in die Grundlagen literaturwissenschaftlicher Arbeit. Tübingen 1998 (Konzepte der Sprach- und Literaturwissenschaft, Bd. 58), S. 249-283.

41 Wruck, Fontane als Erfolgsautor (wie Anm. 8), S. 391.

42 Erhard, „Alles wie erzählt" (wie Anm. 23), S. 234.

43 Wruck, Wie Fontane die Mark Brandenburg entdeckte (wie Anm. 30), S. 60.

44 Roland Berbig: Fontane als literarischer Botschafter der brandenburgisch-preußischen Mark. Die *Wanderungen*-Aufsätze im *Morgenblatt für gebildete Leser*. In: Fontanes *Wanderungen*, S. 325-350, hier S. 330.

45 HFA, IV/2, S. 110 (Brief an Heinrich v. Mühler vom 2. Dezember 1863).

Ein der Laune eines Autors entspringendes Zufallswerk sind die *Wanderungen* also nicht, sondern ein gezielt auf die aktuelle Marktlage abgestimmtes verlegerisches Produkt. Es ist ein höchst unwahrscheinlicher Vorgang, der trotzdem Wirklichkeit wurde, dass aus dieser extrem heterogenen Materialmasse, die in irgendeine harmonische Verknüpfung zu bringen Fontane sich gar nicht erst die Mühe gemacht hat, ein Werk namens *Wanderungen durch die Mark Brandenburg* entstanden ist, ein Werk, das schon von den Zeitgenossen und nicht erst im verklärenden Rückblick durch den Filter des prominent gewordenen Romanciers Fontane als solches wahrgenommen wurde. Fontane selbst allerdings hat von Anfang an, sicher auch aus wohl erwogenen marktstrategischen Gründen, gegenüber dem Verleger darauf beharrt, dass die Werke möglichst zusammenhängend, als ein Werk also, erscheinen mögen.[46] Ob die *Fünf Schlösser* als fünfter Band der vierbändigen *Wanderungen* gezählt werden müssen, ist eine vieldiskutierte Frage. Folgt man Fontanes Vorwort von 1881 zum 4. Band, dann sind sie das nicht: Das Vorwort ist zugleich ein „Abschiedswort" des Autors an seine Leser (II, 454). Ein fünfter Band wird hier nicht in Aussicht gestellt.

Fontane hat das richtige Gespür für den richtigen Augenblick gehabt. Seine *Wanderungen* wurden, gemessen an den verlegerischen Erwartungen, die man an ein solches Werk stellen durfte, ein guter Erfolg, und vor allem fanden sie Resonanz in den gehobenen Kreisen, auf die Fontane am Ende zielt.[47] Gerade das Desinteresse des breiten Publikums an der „Mark Brandenburg" konnte Fontane zu seinem Vorteil nutzen: Er fand hier eine „Marktlücke vor, wo er ohne einen Vorgänger und in jeder Hinsicht konkurrenzlos dastand".[48] Am Ende ist es ihm gelungen, „das Renommee der preußischen Kernprovinz auf die selbe Stufe zu heben."[49] Dieser Erfolg war auch das Resultat einer kühlen Marktstrategie oder zumindest der klugen Nutzung einer sich ergebenden Gelegenheitsstruktur. Allerdings ist auch festzuhalten, dass der eigentliche Durchbruch des *Wanderungen*-Verfassers zum „Erfolgsautor" erst Jahrzehnte nach seinem Tod erfolgt, während umgekehrt die Erfolgsautoren unter seinen Zeitgenossen längst vergessen waren.[50] Dass es ihm selbst umgekehrt lieber gewesen wäre, darf man vermuten.

Aber wie auch immer: Inspiriert durch seine Schottlandreise und bedrängt durch seine prekäre finanzielle Lage, realisierte Fontane unmittelbar nach seiner Rückkehr aus Schottland 1859 den schon älteren Plan einer lockeren Feuilletonserie über die Mark und setzt ihn sehr zielstrebig um. Eine Nebenrolle spielt dabei auch das Kulturministerium in Berlin. Fontane hatte Ende 1859 beim preußischen

46 HFA, IV/2, S. 23f. (Brief an Hertz, 22. Februar 1861).
47 Peter Wruck, Wie Fontane die Mark Brandenburg entdeckte (wie Anm. 30), S. 68.
48 Wruck, Fontane als Erfolgsautor (wie Anm. 8), S. 388.
49 Wruck, Wie Fontane die Mark Brandenburg entdeckte (wie Anm. 30), S. 66f.
50 Ebd., S. 380f.

Kulturministerium einen Antrag auf finanzielle Förderung gestellt, die ihm Reisen in die Region ermöglichen sollte. Auf dieser Grundlage wollte er eine poetische Beschreibung der Mark Brandenburg erarbeiten. Die Förderung wurde tatsächlich bewilligt. Fontane erhielt drei Jahre lang ab 1861 vom „Ministerium für geistliche Angelegenheiten" eine jährliche Unterstützung von 300 Talern, wie er in seinem Dankesschreiben von 1863 erklärt, das zugleich den Wunsch nach weiterer Förderung aussprach. Auch dieser Wunsch wurde erfüllt, der Zuschuss wurde für insgesamt weitere drei Jahre gewährt, obwohl Fontane, inzwischen Mitarbeiter der *Kreuz-Zeitung*, der liberal-konservativen Regierung der „Neuen Ära" ideologisch eher entgegenstand.[51] Entscheidend war das positive Gutachten des renommierten Juristen, Hegel-Schülers und einflussreichen Amateur-Kunsthistorikers Karl Schnaase vom 25. Juni 1860, der über gute persönliche Beziehungen zum damaligen Kultusminister von Bethmann-Hollweg verfügte.

Die Liste der Zeitschriften, in denen Fontane seine Vorveröffentlichungen platzieren konnte, umfasst 17 Nummern, von *Der Bär. Berlinische Blätter für vaterländische Geschichte und Alterthumskunde* bis zu *Westermanns Illustrirten deutschen Monatsheften*. Die großen Familienblätter der Zeit, außer der *Gartenlaube*, sind ebenso vertreten wie die notorische *Vossische Zeitung* und die *Neue Preußische (Kreuz-)Zeitung*.[52] Einer der ersten Publikationsorte einer ganzen Reihe der *Wanderungen*-Aufsätze war das Stuttgarter *Morgenblatt für gebildete Leser*, das die Gelegenheit nutzte, mit den Fontane-Beiträgen seinem süddeutschen Publikum „eine bislang völlig unterbelichtete" Region" auf gefällige, nämlich im Fontane-Ton, gehaltene, Weise zu erschließen.[53] Nicht von ungefähr beginnt der Reihe der Aufsätze im *Morgenblatt* – ebenso wie später der *Ruppiner-Land*-Band – mit dem *Tegel*-Aufsatz, der den Brüdern Humboldt gewidmet ist. Die Brüder waren auch außerhalb ihres märkischen Stammlandes deutschlandweit und, was Alexander von Humboldt betrifft, weltweit bekannt, und Fontane nutzt dieses Renommee, um bei den süddeutschen Lesern zugleich für seine märkische Heimat zu werben:[54] Denn „diese Familie" habe, „wie kaum eine zweite, diesen Sand zu Ruhm und Ansehen gebracht" (II, 168). Blumenberg vermerkt zutreffend, dass die Beschreibung der Annäherung an das Schloss Tegel etwas von einer „säkularen Wallfahrt" an sich hat.[55] Dem Verleger des *Morgenblattes*, Friedrich Cotta, musste

51 Henrik Karge: Theodor Fontane und Karl Schnaase. Ein neugefundenes Gutachten beleuchtet die Anfänge der „Wanderungen durch die Mark Brandenburg". In: FB, H. 67 (1999), S. 10-34, hier S. 10f., 18f.

52 Fürstenau, Theodor Fontane und die märkische Heimat (wie Anm. 2), S. 165.

53 Berbig, Fontane als literarischer Botschafter der brandenburgisch-preußischen Mark (wie Anm. 44), S. 334.

54 Ebd., S. 334f.

55 Hans Blumenberg: Vor allem Fontane. Glossen zu einem Klassiker. Frankfurt a. M. 2002, S. 82.

Fontane die Brüder Humboldt übrigens nicht näherbringen: Ziemlich genau ein Jahr vor den ersten *Morgenblatt*-Aufsätzen Fontanes war Alexander von Humboldt gestorben, dessen populäres Hauptwerk *Kosmos* von 1845 bis über den Tod Humboldts hinaus in Cottas Verlag erschienen war. Auch seine anderen Publikationsorte wusste Fontane geschickt einzusetzen.

Sein Hausblatt, die *Neue Preußische Zeitung*, auch *Kreuzzeitung* genannt, war zwar das bevorzugte Organ, konnte aber naturgemäß nur einen geringen Teil der Texte bringen. Daneben beliefert Fontane noch das *Johanniterblatt*, genauer: das gerade gegründete *Wochenblatt der Johanniter-Ordens-Balley Brandenburg*, mit dessen Redaktion er zufällig in häuslicher Nachbarschaft lebte. Dieses Blatt hatte den doppelten Vorteil, einerseits, ähnlich wie die *Kreuz-Zeitung*, die gehobene, auch als Buchkäufer in Frage kommende Leserschaft des preußisch-konservativen Adels und des Offizierkorps zu erschließen, und andererseits sehr gut, genauso viel wie die *Kreuz-Zeitung*, zu zahlen.[56] Die etwas schwärmerische Vorstellung, dass Fontane sich „für bestimmte Artikel, die allzu deutlich gegen Tabus der Kreuz-Zeitung verstießen" andere, liberale Publikationsorte gesucht habe,[57] muss wohl dem eher materialistischen Befund weichen, dass Fontane dort publiziert hatte, wo er Geld verdienen konnte.

Der Frage nach dem „Werk"-Charakter der *Wanderungen* folgt die alte Frage auf dem Fuß, wieviel Poesie und Fiktion in einem Reisebericht stecken dürfen.[58] Fontane selbst hat in einer seiner vielen Selbstreflexionen über die *Wanderungen* in einem programmatischen Brief an den alten General und kurzzeitigen preußischen Ministerpräsidenten Ernst von Pfuel von einer „Belebung des Lokalen und Poetisierung des Geschehenen" gesprochen.[59] Aber der Befund bleibt ambivalent. Die Quellenlage erlaubt es in vielen Fällen, besonders seit der Edition der Notizbücher, den Entstehungsprozess der Texte nachzuvollziehen.

Dabei wird ersichtlich, dass viele der *Wanderungen*-Texte nicht nur einen kompositorisch durchdachten Überarbeitungs-, sondern auch einen Fiktionalisierungsprozess durchlaufen haben, dessen verschiedene Versionen im Laufe der

---

56 Hubertus Fischer hat diese Publikationspartnerschaft minuziös rekonstruiert; vgl. Ders.: In preußisch-brandenburgischer Mission. Fontanes *Wanderungen*-Kapitel im *Johanniterblatt*. In: Fontanes „Wanderungen", S. 351-372, hier bes. S. 352-362; vgl. auch Wruck, Fontane als Erfolgsautor (wie Anm. 8), S. 381.

57 Reuter, Fontane, *Glindow* (wie Anm. 6), S. 521.

58 Brenner, Der Reisebericht in der deutschen Literatur (wie Anm. 26), S. 20-25.

59 HFA, IV/2, S. 115 (an Ernst von Pfuel, 18. Januar 1864). Bekanntlich war der Begriff der „Poetisierung" jahrzehntelang einer der germanistischen Schlüssel- und Paradebegriffe für das Verständnis der Prosa Fontanes und des „deutschen Realismus" überhaupt, der als „poetischer Realismus" geadelt und vom Realismus der europäischen Nachbarländer abgesetzt wurde; vgl. etwa Wolfgang Preisendanz: Voraussetzungen des poetischen Realismus in der deutschen Erzählkunst des 19. Jahrhunderts. In: Richard Brinkmann (Hg.): Begriffsbestimmung des literarischen Realismus. Darmstadt 1974 [zuerst 1963], S. 453-479, S. 456 und passim.

Jahrzehnte wiederum Gelegenheit zur neuerlichen Überarbeitung boten. Es gibt also hinreichend Anlass, die *Wanderungen* als „poetisches Werk zu interpretieren."[60] Ob dieser, am Einzelfall des *Pfaueninsel*-Textes erarbeitete Befund freilich für alle anderen Texte der *Wanderungen* gleichermaßen gilt, steht auf einem anderen Blatt. Unverkennbar bleibt auf jeden Fall, dass Fontane sich viele, häufig mit dem Verleger oder anderen Briefpartnern geteilte, Gedanken gemacht hat über die konzeptionelle Anlage seiner Texte und Bücher, Gedanken, die oft, aber keineswegs nur marktstrategischer Natur waren. Aber mindestens im gleichen Maße, wahrscheinlich sogar deutlich häufiger, kann man Fontanes Darstellung das Gegenteil bescheinigen: Über lange Seiten hinweg beschreibt er nichts als trockene Wirklichkeit in einem Dokumentarstil, der auch lange Auflistungen und die ausführliche Wiedergabe von Quellen nicht scheut: „Fontane war ein Listen-Fuchs", was man vielleicht sogar von seinem Apothekerberuf herleiten kann.[61] Das von Fontane gerne verwendete Mittel listenförmiger Aufzählungen, vor allem von Ahnenreihen (I, 915f.; 972), Gemäldegalerien (I, 180; I, 284-289 [Obelisken-Medaillons], I, 321, I, 917f.; 973f.; II 166f.) und Raummöblierungen erzeugt schon im Schriftbild einen diskontinuierlichen Effekt. Einmal ruft sich Fontane selbst zur Ordnung, „um diesem Aufsatze nicht über Gebühr einen katalogartigen Charakter zu geben." (I, 181) Wenn man es freundlicher sehen will als der Autor selbst, kann man diese Affinität zur listenförmigen Aufzählung als ein Zeichen der Moderne deuten. Dann ist die Liste eine „Form des Vielen und Verschiedenartigen und nicht des Einen und Alleinherrschenden"; sie ist „eine moderne und demokratisierende Form, in der die Gegenstände oder Personen ohne Rücksicht auf vorher festgelegte Zuschreibungen und Hierarchien aufgezählt werden."[62] Das ist freilich eine allzu freundliche Deutung, die man für Fontanes Listen kaum in Anspruch nehmen kann. Denn die Ahnen- und Gemäldegalerien, die Inschriften der Gräber und der Familiengruften, die Fontane in seinen Listen erfasst, sind schon vorsortiert. Es sind Verzeichnisse der märkischen Adelsfamilien und ihres Inventars. Die Namen der Kossäten, der Torfstecher und der Ziegelbrenner wird man hier vergeblich suchen.

Unzweifelhaft bleibt die Person, der „Autor", Fontane, auf den die *Wanderungen* zurückgehen. Aber wer sich durch das Textgebirge, und sei es auch nur in seiner letzten Fassung, hindurchgearbeitet hat, wird festgestellt haben, dass ein großer, noch zu quantifizierender Teil der Texte wohl aus Fontanes Feder – denn er hat sie eigenhändig abgeschrieben –, stammen, aber nicht vom Autor Fontane. Euphe-

60 Gabriele Radecke: Vom Reisen zum Schreiben. Eine textgenetische Betrachtung der *Wanderungen* am Beispiel des *Pfaueninsel*-Kapitels. In: Fontanes „Wanderungen", S. 231-252, hier S. 232, 237, 245.

61 D'Aprile, Theodor Fontane (wie Anm. 12), S. 8.

62 Ebd., S. 435.

mistisch könnte man von „kollektiver Autorschaft“ sprechen.[63] Über lange Passagen hinweg zitiert Fontane historische Quellen, ungedruckte Archivmaterialien, private Briefe, persönliche Mitteilungen oder auch in Paraphrase Erzählungen, die er gehört und Gespräche, die er geführt hat.

Die Reisekonstellationen, die Fontane arrangiert, ermöglichen jene dialogische Konzeption, die sich an vielen Stellen der *Wanderungen* findet und die dann zum wesentlichen Merkmal von Fontanes Romanen werden wird. Am Ende des letzten Bandes rühmt Fontane seine Gesprächspartner und Informanten, insbesondere die aus den adligen Herrenhäusern, auf deren Unterstützung er unabweisbar angewiesen war. Dieser Abhängigkeit mag er am Ende überdrüssig geworden sein, so jedenfalls deutet es Reuter, und deshalb habe Fontane die Arbeit an den *Wanderungen* aufgegeben. Reuter wendet den persönlichen Überdruss auch ins Politische: „Je älter Fontane wurde, als desto unüberbrückbarer empfand er die Gegensätze“, nämlich die zwischen einem idealisierten Bild des märkischen Adels und seiner trostlosen Realität. Um diesen Abhängigkeiten, Zweideutigkeiten und Kompromisszwängen zu entgehen, habe Fontane dann das Werk der *Wanderungen* aufgegeben und sich der Freiheit des Romanschriftstellers zugewandt, die es ihm erlaubte, eine „umfassende und allgemeine Auseinandersetzung mit dem Adel“ ohne persönliche Rücksichtsnahmen vorzunehmen.[64] Diese Deutung ist etwas forciert und sie diente in erster Linie wohl dem ehrenwerten Zweck, Fontane in die Tradition des literarischen DDR-Erbes einzufädeln.

Fontane war, was man leicht vermuten konnte und was inzwischen zu einzelnen Kapiteln seiner *Wanderungen* auch im Detail nachgewiesen wurde, ein hemmungsloser Plagiator. Dass er sich bei seinen historischen Darstellungen umfangreich auf Quellen stützen musste, versteht sich.[65] Dass er aber auch landeskundliche Darstellungen weniger wissenschaftlichen als feuilletonistischen Charakters seiner Zeitgenossen ungeniert seitenweise abgeschrieben hat, um seine eigenen Seiten zu füllen, ist lange Zeit nicht ins rechte Licht gerückt worden. Mit dem in der Forschung üblichen Hinweis auf die „Materialgrundlage“ oder „Benutzung“ fremder Quellen wird dieses Verfahren nicht angemessen beschrieben.[66] Die De-

63 Ebd., S. 258.

64 Hans-Heinrich Reuter: Fontane. Bd. 1. Berlin 1968, S. 366. Die beiden Kapitel zu den *Wanderungen* in seiner Fontane-Monographie waren schon vorabgedruckt in: Ders.: Zwischen Neuruppin und Berlin. Zur Entstehungsgeschichte von Fontanes *Wanderungen durch die Mark Brandenburg*. In: JDS, Bd. 9 (1965), S. 511-540.

65 Das von Jutta Fürstenau erstellte und sicherlich immer noch unvollständige „Verzeichnis der für die *Wanderungen durch die Mark Brandenburg* benutzten Schriften“ umfasst 34 Seiten mit rund 350 Titeln; Fürstenau, Theodor Fontane und die märkische Heimat (wie Anm. 2), S. 197-232.

66 Manfred Horlitz: Fontanes Quellennutzung für seine *Wanderungen*-Texte. In: Fontanes „Wanderungen“, S. 273-301, hier S. 281.

tailuntersuchungen von Manfred Horlitz zeigen die Technik, mit der sich Fontane fremde Texte angeeignet hat. Auffällig ist zunächst die völlige Unbekümmertheit, mit der er auf fremdes Gedankengut zugegriffen hat, auch bei Autoren, die er persönlich kannte und bei denen er damit rechnen musste, dass zumindest sie die Übernahme erkennen würden. Aber hier verließ er sich offensichtlich auf kollegiale Großzügigkeit; und vielleicht ist es auch das „Überlegenheitsgefühl des Künstlers",[67] das ihm diese Nonchalance in Fragen des geistigen Eigentums erlaubt. Da wäre er nicht der einzige. Fontane hat lange Passagen wörtlich oder leicht paraphrasiert übernommen, wobei er – am Fallbeispiel der „Schwanenfütterung" (II, 184-190) kann man es sehen – in der ersten Auflage noch die Quelle angab und den Hinweis später wegließ.[68]

Eine konzeptionelle Gestaltungsabsicht liegt dieser Verwendung von Fremdtexten erkennbar nicht zugrunde. Fontane hat mit dem gearbeitet, was ihm teils zufällig, teils durch systematisches Nachfragen und Recherchieren in die Hände gekommen ist. Man darf auch annehmen, dass die äußeren Zwänge des Journalisten, nämlich immer wieder unter Zeitdruck Zeitungsartikel abliefern zu müssen und honoriert zu bekommen, die Verwendung von Fremdtexten mitbestimmt hat. Aber vielleicht hat er doch ein gewisses Unbehagen und einen daraus resultierenden Rechtfertigungsbedarf verspürt. Denn ohne erkennbaren Anlass greift er in eine Plagiatsdiskussion ein, die ihn eigentlich gar nichts angeht. In der Zeitschrift *Die Gegenwart* hatte ein Autor sich beschwert, dass eins seiner Gedichte – *Das Kind von Fehrbellin* – unter „Ausbeutung fremden geistigen Eigentums" von den Herausgebern einer Anthologie unrechtmäßiger Weise verwendet worden war. Fontane verteidigt in einem Leserbrief vom 2. Juni 1877 die Herausgeber, weil die Sage vom „Kind von Fehrbellin" in „märkischen Lesebüchern" längst verbreitet gewesen sei (III, 1156f.).

Der Blick auf die Entstehungs- und Publikationsgeschichte der *Wanderungen* erklärt ohne weiteres die Heterogenität dieses Textkonvoluts, das, genau betrachtet, nicht einmal dadurch zusammengehalten wird, dass es von einem einzelnen Autor stammt. Auf die Textentstehung haben Einflüsse aller Art, vor allem auch kommerzielle und marktstrategische, eingewirkt. Sie haben die Texte stärker geprägt als die Bemühungen Fontanes, sich selbst als ein „Autor" zur Geltung zu bringen, der den Texten die sprachliche und kompositorische Gestalt aufprägt.

67 Fürstenau, Theodor Fontane und die märkische Heimat (wie Anm. 2), S. 81.
68 Horlitz, Fontanes Quellennutzung für seine *Wanderungen*-Texte (wie Anm. 66), S. 274f.

Fontanes Blick auf die Landschaft

Zu diesen von außen auf die Texte einwirkenden Einflüssen gehört auch die Art und Weise, wie sich Fontane in der Landschaft bewegt. Deshalb kann man die Frage, ob Fontane nun wirklich gewandert ist, nicht ganz *en bagatelle* behandeln. Denn die Wahl der jeweiligen Fortbewegungsart hat erheblichen Einfluss auf die Wahrnehmung der Umgebung sowie auf Struktur und Inhalte der Texte. Wie alle Fortbewegungsarten ist auch die Fußreise, vom Spaziergang bis zur Wanderung seit dem ausgehenden 18. Jahrhundert ideologisch hoch aufgeladen.[69] So hat es seinen Grund, dass Fontane mit einer gewissen kontrafaktischen Hartnäckigkeit die Illusion des Wanderers aufrechterhält. Denn selbst wenn er tatsächlich nicht „gewandert" ist, so kann man ihm dennoch eine „Poetik des Wanderns" zuschreiben, die den Text auch dort prägt, wo der Autor nicht wirklich gewandert ist, aber die Bewegung des Wanderns simuliert – „Wandern und Plaudern" gehören eben zusammen.[70]

Der große Spaziergänger Johann Gottfried Seume hat schon 1806 in seinem für die Reiseliteraturforschung ikonisch gewordenen Leitspruch aphoristisch zugespitzt vermerkt: „Wer zu Fuß geht, sieht im Durchschnitt anthropologisch und kosmisch mehr als wer fährt."[71] Gut 60 Jahre später macht Wilhelm Heinrich Riehl eine ethnographische Theorie aus diesem Aperçu. Wie einst Seume, so weiß auch Riehl, dass die Fortbewegungsart eine Landschaftswahrnehmung präfiguriert.[72] In seinem *Wanderbuch,* erstmals erschienen 1869, gewinnt das „Gehen", und zwar die „einsame Wanderschaft", eine methodische Bedeutung. Gleich in den ersten Sätzen findet sich die programmatische Erklärung: „Mitten im civilisierten Europa aber, wo es so viele Bücher und Eisenbahnen gibt, reicht solche Beobachtung aus der Vogelschau aus flüchtiger Fahrt längst nicht aus: wer Neues entdecken und beschreiben, ja wer auch nur das Altbekannte neu beurteilen und verknüpfen will, der ist notwendig auf den Fußweg gewiesen."[73]

69 Johann-Günther König: Zu Fuß. Eine Geschichte des Gehens. Stuttgart 2013, S. 144-166; vgl. auch Peter J. Brenner: Reisen in die „Neue Welt". Die Erfahrung Nordamerikas in deutschen Reise- und Auswandererberichten des 19. Jahrhunderts. Tübingen 1991 (Studien und Texte zur Sozialgeschichte der Literatur 35), S. 141-150.

70 Michael Ewert: Theodor Fontanes Wanderungen durch die märkische Historiographie. In: Fontanes „Wanderungen", S. 471-485; hier S. 473-475.

71 Johann Gottfried Seume: *Mein Sommer.* In: Ders.: Prosaschriften. Darmstadt 1974, S. 635-853; hier S. 638.

72 Jerzy Kałążny: „Das landschaftliche Auge". Zum Sehen und Wandern in Wilhelm Heinrich Riehls *Wanderbuch* im Vergleich mit Fontanes *Wanderungen durch die Mark Brandenburg.* In: Fontanes „Wanderungen", S. 159-174; hier S. 164f.

73 Wilhelm Heinrich Riehl: Die Naturgeschichte des Volkes als Grundlage einer deutschen Sozial-Politik. 4. Band: Wanderbuch. 3., verm. Aufl. Stuttgart 1892, S. 3.

Dieser historisch verfestigte ideologische Druck zugunsten der Fußreise lässt es Fontane wohl geraten erscheinen, die Fiktion der „Wanderung“ aufrechtzuerhalten, ohne geradezu die Unwahrheit zu sagen. Hin und wieder lässt er in gekonnter Beiläufigkeit einfließen, dass er die Bequemlichkeiten des Bahnverkehrs zu schätzen wusste. Um das Waldgebiet des „Brieselang“ zu besuchen, nutzt er den „Elf-Uhr-Zug“ der „Hamburger Eisenbahn“, musste also auch nicht allzu früh aufstehen (II, 110, 108), ebenso wie er beim Besuch von Etzin zunächst „per Bahn“ anreist, bevor es dann zu Fuß weitergeht (II, 338). Auch Neustadt an der Dosse wird mit einer Zugfahrt erreicht, der sich ein „anmutiger Spaziergang“ anschließt (I, 408). Das wirkliche Wandern ist also Fontanes Sache nicht, aber auch die Eisenbahnfahrt gefällt ihm nicht besonders. Er klagte bereits 1852 in einem Brief darüber, dass die „*Art* des Reisens“ per Eisenbahn einerseits „langweilig“ sei, andererseits sie es, wegen der hohen Geschwindigkeit – ein Eisenbahnzug erreichte in diesen frühen Jahren eine Spitzengeschwindigkeit von etwa 50 Stundenkilometern –, nicht erlaube, die vorbeifliegende „Fülle von interessanten Dingen“ richtig wahrzunehmen.[74]

Fontanes mäßige Freude am Eisenbahnfahren sollte zur Vorsicht mahnen bei dem Versuch, Fontanes *Wanderungen* allzu sorglos mit medientechnisch induzierten Wahrnehmungsformen späterer Zeiten in Verbindung zu bringen. Die Feststellung, dass Fontane „ganze Landschaften in schnellem Tempo und wechselnden Bildern vorüberziehen“ lasse,[75] sein Blick auf die Landschaft von einer „dynamischen“ Wahrnehmungsform geprägt sei, hat seit Hubertus Fischers Befund[76] eine fast kanonische Bedeutung gewonnen. Die Verkehrsmittel „Eisenbahn, Dampfschiff und Pferdewagen“ erscheinen in dieser Deutung als Instrumente „präfilmischer Wahrnehmungserlebnisse“,[77] „Fontanes dynamische Wahrnehmungsweise“ verweise auf die Wahrnehmungsform des Kinobesuchers voraus.[78] Gewiss ist es richtig, dass Fontanes Darstellung von der „Veränderung des Bildes durch Bewe-

74 HFA IV/1, S. 212 (Brief an Emilie Fontane vom 6. April 1852); vgl. auch Wiese, Erwanderte Landschaften (wie Anm. 2), S. 127f.

75 Kałążny, Das landschaftliche Auge (wie Anm. 72), S. 170.

76 Hubertus Fischer: Märkische Bilder. Ein Versuch über Fontanes Wanderungen durch die Mark *Brandenburg*, ihre Bilder und ihre Bildlichkeit. In: FB, H. 60 (1995), S. 117-142; hier S. 120. Zum Einfluss der Eisenbahn auf die Reise- und Wahrnehmungskultur der Zeit vgl. Brenner, Der Reisebericht in der deutschen Literatur (wie Anm. 26), S. 492-496. Die entscheidenden Forschungsimpulse kamen von Wolfgang Schivelbusch: Geschichte der Eisenbahnreise. Zur Industrialisierung von Raum und Zeit im 19. Jahrhundert. München, Wien 1979; zur Wahrnehmungsform vgl. S. 51-66.

77 Philipp Frank, Erlebnisreisen – Fontanes *Wanderungen* in wahrnehmungstheoretischer Sicht. In: Fontanes „Wanderungen“, S. 111-122; hier S. 122.

78 Ebd., S. 117f.; Philipp Frank: Theodor Fontane und die Technik. Würzburg 2005, S. 139, 146; Jost, Das poetische Auge (wie Anm. 17), S. 73.

gung lebt".[79] Aber von der „Veränderung" bis zum „Medienwechsel vom Buch zum Film" ist es noch ein weiter Weg.[80] So modern war Fontane nun doch nicht. Denn Fontanes betulichen Inszenierungen fehlt exakt das, was den Medienwechsel seit Benjamins epochaler Einsicht ausmacht: die „Chockwirkung des Films".[81]

Wer einen medienhistorischen Referenzhorizont für Fontanes Wahrnehmungsweise sucht – was aber nicht unbedingt sein muss –, wird eher im zeitgenössischen Massenmedium des „Panoramas" fündig werden, das Fontane gut vertraut war[82] und auf das er gelegentlich auch metaphorisch zurückgreift, wenn er etwa eine Landschaftsszenerie als das „Panorama, das sich hier bietet", apostrophiert (II, 400). Nimmt man das ernst, hat es weitreichende Folgen für das Verständnis von Fontanes Landschaftswahrnehmung. Benjamin hat den „Chock", den der Film, aber auch schon die Photographie auslöst, als Zertrümmerung der Aura und damit als Befreiung der Wahrnehmung gedeutet. Der durch das Panorama formierte Blick hat hingegen einen ambivalenten Effekt. Das Panorama ist „Instrument zur Befreiung und zur erneuten Einkerkerung des Blicks" gleichermaßen.[83]

Aus der Luft gegriffen ist der Zusammenhang zwischen Fontane und der sich gerade entwickelnden panoramatischen Sehweise nicht. 1827 hat der Theaterdekorateur und einfallsreiche Unternehmer Karl Wilhelm Gropius, ein Schüler Schinkels, ein „Diorama" in Berlin Mitte eröffnet. Damit erhielten die ins späte 18. Jahrhundert zurückreichenden Berliner „Weihnachtsausstellungen",[84] die man sich wohl als Kleinstpanoramen in Geschäftslokalen zum Zweck der Kundenanlockung vorstellen muss, eine neue Dimension und wurden zu einem einträglichen Geschäftsfeld der Massenunterhaltung. Es liegt nahe, dass Fontane als Kind oder Jugendlicher dieses Diorama besucht hat, ebenso wie er Schinkels *Panorama von Palermo* in Berlin gesehen haben wird.[85] Jedenfalls nimmt er im ersten Band der *Wanderungen* in seiner ausführlichen Schinkel-Darstellung – einem der längsten Texte der *Wanderungen* – Bezug darauf: Ein „reicher Zyklus perspektivisch-optischer Bilder" war zu besichtigen, worin Schinkel „fast aus allen Teilen der Welt

---

79 Fischer, Märkische Bilder (wie Anm. 76), S. 122; Textbelege vgl. S. 120-123.

80 Ebd., Bilder, S. 123.

81 Walter Benjamin: Das Kunstwerk im Zeitalter seiner technischen Reproduzierbarkeit (2. Fassung 1939). In: Ders.: Gesammelte Schriften. Bd. I.2: Abhandlungen. Frankfurt a. M. 1974, S. 471-508; hier S. 503.

82 Andrew Cusack: „Civibus aevi futuri". Geschichtsschilderung als Panorama in Fontanes *Wanderungen durch die Mark Brandenburg*. In: Patricia Howe (Hg.): Theodor Fontane. Dichter des Übergangs. Beiträge zur Frühjahrstagung der Theodor Fontane Gesellschaft 2010. Würzburg 2013, S. 165-182; hier S. 167f.

83 Stephan Oettermann: Das Panorama. Die Geschichte eines Massenmediums, Frankfurt a. M. 1980, S. 9.

84 Christa Lorenz: Berliner Weihnachtsmarkt. Bilder und Geschichten aus 5 Jahrhunderten. Berlin 1987, S. 67-69.

85 Cusack, „Civibus aevi futuri" (wie Anm. 82), S. 167f.

das Schönste und Interessanteste vor den Augen seiner Landsleute entrollte" (I, 114) – „entrollte": das ist wohl der Begriff, der Fontanes Blick aus dem bewegten Fahrzeug auf die Landschaft am besten beschreibt und dem genau jene „Dynamisierung" fehlt, die man ihm gelegentlich zugeschrieben hat. Fontanes Blick auf die Landschaft ist gerade nicht der „neue Blick", der durch technische Geräte hindurchgeht, die Aura des Gegenstandes zertrümmert und eine „heilsame Entfremdung zwischen Umwelt und Mensch vorbereit".[86]

Nicht ganz übersehen sollte man schließlich, dass diese panoramatische Wahrnehmungsform des „Entrollens" einen prominenten Vorläufer in Fontanes Heimatstadt hat: Der legendäre *Neuruppiner Bilderbogen,* dessen Einzelhefte millionenfach verbreitet waren, verband nicht nur, wie Fontane begeistert vermerkt, „weite Strecken unseres eigenen Landes, lithauische Dörfer und masurische Hütten, mit der Welt da draußen" (I, 136), sondern übt mit seiner comicartigen Struktur in das panoramatische sequentielle Sehen ein. In diesem Sinne lässt Fontane es gerne gemächlich angehen. Charakteristisch ist die Szene, in der der Wanderer beim Dorf Ütz nordwestlich von Potsdam am Flussufer sitzt und dem „Treiben drüben" zuschaut: „und so kommen die Bilder und gehen wieder wie auf der glatten Fläche einer *Camera obscura*." (II, 31) Auch bei der Schifffahrt ziehen die Uferlandschaften „*camera-obscura*-artig" vorbei (II, 514).

An das Kino und seine spezifischen, vom Erlebnis des „Chocks" geprägten Wahrnehmungsformen muss man jedenfalls hier noch nicht denken. Die von Benjamin beobachtete ästhetische Gestaltung des Schocks wurde zwar von Fontanes Zeitgenossen Baudelaire und Poe initiiert, aber sie wird erst später zur literarischen Signatur der Moderne.[87] Eine „Ästhetik des Schreckens" war Fontanes Sache wahrlich nicht. Der einzige Text, der die stilistischen Charakteristika des „Chocks" andeutungsweise erkennen lässt, ist der Aufsatz mit dem Titel *Ein Stündchen vor dem Potsdamer Tor* (III, 469-471).[88] Der Text wird gerne als frühester Text der *Wanderungen* ausgewiesen, obwohl er in die Buchausgaben nicht aufgenommen wurde. Er erschien am 29. Juni 1859 in der *Vossischen Zeitung.*

Hier kommt alles vor, was Fontane aus den anderen Beiträgen der *Wanderungen* verbannt hat: Eine gewittrige Stimmung, der Potsdamer Bahnhof, die „Stadt", ein Eisenbahnzug mit Lokomotive und vor allem das Menschengewimmel:[89] „Kaleidoskopisch bewegte sich das Treiben; dieselben Elemente, aber wechselnde

86 Walter Benjamin: Kleine Geschichte der Photographie. In: Ders.: Gesammelte Schriften. Bd. II.1: Aufsätze, Essays, Vorträge. Frankfurt a. M. 1977, S. 368-385; hier S. 379.

87 Karl Heinz Bohrer: Ästhetik des Schreckens: Frankfurt a. M., Berlin, Wien 1983, S. 190-200; vgl. Walter Benjamin: Über einige Motive bei Baudelaire. In: Ders.: Gesammelte Schriften. Bd. I.2. Frankfurt a. M. 1974, S. 605-653; hier S. 613-618.

88 Frank, Theodor Fontane und die Technik (wie Anm. 78), S.141.

89 Brenner, Reisen in die „Neue Welt" (wie Anm. 69), S. 276-278.

Gattungen von Moment zu Moment". Eine bedrückende, wenn auch schnell sich wieder fontaneisch aufheiternde Stimmung lastet über der Szene, die sich in einer Erwartung verdichtet: „vielleicht bald der Krieg". (III, 469) Der Krieg war in der Tat der Ausgangspunkt des Textes. Das neutrale Preußen rüstete sich 1859 für den Kriegseintritt, nachdem Österreich im April Piemont und damit auch Frankreich den Krieg erklärt hatte. Im Juni kam es zur allgemeinen Mobilmachung, und das ist die Szene, die Fontane hier schildert. Aber das ist keine Szene für die *Wanderungen*. So ausgiebig sich Fontane auch in den *Wanderungen* mit militärhistorischen Ereignissen befasst – die preußischen Kriege zwischen 1862 und 1870/71 hatten in ihnen keinen Platz, sondern wurden von Fontane in eigenen Kriegsbüchern aufgearbeitet. Aber auch sie kennen keine „Ästhetik des Schreckens", sondern bewegen sich stilistisch ganz in den Bahnen seiner *Wanderungen*.

Die Erinnerung an diese Zusammenhänge hilft dabei, die Überinterpretation einzelner Phänomene zu vermeiden und fälschlich das Zufällige als das Notwendige zu verstehen. Wer aus Gründen der Bequemlichkeit in einem fahrenden oder schwimmenden Verkehrsmittel eine Landschaft, zumal eine Ebene, durchreist, nimmt diese Landschaft nun einmal als vorbeiziehende wahr. Das ist zunächst einmal kein ästhetisches Programm, sondern schlichte Alltagswirklichkeit. Man sollte die Mahnung August Langens ernst nehmen, dass nicht jede sprachliche Dynamisierung bereits als ein charakteristisches Stilmerkmal zu werten ist. Dieser Befund sollte sich vielmehr auf jene Fälle beschränken, „wo entweder eine real vorhandene Bewegung durch die Wortwahl über das Maß des tatsächlich Gegebenen hinaus gesteigert, also intensiviert wird, oder wo ein an sich ruhender Gegenstand durch den sprachlichen Ausdruck in Bewegung versetzt, also dynamisiert wird."[90]

Eine solche „Dynamisierung" ist aber eben Fontanes Sache nicht. In seiner wichtigen Studie über „verbale Dynamik in der dichterischen Landschaftsschilderung" hat August Langen gezeigt, dass im 18. Jahrhundert Landschaftsschilderungen bis in die Mikrostruktur der Texte, insbesondere bei der Wahl der Verben, durch die Technik der „Dynamisierung" geprägt waren. Auch Fontane kennt diese Technik, wendet sie aber nur sehr sparsam an, dort nämlich, wo es um Stimmungsbilder geht. Fast singulär ist die Stelle *Am Schermützel*: „Holz und Borkestücke lagen über den Weg hin verstreut, andre dagegen tanzten noch auf dem flimmernden See, der im übrigen, all diesem Flimmern und Schimmern zum Trotz, einen tiefen Ernst und nur Einsamkeit und Stille zeigt". Das dynamische „Flimmern und Schimmern" (II, 478) wird auf der Stelle wieder zurückgenommen und macht einem statischen „tiefen Ernst" Platz. August Langen hat von solchen stilistischen Beobachtungen ausgehend weitreichende Rückschlüsse gezo-

90 August Langen: Verbale Dynamik in der dichterischen Landschaftsschilderung des 18. Jahrhunderts. In: Alexander Ritter (Hg.): Landschaft und Raum in der Erzählkunst. Darmstadt 1975 (zuerst 1948/49), S. 112-191, hier S. 112.

gen auf das jeweils epochentypische Natur-Mensch-Verhältnis und auch auf die „Menschenseele".[91] Diesen Überlegungen wird man heute nicht mehr bis ins letzte Detail folgen wollen. Dass aber die Landschaft „bewußt bewegungslos gemacht" wird, eben „um der Genauigkeit und Treue der Betrachtung willen" und dass darin eine „Trennung von Mensch und Landschaft" zum Ausdruck komme, ist ein Interpretationsansatz, den man durchaus auch bei Fontane zur Geltung bringen könnte.[92]

Landschaftsbilder

Wer Fontanes Blick auf die Landschaft verstehen will, sollte nicht auf die künftige, gerade erst entstehende künftige Medientechnik voraus-, sondern auf altbewährte Wahrnehmungsformen zurückblicken. Denn Fontanes Blick auf die Landschaft ist der des Landschaftsmalers. Fontane war dieser Zusammenhang zwischen seinen Landschaftsschilderungen und der Tradition der Landschaftsmalerei bewusst: „Der Sinn für die ‚schöne Landschaft'" sei historisch gleichursprünglich mit der „Landschaftsmalerei", notiert er im *Oderland*-Band (I, 603)[93] und an späterer Stelle rät er, sich „an dem Landschaftsbilde zu freuen, das sich jetzt in überraschender Schönheit vor uns ausbreitet. (I, 731) Nun ist es nicht so, dass Fontane nicht auch die topographischen und geologischen Formationen der Landschaft hätte beschreiben können. Als „Zögling der Gewerbeschule des Berliner Geographen und Landschaftshistorikers Carl Friedrich Klöden" von 1833 bis 1836 wusste er die „Urlandschaft und Naturlandschaft von der Kulturlandschaft" zu unterscheiden.[94]

Aber beim Beschreiben der märkischen Landschaft greift er darauf praktisch überhaupt nicht zurück. Er folgt vielmehr der gleichen Strategie wie beim Reisen: dem Prinzip der Bequemlichkeit. Die bequemste aller Darstellungstechniken ist eben die, die es schon gibt, das also, was die literarische oder kunstgeschichtliche Tradition bereitstellt. Und das ist das „Landschaftsbild". In Bezug auf Fontanes Romane hat man schon die „Formelhaftigkeit der Landschaftsdarstellung" vermerkt und festgestellt, dass Fontane an der Landschaft nicht als solcher, sondern nur im

91 Ebd., S. 119.

92 Ebd., S. 123.

93 Wiese, Erwanderte Landschaften (wie Anm. 2), S. 218; S. 226-235; Jost, Das poetische Auge (wie Anm. 17), S. 77; Rainer Gruenter: Landschaft. Bemerkungen zur Wort- und Bedeutungsgeschichte. In: Ritter (Hg.): Landschaft und Raum in der Erzählkunst (wie Anm. 90), S. 192-207; hier S. 198f.

94 Gerd Heinrich: „Ein nicht verächtlicher Schatz". Fontane und die Historische Landschaft. In: Fontanes „Wanderungen", S. 15-38; hier S. 18.

„Dienste der Menschendarstellung" interessiert sei.[95] Im Übermaß, in der Summe sicher vieldutzendfach, verwendet Fontane diese Metapher des „Landschaftsbildes" in der ein oder anderen Variante (I, 120; I, 452; I, 560; I, 645; I, 931; II, 89; II, 400 u. ö.). Nicht von ungefähr wählten die Redaktionen der *Kreuz-Zeitung* und des *Morgenblatts* den Begriff der „Bilder" als Sammeltitel für die Fontane-Beiträge.

Das „Bild", das „Gemälde",[96] der „Rahmen", das „Fenster" sind Metaphern des Statischen, die damit gegebene „Rahmenschau" als eine rationalistische Form der Landschaftsbetrachtung ist in der deutschen Literatur seit der Mitte des 18. Jahrhunderts gut etabliert. Die Merkmale dieser „Rahmenschau" lassen sich durchgehend auch in Fontanes Landschaftsbeschreibungen feststellen: „Auswahl und Eingrenzung, Gruppierung, Aufbau und Komposition, Zusammendrängung des Wesentlichen auf ein kleines umrahmtes Apperzeptionsfeld".[97] Diese Linie lässt sich mühelos über die „Bilderjagd" des Phototourismus bis hin zur Smartphonekultur fortschreiben.[98] Der Sinn dieser Wahrnehmungs- und Beschreibungstechnik liegt auf der Hand. Sie ist eine von mehreren seit dem 18. Jahrhundert entstehenden Strategien zu *„beherrschbarer Mannigfaltigkeit im ästhetischen Bild."*[99] Schon Goethe berichtet von seiner „Gewohnheit von Jugend auf, die Landschaft als Bild zu sehen", musste dann aber bei seiner Wanderung durch die Schweizer Berge feststellen, dass das „in einer solchen Welt" ein unzulängliches Verfahren sei.[100] Für die eher reizarme Landschaft der Mark Brandenburg gilt diese Unzulänglichkeit sicher nicht.

Bei Fontane werden sogar die Grenzen zwischen dem gemalten und dem geschriebenen Bild fließend. In seiner Landschaftswahrnehmung spielen die „imaginierten Landschaften", gemalte oder literarische Landschaften, eine wichtige Rolle, die er in seine Texte einbezieht und mit der wirklichen Landschaft in Beziehung setzt.[101] Auch die Landschaftsdarstellungen in Fontanes *Wanderungen* sind imaginiert, nicht immer freilich in jenem handfesten Sinne, wie ihn die gern zitierte Stelle aus dem Brief an Elise erkennen lässt: Um sich den Weg in das Dorf Koepernitz zu ersparen, fordert er die Schwester auf, ihm ein *„Bild der*

---

95 Hubert Ohl: Bilder, die die Kunst stellt. Die Landschaftsdarstellung in den Romanen Theodor Fontanes. In: JDS, Bd. 11 (1967), S. 469-489; hier S. 481 und S. 470.

96 Fischer, Märkische Bilder (wie Anm. 76), S. 128.

97 August Langen: Anschauungsformen in der deutschen Dichtung des 18. Jahrhunderts (Rahmenschau und Rationalismus). Jena 1934, S. 21.

98 Im Zusammenhang dargestellt bei Helmut J. Schneider: Naturerfahrung und Idylle in der deutschen Aufklärung. In: Peter Pütz (Hg.): Erforschung der deutschen Aufklärung. Königstein 1980, S. 289-315; hier S. 299f.

99 Ebd., S. 303.

100 Johann Wolfgang von Goethe: Aus meinem Leben. Dichtung und Wahrheit. 4. Aufl. Berlin, Weimar 1976 (Berliner Ausgabe, Bd. 13), S. 801.

101 Buffagni, Das Motiv der Reise als strukturbildendes Element im Prosawerk Theodor Fontanes (wie Anm. 5), S. 448.

Lokalität" zu geben: „Terrainbeschaffenheit, Wald, Wasser, das Dorf" – „und wo möglich noch irgend etwas Markantes".[102] Dieser Bericht wurde Fontane dann nicht von Elise, sondern von Alexander Gentz zugesandt; Fontane verwertete ihn im ersten Band der *Wanderungen*. Im einleitenden Satz des *Koepernitz*-Kapitels rühmt Fontane den gut 20 Kilometer nordöstlich von Neuruppin gelegenen Ort – den er dann 1873 doch noch besuchte[103] – erst einmal auf Verdacht: Er sei „von einer nicht gerade frappanten, aber doch von einer poetischen und nachhaltig wirkenden Schönheit" (I, 320). Auch so entstehen „imaginierte Landschaften". Aus ganz ähnlichem Anlass schreibt er gut zehn Jahre später wieder an die Schwester in Neuruppin, sie solle ihm ein paar Worte über die Dosse-Region senden „die doch ein bischen nach Augenschein aussehen".[104]

Dieses sich hier zufällig verdichtende Zusammenspiel von Realitätswahrnehmung und Imagination ist ein Merkmal nicht nur von Fontanes Landschaftsbeschreibungen, sondern von „Landschaft" überhaupt. Denn die „Landschaft" ist ein diffuses Gebilde. Sie ist Naturraum und Kulturraum gleichermaßen, geprägt von geologischen Formationen und Vegetation, nicht minder aber auch geformt durch historische Entwicklungen und individuelle Zugangsweisen und Sichtweisen. Das Wort reicht in die Frühzeit der deutschen Sprache zurück; seit dem 17. Jahrhundert gehört zum Sprachgebrauch der geographischen Formation „Landschaft" auch unablösbar eine ästhetische Komponente.[105]

Das freilich ist für den Fontane der *Wanderungen* ein Problem. Denn „schön" ist die Landschaft der Mark nicht. Fontane ist sich dessen überdeutlich bewusst: „Die Landschaft war geradezu trostlos und jedes kommende Dorf erschien noch ärmer als das vorangegangene. Mahlender Sand und Kieferheide, dazwischen Brach- und Fruchtfelder" (II, 1, 975). An zahlreichen Stellen wiederholt er diesen Befund immer wieder aufs Neue. Die Natur der Mark Brandenburg ist reizlos, sie ist öde, langweilig und lohnt nicht der Beschreibung: „Immer dieselben alten und wohlbekannten Elemente: See und Sand und Kiefer und Kussel." (II, 697)[106] Dem Blick bietet sich eine „ziemlich reizlose Öde" (I, 922) und bestenfalls ist von der „schönen, aber etwas monotonen Landschaft" die Rede (I, 614). Beson-

102 HFA, IV/2, S. 43 (Brief Elise Fontane vom 17. Juli 1861); vgl. auch HFA, IV/ 5.2, S. 210 (Kommentar).

103 Dieterle, Theodor Fontane (wie Anm. 24), S. 541f.

104 HFA IV/2, S. 442 (Brief an Elise Fontane vom 11. Oktober 1873).

105 Helmut J. Schneider: Erinnerte Natur. Einleitende Bemerkungen zur poetischen Geschichte deutscher Landschaft. In: Ders. (Hg.): Deutsche Landschaft. Frankfurt a. M. 1981, S. V-XXII; hier S. VII.

106 „Kussel", so viel wie „Kollerbusch", auch „Hexenbesen": „abnorme Astwucherungen an Bäumen, die nestartig dichte Zweigbüsche mit zahlreichen kurzen Trieben darstellen und aus lokaler, ungewöhnlich reichlicher Knospenanhäufung hervorgehen"; Meyers Großes Konversations-Lexikon. Bd. 9. Leipzig 1907, S. 302.

ders die Regionen am Dosse-Ufer rufen Fontanes Missfallen und seine Formulierungskunst hervor: „Kein See, kein Fluß, kein Weiher". Sie sind, „wie so viele Punkte der Mark, witwenhaft traurig"; „das monotone Grau" bestimmt das Bild der Landschaft (I, 434). Die „Monotonie" (III, 497) gehört zum Charakter der märkischen Landschaft, aber immerhin kann es vorkommen, dass eine Gegend „trotz vorherrschender Öde manchen schönen Punkt aufweist" (I, 387).

Es ist unverkennbar: Fontane erschließt sich die Mark aus der „Perspektive des Großstädters",[107] der seine Ausflüge in die Umgebung vom Herzen Berlins aus machte. Dass für ein bücherkaufendes Publikum eine solche „Monotonie" nicht besonders attraktiv sein konnte, war Autor wie Verleger bewusst. Im Entwurf zu einem Verlagsprospekt heißt es deshalb auch um einiges freundlicher: „Die Vorstellung, daß die Marken nur Sand und Sumpf, nur Boden-Armuth und landschaftliche Dürftigkeit seien, ist längst zu Grabe getragen, aber immer fehlt es noch an einer Schätzung, die der Sache selbst gerecht würde." Die „märkischen Familien in Stadt und Land", so versichert er, würden aus den *Wanderungen* ersehen können, „was sie nach historischer und landschaftlicher Seite hin an ihrer Mark besitzen."[108] Die Einlösung dieses Versprechens fordert freilich den Poeten Fontane heraus: „Je pauvrer die Gegend, desto besser das Buch", versichert er seinem Briefpartner Friedrich Wilhelm Holtze: „Moos-und Grashalm-Collektionen geben die hübschesten Herbarien."[109]

Die Natur tritt Fontane in der Gestalt der „Landschaft" gegenüber, „und die wiederum reduziert sich schnell zur ‚Kulisse' und ‚Staffage' der Erzählung."[110] Dieser Befund ist sicherlich richtig, aber keineswegs fontanespezifisch. Denn „was wir Landschaften nennen, ist weder natürlich noch unschuldig; es sind menschliche Konstruktionen."[111] Postmoderne Kulturwissenschaftler und Geographen würden ohne Umschweife sagen, der Raum der Landschaften sei eine „Konstruktion",[112] und in diesem Fall hätten sie auch Recht, zumindest zur Hälfte. Denn Landschaften sind immer auch imaginierte Topographien, Vorstellungen davon, in welcher Form sich die Natur dem menschlichen Blick darstellen soll. Diese Feststellung ist zunächst eine bloße Tautologie. Das Konzept „Landschaft" besagt eben nichts

107 D'Aprile, Theodor Fontane (wie Anm. 12), S. 256.

108 Brief an Wilhelm Hertz November 1861. In: Kurt Schreinert, Gerhard Hay (Hg.): Briefe an Wilhelm und Hans Hertz 1859-1898. Stuttgart 1972, S. 421f. (diese Beilage zum Brief ist in der Hanser-Ausgabe nicht enthalten).

109 HFA, IV/3, S. 8 (Brief an Friedrich Wilhelm Holtze vom 23. Januar 1879).

110 Stuhlmann, Fontanes *Wanderungen* als Gegenentwurf und Komplement zu Heines *Reisebildern* (wie Anm. 3), S. 156.

111 David Blackbourn: Die Eroberung der Natur. Eine Geschichte der deutschen Landschaft. München 2008, S. 27.

112 Tim Freytag, Hans Gebhardt, Ulrike Gerhard, Doris Wastl-Walter (Hg.): Humangeographie kompakt. Berlin, Heidelberg 2016, S. 3.

anderes als genau das: von Menschenhand gestaltete Natur. In diesem Sinne reicht der Begriff zu den frühesten Anfängen der deutschen Sprache und hat sich so auch bis in die Gegenwart erhalten.[113]

Fontane nun findet, und das macht den Reiz und den Erfolg der *Wanderungen* aus, seinen eigenen Zugang zur „Landschaft" der Mark Brandenburg. Er entwindet sich dem Dilemma, im Interesse seiner Leser einer trostlosen Landschaft einen Reiz abzugewinnen, durch den Blick über die Landschaft hinaus in die Geschichte. Diese Erzählstrategie verdichtet sich in der Müggelberge-Episode. Den Müggelbergen, südöstlich von Berlin gelegen,[114] widmet Fontane eine der reizvollsten Landschaftsschilderungen seiner gesamten *Wanderungen*. Die Beschreibung kulminiert in einer Vision – „und die Müggelberge sind wieder wie die künstlerische Phantasie sie gesehn." Vor Fontanes innerem Auge zeigen sich in einem Gemälde „die Gestalten unsres märkischen Malers und Meisters – die Semnonen" (II, 558). Der „märkische Meister" ist der von Fontane hochgeschätzte Maler Carl Blechen.[115] Er war neben Caspar David Friedrich der prominenteste deutsche Maler der Romantik. Das Bild, das vor Fontanes Auge aufsteigt – und das er zu Beginn des Kapitels ausführlich beschreibt –, ist das um 1828 entstandene *Semnonenlager in den Müggelbergen*: „Fontane wird diesem Gemälde zeit seines Lebens anhängen".[116] In seiner Würdigung des Gemäldes benennt Fontane den entscheidenden Punkt. Das Gemälde weise über das „bloß Landschaftliche" hinaus und zeige „eine historische Landschaft" (II, 553). An anderer Stelle heißt es ähnlich, dass Blechen die Müggelsberge „in den Rang einer heroischen Landschaft" erhebe (Blechen, NFA 525).[117] Damit ist der Schlüssel benannt, mit dem Fontane sich die Natur der Mark erschließt: Die „Kärglichkeit unserer märkischen Scholle" (I, 334) wird umgedeutet zu einer historischen und heroischen Landschaft.

113 Franz Petri, Rainer Piepmeier: Landschaft. In: Historisches Wörterbuch der Philosophie. Bd. 5. Darmstadt 1980, Sp. 11-28; hier bes. Sp. 11f. und Sp. 18-25.

114 Bereits seit etwa 1880 gab es hier zur touristischen Erschließung einen knapp 30 Meter hohen hölzernen Aussichtsturm, der um 1960 durch einen modernen Bau ersetzt wurde. Fontane besuchte die Müggelberge 1860/61.

115 Vgl. Jost, Das poetische Auge (wie Anm. 17), S. 78f.

116 Buffagni, Das Motiv der Reise als strukturbildendes Element im Prosawerk Theodor Fontanes (wie Anm. 5), S. 450. Das Bild ist heute verloren, es existieren Photographien von der Ausstellung 1906 im *Katalog zur Ausstellung deutscher Kunst aus der Zeit von 1775–1875 in der Königlichen Nationalgalerie Berlin*. München 1906.

117 NFA, Aufsätze zur bildenden Kunst I, S. 525.

Geschichtslandschaft

Jede Landschaft, so unverrückbar sie auch ihrem Betrachter entgegentreten mag, ist eine „Geschichtslandschaft". Denn anders als es den Anschein hat, „bleibt die Natur sich nicht immer gleich. Sie ändert sich, wenn immer der Mensch unter dem Einfluss einfacher oder komplexer historischer Ursachen seine technische Ausrüstung, seine gesellschaftliche Organisation und sein Weltbild ändert."[118] Das haben auch die Zeitgenossen des 19. Jahrhunderts schon beobachtet. Wilhelm Heinrich Riehl war sich der Tatsache sehr bewusst, dass die Naturlandschaft eine historisch gewachsene Kulturlandschaft ist,[119] und einige Jahrzehnte später fand Friedrich Ratzel, der Begründer der Kulturgeographie, die prägnante Formel dafür: „Wir lesen im Raum die Zeit".[120] Und umgekehrt gilt auch: „Alle Geschichte hat einen Ort."[121] Dass Fontanes eigentliches Interesse der „Geschichtslandschaft" galt, hat die Forschung zu den *Wanderungen* inzwischen im Übermaß festgestellt, und auch die zeitgenössischen Leser haben es schon gewusst. Ganz richtig ist das allerdings nicht. Gelegentlich hat Fontane selbst seinen Überdruss am „Vorherrschen des Historischen" (II, 870) bekundet und festgestellt, dass die *Wanderungen* „gräßlich" wären, wenn sie „blos historisch wären".[122] Dieses Missbehagen des Autors am eigenen Text mag nach 20 Jahren und rund 2000 Druckseiten verständlich erscheinen, aber den Lesern hat es gefallen, wie er ihnen die Landschaft als Geschichtslandschaft vorgestellt hat.

Aber die Landschaft muss zunächst in ihrer räumlichen Dimension erschlossen werden, bevor sich die Geschichte aus ihr ablesen lässt. Dabei geht bei Fontane beides, die historiographische und die topographische Erschließung, Hand in Hand. Der Orientierung im Raum hat Otto Friedrich Bollnow eindringliche anthropologische Überlegungen gewidmet. Zunächst vermittelt der Körper ein fundamentales Ortsgefühl: vorn und hinten, rechts und links.[123] Ob heute diese anthropologische Grundorientierung noch gültig ist, ist freilich eine eigene Frage. Man kann vermuten, dass wegen der elektronischen Medien das „Ortsgefühl"

---

118 Karl A. Wittfogel: Die orientalische Despotie. Eine vergleichende Untersuchung totaler Macht. 2. Aufl. Frankfurt a. M., Berlin, Wien 1981 (zuerst engl. 1957), S. 35.

119 Kałążny, „Das landschaftliche Auge" (wie Anm. 72), S. 170f.

120 Friedrich Ratzel: Geschichte, Völkerkunde und historische Perspektive. In: Historische Zeitschrift 93 (1904), S. 1-46; hier S. 28. Pflichtgemäß sei auf Ratzels führende Rolle bei der Gründung des kolonialistischen „Alldeutschen Verbandes" hingewiesen; vgl. Ulrike Jureit: Das Ordnen von Räumen. Territorium und Lebensraum im 19. und 20. Jahrhundert. Hamburg 2012, S. 129-136.

121 Schlögel, Im Raume lesen wir die Zeit (wie Anm. 29), S. 71.

122 HFA IV/4, S. 477 (Brief an Friedländer vom 1. August 1894). Vgl. Opitz, Die „Wurstmaschine" (wie Anm. 19), S. 47.

123 Otto Friedrich Bollnow: Mensch und Raum. 10. Aufl. Stuttgart 2004 (zuerst 1963), S. 50-55. Dieterle, Theodor Fontane (wie Anm. 24), S. 122f.

verloren gegangen sein könnte.[124] Aber in der Zeit Fontanes stellte sich diese Frage nicht.

In der Praxis erschließt sich der Raum sodann durch seine Zugangsmöglichkeiten. Bollnow spricht, mit einem längst obsolet gewordenen Begriff, vom „hodologischen Raum", im Rückgriff auf die Hodologie, die Wissenschaft von den Verkehrsverbindungen aller Art und der Bewegung auf ihnen.[125] Als ein solcher hodologischer Raum stellt sich die märkische Landschaft Fontanes recht unbestimmt dar. An einer Stelle imaginiert er sogar eine Fahrt mit dem „Luftballon", um das „vieldurchschnittene Terrain" der Spreelandschaft angemessen wahrnehmen zu können (II, 459). Klare Verkehrsverhältnisse gibt es nicht, nur einige wenige, im Laufe der Jahrzehnte zunehmende Eisenbahnstrecken, „Postwagen und Omnibusse", die den „Verkehr zwischen Potsdam und den kleinen, aber wohlhabenden Städten und Dörfern" unterhalten (II, 348) oder zwischen „Berlin und Cöpenick" verkehren (II, 539), viele kleine Wege und Alleen, die mit der Kutsche und zu Fuß durchmessen werden müssen. Vor allem prägen Wasserstraßen das „hodologische" Konzept des märkischen Raums. Sie werden von Fontane vielfältig genutzt, vom Dampfschiff auf der Oder über die Segelyacht *Sphinx* bis hin zu den Booten, mit denen sich Fontane etwa auf dem Schwilow-See umherrudern lässt (II, 379); er macht eine „Wasserreise durch das Herz des Luches", gezogen von einem „Torfarbeiter", der „uns rasch und sicher die Wasserstraße hinauszog" (I, 350); im Spreeland ging es „mit Ruder und Segel" dahin, „auf und ab, planlos, ziellos" (II, 700). Als grundlegendes Orientierungsmuster taugen die Verkehrswege nicht, einfach deshalb nicht, weil die Landschaft und die Infrastruktur das nicht hergeben: „Kahnfahrten werden uns aushelfen, wo Wasser und Sumpf jede Fußwanderung unmöglich machen." (I, 346) Fontanes Klage in den Müggelbergen spricht es noch einmal deutlich aus: „Nicht Weg, nicht Steg und keine andere Fahrstraße sichtbar; als das verwirrende Flußnetz, das sich durch die scheinbar endlosen Forstreviere zieht." (II, 557) Auch der wandernde Volkskundler Wilhelm Heinrich Riehl, der die Mark gemieden hat, wäre hier an seine Grenzen gestoßen mit seiner strengen Forderung, vorab durch genaues Kartenstudium „die Kreuz= und Querlinien unsres Weges planvoll festzustellen".[126] Dabei hatte Fontane durchaus ein gutes Verhältnis zur Geographie. Seine „topographischen Interessen" und „geologischen Kenntnisse" waren profund,[127] und er hat seine Fahrten durch die Mark immer nach „gründlicher Vorbereitung" mit ausführlichem Kartenstudium unternommen.[128]

124 Blackbourn, Die Eroberung der Natur (wie Anm. 111), S. 28.

125 Bollnow, Mensch und Raum (wie Anm. 123), S. 199f.

126 Riehl, Wanderbuch (wie Anm. 73), S. 8.

127 Hans E. Pappenheim, Karten und Vermessungswesen im Schaffen Theodor Fontanes. In: Jahrbuch für brandenburgische Landesgeschichte, Bd. 4 (1953), S. 26-34; hier S. 30.

Das topographische Bild der märkischen Landschaft ist bei Fontane nicht vom Verkehrsnetz geprägt. Fontane folgt einem anderen Muster: Das zentrale Strukturmerkmal seiner Landschaft sind die „bevorzugten Plätze"; jene Orte, die „mit besonderen Bedeutungen behaftet" sind – um solche Plätze geht es in den *Wanderungen*,[129] und diese Plätze sind Erinnerungsorte, Stellen von historischer Bedeutung, die oft der Zielpunkt einzelner Ausflüge sind.[130] Auf sie ist Fontane so fixiert, dass sich die Frage stellt, ob er tatsächlich eine „Geschichtslandschaft" oder nur eine historische „Stättenlandschaft" oder Anekdoten- und Personenlandschaft erfasste.[131] Fontane erkundet mit seinen „Wanderungen" die geschichtsdurchtränkte Landschaft im weiteren Umkreis Berlins, der ungefähr einen Radius von 100 Kilometern umfasste, von „wenigen friederizianischen Stätten" abgesehen.[132]

Dabei richtet er sich gemütlich in der Vergangenheit der Mark Brandenburg ein, so wie sie sich ihm aus lokalhistorischer und oft nur vom Zufall gesteuerter Perspektive darbietet. Seine historischen Rückblicke reichen in der Regel nur bis zum Dreißigjährigen Krieg, mit der allerdings sehr gewichtigen Ausnahme der langen Kolonisationsgeschichte als Einleitung zum *Havelland*-Band. Gewiss hat der historiographische Aspekt der *Wanderungen* seinen Reiz für den Autor wie den Leser vor allem im Anekdotischen. Auch darüber legt Fontane Rechenschaft ab, wenn er unterscheidet zwischen der „Plauderanekdote", die nur im direkten Gespräch ihren Reiz entfaltet, „ästhetischen Bedenken" aber nicht standhält und jenen Anekdoten, die als „gedruckte Geschichte" das Licht der Öffentlichkeit zu erblicken verdient haben (II, 325). Die Anekdote ist für Fontane gleichermaßen ein Mittel historischer Darstellung wie ein Instrument der Leserbindung: Sie ist eine „Möglichkeit zur Bewältigung von Geschichte" und sie setzt voraus, dass „sich Erzähler und Publikum in der ‚Bedeutung' des erzählten Falles einig sind".[133]

Für einen Journalisten, der vom Ertrag seines Zeilenhonorars leben muss, verwendet er einen erheblichen Zeitaufwand auf die Ermittlung unwesentlicher, auch anekdotisch kaum verwertbarer Details. An den professionellen Geschichtsprofessoren arbeitet sich Fontane gerne in Briefen ab: Der „Zopf-Professor" sei eben nicht in der Lage anzuerkennen, „daß die freie, *künstlerische* Behandlung eines Stoffes, um des Künstlerischen willen ein Recht der Existenz hat",[134] und im „Schlußwort" des letzten Bandes verzichtet er „freiwillig" darauf, unter die „Wür-

128 Hans E. Pappenheim: Geographie als Rüstzeug Theodor Fontanes. In: Ebd., Bd. 5 (1954), S. 95-102; hier S. 100.

129 Bollnow, Mensch und Raum (wie Anm. 124), S. 69.

130 Wiese, Erwanderte Landschaften (wie Anm. 2), S. 296.

131 Heinrich, „Ein nicht verächtlicher Schatz" (wie Anm. 4), S. 19.

132 Ebd., S. 20.

133 Jürgen Hein: Die Anekdote. In: Otto Knörrich (Hg.): Formen der Literatur in Einzeldarstellungen. Stuttgart 1981, S. 14-20; hier S. 15f.

134 HFA, IV/2, S. 59 (Brief an Hertz vom 12. Februar 1862).

denträger und Großcordons historischer Wissenschaft eingereiht zu werden" (II, 871). Aber dennoch, um es in den Kategorien des jüngeren Zeitgenossen Nietzsche auszudrücken: Fontane betreibt „antiquarische" Geschichtsforschung, wie Nietzsche sie der dominierenden „historischen Schule", seiner Zeit vorgeworfen hat. Unverkennbar bleibt der Ehrgeiz, das Anekdotische auf ein sicheres Faktenfundament zu stellen und sich damit den Fachhistorikern, deren Ergebnisse im Detail gelegentlich kritisch hin- und hergewendet werden, ebenbürtig zu erweisen.[135] Auch den unwichtigsten Details versucht er in archivarischer Arbeit auf den Grund zu gehen und grämt sich, wenn er „außerstande gewesen" ist, „irgendetwas in Erfahrung zu bringen" (I, 299).

Unverkennbar ist Fontane vom Geist des Historismus beseelt, vom Bedürfnis, es so zu beschreiben „wie es eigentlich gewesen ist". Seine *Wanderungen durch die Mark Brandenburg* sind im gleichen Maße Forschungen über die Mark Brandenburg. Ganz fern liegt Fontane indes die „monumentalische" Geschichtsschreibung.[136] Bei aller Sympathie für das alte Preußen schützt ihn der Sinn für die historischen Gegebenheiten vor übermäßiger Glorifizierung vergangener Verhältnisse. Die ihm vom Publikum der *Wanderungen* unterstellte „Schwärmerei für Mark und Märker" – gemeint ist in diesem Fall wieder nur der märkische Adel – weist Fontane jedenfalls ausdrücklich zurück: „So dumm war ich nicht".[137] Hier gewinnt Fontanes Neigung zum Anekdotischen ihren Hintersinn: „Sie dient seinem Verlangen, bewundern zu dürfen, ohne zu auratisieren."[138]

Die Forschung zu den *Wanderungen* wurde dadurch recht eingeengt, weil sie sich gerne auf die Frage konzentrierte, welche politische – möglichst gesellschaftskritische – Haltung Fontanes, speziell auch zum „Preußentum", sich denn daraus ablesen lasse.[139] Man kann Fontanes politische Entwicklung stromlinienförmig deuten nach dem Prinzip *Durch Nacht zum Licht* – ein Romantitel Spielhagens –, so wie es der erste Fontane-Biograph seit den 1920er Jahren, Hans-Heinrich Reuter, etwas gar zu forciert getan hat, um Fontane DDR-kompatibel zu machen.[140]

---

135 Wiese, Erwanderte Landschaften (wie Anm. 2), S. 167f.

136 Friedrich Nietzsche: Unzeitgemässe Betrachtungen. Zweites Stück: Vom Nutzen und Nachtheil der Historie für das Leben. In: Ders.: Sämtliche Werke. Kritische Studienausgabe. Hg. v. Giorgio Colli, Mazzino Montinari. Bd. 1. Berlin, New York, München 1988, S. 243-334; hier S. 258-265.

137 HFA, IV/3, S. 198 (Brief an Emilie Fontane v. 12. August 1882).

138 Blumenberg, Vor allem Fontane (wie Anm. 55), S. 160.

139 Erhard, „Alles wie erzählt" (wie Anm. 23), S. 230f.

140 Wenn man dem einschlägigen *Wikipedia*-Eintrag trauen darf, war Reuter hauptberuflich seit 1961 stellvertretender Direktor des Goethe- und Schiller-Archivs der „Nationalen Forschungs- und Gedenkstätten" und ehrenamtlich seit 1964 als „inoffizieller Mitarbeiter (IM) ‚Giesshübler' für die HA XX des MfS, Bezirksverwaltung Erfurt, tätig (BStU Erfurt, Az. 542/78 Bd. 1 u. 2)". Zur Tätigkeit Reuters als IM in Weimar vgl. auch Philipp Felsch: Wie Nietzsche aus der Kälte kam. Geschichte einer Rettung. München 2022, S. 173f. und S. 211f.

Gewiss ist die Feststellung einer „preußischen Tendenz" nicht abwegig, wobei man den schlichten Befund nicht aus den Augen verlieren sollte, dass man „Preußentum und Märkertum nicht gleichsetzen" darf;[141] ebenso kann man den Fontane der *Wanderungen* als Repräsentanten einer preußisch-bürgerlichen „Mythenpolitik" auffassen, die ihren Kulminationspunkt in der Königin-Luise-Episode in den *Paretz*-Kapiteln des *Havelland*-Bandes findet (II, 321-337).[142] Wer genau liest, wird sehen, dass Fontane durchaus vom Zauber des erinnerungsträchtigen Ortes gefangen ist. (II, 330; 336) Unverkennbar ist aber, dass er dem Preußen-Mythos mit vorsichtiger Distanz begegnet, weil der „Große Fritz in Gefahr war, unter die Heiligen versetzt zu werden." (II, 334) An anderer Stelle wird Luise, um die sich nach ihrem frühen Tod in der Tat eine volkstümliche Legendenbildung entsponnen hatte,[143] selbst vor der „Phrasenhaftigkeit ihrer Verherrlicher" in Schutz genommen. (I, 502) Grundsätzlich bleibt Fontane der Rationalist im Zeichen der Aufklärung, der überlieferte Mythen kritisch befragt, ohne allerdings ihnen ihren Zauber nehmen zu wollen.[144] Den „*Geistererscheinungen*" der Rosenkreuzer um Bischofswerder – so Fontanes Schreibweise statt „Bischoffwerder" – und Wöllner widmete Fontane kritische Bemerkungen (II, 315), verwirft aber die Rosenkreuzer-Bewegung am Hof Friedrich Wilhelms II. am Ende des 18. Jahrhunderts nicht als Ganze.

Aber wie auch immer: Fontanes nimmt die märkische Landschaft in erster Linie als Geschichtslandschaft wahr. Dabei legt er sich nicht auf die preußische Geschichte fest, und die ewig neu gestellte Frage, wie Fontane es denn mit ihr halte, greift zu kurz. Die historischen Stätten, ihr Erinnerungs-, aber auch ihr Mythen- und Sagengehalt sind gewiss Anknüpfungspunkte für politische und emotionale Erörterungen, aber in erster Linie dienen sie doch dazu, der Landschaft über ihre natürliche Erscheinungsform hinaus eine unverwechselbare Physiognomie zu geben.

Flusslandschaft

Die überlieferte Redensart von der Mark Brandenburg als der „märkischen Streusandbüchse"[145] führt etwas in die Irre. Nicht von ungefähr tragen drei der vier Bücher der *Wanderungen* einen Flussnamen im Titel: Oder, Spree und Havel,

141 Fürstenau, Theodor Fontane und die märkische Heimat (wie Anm. 2), S. 10.

142 Wulf Wülfing: Aussichten – Einsichten: Zur Rolle des Fensters in Fontanes *Wanderungen durch die Mark Brandenburg*. In: Fontanes „Wanderungen", S. 123-135; hier S. 125f.

143 Herfried Münkler: Die Deutschen und ihre Mythen. Berlin 2009, S. 257-274.

144 Renate Böschenstein: Prägnante Mikrostrukturen in Fontanes „Wanderungen durch die Mark Brandenburg". In: Fontanes „Wanderungen", S. 453-470; hier S. 459.

145 Fürstenau, Theodor Fontane und die märkische Heimat (wie Anm. 2), S. 267f.

und auch der erste Band, das *Ruppiner Land*, hätte nach den allerdings ziemlich unbekannten Flüssen Dosse und Rhin benannt werden können. Tatsächlich sind die Landschaften der Mark Brandenburg mindestens im gleichen Maße Fluss- wie Heidelandschaften. Die Flüsse sind für Fontane mehr als eine hydrologische Gegebenheit. Sie geben der Mark Brandenburg sowohl ihr landschaftliches wie wirtschaftliches Gepräge. Die Gegend ist sehr

> wasserreich. Das Terrain ist so flach, dass Wasser entweder überhaupt nicht oder nur ganz langsam abfließt. Im Land Brandenburg gibt es nicht nur weite Moore, sondern es ist auch das Land der tausend Seen. Etliche Seen liegen im Land Berlin, man denke nur an Müggelsee und Wannsee. Die Flüsse, von denen Havel und Spree die wichtigsten sind, haben ein sehr geringes Gefälle. [...] Das Wasser in Brandenburg geht oft seltsam gewundene Wege.[146]

Dieser Tatsache zollt Fontane nicht nur in seinen Beschreibungen ausgiebig Tribut, wesentlich mehr jedenfalls, als die Fontane-Forschung wahrgenommen hat, sondern er weist im „Vorwort" zum vierten, 1883 erschienenen Band ausdrücklich darauf hin, dass die Flüsse der Mark Brandenburg ein Gliederungsprinzip für seine *Wanderungen*-Bücher geworden sind: Die Bände II und III seien der „Oder und Havel" zugewandt gewesen, der IV. Band wendet sich „der *Spree* zu, dem Laufe des Flusses von Ost nach Westen hin folgend". (II, 453) Und nicht ohne Lokalstolz bemerkt er: „Die Havel darf sich einreihen in die Zahl deutscher Kulturströme." (II, 184)

Die biographische Chronologie seiner Erkundungen in der Mark war eine ganz andere; für die Buchausgabe wurden sie indes so zusammengestellt, dass die Flusslandschaften als Gliederungsprinzip erkennbar wurden. Fontane stellt ausführlich dar, dass die Geschichte der Mark Brandenburg untrennbar geprägt ist von der Urbarmachung und Bewirtschaftung ihrer Flusslandschaften. Am deutlichsten zeigt sich das im Oderbruch, aber auch das Wustrauer Luch und das Dosse-Bruch westlich von Potsdam wurden im Laufe des 18. Jahrhunderts trockengelegt und mit Kolonisten besiedelt. Fontane war genau bewusst, dass die Landschaft ihr Gesicht durch eine enorme zivilisatorische Anstrengung erhalten hat. Denn Landschaften sind nicht nur in einem metaphorischen, sondern ebenso in einem sehr handfesten Sinne „Konstrukte"; „Konstrukte", die nicht von Malern und Schriftstellern imaginiert, sondern von Baumeistern und Ingenieuren geschaffen wurden. Sie sind das Resultat menschlicher – genauer: staatlicher – Mühen, mit denen die Herrschaft über das Wasser gewonnen wird, wie Fontane im *Tegel*-Kapitel programmatisch erläutert:

146 Hansjörg Küster: Deutsche Landschaften. Von Rügen bis zum Donautal. München 2017, S. 36.

> Kunst, Wissenschaft, Bildung haben in diesem armen Lande einen schwereren Kampf gegen die widerstrebende Natur zu führen gehabt als vielleicht irgendwo anders, und in gesteigerter Dankbarkeit gedenkt man jener Reihenfolge organisatorischer Fürsten, die seit anderthalb Jahrhunderten Land und Leute umgeschaffen, den Sumpf und den Sand in ein Fruchtland verwandelt und die Roheit und den Ungeschmack zu Sitte und Bildung herangezogen haben. (II, 157)

Die Flussbegradigungen und Kanalbauten waren zweifellos die größten und ambitioniertesten technischen Projekte des 18. und 19. Jahrhunderts. Der Rhein, der zum Inbegriff romantischer Naturbegeisterung englischer Touristen werden konnte, ist ein Kunstprodukt, von Ingenieurgeist ersonnen – in diesen Fall dem Geist des Leiters der badischen Oberdirektion des Wasser- und Straßenbaus, Johann Gottfried Tulla – und von Menschenhand im 19. Jahrhundert erschaffen.[147] Nicht anders verhielt es sich mit der Oder, der Fontane den zweiten seiner *Wanderungen*-Bände widmete. Sie ist um die Mitte des 18. Jahrhunderts das Objekt weitausgreifender und erfolgreicher Siedlungsprojekte. Friedrich II. hat seinen Erfolg in einer ikonischen – auch von Fontane zitierten – Sentenz bündig zusammengefasst: „Hier hab' ich *im Frieden* eine Provinz erobert." (I, 574) Fontane weiß die fruchtbare Landschaft zu würdigen, die „die von Friedrich dem Großen ausgeführte Odermelioration dem Wasser und Sumpf abgerungen hat" (I, 714).

Landschaften verändern sich und mit ihnen die sozialen Verhältnisse der Menschen, die in ihnen leben. In seinem berühmten Werk über die *Orientalische Despotie* hat der Sinologe Karl August Wittfogel gezeigt, wie in den „hydraulisch" geprägten Weltregionen der Umgang mit dem Wasser das gesamte Sozial- und Herrschaftsgefüge einer Gesellschaft prägt:

> Die wirksame Durchführung der hydraulischen Aufgaben eines Landes verlangt ein organisatorisches Geflecht, das die Einwohnerschaft des gesamten Gebietes oder wenigstens diejenige des dynamischen Kerns umfaßt. Wer immer die Fäden dieses Geflechts in seiner Hand hält, hat eine einzigartige Chance, sich der höchsten politischen Gewalt zu bemächtigen.[148]

Im kleineren Maßstab hätte Wittfogel seine Befunde auch an der Geschichte der Mark Brandenburg erarbeiten können. Mit einem gewaltigen, technischen, finanziellen und infrastrukturellen Aufwand war seit dem frühen 18. Jahrhundert die Oder reguliert worden, um die regelmäßigen Überschwemmungen großer Flächen zu verhindern, die gelegentlichen Hochwasserkatastrophen abzumildern und um den Fluss schiffbar zu machen. Die „Regulierung des Oderbettes" war

147 Blackbourn, Die Eroberung der Natur (wie Anm. 111), S. 105-127.
148 Wittfogel, Die orientalische Despotie (wie Anm. 119), S. 52.

auch zu Fontanes Zeit noch ein großes Thema (I, 553); abgeschlossen ist sie bis heute nicht: Die Oder ist von allen großen deutschen Flüssen immer noch der naturnächste.[149] Fontane geht in seinem *Oderland*-Band ausführlich auf diese Regulierung des Flusses und die damit verbundene Urbarmachung der ganzen Region ein, die mit den Maßnahmen von König Friedrich Wilhelm I. 1736 neu begonnen wurden (I, 568f.), tatsächlich aber schon eine jahrhundertealte, auf die Deutschritter und Zisterzienser zurückgehende Vorgeschichte haben. Dafür wurde der Flusslauf radikal begradigt, die zahllosen Nebenarme, Totgewässer, Mäander wurden trockengelegt,[150] bis am Ende das Oderbruch ein „Bild von Schönheit und Fruchtbarkeit" aufwies, „wie es die Mark in dieser Vereinigung nicht ein zweites Mal besitzt" (I, 593). Der unmittelbare Anlass für den Neubeginn der Regulierungsarbeiten waren die immer wiederkehrenden schweren Überschwemmungen; die von 1736 war die neunte innerhalb von 40 Jahren.[151] Dass das alles nicht ohne Nebenwirkungen, die bis ins 21. Jahrhundert reichen, vor sich gehen konnte, wurde erst späteren Zeiten bewusst.[152] Nicht zuletzt waren diese Maßnahmen nicht nur ein „Kampf gegen Naturgewalten", sondern auch gegen „den Widerstand von Menschen".[153] Das weiß auch Fontane, wenn er über die Kanalisierung des havelländischen Luchs schreibt: „Wo nicht freier Wille zu Hülfe kam, erfolgte Zwang." (I, 388)

Durch die Regulierung der Oder wurden große und sehr fruchtbare Landflächen gewonnen, zu deren Bewirtschaftung dann Kolonisten angeworben und mit großzügiger Staatshilfe angesiedelt wurden. Fontane hat das ausführlich beschrieben und gewürdigt (I, 581-588). Moderne Leser mögen sich wundern, warum angesichts dieser proportional sehr hohen Zahl von Neuansiedlern aus dem Ausland seinerzeit nicht von einer „Flüchtlingsschwemme" die Rede war.[154] Der Grund ist einfach: Der Begriff stand den Zeitgenossen noch nicht zur Verfügung. Aber auch die Zuwanderung nach Brandenburg, speziell die Ansiedlung von 20.000 Hugenotten, aber auch der aus Wien vertriebenen Juden im späten 17. und im 18. Jahrhundert brachte erhebliche soziale und politische Verwerfungen mit sich. So verschieden die Motive der Zuwanderung waren, „so einhellig war die

149 Verena Müller: Alles oder nichts? In: Welt am Sonntag, 26. Dezember 2021, S. 60.
150 Blackbourn, Die Eroberung der Natur (wie Anm. 111), S. 39.
151 Ebd., S. 41.
152 Dass man im 21. Jahrhundert wieder eine Renaturierung der Moore anstrebt, weil sie unschätzbare Biotope sind und zugleich als CO_2-Senke dienen, gehört wohl zur Dialektik des Fortschritts. Vgl. Landesumweltamt Brandenburg (Hg.): Leitfaden zur Renaturierung von Feuchtgebieten in Brandenburg. Potsdam 2004 (Studien und Tagungsberichte 50).
153 Blackbourn, Die Eroberung der Natur (wie Anm. 111), S. 50.
154 D'Aprile, Theodor Fontane (wie Anm. 12), S. 38.

ablehnende Haltung der einheimischen Bevölkerung gegenüber dem Zuzug beider Gruppen."[155]

Bei den Kolonisten, die nach 1730 die trockengelegten Regionen besiedelten, überwiegend Salzburger Hugenotten, sah es wieder anders aus. Diese Kolonisten wurden gerufen – allerdings kamen statt der erwarteten 4000 bis 6000 rund 20.000 –, und sie wurden gebraucht, um das neu gewonnene Land urbar zu machen und zu bebauen. Hier gab es nach einer Eingewöhnungszeit nur „noch wenig Konflikte zwischen der eingesessenen Bevölkerung und den Salzburgern."[156] So ganz friktionslos ist die Besiedlung der trockengelegten Regionen aber dennoch nicht verlaufen. Fontane begegnet den Kolonisten des Oderbruch mit skeptischer Zurückhaltung: „Man war eben nur reich geworden; Bildung, Gesittung hatten nicht Schritt gehalten mit dem rasch wachsenden Vermögen, und so entstanden wunderliche Verhältnisse" (I, 585), und er schließt mit einer sanften Mahnung: „Mögen unsere Oderbrücher, nach der wilden Jugend ihres ersten Jahrhunderts, immer fester werden in Schlichtheit, Sitte, Zucht." (I, 588)

Das Oderbruch war nicht das erste Projekt dieser Art. Zuvor hatte der gleiche König begonnen, das „große havelländische Luch trockenzulegen" (II, 569) – unter „Luch" versteht man in Nordostdeutschland ebenso wie unter „Bruch" eine vermoorte oder versumpfte Niederung – und danach ging er daran, das „Dosse-Bruch" zu kanalisieren: „Es hatte vordem so ziemlich den selben Sumpfcharakter wie das Oderbruch" (I, 387) Auch der Trockenlegung des havelländischen Luchs durch Friedrich Wilhelm I., widmet Fontane zwei Seiten, und auch hier folgt der Tatkraft des Königs der Fleiß der angesiedelten Bevölkerung, der sich in diesem Fall durch die „Gewinnung guter Milch und Butter" bezahlt macht (I, 107).

Fontane hat diesen historischen Projekten des 18. Jahrhunderts breite Aufmerksamkeit gewidmet, sie in großer Ausführlichkeit dargestellt und ihren zivilisatorischen Ertrag ziemlich uneingeschränkt begrüßt. An beliebiger Stelle, in diesem Fall bei der Würdigung der Lebensleistung der Frau von Friedland, heißt es, sie habe „den Reichtum des Bruchbodens gefördert und seine Naturkräfte lebendig gemacht" (I, 714). Es ist ein Leitmotiv der *Wanderungen*, wenn Fontane über die einzelnen Regionen etwas kompliziert urteilt, „daß die Grundelemente zu einem märkischen Landschaftsbilde nur geboten werden um von seiten der Kultur ungenutzt zu bleiben, verkümmert die Freude an dem, was wirklich vorhanden ist" (II, 90).

Neben den Flüssen stehen die Seen, welche die Landschaft prägen und denen Fontane, anders als den Flüssen, ein fast mythisches Interesse entgegenbringt. Das gilt keineswegs nur für den über die Maßen berühmt gewordenen Stechlin-See,

155 Stefi Jersch-Wenzel: Preußen als Einwanderungsland. In: Manfred Schlenke (Hg.): Preußen. Beiträge zu einer politischen Kultur. Bd. 2. Reinbek bei Hamburg 1981, S. 136-160; hier S. 146.
156 Ebd., S. 155.

der schon im ersten Band der *Wanderungen* seinen Auftritt hat, bevor er zum Romanhelden wird (I, 340-342). Es gibt noch viele andere Seen in den *Wanderungen*, die ihre je eigene Charakteristik erfahren. Den Schwermützel-See würdigt Fontane als den „rätselvollen See“ (I, 546); der Müggelsee, der „mit zu den größten und schönsten der märkischen Seen zählt“, ist „bös. Es ist, als wohnten noch die alten Heidengötter darin“ (II, 559, 562): „Er ist tief, finster und tückisch.“ (II, 379) Der Schwilow-See hingegen ist „gutmütig“ (II, 379) und lädt zu einer kleinen Spazierfahrt bei guter Stimmung und Geplauder ein.

In ihrer eigentlichen Gestalt zeigt sich die märkische Flusslandschaft aber in der wendischen Spree. Fontane erschließt sie sich, „in Erfüllung eines Lieblingswunsches“, im Juli 1874 mit einer luxuriösen Fahrt auf dem Segelschiff *Sphinx* vom Typ „Berliner Schwertyacht“[157] bis zu den „See- und Quellgebieten der ‚wendischen‘ Spree“, wie es in der Einladung zu dieser Fahrt heißt. Fontane erfährt die vorbeiziehende Uferlandschaft im Geplauder mit den Mitreisenden, im Erzählen anekdotischer Begebenheiten – im Zentrum steht die Geschichte der Reiher-Beitzjagd in dieser Region (II, 526-530) –, im Blick auf die Natur und auf die wendischen Dörfer: „Der Grundzug der Wendei, wenigstens an dieser Stelle, ist Trauer und Einsamkeit“ (II, 523).[158] Aber dem „Zauber dieser Einsamkeitsdörfer“ kann er sich nicht entziehen (II, 525).

„Dark Tourism“: Todeslandschaften

Wenn Fontane in seiner möglicherweise fingierten Erinnerung auf den Besuch von Groß-Beeren als Keimzelle der *Wanderungen* verweist, dann benennt er damit zugleich eines der zentralen Themen des gesamten Werkkomplexes: sein Interesse an Militaria aller Art. Denn Groß-Beeren verdiente das Interesse schon des Schülers Fontane nicht wegen seines halben Dutzend Bauernhöfen und den paar Häusern, aus denen es damals bestand, sondern weil es ein Schlachtfeld von zumindest lokalhistorischer Bedeutung gewesen war. Am 23. August 1813, also rund 20 Jahre vor Fontanes erstem Besuch, schlugen preußische und schwedische Truppen – die russischen lässt Fontane unerwähnt – die napoleonischen Angreifer, bestehend aus sächsischen und französischen Armeen, zurück und verhinderten damit die Besetzung Berlins. Das an sich reizlose Gelände gewinnt durch dieses historische Ereignis seine Bedeutung. Die „damalige politisch-militärische Situation“ (II, 725) und anschließend der Schlachtverlauf am 23. August 1813 werden mit unverkenn-

157 Schuller, An Bord der Albatros (wie Anm. 18), S. 48.

158 Dieses Urteil kann der freilich viel später auf Fontanes Spuren segelnde Betrachter der gleichen Landschaft ebenfalls nicht nachvollziehen: „Wir sahen nichts als lachende, strahlende, gloriose Ufer.“ Schuller, An Bord der Albatros (wie Anm. 18), S. 27.

barer Liebe zum militärhistorischen Detail beschrieben, nachdem Fontane das Terrain 1860 und 1861 nochmals besucht hatte.

Beschreibungen von Schlachtfeldern sind ein wiederkehrender Stoff in Fontanes *Wanderungen*, und das Fehlen von Schlachtfeldern wird gar als ein Makel vermerkt: „Selbst der Feind mied diese Stelle. Darum fehlen hier", in der Region um Schmöcknitz, „auch die Schlachtfelder auf viele Meilen hin" (II, 523). Diese Neigung zur Besichtigung von Schlachtfeldern auch außerhalb der *Wanderungen* und der Kriegsbücher ist auffällig. Dass Fontane kriegslüstern war, kann man indes sicher nicht sagen. Er betrachtet die Landschaften mit dem nüchternen Blick des Militärhistorikers und ist weit davon entfernt, „das preußische Militär zu verherrlichen".[159] Militär- und Kriegsgeschichte ist für Fontane zunächst einmal ein strukturbildendes Element, das es erlaubt, Raum und Zeit organisch miteinander in Beziehung zu setzen und damit den Erlebnishorizont des einzelnen Wanderers um ein Erhebliches zu überschreiten.

Gleich im ersten Band widmet Fontane ein gutes Viertel des dem seiner Geburtsstadt Neuruppin gewidmeten Raumes der Geschichte der dort liegenden Garnison, die allerdings erst ab der dritten Auflage 1875 in den ersten Band aufgenommen wurde (I, 203-260). Das eröffnet ihm die Möglichkeit, historisch bis in die 1790er Jahre zurückzugehen und geographisch, den Kriegszügen der Regimenter folgend, bis nach Dänemark und Frankreich auszugreifen. Dieser Technik bedient sich Fontane im gesamten Werk der *Wanderungen* mehrmals. 1872 hat Fontane das Schlachtfeld bei Katzbach in Schlesien selbst besichtigen können und er fügt auf dieser Grundlage in der drei Jahre später erscheinenden dritten Auflage des *Ruppin*-Bandes eine Ortsbeschreibung ein.[160]

Nun ist es der Blick des Strategen, der die Landschaftsbeschreibung lenkt. Die Topographie wird unter der leitenden Frage beschrieben, wie sie sich strategisch und taktisch nutzbar machen lässt (I, 228f.). Analog verfährt dann auch die Beschreibung des Schlachtfeldes von Groß-Beeren, der Fontane sogar zwei Skizzen zur militärischen Lagebeschreibung einfügt (II, 728, 731). In seiner klassischen Studie über *Mensch und Raum* hat Otto Bollnow, im Rückgriff auf kriegspsychologische Forschungen aus dem Ersten Weltkrieg, die strukturelle Besonderheit der „Kriegslandschaft" gegenüber der „Friedenslandschaft" hervorgehoben. Die „Friedenlandschaft" erstreckt sich gleichmäßig in alle Richtungen, die „Kriegslandschaft" ist beherrscht von der „Front", von der aus gesehen „vorne" und „hinten" die entscheidenden Strukturmerkmale der Landschaft werden.[161] Naturgemäß finden sich in Fontanes Kriegsbüchern die Charakteristika dieser „Kriegslandschaft"-

159 Cusack, „Civibus aevi futuri" (wie Anm. 82), S. 17.

160 Jan Pacholski: An der Katzbach, bei Königgrätz – historische Landschaften in den *Wanderungen* und Kriegsbüchern. In: Fontanes „Wanderungen", S. 303-324; hier S. 310-312.

161 Bollnow, Mensch und Raum (wie Anm. 3), S. 199f.

Beschreibungen deutlicher ausgeprägt.[162] Aber Fontanes Besuch und knappe Beschreibung des Schlachtfeldes von Zorndorf im Jahre 1862, auf dem dort 1758 die Schlacht zwischen Preußen und Russland stattgefunden hatte, ist ebenfalls von diesem militärischen Blick bestimmt. In den *Fünf Schlössern* schließlich wird noch die zweite Schlacht am „Kremmer Damm", gut 30 km südöstlich von Neuruppin gelegen, aus dem frühen 15. Jahrhundert gewürdigt, ebenfalls mit einem kurzen Blick auf die militärischen Gegebenheiten der Landschaft (III, 48).

Der erste Band der ersten vierbändigen Ausgabe enthält übrigens noch ein flammendes Gedicht *Lob des Krieges*:

Es leb' der Krieg! Im wilden Kriegerleben
Da stählet sich der Muth!
Frei kann die Kraft im Kriege nur sich heben;
Der Krieg, der Krieg ist gut.[163]

Dass dieses Gedicht aus späteren Ausgaben ausgeschieden wurde, erscheint einsichtig. Es passt nicht zur distanzierten Tonart, in der Fontane seine Schlacht- und Schlachtfeldbeschreibungen vorträgt. Denn dieser Ton ist der einer zeittypischen Nüchternheit: „In zehn Minuten lag alles tot am Boden", heißt es im Bericht über die Katzbach-Schlacht (I, 229), und über den siegreichen Ausgang der Schlacht von Groß-Beeren weiß er zu sagen: „Unser Verlust bezifferte sich auf nicht mehr als 1100 Mann" (II, 733).

Das dritte näher beschriebene Schlachtfeld in den *Wanderungen* ist das von Fehrbellin; ursprünglich einer der frühesten Texte, entstanden 1859 und zunächst in den ersten Band der *Wanderungen* aufgenommen, ab der dritten Auflage aber wieder ausgeschieden.[164] Die Schlacht von Fehrbellin, rund zehn Kilometer südlich von Ruppin gelegen, fand im Juni 1675 zwischen brandenburgischen und schwedischen Truppen statt. Hier lässt sich Fontane bei seiner Ortsbeschreibung nicht auf topographische Details ein, sondern beschränkt sich darauf, einen „Überblick über das Schlachtfeld" zu gewinnen und ansonsten das Nachleben

---

162 Vgl. etwa die Beschreibung der Missunde-Stellung, dem Ort des Gefechtes vom 6. Februar 1864, in Theodor Fontane: Der Schleswig-Holsteinische Krieg im Jahre 1864. Berlin 1866, S. 60f.

163 Theodor Fontane: Wanderungen durch die Mark Brandenburg. Bd. 1: Die Grafschaft Ruppin. Der Barnim. Der Teltow. Berlin 1862, S. 445.

164 Die Annahme, dass der Text ausgeschieden wurde, weil er zu „kriegsverherrlichend" war, ist wenig plausibel. D'Aprile, Theodor Fontane (wie Anm. 12), S. 262; Wiese, Erwanderte Kulturlandschaften (wie Anm. 2), S. 44. In seiner Kriegsdarstellung ist der Text ausgesprochen moderat und unterscheidet sich auch nicht von den anderen einschlägigen Texten, die Fontane im Korpus der *Wanderungen* belassen hat. Die Erklärung für die Herausnahme ist sicher einfacher, wie Gotthard Erler im Kommentar erläutert: „Von der dritten Auflage an [1875] wurden die Texte zu Fehrbellin ausgeschieden, weil sie eigentlich zu dem inzwischen publizierten Band ‚Havelland' gehört hätten." (GBA-W, VI, S. 594).

der Schlacht in den örtlichen Denkmälern und der mündlichen Überlieferung zu beschreiben. (III, 411) Das mündet in einer charakteristischen Beobachtung: „*Das Soldatische hat sich zum poetischen Inhalt unseres Volkslebens ausgebildet.*" (III, 411) Noch im Vorwort zur zweiten Auflage wird das „Schlachtfeld von *Fehrbellin*" dem Leser ausdrücklich zur Besichtigung anempfohlen: Er möge sich „aufrichten im Wagen und Luch und Heide plötzlich wie in wunderbarer Beleuchtung sehn" (I, 12f.).

Für Fontane sind die Schlachtfelder Erinnerungsorte wie andere auch. Weder sind sie hervorgehoben als blutgetränktes Terrain, noch können sie der Glorifizierung preußischer Geschichte dienen. Gewiss ist Preußens Erfolgsgeschichte in erster Linie Militär- und Kriegsgeschichte. Fontane schließt sich der Selbstdeutung Preußens als Militärmacht unbefangen, wenn auch nicht ostentativ, an, während das Militärmotiv bekanntlich im späteren Romanwerk – in erster Linie in *Schach von Wuthenow* – eher mit Skepsis betrachtet wird.[165] Aber unverkennbar ist in den *Wanderungen* bei aller Zurückhaltung der Stolz auf die militärischen Erfolge. Die Potsdamer Garnisonskirche wird ihm zum „Symbol des Jüngstgeborenen im alten Europa, des Militärstaates Preußen" (II, 395). Auch dass er gleich den ersten Band der *Wanderungen* mit seinem Besuch im Dorf Wustrau einleitet, kann man, muss man aber nicht in diesem Sinne verstehen. Wustrau ist der Stammsitz des Zieten-Geschlechts, und dessen Beschreibung an den Beginn der ganzen *Wanderungen* zu setzen, dient vielleicht dem Zweck „Preußens militärischer Gloria ein menschliches Antlitz zu geben",[166] das Antlitz Zietens nämlich.

Fontanes Beschreibung von Schlachtfeldern kann weder biographisch noch topographisch überraschen. Fontanes eigene, nicht als gar zu glorios empfundene Militärzeit,[167] hat ihn ebenso beeinflusst wie die Erzählungen des Vaters, der noch an der Schlacht von Großgörschen teilgenommen hatte.[168] Von seinem Interesse an den zeitgenössischen Kriegsereignissen legen seine zwischen 1864 und 1876 erschienenen drei – oder fünf, wenn man die autobiographischen Berichte über Frankreich mitzählt – Kriegsbücher überdeutlich Zeugnis ab. Bald nach den ersten *Wanderungs*-Bänden erschienen die Kriegsbücher, beginnend mit *Der Schleswig-holsteinische Krieg 1864*, mit ihrer „exakten Topographie der Feldzugs- und Schlachtenlandschaften".[169]

Aber auch hier gilt: Fontane bleibt Fontane. Die Schilderung der Kriegslandschaften und die historischen Schlachtbeschreibungen verlieren fast nie den ge-

165 Erhard, „Alles wie erzählt" (wie Anm. 23), S. 237-239; zu *Schach von Wuthenow* vgl. ebd., S. 250f.

166 Stuhlmann, Fontanes „Wanderungen" als Gegenentwurf zu Heines „Reisebildern", S. 149.

167 D'Aprile, Theodor Fontane (wie Anm. 12), S. 113-115.

168 Dieterle, Theodor Fontane (wie Anm. 24), S. 45-47.

169 Heinrich, „Ein nicht verächtlicher Schatz" (wie Anm. 94), S. 18.

nuinen „Plauderton", den die damaligen wie heutigen Leser am Autor Fontane schätzen. (II, 870)[170] Fast nie: Denn ganz kann sich der Berichterstatter der historischen Schlachten dem Grauen, aber auch der Faszination des Krieges nicht entziehen, der eben nicht nur aus siegreich geschlagenen Schlachten, sondern ebenso aus Tod und Verwüstung besteht.[171]

Neben den Schlachtfeldern stehen die Friedhöfe. „Dies Grab müssen wir besuchen", heißt es beim Ausflug mit der *Sphinx* (II, 521) Überraschend ist das nicht. Friedhöfe und Schlachtfelder gehörten „von Anfang an zu den touristischen Zielen".[172] Man kann lange darüber spekulieren, woher dieser von der Reisekulturforschung inzwischen näher beschriebene „Dark Tourism" seine Impulse bezogen hat und bis heute bezieht. In erster Linie darf man an das klassische Motiv des touristischen Reisens überhaupt denken: Der Tourist will „etwas Besonderes erleben" und einen „Kontrapunkt zu den Ruinen des Alltags" setzen.[173] Auch die Pazifizierung der Gesellschaft, das „Verschwinden elementarer Gewaltformen" im 19. Jahrhundert wird eine Rolle spielen.[174] Dass jedenfalls der Zeitreisende Fontane eine so große Affinität zu Friedhöfen hatte, liegt auf der Hand. Das hat in erster Linie pragmatische Gründe:[175] Der Regionalhistoriker muss sich auf „Urnen und Totenköpfe" verstehen (II, 670). Friedhöfe sind beschriftete Geschichtslandschaft und zudem noch ein „Beweis für ländliche Wohlhabenheit", wenn sie nämlich aufwendig angelegt und gut gepflegt sind (I, 354). Die Grabinschriften erzählen „*dem,* der sie zu lesen versteht" (I, 483), die Geschichte der Region oder des Ortes, sofern man nur genügend Vorwissen hat und die Zeichen zu lesen weiß. Allzu große Mühe gibt sich Fontane dabei freilich nicht immer. Oft beschränkt er sich darauf, die Grabsteine abzuschreiben und in langen Listen dem Leser mitzueilen. Doch der Ehrgeiz des Historikers tritt nicht ganz zurück. Fontane verweist darauf, dass die auf Grabsteinen verzeichneten Daten unzuverlässig sein können und gelegentlich der Korrektur durch andere Quellen bedürfen (II, 834, Anm.).

Als „Dark Tourism" wird man Fontanes Friedhofsbesuche also nur bedingt rubrizieren dürfen; es überwiegt doch das Interesse des Historikers. Aber die Grenzen zum morbiden Interesse sind fließend. Die schaurig-komische Geschichten seiner gelegentlichen Gruftbesichtigungen und Sargöffnungen sind teils dem Präzisionsbedürfnis des Lokalhistorikers und teils der Lust am Grauen geschuldet: „Wer sich auf Urnen und Totenköpfe versteht und überhaupt nur ein Äderchen

170 Pacholski, An der Katzbach, bei Königgrätz (wie Anm. 160), S. 305f.

171 Ebd., S. 314.

172 Frank Bajohr: Dark Tourism. Überlegungen zu Tourismus, Gewalt und Erinnerung. In: Aus Politik und Zeitgeschichte 71 (2021). H. 50: Reisen und Tourismus, S. 40-45; hier S. 40.

173 Ebd., S. 42.

174 Ebd., S. 43.

175 Opitz, Die „Wurstmaschine" (wie Anm. 19), S. 50.

von einem Sammler oder Altertümler in sich hat", dem muss „eine ‚Wanderung' dahin nur eine Frage der Zeit" sein (II, 670). Die „Wanderung" lohnt sich dann auch hin und wieder: „Die mumifizierten Körper sehen weiß aus, sind verhältnismäßig wenig eingedörrt und zeigen noch eine gewisse Elastizität von Haut und Fleisch." (II, 612) So genau will man es eigentlich gar nicht wissen, aber Fontane dehnt die Beschreibung der „Mumiengruft" (II, 614) in diesem Stil über zwei Seiten aus. Auch die Särge der Humboldt-Eltern in der Kirche von Falkenberg erfahren eine wohlwollende Betrachtung (II, 626). In den Rahmen des „Dark Tourism" gehören schließlich die Berichte über die Hinrichtung Hans Herrmann von Kattes (I, 851f.), dem Freund des jungen Fritz, der der Nachwelt dann als der „Alte Fritz" bekannt wurde. Die ausführliche Darstellung dieser Hinrichtung ist immerhin dadurch gerechtfertigt, dass es sich um eine „cause célèbre" handelt (I, 866).

Das kann man allerdings vom Besuch des Katte-Grabes in Wust nicht sagen (II, 374-346). Hier lässt sich der Erzähler von einer wohligen „Lust an der Angst" leiten,[176] wenn er die „Gruft" mit „ihrem Pomp und ihrem Grausen" besichtigt (II, 374), nicht anders als bei der Geschichte von den „zwei Enthaupteten" in Falkenrehde, wo Fontane, wie einst Hamlet, in der Gruft den Schädel in die Hand nimmt, um ihn zu begutachten (II, 351).

Belebte Landschaft: „Land und Leute"

Die „Landschaft" interessiert den Wanderer in ihrer Form als kultivierte Natur; die Schlachtfelder und Friedhöfe interessieren ihn als Historiker. Es bleiben noch die Menschen. Fontanes märkische Landschaft ist besiedelt, dünn besiedelt zwar, aber es wohnen doch Menschen dort, die dazu beitragen, der Landschaft ihre Gestalt zu geben. Denn jede „Kulturlandschaft wird durch bestimmte menschliche Daseinsfunktionen geprägt, wie zum Beispiel Bevölkerungsentwicklung, Siedlungsweise, Mobilität, Wirtschaft, Politik und Kultur."[177] Auch diesen Menschen sich zuzuwenden, gehört zum erklärten Programm der *Wanderungen*: „Wie waren die Bewohner nach Charakter, Sitte, Tracht"? (II, 577) Programmatisch erklärt Fontane in der Vorrede zur zweiten Auflage des ersten Bandes die „Liebe zu ‚Land und Leuten'" als treibenden Impuls seiner *Wanderungen*. Auch das Buch über den Schleswig-Holsteinischen Krieg beginnt übrigens mit einem Kapitel *Land und*

176 Richard Alewyn: Die Lust an der Angst. In: Ders.: Probleme und Gestalten. Frankfurt a. M. 1974, S. 307-330; hier S. 315.

177 Freytag, Gebhardt, Gerhard, Wastl-Walter (Hg.), Humangeographie kompakt (wie Anm. 112), S. 72.

Leute,[178] das von seiner Anlage her ohne weiteres auch Platz in den *Wanderungen* hätte finden können.

„Land und Leute": Das war das Programm, das Fontanes Schriftstellerkollege Wilhelm Heinrich Riehl populär gemacht hatte. Riehl wollte in seinem berühmten fünfbändigen Werk die *Naturgeschichte des deutschen Volkes als Grundlage einer deutschen Social-Politik* vergegenwärtigen. Der erste Band dieses Großunternehmens, das zum Gründungsdokument der akademischen „Volkskunde" werden sollte[179] – die sich heute in „Europäische Ethnologie" umbenannt hat –, trug eben diesen Titel: *Land und Leute*.[180]

Dass Fontane sich hiervon hat inspirieren lassen, ist unverkennbar.[181] Er hatte Wilhelm Heinrich Riehl persönlich kennengelernt, als er 1860 nach München gereist war, um zu erkunden, ob sich im Kreis der „Nordlichter", die Maximilian II. um sich versammelt hatte, ein berufliches Auskommen finden ließe.[182] Daraus wurde bekanntlich nichts,[183] und das ist auch gut so. Denn es ist schwer vorstellbar, dass Fontane von München aus Bergwanderungen in die Alpen gemacht und darüber geschrieben hätte oder dass seine großen Romane ihren Sitz im Alpenvorland hätten haben können.

Fontane begegnet „Land und Leuten" nicht mit der Nüchternheit des betrachtenden Wissenschaftlers, sondern mit der vorauseilenden Sympathie des Landsmannes. Das jedenfalls versichert er seinen Lesern. Aber bereits Jutta Fürstenau hat vermerkt, dass Fontane seinen märkischen Landsleuten mit erstaunlicher Distanz entgegentritt. Weder haben ihn „Haus, Wohnung, Kleidung, Gebrauchsgegenstände" interessiert, noch die Städte und „dörflichen Siedlungsformen.[184] Sein Hauptinteresse gilt den Kirchen und Herrenhäusern, den Denkmälern und den Erinnerungsorten sowie den historischen Figuren, die sich damit verbinden. Alles andere wird fast durchgehend mit desinteressierter Beiläufigkeit und standardisierten Floskeln übergangen. Der etwas ausführlicher geschilderte wendische Leichenzug, den Fontane zufällig beobachten konnte und mit dem er den *Spreeland*-Band eröffnet, ist eine große Ausnahme: „wir treten ein, um eine wendische Gemeinde, lauter *Spreewald*leute, versammelt zu sehen" (II, 457). Der Tracht widmet er sich gelegentlich ausführlicher, und hin und wieder kommen einzelne

178 Fontane, Der Schleswig-Holsteinische Krieg im Jahre 1864 (wie Anm. 162), S. 3-13.

179 Hermann Bausinger, Utz Jeggle, Gottfried Korff, Martin Scharfe: Grundzüge der Volkskunde. 4., erw. Aufl. Darmstadt 1999, S. 20-22.

180 Riehl, Wanderbuch (wie Anm. 72), S. 34.

181 Vgl. z. B. Heinrich, „Ein nicht verächtlicher Schatz" (wie Anm. 94), S. 17; Albrecht, Kulturgeschichtliche Perspektivierung und Literarisierung in den *Wanderungen durch die Mark Brandenburg* (wie Anm. 28), S. 103.

182 Wiese, Erwanderte Kulturlandschaften (wie Anm. 2), S. 15-20.

183 Ebd., S. 18f.

184 Fürstenau, Theodor Fontane und die märkische Heimat (wie Anm. 2), S. 104.

pittoreske Gestalten in den Blick.[185] Aber ansonsten sind die einfachen Landbewohner seine Sache nicht. Wenn Fontane den Märkern bescheinigt, nirgends „in seinem poetischen Hange" so schöpferisch zu werden wie bei „Kunstwerken, die es nicht versteht", dann ist das ein leicht vergiftetes Kompliment. (II, 719) Auch ansonsten geht er nicht gar zu pfleglich mit den einfachen Leuten um, selbst dann nicht, wenn er ihre Hilfe als Gewährsleute für die mündliche Überlieferung der Sagen und alten Geschichten braucht. Stets bewegt er sich bei diesen Erkundungen im „Spannungsfeld von romantisierender und entlarvender, affirmativer und kritischer Vorführung mündlichen Wissens."[186]

Die Lebensform der Märker ist das Dorf. Besonders interessiert zeigt sich Fontane freilich nicht an den „dörflichen Siedlungsformen":[187] „Das Dorf ist noch ein Dorf; nirgends das Bestreben ins Städtische hineinzuwachsen", heißt es zustimmend, aber doch ziemlich gleichgültig über Etzin (II, 339); Groeben ist „ein Dorf wie andre mehr" (II, 822); hin und wieder deuten Bäume die Stelle an, „wo hinter Gipfeln ein Dorf vergraben liegt." (I, 434) Interessant sind Dörfer nur als Erinnerungsorte: Das „Dorf Buch war reich an Landschaftsbildern aller Art, aber noch reicher an historischen Erinnerungen" (II, 606); Blossin interessiert nur wegen seiner „eminent historischen Örtlichkeit" (II, 494). Am Ende sind Fontane sogar die Gräber lieber als die Dörfer: Wir „fuhren aus dem unwirtlichen Pieskow, in dem nicht einmal ein Grabstein von besseren Zeiten redet" (II, 485). Fontane, der als Romancier ein Meister der sozialsensiblen Interieurschilderung war,[188] verspürt keinen erkennbaren Drang, sich einen Einblick in das häusliche Leben der einfachen Landbewohner zu verschaffen. Einmal betritt er die Wohnung eines Torfstechers im Wustrauer Luch, über die er wenig mehr zu sagen weiß, als dass sie war, wie „märkische Bauernstuben zu sein pflegen". Er trinkt ein Glas Milch – nicht einmal das eigentlich gewünschte Wasser gibt es – und zieht weiter, genauer: lässt sich im Kahn weiterziehen (I, 349f.). Fontane ist freundlich-herablassend, aber recht begeistert ist er nicht von dieser Begegnung: „die Armut kann poetisch sein, die Armseligkeit nie", heißt es an anderer Stelle (II, 522). Bei der Darstellung der „Kossäten", der einfachen Leute in der Mark, bleibt Fontane doch um einiges hinter dem Anspruch zurück, den er im „Schlußwort" formuliert hatte, nämlich

185 Man zitiert es heute nicht mehr gerne, aber es ist, abgesehen vom Jargon, zutreffend, wenn Jutta Fürstenau, dem Sprachgebrauch des Zeitgeists folgend, Fontane beiläufig attestiert: „Aufgeschlossenheit für rassische Zusammenhänge läßt ihn auf Körperbau, Gang und Haltung achten". Dies., Theodor Fontane und die märkische Heimat (wie Anm. 2), S. 128.

186 Norbert Mecklenburg: Theodor Fontane. Romankunst der Vielstimmigkeit. Frankfurt a. M. 1998, S. 136.

187 Fürstenau, Theodor Fontane und die märkische Heimat (wie Anm. 2), S. 104.

188 D'Aprile, Theodor Fontane (wie Anm. 12), S. 356f.; Rüdiger Görner: Und Effi schaukelt. Die Welt der Dinge bei Theodor Fontane. In: Peer Trilcke (Hg.): Theodor Fontane. 3., neugef. Aufl. München 2019 (Text + Kritik, Sonderband), S. 126-139; hier bes. S. 126-130.

„Genreszenen“ zu beschreiben, „in denen abwechselnd Kutscher und Kossäten, und dann wieder Krüger und Küster das große Wort führen“ (II, 871).[189]

Die „Leute“, die das „Land“ bevölkern, interessieren Fontane nur mäßig, die märkische Bevölkerung dient ihm eher als „Staffage der historischen Landschaft“.[190] Ihnen tritt er, sofern er sie nicht als Auskunftgeber gezielt aufsucht, mit Distanz und Herablassung gegenüber, sofern es überhaupt zur persönlichen Begegnung kommt. Wer sich als nicht hinreichend beschlagen oder auskunftsfreudig zeigt, wird schnell stehen gelassen: „Gut, gut.“ (II, 841) Die unvermutete Begegnung mit drei „Frauengestalten“, die im Wald Laub zusammenfegen, „ruft ein banges, gespenstisches Gefühl“ hervor und erinnert den Wanderer gleich an die „wohlbekannten Drei von der Schottischen Heide“ (II, 555). Nicht immer sind die Gesprächspartner willkommen. Einem aufdringlichen Kellner wird im nachhinein – gegenüber dem Leser, nicht dem Kellner selbst – bescheinigt, er hätte besser getan, wenn er auf sein Rederecht verzichtet hätte (I, 608). Fontane zitiert gerne, wenn auch zum Nutzen des Lesers nicht allzu häufig, Äußerungen des einfachen Volkes im Dialekt (I, 342f.; I, 995f.; II, 489). Hier kann man nicht immer sicher sein, ob der Dialekt der Vergegenwärtigung des Lokalkolorits dient oder parodistisch gemeint ist. So oder so ist diese Form des Zitierens, die sich auch in Fontanes Romanen findet, ein „integrierender Zug der darzustellenden sozial-kulturellen Wirklichkeit“.[191]

Einen gewissen Kultstatus genießt freilich der philosophische Kutscher Moll, der nicht einmal ein Märker ist, sondern aus Hinterpommern stammt. Mit ihm führt Fontane längere Gespräche, und es scheint, als sei er eine halb erfundene, jedenfalls stilisierte Figur (II, 471-477; 485-494). Er könnte umstandslos vom realen Spreeland weiter gereist sein ins fiktive Gut Hohen Vietz, um als Kutscher Krist in *Vor dem Sturm* seinen Dienst zu tun.[192]

Aber so wenig ihn die gegenwärtige Bevölkerung der Mark interessiert, so ausgiebig widmet er sich der Siedlungsgeschichte. Fontane verwendet viel Raum darauf, dem Leser vor Augen zu führen, dass die Mark eine lange Geschichte hat und dass sie eine Grenzregion ist – der Name verweist schon darauf –, in der

189 Wiese, Erwanderte Kulturlandschaften (wie Anm. 2), S. 236-242.

190 Ebd., S. 244.

191 Herman Meyer: Das Zitat in der Erzählkunst. Zur Geschichte und Poetik des europäischen Romans. 2., durchges. Aufl. Stuttgart, 1967, S. 159. Dieses in der Literatur häufig vorkommende, von der Literaturwissenschaft unbeachtet gebliebene Phänomen der Mischung von Hochsprache und Dialekt hat Peter Pabisch in seiner monumentalen Studie zur deutschen Dialektliteraturgeschichte „Verisimilität“ genannt und auch am Beispiel von Fontanes *Stechlin* kurz gewürdigt; Peter Pabisch: Geschichte der deutschsprachigen Dialektliteratur seit der Mitte des 18. Jahrhunderts. 6 Bde. Berlin 2019; Bd. I, S. 253f.; zur „Verisimilität“ vgl. ebd., S. 17 und S. 25.

192 HFA, I/3, S. 8-10; vgl. D'Aprile, Theodor Fontane (wie Anm. 12), S. 317.

verschiedene Völker meist mehr, manchmal weniger friedlich zusammen- oder nebeneinander her gelebt haben: „Wer Kolonisierung studieren will, muß die Geschichte von Mark Brandenburg studieren“ (I, 411). Die knapp 100 Seiten umfassende Einleitung zum dritten Band, *Havelland*, trägt den Titel *Die Wenden und die Kolonisation der Mark durch die Zisterzienser*. Mit „Wenden“ – der Begriff ist nicht mehr gebräuchlich; heute spricht man von „Sorben“ – sind die im deutschsprachigen Raum siedelnden Westslawen gemeint.[193] In seiner Einleitung und an zahllosen weiteren Stellen der *Wanderungen* widmet sich Fontane der frühen, von den Wenden geprägten Siedlungsgeschichte der Region und greift dabei bis ins 6. Jahrhundert zurück. Man könnte das durchaus als „Alternativentwurf zum traditionellen Preußenbild“ verstehen.[194] Denn unzweifelhaft gehören für Fontane die Wenden zur Mark. Er beschreibt sie allerdings weder mit interkultureller Euphorie noch mit schwärmerischer Nostalgie. Seinen Blick auf die Wenden könnte man am besten mit freundlich-distanzierter Neugierde umschreiben. Fontane beschreibt sie oft genug als Relikte der Rückständigkeit, ohne jedes Ressentiment, ohne aber auch die Neigung, diese Rückständigkeit poetisch zu verklären. Nur manchmal zeigt sich bei ihnen „jener auf Hartnäckigkeit und Verschlossenheit deutende finstere Zug, der an die alte Zeit und ihre Bewohner mahnt“. (II, 36) Im *Oderland*-Buch gibt Fontane, einen anonymen Gewährsmann zitierend, nochmals eine typische Zusammenfassung des wendischen Charakters im Sinne der traditionellen Völkerpsychologie: Sie seien „schwerfällig, abergläubisch und geistig weniger begabt“, aber „an Kraft, Fleiß und Ausdauer“ den Deutschen gleich, die sie zudem an „Treue und Zuverlässigkeit übertreffen“ (I, 577). Das sind Stereotype. Fontanes eigenes Interesse gilt aber nicht der abstrakten Fortschrittlichkeit oder Rückschrittlichkeit. Er fragt vielmehr nach der Form des Zusammenlebens, welche die Wenden der Gegenwart entwickelt haben. Und hier fällt sein Urteil deutlich negativ aus: „Was aus ihnen selbst heraus entstanden ist, was ihr eigenstes war, das ließ allen Bürgersinn vermissen, und erinnerte an den Lehmkatenbau der umliegenden Dörfer“ (II, 426).

Im Urteil über die Sitten vergangener Zeiten hingegen ist Fontane milder gestimmt als die Heutigen; „es geziemt sich nicht“, mahnte er, „dem einzelnen einen Vorwurf daraus zu machen, daß er die Anschauungsweise teilte, die damals die gültige war“ (II, 73). und im gleichen Band fordert er erneut: „Beurteilen wir die Dinge aus der Zeit heraus. Auch das *sittliche* Empfinden stellt sich in verschiedenen Jahrhunderten verschieden“ (II, 315; auch II, 647). Es ist in der

193 Sorbisch ist bis heute eine der sechs anerkannten Minderheitensprachen in Deutschland. Vgl. Bundesministerium des Innern, für Bau und Heimat (Hg.): Nationale Minderheiten. Minderheitensprachen und die Regionalsprache Niederdeutsch in Deutschland. Berlin, 4. Aufl. 2020, S. 56-67.

194 Frank, Theodor Fontane und die Technik (wie Anm. 86), S. 147.

Tat so, dass diese lange Einleitung über die Wenden ebenso unkonventionell wie kühn und vom „geschichtlichen Ethos *Herders*" erfüllt sind.[195] Fast noch bemerkenswerter sind die zwei Stellen in den *Wanderungen*, in denen er auf das höchst exotische Moment des Katholizismus in der durch und durch protestantischen Mark hinweist. Der katholischen Frau von Bischofswerder bescheinigt er mit unverkennbarer Sympathie gleichermaßen strikte Religiosität wie auch „Toleranz gegen alle diejenigen, die nun mal auf anderem Boden standen." (II, 285) Und schließlich vermisst er in der Mark das pittoreske Element, das der Katholizismus in das festliche Leben bringt: „Es fehlt uns außerdem die katholische Kirche, die große Lehrmeisterin der Festzüge und Prozessionen", an deren Stelle in der Mark das „*Soldatische*" treten müsse (III, 411).

Am Ende kommt Fontane zu dem etwas zwiespältigen Befund: „Sehr wahrscheinlich war die Superiorität der Deutschen, die man schließlich wird zugeben müssen, *weniger* groß, als deutscherseits vielfach behauptet worden ist." (II, 20) Aber die ausgreifende Raumdarstellung in den *Wanderungen* bietet reichlich Platz für Ungleichzeitigkeiten, und Fontane nutzt die Möglichkeit, soziale und konfessionelle „Heterogenität", wie man heute sagt, in ihrem Nebeneinander darzustellen, ohne sich für das eine oder andere entscheiden zu müsse

Übergangslandschaft

Noch einmal: „Wir lesen im Raum die Zeit", postulierte Friedrich Ratzel. Aber welche Zeit Fontane im märkischen Raum liest, ist gar nicht so leicht zu erkennen. Dominierend ist, auf den ersten Blick zumindest, die Vergangenheit. So wurden die Texte auch überwiegend wahrgenommen, nicht ohne politischen Zungenschlag: „Fontanes Reisewerk zeigt die Mark Brandenburg als Gegenraum zur aufscheinenden Welt der Moderne."[196] Das ist sicherlich nicht falsch, trifft aber doch nicht das Ganze. Andere haben die Akzente anders gesetzt: Fontane hat „in der ihm vertrauten Geschichtslandschaft Zustände und Wandlungen erblickt, die nur wenige so klug und sicher bemerkten."[197] Wieder andere erklären ohne große Umschweife, dass Fontane im *annus mirabilis* 1870, dem Jahr seines politischen Erwachens, geahnt und im *Glindow*-Kapitel ausgedrückt habe, was ein Vierteljahrhundert später, im *Stechlin*, in einem „umfassenden Bekenntnis zum ‚Neuen'" gemündet habe.[198]

195 Reuter, *Glindow* (wie Anm. 23), S. 521.
196 Hentschel, „Märkische Bilder" oder „Wanderungen"? (wie Anm. 4), S. 89.
197 Heinrich, „Ein nicht verächtlicher Schatz" (wie Anm. 94), S. 24f.
198 Reuter, Fontane, *Glindow*, (wie Anm. 6), S. 540.

Auch wenn man es nicht ganz so forciert sehen möchte, ist es zweifellos richtig, dass Fontane einen sicheren Blick hatte für die zukunftsweisenden Momente, die in der märkischen Landschaft erkennbar wurden. Das „‚Berlin der Zukunft' steckt noch in den Glindower Bergen" (II, 442), erklärt er im Blick auf die industrielle Ziegelproduktion am Schwilow-See. Jedenfalls widmet er den wirtschaftlichen Gegebenheiten in der Mark wesentlich größeres Interesse als den dörflichen Lebensformen: „Handel und Wandel" gibt es „mehr als mancher denkt und mehr als wir selber gedacht haben" (II, 698) – Fontane greift damit eine Formel auf, die sein Schriftstellerkollege Friedrich Hackländer 1850 als Romantitel verwendet hatte.

Genau wie die „Landschaft", so ist auch der Wirtschaftsraum der Mark durch das Wasser geprägt. Die Wasserlandschaft ist nährstoffreich und versorgt Tier wie Mensch, sodass sich hier bereits bald nach der ersten Eiszeit Menschen niederließen[199] – ein Aspekt, der auch Fontanes Interesse findet. Meisterhaft ist seine Beschreibung der Tier- und Pflanzenwelt im Oderbruch; ein Kabinettstück naturbeschreibender Prosa, das in jedes Lehrbuch der Limnologie Eingang finden sollte (I, 565-567). Im 18. Jahrhundert sind es die Mühlen, welche den Wirtschaftsraum prägen, ebenso die kleinteilige Land- und Gartenbauwirtschaft,[200] wie sie in „den kleinen, aber wohlhabenden Städten des Havellandes" betrieben wird (II, 348). Aber auch die „990 Quart Honig" der Zeidlerwirtschaft in Kienbaum werden nicht vergessen (II, 684). Von überragender Bedeutung für den Wirtschaftsraum ist wiederum das Netz der Wasserstraßen, sind die Flüsse und Kanäle.

Aber alles überragend ist Fontanes lebhaftes Interesse an den Anzeichen der beginnenden Industriegesellschaft, denn im 19. Jahrhundert wird das Umland zum Versorgungsdienstleister der Hauptstadt. Das Havelland ist die Region der „allerneuesten Torf- und Ziegelindustrie" (II, 385). Dazu gehören die Torfstecher im Wustrauer Luch, welche die Hauptstadt mit Brennstoff versorgen, und die Ziegelbrenner, die den unersättlichen „Ziegelkonsum" (II, 441) der expandierenden Bauwirtschaft befriedigen. Im viel zitierten *Glindow*-Kapitel wird am deutlichsten, dass Fontane in einer epochalen Umbruchszeit lebt.[201] Aber auch die schon älteren Glashütten im Menzer Forst (I, 341f.) und in Neustadt an der Dosse (I, 411) werden beschrieben. In Neustadt hatte übrigens der Großvater der Humboldt-Brüder, Johann Heinrich Colomb, eine Spiegelmanufaktur betrieben, was Fontane

199 Küster, Deutsche Landschaften (wie Anm. 146), S. 39.
200 Ebd., S. 43f.
201 Ewert, Theodor Fontanes Wanderungen durch die märkische Historiographie (wie Anm. 70), S. 482.

aber offensichtlich nicht wusste – den Verweis darauf hätte er sich nicht entgehen lassen.[202]

Das Ganze hat eine Kehrseite, die Fontane nicht übersieht: Der „waldvernichtenden Axt älterer Ansiedler und neuer Industrieller" sind ganze Baumarten, wie die Eibe, zum Opfer gefallen, ebenso wie „im Laufe der Jahrtausende ganze Tiergeschlechter von der Erde vertilgt worden sind" (I, 128). Der Befund ist wohl richtig, dass Fontane hier die Zerstörung der Natur und die Ausbeutung des Menschen beschreibt[203] – er beschreibt sie, aber er kommentiert sie nicht. Die „bedrohlich ins Bild gerückte Gegenwart"[204] in Form der „*Kattunmanufaktur*", die im Schloss Oranienburg eigerichtet wurde und die schließlich sogar einer „*Schwefelsäurefabrik*" Platz machen musste, kommt Fontane ebenfalls in den Blick: „Die Schwefeldämpfe ätzten und beizten den letzten Rest alter Herrlichkeit hinweg." (II, 152)

Wie so oft, so klingt hier die leise Skepsis Fontanes gegenüber einem allzu eilig voranschreitenden Fortschritt an, nicht anders, wenn er den Kurort Freienwald – „hübsches Wort für hübschen Ort" (I, 589) – würdigt, der, fern vom „Blendwerk großer Städte" noch nicht jene Merkmale der „Hyperkultur" aufweise, die an kosmopolitischeren Badeorten zu beobachten sei (I, 592f.). Eine Geschichtsphilosophie, sei sie rückwärts- oder zukunftsgewandt, wird man ihm jedoch nicht zuschreiben können: „Fontane überblickt die Konjunkturen der Geschichte des Menschen in der Mark als bauendes, wirtschaftendes, gestaltendes und abreißendes Subjekt"[205] – mehr nicht. Die alte sozialrevolutionäre Formel „Hütte und Palast", die man Fontane untergeschoben hat, trifft seine Einstellung zur Moderne ganz sicher nicht.[206] Fontanes Urteil bleibt in dieser Frage des Fortschritts stets ambivalent. Am Ende des *Ruppin*-Bandes würdigt er die neue Zeit: „Eine neue Macht hat sich hier etabliert: das intelligente, dem Mittelalterlichen ab-, dem Fortschrittlichen zugewandte Bürgertum." (I, 544)

In der Summe lässt sich feststellen, dass Fontane einen guten Blick hat für die Zeugnisse der wirtschaftlichen und industriellen Entwicklung in diesen Jahren. Er beschreibt den Tagebau der Torf-, Lehm- und Gipsgewinnung, die Garten- und Milchwirtschaft, die Entwicklung des Verkehrswesens, wie er es in den westlichen Regionen der Mark beobachten konnte.[207] Das alles kann man gut in Fontanes *Wanderungen* nachvollziehen, auch wenn es nicht im Vordergrund seiner Darstel-

---

202 Dagmar Hülsenberg: Wurzeln der Humboldt-Brüder in Neustadt an der Dosse. In: Abhandlungen der Humboldt-Gesellschaft e. V. Bd. 30 (2013), S. 99-120.

203 Reuter, Fontane, *Glindow* (wie Anm. 6), S. 530.

204 Erhard, „Alles wie erzählt" (wie Anm. 23), S. 240.

205 Hugo Aust: Trümmer – Natur, Geschichte und Poesie des Verfalls, wie er sich im Vorübergehen zeigt. In: Fonanes „Wanderungen", S, 487-501; hier S. 499.

206 Reuter, *Glindow* (wie Anm. 6), S. 517.

207 Frank, Theodor Fontane und die Technik (wie Anm. 86) S. 121-125.

lung steht. Leicht verlegen entschuldigt sich der Autor bei seinen Lesern, die von *Wanderungen durch die Mark Brandenburg* wohl etwas anderes erwartet haben mögen:

> Noch einiges Statistisches. Auch Zahlen haben eine gewisse Romantik. Wie viele Menschen erdrückt oder totgeschossen wurden, hat zu allen Zeiten einen geheimnisvollen Zauber ausgeübt; an Interesse steht dem vielleicht am nächsten, wieviel gegessen worden ist. So sei es denn auch uns vergönnt, erst mit kurzen Notizen zu debütieren und dann eine halbe Seite lang in Zahlen zu schwelgen. (II, 433)

Die Statistik ist nun einmal das Mittel der Wahl, wenn es um die Darstellung von ökonomischen oder demographischen Zusammenhängen in einer sich modernisierenden Gesellschaft geht.[208]

Insgesamt steht er dem technisch-industriellen Fortschritt wohl eher positiv gegenüber. Die „Deformationen der modernen Welt" nimmt er wahr,[209] verrechnet sie aber mit ihren Errungenschaften.[210] Der Besuch des Menzer Forsts, in dem auch der Große Stechlin-See liegt, zeigt das Auf und Ab im Verhältnis von Natur und Zivilisation. In der Mitte des 18. Jahrhunderts wurde der Menzer Forst radikal geplündert, um den Energie- und Baustoffbedarf der wachsenden Großstadt Berlin zu befriedigen. Die „Konsumtionskraft einer großen Stadt" reichte aus, um innerhalb von drei Jahrzehnten den Forst zu beseitigen. Dann hörte man, einer Order des Königs gehorchend, mit der Plünderung auf, das Holz wurde durch den Torf als Energieträger ersetzt, und der Menzer Forst stieg „*neu* empor", sodass jetzt „dieser prächtige Wald" wieder auferstanden ist und den Wanderer Fontane erfreut (I, 339).[211]

Wo immer die bloße Natur durch Kultur überwunden wird, findet das Fontanes lebhaften Beifall. Das muss durchaus nicht immer die Moderne mit ihren Vorzeichen der Industrialisierung sein. Auch in der Natur sucht er eher das Extravagante und Künstliche, von Menschenhand herbeigeführte. Ein exotischer Neophyt im Havelland war die aus ihrer „arabischen Heimat" importierte und auf dem märkischen Sand florierende Akazie, deren handwerkliche Verarbeitung und kaufmännische Vermarktung in Petzow als „beste Sorte *Schiffsnägel*" von Fontane fachmännisch gewürdigt wird (II, 401).[212]

208 Brenner, Reisen in die „Neue Welt" (wie Anm. 69), S. 290-293.

209 Erhard, „Alles wie erzählt" (wie Anm. 24), S. 254.

210 Frank, Theodor Fontane und die Technik (wie Anm. 86), S. 129.

211 Fontane schildert hier eine charakteristische Übergangssituation in der Forst- und Holzwirtschaft des 19. Jahrhunderts. Vgl. Joachim Radkau: Holz. Wie ein Naturstoff Geschichte schreibt. München 2018, S. 156-159.

212 Tatsächlich handelt es sich bei Fontanes „Akazie" um die Gewöhnliche Robinie (*Robinia pseudoacacia* L.), die auch „Falsche Akazie" genannt wird, ursprünglich aus Amerika kommt

Wenig beachtet geblieben ist Fontanes ausführliche Darstellung der landwirtschaftlichen Versuchsanstalt Albrecht von Thaers im *Oderland*-Band. Fontane hat 1862 das Rittergut Möglin bei Wriezen im früheren Landkreis Oberbarnim, rund 25 Kilometer westlich vom ungeliebten Letschin gelegen – Fontanes Vater hatte sich hier von 1838 bis 1850 als Apotheker niedergelassen – besucht. Der aus Celle gebürtige Mediziner Albrecht Daniel Thaer hatte in Möglin 1804 auf Einladung des preußischen Ministers v. Hardenberg seine landwirtschaftliche Versuchs- und Lehranstalt gegründet. Seine epochemachenden, empirisch gestützten Arbeiten revolutionierten die Landwirtschaft mit weltweiter Ausstrahlung. Fontane gibt eine ausführliche Darstellung seiner wechselvollen, von einigen Niederlagen begleiteten Erfolgsgeschichte und lässt sich dabei auch ziemlich detailliert auf die speziellen agrarwissenschaftlichen Methoden und Erträge von Thaers Forschungen ein, die dieser in den *Grundzügen der rationellen Landwirthschaft* von 1810 bis 1812 zusammengefasst hatte (I, 671). In höchsten Tönen lobt Fontane Thaers Beitrag zur Modernisierung der „Ackerwirtschaft": Es sei ihm gelungen, „den widerstrebenden Boden in einer möglichst hohe Kulturstufe zu heben" und zugleich eine erfolgreiche „*Experimentalwirtschaft*" zu etablieren (I, 659).

Das lange Kapitel über Biographie und Wirken Thaers nimmt eine auffällige Sonderstellung in den *Wanderungen* ein. Thaer ist weder von Geburt noch von seinem Lebensweg her ein charakteristischer märkischer Landsmann. Er hat nur gut 20 seiner 76 Lebensjahre in der Mark verbracht und er ist, sieht man vom Sonderfall der Brüder Humboldt ab, der einzige Wissenschaftler, dem Fontane ein derart langes Kapitel in den *Wanderungen* widmet. Nur das Marwitz- und das Katte-Kapitel haben eine vergleichbare Länge. Auch die Entstehungsgeschichte des Textes ist kompliziert und fällt aus dem Rahmen der *Wanderungen*. Ursprünglich war der biographische Text für eine selbständige Publikation *Das Denkmal Albrecht Thaer's in Berlin*,[213] geschrieben worden.[214] Wiederum mag der Rückgriff auf diesen ersten Thaer-Text in den *Wanderungen* durch die günstige Gelegenheit einer Doppelverwertung inspiriert gewesen sein. Aber etwas mehr steckt doch dahinter.[215]

und in Europa seit rund 400 Jahren heimisch ist. Wenn sie tatsächlich im subtropischen Arabien ihre Heimat gehabt hätte, wäre ihr in den gemäßigten Zonen Europas keine große Zukunft beschert gewesen. Im *Ruppin*-Band findet sich dann nochmals ein Akazienbaum, diesmal nicht zur Gewinnung von Schiffsnägeln, sondern zur symbolischen Überhöhung eingesetzt. (I, 449).

213 Theodor Fontane: Albrecht Daniel Thaer. In: Denkmal Albrecht Thaer's zu Berlin. Nach dem Entwurf von Chr[istian Daniel] Rauch ausgeführt von H[ugo] Hagen. Berlin [1862]. S. 7-18.

214 Der vollständige Text von Fontanes Thaer-Denkmal-Schrift, die auch Porträts einer ganzen Reihe anderer mit dem Denkmal zusammenhängender Personen umfasst, in GBA-W, 6, S. 290-358.

Die Landwirtschaftsakademie passt in Fontanes Naturauffassung. Thaer ist der Mann, der den „Ackerboden" zukunftsfähig macht. Der Vierzeiler, den Fontane dem Thaer-Kapitel voranstellt, spricht es aus: „Keime pflanzen für künftige Saat" (I, 654).[216] Einen kleinen Auftritt hatte Thaer übrigens schon in der historischen Anekdote *Der Geist von Groß-Beeren.* Hier wird er zum Gegenstand des Spottes, den der „kleine Tückebold" Hans Heinrich Arnold von Beeren über seinen Kontrahenten ausgießt, der aber dem Ansehen des großen Agrarreformers keinen Schaden tun kann (I, 737).

Die unbearbeitete Natur bleibt Fontane verdächtig. Wenn er in den Müggelbergen feststellt: „Nichts, was an die Hand der Kultur erinnerte" (II, 557), dann ist das nicht als Kompliment an die unberührte Natur gemeint. Was das genau heißt, wird in dem Aufsatz *Am Wannensee* deutlich, der freilich – und bezeichnenderweise –, nicht in die *Wanderungen*-Bände aufgenommen wurde.[217] Er erschien nur in der *Kreuz-Zeitung* vom Dezember 1861, also ganz zu Beginn von Fontanes *Wanderungen*-Ära. Den Ausflug zum Wannsee, der bei Fontane noch „Wannensee" heißt – der Name ist slawischen Ursprungs –, hatte Fontane gemeinsam mit dem Verleger Hertz unternommen. Die „Wanderung" – überwiegend eine Kutschfahrt – sollte eigentlich genau der Trasse folgen, „die die zu bauende Eisenbahn beschreiben wird". Das war aber zu langwierig, und so begab man sich vielmehr mit halbstündiger Wanderung, zeitgenössischen Routinen folgend, direkt zur „schönsten Stelle", um von einem Hügel aus ein „reiches Landschaftsbild" zu genießen (III, 494f.).

Der Blick in die Landschaft wird zugleich zum Blick in die Zukunft. Diese Zukunft wird, Fontane sieht es sehr klar, durch die Eisenbahn bestimmt sein, welche den Berlinern das östliche Umland des „Spreelandes" erschließen sollte. Fontane war seiner Zeit hier allerdings weit voraus; die Bahn wurde erst 20 Jahre später, 1882, gebaut.[218] Fontane begegnet diesem Eisenbahnprojekt mit großem Wohlwollen und wischt die offenbar schon vorhandenen zeitgenössischen Bedenken gegen die Naturzerstörung beiseite: Es sei

> töricht, eine Miene anzunehmen, als würde hier durch Eisenbahn und Sommerwohnung ein heiliger Frieden, ein unentweihter Tempel der Natur zerstört werden [...]. Überall, auf Schritt und Tritt, begegnet man hier den Zeichen der Kultur, den Schöpfungen der Menschenhand [...] und von den Höhen aus, die sich am Fluß entlangziehen, sieht man auf die Dampfschiffe, die vorüber-

---

215 Noch in *Vor dem Sturm* hört Lewin Vorlesungen von Savigny, Fichte und eben Thaer: „Der Fruchtwechsel und die landwirtschaftliche Bedeutung des Kartoffelbaus" (I/3, S, 370).

216 Die Nachgeborenen erinnert das freilich fatal an Bertolt Brechts Stalin-Eloge *Die Erziehung der Hirse* von 1950.

217 Frank, Theodor Fontane und die Technik (wie Anm. 36), S.130f.

218 Küster, Deutsche Landschaften (wie Anm. 146), S. 48.

schaufeln, oder hört den Pfiff der Lokomotive, die die Ränder des Waldes durchschneidet. (III, 496)

Kurz: „unsere Landschaft hat längst aufgehört, ein bloßes Naturprodukt zu sein." (III, 497)

Fontanes Abneigung gegen das Eisenbahnreisen ist brieflich dokumentiert. Man sollte aber solche Gelegenheitsäußerungen nicht zur Grundsatzerklärung aufwerten. In einer seiner trüben berufsbiographischen Phasen hat er sogar die Bewerbung als „Kutschenschlagaufmacher *(allen Ernstes!)* bei der Eisenbahn" - darunter muss man sich wohl einen Schaffner oder „Zugbegleiter" vorstellen - in Erwägung gezogen.[219] Unüberwindlich wird die Aversion gegen das neue Verkehrsmittel also nicht gewesen sein. Fontane hat gewusst, dass der Eisenbahn nicht nur die Zukunft gehört, sondern dass sie nachgerade ein Symbol der Zukunft ist. 1885 war das sicher deutlicher zu sehen als ein Vierteljahrhundert zuvor. In seinem Buch *Christian Friedrich Scherenberg und das literarische Berlin von 1840 bis 1860* von 1885 tadelt er Schriftstellerkollegen wie Anastasius Grün oder Emanuel Geibel, welche die Eisenbahn zwar durchaus als „Manifestation der Zukunft" begriffen, ihr aber mit ihrer „Postkutschenromantik" literarisch nicht gerecht würden. Statt dessen fordert Fontane: „Der moderne Mensch hat hier die Pflicht, modern zu empfinden und den großen Zusammenhang herauszufühlen, in den die Eisenbahn die Menschen bringt".[220]

Sein England- und Schottlandaufenthalt wird ihm den Blick für diese Entwicklungen, die um 1860 im Berliner Umland noch kaum absehbar waren, geschärft haben.[221] Schon in *Jenseit des Tweed* vermerkt er, „daß es kaum eine Übertreibung sein dürfte, Heringsdorf und namentlich Misdroy als unmittelbare Schöpfungen der Berlin-Stettiner Eisenbahn anzusehen."[222] Immer wieder kommt er darauf zurück, welche zivilisatorischen Modernitätsimpulse von der Eisenbahn ausgehen. Er rühmt die „neuprojektierte Eisenbahn zwischen Berlin und Küstrin", (I, 644) und im Vorwort zur vierten Auflage des ersten Bandes von 1885 spricht er von der belebenden Wirkung der Bahn. Der inzwischen erfolgte Ausbau von Eisenbahnnebenlinien führe ins „Herz der Grafschaft" Ruppin hinein und man könne sehen, wie der Bahnbetrieb „allstündlich und überall hin seine Wunder wirkt" (III, 815). Der Besuch Werneuchens im Spreeland bietet Gelegenheit, über die Folgen zu räsonieren, welche das „Zeitalter der Eisenbahn" für eine solche Landgemeinde haben könnte (II, 650f.). Und wenn der Schienenweg eine Gegend dann doch nicht durchschneidet, wie in der spreeländischen „Wendei", deutet Fontane es eher

219 HFA, IV/1, S. 95 (Brief an Wilhelm Wolfsohn vom 10. November 1849).
220 HFA, III/1, S. 723.
221 D'Aprile, Theodor Fontane (wie Anm. 12), S. 218.
222 HFA, III/3.1, S. 342. Vgl. Eda Sagarra: Dichtung und Wirtschaft bei der Romantisierung einer Landschaft. In: Fontanes „Wanderungen", S. 213-227; hier S. 214f.

als ein Zeichen der Zurückgebliebenheit: „selbst der Eisenbahnzug geht nur wie eine Erscheinung durch sie hin", heißt es dann leicht abschätzig (II, 507).

Diese Bemerkungen in den *Wanderungen* werden freilich mit solcher Beiläufigkeit vorgetragen, als seien sie darauf angelegt, überlesen zu werden. Die „fast vollständige Nichterwähnung der Eisenbahn" ist in der Tat erstaunlich. Fontane fuhr selbst zwar nicht gerne mit der Bahn, aber wie seine Zeitgenossen wusste auch er sie als Symbol des technischen Fortschritts zu schätzen.[223] Man darf annehmen, dass er mit der ostentativen Zurückdrängung dieses Symbols der Moderne die Erwartungen seiner nun einmal bis zum Schluss konservativ gesonnenen Stammkundschaft entgegenkommen wollte.

Eisenbahn und Industrialisierung haben in den Jahrzehnten von Fontanes Wanderungen die soziale und wirtschaftliche Struktur der Mark Brandenburg stark geprägt, kaum jedoch das „Landschaftsbild". Das ist in großen Zügen bis 100 Jahre nach Fontanes Tod so erhalten geblieben, wie er es gesehen hat. Dazu haben sicherlich die landschaftsschonenden Modernitätsrückstände der DDR einen guten Teil beigetragen. Die entscheidenden Eingriffe in die Landschaftsästhetik haben erst mit der Errichtung von Windkraftanlagen Mitte der 1990er Jahren begonnen. Sie prägen heute das visuelle Erscheinungsbild der Mark Brandenburg.[224] Aber immerhin gibt es in der jüngeren Diskussion unter Landschaftsarchitekten – dieses Fachgebiet etablierte sich im Europa der 1930er und 1940er Jahre – auch die Ansicht, dass Windkraftanlagen ästhetische Gebilde seien, die sich harmonisch in die bestehende Landschaft einfügen lassen, wenn sie nur „als Teil der lesbaren Zeichen der Landschaft"[225] gestaltet werden und die Planer von Windkraftanlagen *„gelingendes Natur-Kultur-Verhältnis ästhetisch sinnstiftend erfahrbar machen"*.[226] Das ist schön gesagt, wenn auch nicht ganz so leicht umzusetzen, wie der Augenschein lehrt. Man kann aber nicht ausschließen, dass es Fontane gefallen hätte. Denn ein Modernitätsverweigerer war er nicht.

Auch hier kann ein „Landschaftsbild" erhellend wirken, das die Mark als eine „Übergangslandschaft" darstellt – eine Landschaft im Übergang von einer alten zu einer neuen Zeit. Blechens Gemälde *Walzwerk Neustadt Eberswalde*, entstanden

---

223 Buffagni, Das Motiv der Reise im Prosawerk Theodor Fontanes (Anm. 5), S. 450. Im *Stechlin* sieht das übrigens anders aus. Hier wird die Eisenbahn nicht nur in ihrer Rolle als Verkehrsmittel symbolisch, wenn auch nicht unbedingt positiv, aufgeladen. Martina Klemm: Die Bedeutung der Verkehrsmittel in Theodor Fontanes *Der Stechlin*. In: Patricia Howe (Hg.): Theodor Fontane. Dichter des Übergangs (wie Anm. 82), S. 109-121; hier S. 116-119.

224 Sonja Asal: Landschaft mit Windrädern. In: Merkur, H. 73 (2019), Nr. 846, S. 5-17; bes. S. 7-10.

225 Sören Schöbel: Windenergie und Landschaftsästhetik. Zur landschaftsgerechten Anordnung von Windfarmen. Berlin 2012, S. 76.

226 Ebd., S. 31.

um 1830, ist Fontanes erklärtes Lieblingsbild.[227] Das kleine Gemälde, etwas größer als ein DIN A-4-Blatt, zeigt das Walzwerk Neustadt-Eberswalde in seiner zeittypischen klassizistischen Ziegelarchitektur. Im Vordergrund angeln drei Fischer in einem Fluss und bilden so einen idyllischen Kontrapunkt zum rauchenden Schlot der Industrieanlage.

Das Bild wurde genauso ambivalent aufgenommen, wie es gemalt ist: Die einen sahen in ihm eine mahnende Stimme gegen die Naturzerstörung, die anderen die Versöhnung zwischen den Erfordernissen der industriellen Moderne und den tradierten Lebensformen. Fontane hat das Bild gekannt und führt es an zweiter Stelle der Liste jener Bilder, die er in seinem Wohnzimmer „um mich her zu täglicher Freude" aufhängen würde.[228] Die Leser von Fontanes Romanen werden die Szenerie unschwer in jener Episode aus *Irrungen Wirrungen* wiedererkennen, in der Botho auf seinem einsamen Ausritt eine Gruppe glücklicher Menschen" beobachtet, während im Hintergrund ein „Walzwerk oder eine Maschinenwerkstatt" die Luft mit „Qualm und Feuersäulen" verschmutzt.[229]

Landschaftsästhetik und Geschichtsbewusstsein im Prozess der Zivilisation

Am Ende steht die Frage im märkischen Raum, worauf diese Vielzahl von Einzelaspekten hinausläuft. Ein Textmassiv, dessen Entstehung sich über 30 Jahre hinweg erstreckt, das unter den unterschiedlichsten biographischen und publizistischen Bedingungen entstanden ist und das sich auch der verschiedensten literarischen Formen bedient, lässt sich gewiss nicht auf einen Nenner bringen. Die Frage, welche politischen Ansichten des Autors sich aus der unverkennbaren Dominanz historischer Themen ableiten lassen, ist sicher von Interesse, aber sie führt nicht ins Zentrum der *Wanderungen*. Außerdem lässt sie sich auch kaum beantworten. Ebenso zu kurz greift die Annahme, dass die Wanderungen aus der Großstadt hinaus in die freie Natur der märkischen Landschaft ebenso wie die Rückwendung in die Geschichte späte Erscheinungsformen romantischer Zivilisationsflucht seien. Dafür sind die Phänomene der Zivilisation, von den Flussregulierungen über die Ziegelbrenner und die Glashütten bis zur Eisenbahn, zu präsent und zu positiv konnotiert. Um die *Wanderungen* zu verstehen, muss man sich schließlich noch vor Augen führen, dass sie nicht allein in ihrer Gegenwart stehen. Seit der Jahrhundertmitte hat es eine ganze Reihe ähnlicher Projekte gegeben: Wilhelm Heinrich Riehls *Socialgeschichte des deutschen Volkes* gehörte dazu,

227 Frank, Theodor Fontane und die Technik (wie Anm. 86), S. 131; Blechen-Aufsatz, S. 534.

228 So Fontane in seiner Materialsammlung zu einer ungeschrieben gebliebenen Blechen-Biographie. In: NFA, Aufsätze zur Bildenden Kunst, Bd. 1, S. 539.

229 HFA, I/2 , S. 405.

das zehnbändige Projekt des Verlegers Wiegand *Das malerische und romantische Deutschland*[230] und eine ganze Reihe ähnlicher Texte sind in diesen Jahrzehnten nach der Jahrhundertmitte entstanden.[231] Hier wird eine Bewegung erkennbar, die als eine spätromantische Ohnmachtsreaktion auf die fortschreitende Zivilisation zu verstehen zu kurz greifen würde.

Das neu gewonnene Interesse an der Landschaft, das über das 19. und 20. Jahrhundert hinaus bis ins 21. Jahrhundert reichen wird, lässt sich am besten verstehen nicht als fortschrittsfeindliche Gegenreaktion gegen die Moderne, sondern als Kompensation von unvermeidbaren Zivilisationsverlusten. Die Zivilisation mit ihren Wohlstandsfolgen und Bequemlichkeitseffekten wird nicht nur nicht abgelehnt, sondern ausdrücklich als zukunftsträchtig begrüßt. Die damit einhergehenden unverkennbaren und unvermeidbaren Verluste werden mit der „Wanderung" durch die Landschaft und den Blick auf die Geschichte kompensiert. Selbst die „Lust an der Angst", die sich an den verstreuten Grab- und Gruftszenen der *Wanderungen* ablesen lässt, folgt diesem Muster: „Die aus dem Leben vertriebene Angst findet eine Zuflucht in der Literatur."[232]

Die Rehabilitation der „Landschaft" – die etwas ganz anderes ist als die „Natur" – ebenso wie die archivarische Lust an der Geschichte folgen der voranschreitenden Zivilisation wie ein Schatten. In der Zeit Fontanes konkretisiert sich diese Entwicklung auch ganz handfest: In Deutschland beginnt 1880 die Naturschutzbewegung mit dem folgenreichen Aufsatz des Komponisten Ernst Rudorff *Ueber das Verhältniß des modernen Lebens zur Natur* von 1880,[233] sie setzt sich mit den Naturschutzgesetzen des „Dritten Reichs" fort und in der Gegenwart des 21. Jahrhunderts hat sie ein dichtes Netzwerk von UN-Konventionen, EU-Richtlinien, Bundes- und Landesgesetzen wie örtlichen Eingriffsregelungen hervorgebracht.[234]

Die Sehnsucht nach der Natur wird zum Gegenpol der Modernisierungskräfte, ein Gegenpol aber, der nicht in der Wirklichkeit greifbar ist, sondern nur ästhetisch zu fassen ist. Die zivilisatorische Gesellschaft, so formuliert es Joachim Ritter, bringt selbst wieder die Organe hervor, „die den Reichtum des Menschseins lebendig gegenwärtig halten, dem die Gesellschaft ohne sie weder Wirklichkeit noch

---

230 Friedrich Sengle: Biedermeierzeit. Deutsche Literatur im Spannungsfeld zwischen Restauration und Revolution 1815-1848. Bd. II: Die Formenwelt. Stuttgart 1972, S. 252-254; S. 285f.

231 Wiese, Erwanderte Landschaften (wie Anm. 2), S. 95.

232 Alewyn, Die Lust an der Angst (wie Anm. 177), S., 329.

233 Rolf Peter Sieferle: Fortschrittsfeinde. Opposition gegen Technik und Industrie von der Romantik bis zur Gegenwart. München 1984, S. 161-166.

234 Peter J. Brenner: Über den Umgang mit Tieren. Vom Tierwohl über den Artenschutz zur „Biodiversität". In: Universitas, Bd. 76 (2021), H. 7: Artenschutz, S. 25-53; hier S. 46-51.

Ausdruck zu geben vermag."[235] Nicht anders ist es mit der Geschichte. Der Ritter-Schüler Hermann Lübbe fragte in etwas komplizierter Formulierung nach dem „Grund der Nötigkeit unserer Vergangenheitszuwendung in einer wie nie zuvor zukunftsorientierten Zivilisation".[236] In der Vergegenwärtigung der Vergangenheit durch Denkmäler, Archive, Museen, Geschichtsstudien sieht er gleichermaßen eine Kompensationsleistung wie in der Hinwendung zur ästhetischen Landschaft. Die „historische Kultur" steht der Modernität nicht entgegen, sondern ist eine ihrer Voraussetzungen. Odo Marquard, auch er ein Ritter-Schüler, hat diese Überlegungen zu seiner Kompensationstheorie zusammengefasst und in der Formel verdichtet: „Zukunft braucht Herkunft".[237]

Es sieht so aus, als habe der Fontane der *Wanderungen* das schon gewusst, sodass er dem Alten wie dem Neuen, der Vergangenheit wie der Zukunft mit großer Gelassenheit entgegentritt: „Ältestes und Neuestes reichen sich die Hand und wie ein ununterbrochener Strom wandert das Leben weiter von Geschlecht zu Geschlecht." (I, 1025)

---

235 Joachim Ritter: Landschaft. Zur Funktion des Ästhetischen in der modernen Gesellschaft. In: Ders.: Subjektivität. Sechs Aufsätze. 2. Aufl. Frankfurt a. M. 1980, S. 141-163, S. 163.

236 Hermann Lübbe: Denkmale in einer dynamischen Zivilisation. In: Ders.: Modernisierungsgewinner. Religion, Geschichtssinn, Direkte Demokratie und Moral. München 2004, S. 114-128; hier S. 115.

237 Odo Marquard: Zukunft braucht Herkunft. Philosophische Betrachtungen über Modernität und Menschlichkeit. In: Ders.: Philosophie des Stattdessen. Studien. Stuttgart 2009, S. 66-78; hier S. 66.

Sentimentaler Realismus. Fontanes selbstreflexiver Populismus in *Vor dem Sturm*

Christoph Gardian

1. Fontanes Realismus als Erneuerung der Romantik

In einer Besprechung von Richard Voß' Trauerspiel *Brigitta* vom 2./3. Oktober 1889 nennt Fontane „das Romantische" seine „Lieblingsgattung" und stellt es als solche noch über die „realistische[ ] Schule" („Zola, Turgenjew, Tolstoi, Ibsen"), indem er „die Romantik" von einer „falsche[n] Romantik" unterscheidet: „Der Sieg des Realismus", schreibt Fontane, „schafft die Romantik nicht aus der Welt. [...] Der Realismus schafft nur die falsche Romantik aus der Welt, die Romantik, die keine ist". ‚Echte' Romantik – das ist zum Beispiel die englische *Ancient Ballad of Chevy-Chase* (um 1550) aus Thomas Percys *Reliques of Ancient English Poetry* (1765), Gottfried August Bürgers *Lenore* (1774), Johann Wolfgang Goethes *Erlkönig* (1782), Friedrich Schillers *Jungfrau von Orleans* (1801) oder Moritz Graf von Strachwitz' *Das Herz von Douglas* (1847), auf das Fontanes eigene Ballade *Archibald Douglas* (1857) Bezug nimmt. Romantisch ist hier zum einen eine bestimmte Art des literarisch Überlieferten, nämlich „mittelalterliche[ ] Stoffe[ ]" oder das „Rittertümliche[ ]", das zugleich mit dem „Poetischen" synonym ist. Dieses ‚Poetische' allerdings gerät unter der Hand der ‚falschen', nur „sogenannten Romantiker" zur bloßen „Prosa", insofern sie es allein als „Ware" auf den „Markt" werfen, insofern sie Romantik – die doch vor allem ein „lebendiges Gefühl" im Gegensatz zum „tote[n] Zusammensetzspiel" von „Quincaillerie[ ]" ist – als „Geschäft" betreiben. So sind ‚echte' Romantik und Realismus für Fontane gerade kein Gegensatz, lediglich die merkantile, mittelalterliche und unheimliche Motive anhäufende Bastelei wird abgelehnt. Im Gegensatz zu dieser ‚falschen' Prosa als Konsumgut und Massenware ist die realistische Literatur sogar die Fortsetzung der Romantik:

> Die Romantik kann nicht aus der Welt geschafft werden, und in einer neuen Gestalt oder vielleicht auch in ihrer alten oder nur wenig gemodelten wird sie (denn sie verträgt sich sehr gut mit dem *Realismus*, was man an den echten Romantikern studieren kann) aufs neue ihren siegreichen Einzug halten [...].[1]

1 Theodor Fontane: Voß: Brigitta (1889). In: HFA, Bd. 3/2, S. 811-816, hier S. 815f. (Hervorhebung im Original). Die Unterscheidung zwischen „echter [...] Romantik" und einer „falschen [...] ro-

Realismus als Erneuerung der Romantik – das ist eine Wendung, die im Kontext programmatischer realistischer Äußerungen zumindest ein wenig überrascht. Im 1853 erschienenen Aufsatz über *Unsere lyrische und epische Poesie seit 1848* jedenfalls war sie so nicht absehbar, wenngleich die Unterscheidung zwischen realistischem und romantischem Programm dort, der nachmärzlichen Rhetorik entsprechend, zwar kategorisch, aber auch recht fragwürdig ausfällt: „Der Realismus", heißt es da in diametraler Entgegensetzung zur Pointe von 1889, „ist die Kunst", zugleich ist er (wohl im Anschluss an Friedrich Theodor Vischers Formulierung eines „moderne[n] Ideals"[2] im Unterschied zu Georg Wilhelm Friedrich Hegels Bestimmung der Romantik als letztmöglicher künstlerischer Ausdrucksform) das ‚Moderne', steht dabei aber im Unterschied zur „Unnatur" und zum „Kranken", zum „blühenden Unsinn", zur „verlogenen Sentimentalität" und zum „gedankenlosen Bilderwust" der Literatur insbesondere der 1830er Jahre. Fontane beschreibt damit eine Literaturgeschichte der dialektischen Umschläge, insofern er auf die „unnatürliche[ ] Geschraubtheit Gottsched's" den „Realismus Lessing's" folgen lässt, in dessen Tradition er folgerichtig den neuen ‚Realismus' seit 1848 stellt. Dieser ist inhaltlich gekennzeichnet als eine „Periode ehrlichen Gefühls und gesunden Menschenverstands" im Gegensatz zur formalen, rhetorischen „Phrase und Überschwänglichkeit". Realisten (nicht etwa Romantiker) sind hier Johann Gottfried Herder und wiederum Bürger (vermittels „Shakespeare-Bewunderung" und „Aufhorchen auf die Klänge des Volksliedes"), Goethe mit seinem *Götz von Berlichingen* (1773), den *Leiden des jungen Werthers* (1774) und seiner ‚Erlebnislyrik' sowie Schiller mit der *Verschwörung des Don Fiesco zu Genua* (1783) und *Kabale und Liebe* (1784). *Die Jungfrau von Orleans* zählt hier ebenso wenig zur realistischen Kunst wie Goethes *Torquato Tasso* (1790). Vollends irritierend erscheint Fontanes

mantischen Richtung" trifft Fontane freilich auch schon früher, etwa 1871 im Aufsatz zu Walter Scott, wo er jene zudem als „*gesund*[ ]", diese hingegen als „*krankhaft*[ ]" attribuiert. Theodor Fontane: Walter Scott (1871). In: Jürgen Kolbe (Hg.): Aufsätze und Aufzeichnungen. Aufsätze zur Literatur. Frankfurt a. M. [u. a.] 1979 (Werke und Schriften. Erinnerungen, ausgewählte Schriften und Kritiken, Bd. 28), S. 187-206, hier S. 205. Deutlich wird zumal, dass er mit dem Begriff ‚Romantik' nicht die heute übliche Epochenzuschreibung meint, ebenso wenig aber die ‚echte' Romantik lediglich als einen ‚Teil des Sturm und Drang' versteht, wie Jürgen Kolbe im Anhang zu Fontanes *Aufsätzen zur Literatur* meint (vgl. ebd., S. 449, Anm. zu S. 143). Vgl. hier und im Folgenden auch Jutta Osinski: Romantikbilder und patriotische Gesinnung in Fontanes ‚Vor dem Sturm'. In: ZfdPh, Bd. 123 (2004). Sonderheft, S. 142-152; Rolf Zuberbühler: „Einmal / Lebt' ich, wie Götter, und mehr bedarfs nicht." Fontanes Auseinandersetzung mit Hölderlin und der Romantik in *Vor dem Sturm*. In: Hugo Aust [u. a.] (Hg.): Fontane, Kleist und Hölderlin. Literarisch-historische Begegnungen zwischen Hessen-Homburg und Preußen-Brandenburg. Würzburg 2005 (Fontaneana, Bd. 2), S. 107-120, hier S. 108f., mit dem sich das Romantikverständnis Fontanes auf das Schema von Stoff und Empfindung zurückführen lässt.

2 Friedrich Theodor Vischer: Plan zu einer neuen Gliederung der Ästhetik [1843]. In: Robert Vischer (Hg.): Kritische Gänge. 6 Bde. 2. Aufl. München 1922, Bd. 4, S. 159-197, hier S. 174.

Bestimmung der realistischen Literatur, wenn man sie der berühmten Erklärung eines (früh-)romantischen Programms gegenüberstellt. Realismus, so Fontane,

> ist die Wiederspiegelung alles wirklichen Lebens, aller wahren Kräfte und Interessen im Elemente der Kunst [...]. Er umfängt das ganze reiche Leben, das Größte wie das Kleinste: den Columbus, der der Welt eine neue zum Geschenk machte, und das Wasserthierchen, dessen Weltall der Tropfen ist; den höchsten Gedanken, die tiefste Empfindung zieht er in sein Bereich, und die Grübeleien eines Goethe wie Lust und Leid eines Gretchen sind sein Stoff. Denn Alles das ist wirklich. Der Realismus will nicht die bloße Sinnenwelt und nichts als diese; [...] er will das Wahre. Er schließt nichts aus als die Lüge, das Forcirte, das Nebelhafte, das Abgestorbene – vier Dinge, mit denen wir glauben eine ganze Literaturepoche bezeichnet zu haben.[3]

Das Erblicken der ‚Wahrheit' in der ‚Wirklichkeit' der Erscheinungen, die künstlerische Darstellung oder Konstruktion einer ‚idealen Realität' steht ja gerade nicht konträr zum Programm romantischer Literatur. Zur Erinnerung – die in Fontanes etwas ‚forcierter' und ‚nebelhafter' Definition diffamierte ‚Literaturepoche' lässt man für gewöhnlich mit den Worten einsetzen:

> Die romantische Poesie ist eine progressive Universalpoesie. Ihre Bestimmung ist nicht bloß, alle getrennten Gattungen der Poesie wieder zu vereinigen und die Poesie mit der Philosophie und Rhetorik in Berührung zu setzen. Sie will und soll auch Poesie und Prosa, Genialität und Kritik, Kunstpoesie und Naturpoesie bald mischen, bald verschmelzen, die Poesie lebendig und gesellig und das Leben und die Gesellschaft poetisch machen, den Witz poetisieren und die Formen der Kunst mit gediegnem Bildungsstoff jeder Art anfüllen und sättigen und durch die Schwingungen des Humors beseelen. Sie umfaßt alles, was nur poetisch ist, vom größten wieder mehrere Systeme in sich enthaltenden Systeme der Kunst bis zu dem Seufzer, dem Kuß, den das dichtende Kind aushaucht in kunstlosem Gesang. [...] Nur sie kann gleich dem Epos ein Spiegel der ganzen umgebenden Welt, ein Bild des Zeitalters werden.[4]

Der programmatische Unterschied erscheint gering, sodass der Realismus Fontanes als Ausdifferenzierung eines romantischen Projekts der „allseitigen Bildung"

---

3 Alle Zitate nach Theodor Fontane: Unsere lyrische und epische Poesie seit 1848. In: Deutsche Annalen zur Kenntniß der Gegenwart und Erinnerung an die Vergangenheit, Bd. 1 (1853), S. 353-377, hier S. 355-360. Als „herrschende literarische Richtung" in den 1830er Jahren macht Fontane im Aufsatz zu Willibald Alexis aus dem Jahr 1872 „die romantische, partiell die jungdeutsche" aus. Theodor Fontane: Willibald Alexis (1872). In: Kolbe, Theodor Fontane (wie Anm. 1), S. 209-264, hier S. 214.

4 Friedrich Schlegel: ‚Athenäums'-Fragment 116 (1798). In: Ernst Behler (Hg.): Kritische Friedrich-Schlegel-Ausgabe. 36 Bde. Paderborn [u. a.] 1967, Bd. 2, S. 182f.

und „grenzenlos wachsende[n] Klassizität",[5] das heißt einer Wiederherstellung von Ganzheit im Medium der Literatur als Reaktion auf diverse Differenzierungserfahrungen der Moderne verstanden werden kann. Formal folgt das realistische Manifest Fontanes der Performativität, mit der das romantische Fragment seine inhaltliche Aussage selbstreflexiv vollzieht, allerdings nicht.

Die merkwürdige Doppelung von ‚falscher' und ‚echter' Romantik, die Fontane vornimmt, entspricht vielleicht einer ‚Finesse' des späteren 19. Jahrhunderts im Allgemeinen: nämlich der Aufspaltung der ‚Romantik' in eine, die bestritten, und eine, die eher verdeckt fortgeführt wird.[6] Die ‚blauen Berge' der Romantik sind in Sichtweite, man traut sich nur nicht so recht hin. Dabei kann sich von Mal zu Mal unterscheiden, was eigentlich mit ‚Romantik' oder dem ‚Romantischen' gemeint ist. Aber immer gibt es eine ‚schlechte' Romantik, die mit den stereotypen Formeln aus Hegels und Heines Romantikkritiken verächtlich gemacht wird. Die Verächtlichmachung dient dazu, den jeweils eigenen Realismus zu begründen und zu rechtfertigen. Auf der anderen Seite gibt es immer auch eine ‚gute' Romantik, die weitergeführt werden soll. Im Unterschied zum Abstoßungseffekt durch die Schmähung der schlechten Romantik, dient der Bezug auf eine gute Romantik der Aufladung mit Faszinationskraft.

Fontanes Formel vom Realismus als einer Erneuerung der Romantik lenkt die Aufmerksamkeit auf die Ökonomie einer literarischen Textproduktion, zu der die *Traditionssicherung* ebenso gehört wie die Praktiken der *Ergänzung* und des *Verbergens*. Auf der Seite des Verbergens, des Vergessens oder Loswerdens steht jedenfalls das, was man Formen der romantischen Selbstreflexion nennen könnte: Die berüchtigte romantische Ironie, die Parabase, jeder offene Fiktionsbruch – also alle Formen der unmittelbaren, inkonsistenten Selbstreflexion[7] verbieten sich. Was Robert Musil einmal am Essayismus seines zeitweiligen Weggefährten Robert Müller tadelt, was aber doch gerade auch als Kennzeichen einer (expressionistischen) Moderne zur Geltung kommt und vielleicht schon zum Repertoire einer bestimmten romantischen Schreibart gehört, ist hier – wie für die Literatur einer ‚Neuen Sachlichkeit' – unmöglich. Musil meint damit: „Aussprechen, Rationalismus, Reizbarkeit; es genügt, wenn ungefähr in die Richtung des Knopfes gedrückt wird; Blasiertheit, Übersteigerung."[8] In dieser Hinsicht lässt sich vielleicht auch

5 Ebd., S. 183.

6 So kennt auch der maßgebliche Ästhetiker der Jahrhundertmitte, Friedrich Theodor Vischer, neben der Romantik, die als spekulativer Idealismus gekennzeichnet wird, das mehr immanente Ideal einer „innere[n] Romantik". Friedrich Theodor Vischer: Der Triumph der Religion in den Künsten, von Friedrich Overbeck. In: Deutsche Jahrbücher für Wissenschaft und Kunst, Bd. 1 (1841), S. 109-111, 113f., 117-128, hier S. 123.

7 Zur Terminologie vgl. Michael Scheffel: Formen selbstreflexiven Erzählens. Eine Typologie und sechs exemplarische Analysen. Tübingen 1997 (Studien zur deutschen Literatur, Bd. 145).

8 Adolf Frisé (Hg.): Robert Musil. Tagebücher. 1899–1941/42. Reinbek bei Hamburg 1983, S. 652.

von einer „ängstlichen Moderne"[9] Fontanes sprechen: Das Romantische, das als das ‚Poetische' in all seiner Faszinationskraft verstanden wird, darf in seiner Poetizität nicht entfaltet werden. Statt auf Entfaltung setzt man auf die ‚Einfaltung' von Komplexität in einen vordergründigen, ungestörten Handlungszusammenhang. Erlaubt sind allenfalls mittelbare, konsistente Formen der Selbstreflexion ohne Brechung der Fiktion. Die ‚blauen Berge' der Romantik sind in Sichtweite, man traut sich nur nicht hin. Das ist die oft beklagte ‚Modernitätspause' des deutschsprachigen Realismus im 19. Jahrhundert.[10]

Im Folgenden geht es darum, am Romanerstling *Vor dem Sturm* (1878) zu zeigen, wie Fontane in der Auseinandersetzung mit romantischer Literatur eine Positionsbestimmung des eigenen Realismus vornimmt, wie er auf dieser Grundlage eine gesellschaftliche Wirklichkeit entwirft und anhand dieser Konstruktion politische Möglichkeiten der Literatur andeutet, die aber gleichzeitig als längst nicht mehr realisierbare, nur ‚poetische' Möglichkeiten relativiert werden. Damit nimmt der Roman die am historischen Vorbild der Romantik gewonnene Einsicht in die Konstruiertheit und Konstruierbarkeit von Wirklichkeit sowie die Einsicht in die Relativität von Identitätspostulaten auf – wenngleich auch nur in mittelbarer Form und ohne allzu große Störung der Handlungsführung. Denn das ‚Aussprechen' (im Sinn Musils) zählt sicher nicht zum Repertoire von Fontanes Romanen und Erzählungen. Bekannt ist ja, dass Fontane, anders als in seinen Briefen, seinem „Haß auf die Bourgeoisie"[11] oder seiner Judenfeindlichkeit[12] kaum stattgegeben hat. Im *Stechlin* (1897/98) immerhin entpuppt sich Dubslavs „alte[r] Freund", der Tuchhändler Baruch Hirschfeld, am Ende doch als stereotyper ‚Schacherjude', mit dem es „auch nichts" und an dem „der Pferdefuß doch schließlich 'rausgekommen ist" (DS, 11, 376). Fontanes ‚Finessen', so kann man mutmaßen, sind – neben der Einfaltung von Komplexität – gleichermaßen literarische Kunstgriffe wie publikationspolitisches oder öffentlichkeitswirksames Kalkül.

2. Preußisch-deutsche Identität

Fontanes soziale Animositäten werden in den literarischen Texten jedenfalls eher verschwiegen als ausgesprochen. Von daher lässt sich auch noch einmal nach

9 Gerhart von Graevenitz: Theodor Fontane: ängstliche Moderne. Über das Imaginäre. Konstanz 2014.

10 So mit größtmöglicher Polemik noch einmal Ingo Meyer: Im „Banne der Wirklichkeit"? Studien zum Problem des deutschen Realismus und seinen narrativ-symbolischen Strategien. Würzburg 2009 (Epistemata. Würzburger wissenschaftliche Studien. Reihe Literaturwissenschaft, Bd. 690).

11 Graevenitz, Theodor Fontane (wie Anm. 8), S. 68.

12 Vgl. ebd., S. 69ff.

der vielbeschworenen „antinationalistische[n], humanistische[n] Botschaft" von „überzeitliche[r] Aktualität"[13] seines Œuvres fragen. Richtig ist zuerst einmal, dass die Franzosen (bei aller Gegnerschaft zu Frankreich als politischem Mitbewerber um die Hegemonie im europäischen Mächteverhältnis und entgegen der gründerzeitlichen antifranzösischen Stimmung) beinahe durchgehend als ‚menschlich' und integer (sie sind von „ritterliche[r] Gesinnung") dargestellt werden. Selbst Berndt von Vitzewitz hat trotz seines Hasses auf die Besatzer eine „nicht zu ertötende Vorliebe" für „die französische Nation" (VdS 1, 34). Lewin bemitleidet die französischen Soldaten, die aus Russland heimkehren; er spricht sich gegen einen Partisanenkrieg aus, für einen ‚offenen', erklärten Krieg, er vertritt also tatsächlich das Prinzip des Fair Play. Während Berndt in der ersten Auseinandersetzung zwischen Vater und Sohn für die Gunst des Augenblicks plädiert, um die geschwächten, aus Russland heimkehrenden französischen Truppen – auch gegen den Willen der Regierung – entscheidend zu schlagen und so die ‚Schmach' der Niederlage und „Unterdrückung" (VdS 1, 40) von seinem Land zu nehmen, erklärt sich Lewin für die Bündnistreue zu Napoleon. Dabei argumentieren beide mit einer Vorstellung von Innerlichkeit oder ‚Natur': Berndt folgt „dem lauten Wort, das in uns klingt" und ihm eine Entscheidung nahelegt, die Lewin, der „[s]einer Mutter Sohn" ist, aber gerade „gegen [die] Natur" (VdS 1, 39) geht. Die Relativität des ‚Natürlichen' wird akzeptiert, solange es sich im Rahmen von Normen bewegt, wenn es etwa nicht „gegen die Gebote Gottes streitet" (VdS 1, 40); und es wird begründet: Berndts Hass auf die Franzosen steht im Zusammenhang mit dem Tod seiner Frau, den er einem in Hohen-Vietz einquartierten französischen Offizier anlastet, der die eben von einer Krankheit Genesende „in unziemlichster Huldigung" beleidigt. Ihr Zustand verschlechtert sich nochmals, „am dritten Tag war sie aufgegeben, am neunten trugen sie sie die alte Nußbaumallee hinauf, bis an die Hohen-Vietzer Kirche und senkten sie unter Innehaltung aller von ihr gegebenen Bestimmungen ein". Dabei ist sein Ressentiment – „[g]anz anders als sein Haß gegen den Bonaparte selbst" – „vielmehr Absicht und Kalkül[ ] als unmittelbare Empfindung" (VdS 1, 33–35). Lewins Toleranz dagegen entstammt einer „alles verklärende[n] Phantasie" (VdS 1, 36), sein Mitleid, das Berndt für Feigheit hält, ist der Berechnung des Vaters nicht vorrangig, jede Perspektive ist auf ihre Weise beschränkt. Lewins Wankelmut und Zögerlichkeit, seine Handlungsunfähigkeit aus (auch politischer) Unentschiedenheit ist der Ethik des Romans gemäß aber auch keineswegs ein Vorzug. „Lewin, unpolitisch und seiner ganzen Natur

13 Stefan Neuhaus: Zeitkritik im historischen Gewand? Fünf Thesen zum Gattungsbegriff des Historischen Romans am Beispiel von Theodor Fontanes *Vor dem Sturm*. In: Osman Durrani, Julian Preece (Hg.): Travellers in Time and Space. The German Historical Novel / Reisende durch Zeit und Raum. Der deutschsprachige historische Roman. Amsterdam, New York 2001 (Amsterdamer Beiträge zur neueren Germanistik, Bd. 51), S. 209-225, hier S. 209.

nach abhängig vom Moment" – so heißt es vor dem Hintergrund des „Elend[s]" heimkehrender französischer Streitkräfte einerseits und des „Glanz[es]" in Berlin einziehender Nachschubtruppen andererseits – „kam zu keiner bestimmten Ueberzeugung, und sah das Kaiserreich sinken und sich wieder heben, je nach den heitern oder tristen Scenen, deren zufälliger Augenzeuge er sein durfte" (VdS 2, 170f.). Erst als er sich entscheidet (für Marie Kniehase und gegen Kathinka Ladalinski, für den Landsturm, der schließlich mit Einwilligung des Königs gegen den Bündnispartner kämpft), wird Lewin ‚gesund' und ist frei (VdS 2, 303f.).

Am Ende hat Berndts Plan, die Frankfurter Garnison anzugreifen und den dort kommandierenden französischen General gefangen zu nehmen, nicht deshalb keinen Erfolg, weil er sich gegen seinen Monarchen stellt: Der Aufruf Friedrich Wilhelms III. *An mein Volk!*[14] ist inzwischen ergangen, das Bündnis mit Napoleon ist aufgekündigt, andere Landsturmeinheiten haben bereits erfolgreich agiert und französische Offiziere gefangen gesetzt. Das Unternehmen ist zuletzt daran gescheitert, dass die russischen Truppen des Generals Tschernyschow nicht wie verabredet den Landstürmern zu Hilfe kommen. Die Russen, dem muss sogar Graf Drosselstein – „[v]on seltener Unparteilichkeit" (VdS 1, 174) und aufgrund seiner Zeit am Petersburger Hof mit General Tschernyschow bekannt, also dazu prädestiniert, sich der russischen Unterstützung für den Angriff auf Frankfurt zu versichern – zustimmen, sind „launenhaft", unehrenhaft und skrupellos: „Sie versprechen alles und wissen im voraus, daß sie das Versprochene nicht halten werden [...]. Es fehlt ihnen zweierlei: Ehrgefühl und Mitgefühl" (VdS 2, 405), weiß Berndt.

Die Behandlung anderer Nationalitäten unterscheidet sich in Fontanes *Vor dem Sturm* deutlich vom hemmungslosen Chauvinismus der „Federkrieger"[15] vom Schlage eines Ernst Moritz Arndt oder Max von Schenkendorf mit ihrem fanatischen Franzosenhass, der Roman ist aber nicht frei von nationalistischen Untertönen. Genannt werden immerhin der Philosoph Johann Gottlieb Fichte und eine im Februar 1813 gehaltene Rede, die Lewin an der Berliner Universität verfolgt und die zur persönlichen Entscheidung aufruft (VdS 2, 90f.),[16] sowie

---

14 Aufruf des Königs von Preußen Friedrich Wilhelm III. „An Mein Volk!" Vom 17. März 1813. In: Anton Guido Meyer (Hg.): Corpus Juris Confoederationis Germanicae oder Staatsacten für Geschichte und öffentliches Recht des Deutschen Bunds. Teil 1: Staatsverträge. 3. Aufl. Frankfurt a. M. 1858, S. 147-149.

15 Christoph Jürgensen: Federkrieger. Autorschaft im Zeichen der Befreiungskriege. Stuttgart 2018. Zum Kontext der Befreiungskriege und ihrer Rezeption vgl. auch Gerhard Bauer [u. a.] (Hg.): Blutige Romantik. 200 Jahre Befreiungskriege. Essays. Dresden 2013. Vgl. auch die zuweilen als preußenkritisch aufgefassten ‚Kriegsbücher' Fontanes. Ders.: Der Krieg gegen Frankreich 1870–1871. 4 Bde. Zürich 1985.

16 Vgl. Johann Gottlieb Fichte, Rede an seine Zuhörer, bei Abbrechung der Vorlesungen über die Wissenschaftslehre am 19. Februar 1813. In: Ders.: Ueber den Begriff des wahrhaften Krieges in Bezug auf den Krieg im Jahre 1813. Tübingen 1815, S. 67-87.

implizit der Theologe Friedrich Daniel Ernst Schleiermacher, dessen Predigt vom 28. März 1813 dem Pastor Seidentopf in den Mund gelegt wird, der nun, nach dem Aufruf des Königs, einen „heilige[n] Krieg“ (VdS 2, 355)[17] beschwört. Sie hebt sich auch ab vom ‚neuromantischen', den Mythos von 1813 beschwörenden Nationalismus zur Zeit der Reichsgründung, der den ‚Einigungskrieg‘ in eine Linie mit dem ‚Volkskrieg‘ stellt, ihn als praktische Umsetzung der ‚literarischen‘ Idee umdeutet[18] – hierfür kann etwa Oskar von Redwitz' *Lied vom neuen deutschen Reich* (1871) angeführt werden, passagenweise auch Conrad Ferdinand Meyers Versepos *Huttens letzte Tage* (1871).[19]

Der deutsch-nationalistische Subtext des preußisch-patriotischen Romans wird deutlicher, wenn man in Betracht zieht, wie die polnische Nation repräsentiert ist.[20] Kathinka Ladalinski, die von Lewin geliebt wird, für die er jedoch nur ein ‚Kind‘ ist, plädiert für „Leidenschaft und Phantasie“: „Alles Poetische reißt uns hin [...].“ (VdS 1, 270, 272) Dieses ‚Poetische‘ jedoch ist – was noch zu zeigen sein wird – nicht dasjenige einer ‚echten', es ist hier vielmehr das einer ‚falschen‘ Romantik. Lewin ist nur ‚Fantasie', Graf Bninski hingegen, mit dem Kathinka davonläuft, ist

17 Vgl. F[riedrich] Schleiermacher: Predigt am 28. März 1813. Berlin 1813, S. 6. Es ist im eröffneten Zusammenhang bezeichnend, dass gerade die ehemaligen, zu Nationalrevolutionären konvertierten Jakobiner und Idealisten hier zu Wort kommen, nicht etwa Adam Müller oder (der freilich in österreichischen Diensten stehende) Friedrich Schlegel als Vertreter einer katholischen Reaktion. Gleichwohl ist das ‚Volk', das in *Vor dem Sturm* entworfen wird, nicht dasselbe, das die Protagonisten der ‚nationalen Revolution‘ meinen.

18 Vgl. etwa F[riedrich] P[ech]t: Der Krieg und die deutsche Kunst. In: [Augsburger] Allgemeine Zeitung (1870), Beilage 11. November, S. 4989-4990; Berthold Auerbach: Wieder unser. Gedenkblätter zur Geschichte dieser Tage. Stuttgart 1871, S. 38-43.

19 Vgl. Oscar von Redwitz: Das Lied vom neuen deutschen Reich. Eines ehemaligen Lützow'schen Jägers Vermächtniß an's Vaterland. Berlin 1871; Conrad Ferdinand Meyer, Huttens letzte Tage. Eine Dichtung. Leipzig 1871.

20 Das Polenthema in *Vor dem Sturm* ist stärker als bisher wahrgenommen mit der ästhetisch-politischen Stoßrichtung des Romans verknüpft. Zum Polenbild Fontanes und in *Vor dem Sturm* vgl. Walter Müller-Seidel: Fontane und Polen. Eine Betrachtung zur deutschen Literatur im Zeitalter Bismarcks. In: Jörg Thunecke (Hg.): Formen realistischer Erzählkunst. FS for Charlotte Jolles. Nottingham 1979, S. 433-447; Wieńczysław Niemirowski: Zum Polenthema in Theodor Fontanes *Vor dem Sturm*. In: FB, H. 50 (1990), S. 96-102; Gerhard Friedrich: Preußisch-polnische Irrungen und Wirrungen in Theodor Fontanes Roman *Vor dem Sturm*. In: Zeitschrift für Kultur- und Bildungswissenschaften, Bd. 2 (1996), S. 43-53; Mariola Lewandowska: „... denn er ist Pole, vom Wirbel bis zur Zeh.“ Die Polen in Theodor Fontanes Roman „Vor dem Sturm“. In: Hans Dieter Zimmermann (Hg.): Mythen und Stereotypen auf beiden Seiten der Oder. Berlin 2000, S. 47-55; Barbara Widawska: Die preußisch-polnischen Familienbeziehungen in Fontanes Roman *Vor dem Sturm*. In: Lisaweta von Zitzewitz (Hg.): Reflexionen über Pommern und Polen im Werk Theodor Fontanes / Rozważania nad Pomorzem i Polską w twórczości Theodora Fontane. Nowogard: Fundacja Akademia Europejska Kulice-Külz 2010 (Zeszyty Kulickie / Külzer Hefte, Bd. 6), S.170-185; Alexandra Dunkel: Figurationen des Polnischen im Werk Theodor Fontanes. Berlin, Boston 2015 (Schriften der Theodor Fontane Gesellschaft, Bd. 10).

leidenschaftlich – er ist, wenn man so will, unbeherrscht.[21] Bninski hasst nicht nur den Staat Preußen, sondern die Preußen als Staatsbürger, ist in seiner Abneigung aber nicht ‚kleinlich', das heißt, er nimmt es mit seinen Prinzipien nicht so genau – im Gegensatz etwa zu Berndt, der seine zwar kalkulierte Feindschaft immerhin „stark und ehrlich zur Schau" (VdS 1, 35; vgl. VdS 2, 192f.) trägt. Tubal Ladalinski wiederum verkörpert eine ‚romantische Zerrissenheit' (zwischen Ideal und Wirklichkeit): Er ist angetan von Doktor Faulstich, von dessen Apotheose Friedrich von Hardenbergs und der Formel vom „Widerspruch des Daseins" (VdS 1, 247). Er spricht es aus, dass den Ladalinskis „der Mittelpunkt [fehlt]" (VdS 1, 282). Entsprechend zeichnet auch den ‚alten' Ladalinski, den Vater Tubals, „in dem [...] sich polnisches Blut und preußische Doktrin wie Feuer und Wasser befehde[ ]n" (VdS 2, 82), eine gewisse Gespaltenheit aus. Er ist „pedantisch-romantisch[ ]" und repräsentiert ähnlich wie Bninski eine Art von Opportunismus, wenn er „Staatszugehörigkeit" (VdS 2, 191, 39) und Konfession nach Belieben wechselt. Die ‚Zerrissenheit' und ‚Mittelpunktlosigkeit' des polnischen Romanpersonals hat ihr historisches Korrelat in den drei Teilungen Polens 1772, 1793 und 1795, die antipreußische Haltung Bninskis und sein Eintreten für Frankreich im von Napoleon unterstützten polnischen Aufstand von 1806 sowie dem durch diesen 1807 installierten Herzogtum Warschau.

Dennoch, so viel lässt sich festhalten, wird in *Vor dem Sturm* nicht unterschiedslos ‚humanistisch-antinationalistisch' argumentiert: Frankreich wird als Kulturnation hochgeschätzt, ist jedoch eindeutig ‚der Feind', den es aus dem Land zu drängen gilt, während die (zukünftig) verbündeten Russen als unzuverlässig und mitleidslos geschildert werden. Sie hängen am ästhetischen gesellschaftlichen Schein, haben dabei aber kein Ehrgefühl. Die Polen wiederum sind gekennzeichnet durch leidenschaftliche Unbeherrschtheit, eine ‚romantische' Identitäts- und die daraus folgende Prinzipienlosigkeit. Worum es im Romanerstling des „vaterländischen Schriftstellers"[22] Fontane tatsächlich geht, ist, so lässt sich folgern, die Herstellung einer preußisch-deutschen Identität durch den Ausschluss von ‚Fremdem' und den diesem Fremden zugeordneten ‚Werten'. Nicht zufällig ist das polnische Personal am Ende gänzlich aus der Romantopografie verbannt.[23] Wie stets, setzt sich der

21 Vgl. VdS 2, 81, wo Bninski, als er von der ‚Kapitulation' Johann David Ludwig von Yorcks, des Befehlshabers des preußischen Hilfskorps in Napoleons Russlandfeldzug, erfährt, vor „Erregung" „mit dem Fuße [stampft( )]". Gemeint ist die sogenannte Konvention von Tauroggen vom 30. Dezember 1812, die mit ihren Folgen in nationalistischen Kreisen zum Mythos des patriotischen Widerstands stilisiert wurde.

22 Vgl. Peter Wruck: Theodor Fontane in der Rolle des vaterländischen Schriftstellers. Bemerkungen zum schriftstellerischen Sozialverhalten. In: FB, H. 6 (1987), S. 644-667.

23 Vgl. Marianne Wünsch: Politische Ideologie in Fontanes „Vor dem Sturm". In: Dies.: Realismus (1850–1890). Zugänge zu einer literarischen Epoche. Kiel 2007 (Literatur- und Medienwissenschaftliche Studien, Bd. 7), S. 173-187, hier S. 174f.

identitätspolitische Ausschluss nach innen gerichtet fort in der Stratifikation der preußischen Gesellschaft. Bevor diese in den Blick genommen wird, lässt sich jedoch die nationalpolitische Exklusion an der Diskussion von Werten, insbesondere am zentralen Begriff der Treue noch einmal differenzieren.

3. *‚Polnische' und ‚deutsche' Treue*

Was bedeutet ‚Treue' in *Vor dem Sturm*? Offenbar ist es so, wie Tubal es formuliert: „Eine Treue kann die andere ausschließen." (VdS 2, 83) Sie kann als Treusein bzw. Loyalität gegenüber einer Person bzw. Institution oder als Zuverlässigkeit hinsichtlich eines Sachverhalts auf Verschiedenes bezogen sein. Die zentrale Konfliktlinie, auf die sich auch die Aussage Tubals bezieht, verläuft zwischen einer Treue zum Land und der Treue zum König, die auch die Bündnistreue gegenüber Napoleon einschließt. Daneben werden weitere Formen der Treue verhandelt, die mit über die moralische Integrität von Personen und gesellschaftlichen Gruppen entscheiden. Sie werden vornehmlich zwischen Vertretern der polnischen Nation und der preußischen Landsmannschaft diskutiert – und, wen sollte es noch wundern, auch hier sind die Erstgenannten in kein gutes Licht gestellt. Kathinkas Verständnis von Treue, die sie auch am Grafen Bninski hervorhebt, bezeichnet die leidenschaftliche Hingabe an Personen, eine nicht rationale, aus der ‚Natur', dem „Blut" abgeleitete „Neigung" (VdS 2, 216). Dieser Treue zwischen Individuen entspricht sie, jedenfalls in der Form von Familientreue, selbst nicht – ebenso wenig wie Tubal in seiner Untreue gegenüber Renate. Dieser argumentiert, dass, wenn zuweilen die eine Treue (Landestreue) die andere (Königs-/Bündnistreue) ausschließe, derjenige, der in diesen „Widerstreit der Pflichten" (VdS 2, 83) gestellt sei, sich selbst und seinen Prinzipien treu bleiben müsse. Tubal gelingt dies allerdings nicht, weil ihm eben im Zwiespalt zwischen ‚Ideal' und ‚Wirklichkeit' der ‚Mittelpunkt' fehlt, ihm sowohl das ‚Selbst' als auch die Prinzipien abgehen. Was Kathinka an Bninski herausstellt, der sich wiederholt über die ‚deutsche Treue' echauffiert, stellt sich folgendermaßen dar:

> Als Kosciusko im letzten Treffen, das über Polen entschied, am Saume eines Tannenwäldchens lag, das er drei Stunden lang gegen Uebermacht vertheidigt hatte, stand ein Fahnenjunker, ein halbes Kind noch, neben ihm und deckte den von Blutverlust ohnmächtig Gewordenen mit seinem jungen Leben. Er hätte sich retten können, aber er verschmähte es. Endlich überwältigt, bat er um eines nur: seinen gefangenen General pflegen und dieselbe Zelle mit ihm theilen zu dürfen. Dieser Fahnenjunker war der Graf. (VdS 1, 271)

Diese Art der Treue, die im Subtext als kindische, servile Anhänglichkeit an eine Person oder den Repräsentanten einer Ordnung gekennzeichnet ist, nimmt sich auch Tubal zum Ideal, wenn er sich zuletzt im Zuge der Befreiung Lewins aus der Bastion Brandenburg in der Festung Küstrin für Hektor, den Neufundländer Berndts, opfert. Es ist jedenfalls nicht die Ehrlichkeit und Verlässlichkeit des Generalmajors Bamme, die der Rittmeister Hirschfeldt im Gegensatz zum „Lug und Trug" der preußischen „Politik [...] seit zwanzig Jahren" einfordert: „[W]er nicht Treue hält, der ist des Todes" (VdS 2, 384), warnt dieser - eine Mahnung, die sich Tubal offenbar zu Herzen nimmt, wenn er auf der Suche nach seiner Art der Treue den von französischen Wachen angeschossenen Hund rettet. Hirschfeldts Worte werden zur Prophezeiung, wenn Tubal bei dieser Rettung seinerseits verwundet wird und in der darauffolgenden Nacht seinen Verletzungen erliegt - weil er offenbar nicht die rechte Treue gewählt hat. „Nein, nein, das soll nicht sein; Hektor, das treue Thier" (VdS 2, 465), spricht Tubal noch im Sterben. Die ‚polnische Treue' wird - wollte man die Suggestion, die in dem hier eröffneten Darstellungszusammenhang angelegt ist, ins Polemische fortsetzen - als eine ‚hündische' desavouiert. In diesem Fall entspricht Fontanes Roman dem Homogenisierungsdruck des herrschenden Nationalismus nach 1871, der sich nicht nur gegen den äußeren ‚Erbfeind' (Frankreich), sondern zunehmend auch gegen Minderheiten im Deutschen Reich (Polen, Juden) wendet.

So bleibt am Ende nur das ‚preußische' Dilemma zwischen Königstreue und Landestreue in Geltung, das in Lewin verkörpert ist. Aufgrund der Verteilung von Sympathiewerten im gesellschaftlichen Spektrum des Romans, der Verurteilung der preußischen Politik der vergangenen Jahre sowie der Entscheidung Lewins für die Aktion des Vaters scheint der Landestreue schließlich gegenüber der Königstreue ein höherer Wert beigemessen zu werden. Der Konflikt wird allerdings nicht konsequent ausgetragen, weil der König inzwischen das Bündnis mit Frankreich gelöst und den Landsturm legitimiert hat. Fontanes Roman löst ihn nicht, sondern scheint ihm zuletzt auszuweichen - insbesondere, wenn man bedenkt, dass der Aufruf des Königs de facto erst wesentlich später, im März 1813 erfolgt ist, Fontane also durchaus die Möglichkeit gehabt hätte, den Streit der beiden Lager weitergehend zu gestalten.

4. Soziale Stratifikation

Was nun die Bewertung der sozialen Gruppen im Roman angeht, so ist der Landadel grundsätzlich positiv aufgefasst: die preußischen Junker und Rittergutsbesitzer um Berndt von Vitzewitz, deren ältere Generation sich durch politische Entschlossenheit auszeichnet und die eine „natürliche Treue" zur „Scholle", eine „Liebe zu Land und Heimat" (VdS 1, 258f.) repräsentieren. Innerhalb der grundherrschaftlichen Ordnung ist die - freilich ‚selbstständige', weil dem ‚frei fühlenden‘ Berndt von Vitzewitz angelegene und daher ‚behagliche‘ und ‚wohlhabende‘ (vgl. VdS 1, 63f.) – bäuerliche Gemeinschaft von Hohen-Vietz diesem Landadel zugeordnet. Die Hohen-Vietzer Bauern, angeführt vom Dorfschulzen Kniehase (dass der rheinländische Kolonist Kniehase Gemeindevorsteher des Wendendorfs ist, zeigt einmal mehr die nationale Hierarchie auch innerhalb des patriotischen Preußentums; Justizrat Turgany unterstützt die Aktion Berndts logistisch, nimmt am Angriff selbst aber nicht teil), sind königs-, vor allem aber ihrem Gutsherrn treu. Überzeugen lässt sich der dem Plan zum Landsturm zunächst skeptisch gegenüberstehende Kniehase letztlich durch den Idealismus des Konrektors Othegraven, der das kleinstädtische Frankfurter Bürgertum repräsentiert und dem zufolge „Freiheit und Liebe“ als höchste Tugenden die Unvereinbarkeit von Königs- und Landestreue aufheben: „Zeigen wir dem König, daß wir für ihn einstehen, auch wenn wir ihm widersprechen. [...] Es gibt eine Treue, die, während sie nicht gehorcht, erst ganz sie selber ist.“ (VdS 1, 263) Dieser Idealismus und diese Prinzipienfestigkeit sind in Kombination mit der Heimatverbundenheit, Ehrlichkeit und politischen Entschlossenheit die Leitwerte, die preußischen Landadel, kleinstädtisches Bürgertum und Bauernschaft als gesellschaftstragende Gruppen auszeichnen und zum „Volk“ (VdS 1, 263) zusammenschließen. Bezeichnend ist ferner, dass es nur in diesen positiv dargestellten Ständen eine jüngere Generation gibt (die polnische Jugend wird, wie gesagt, aus dem Gesichtskreis der Erzählung getilgt), die zudem die sozialen Trennungen überwindet, wenn schließlich Lewin die Pflegetochter des Schulzes Kniehase heiratet. Darüber hinaus sind in Marie Kniehase bereits Stadtbürgertum, bäuerliches Hohen-Vietz und das im Forstacker vertretene Außenseitertum sowie Deutsche und deutschsprachige Slawen biografisch verknüpft: Sie ist die Tochter eines fahrenden Künstlers, eines ehemaligen Schauspielers, und einer Frau „aus gutem Hause“, die nach dem Tod der Eltern vom ‚Pfälzer‘ Kniehase und seiner ‚wendischen‘ Frau als Kind angenommen und gemeinsam mit Renate von Vitzewitz im Hohen-Vietzer Herrenhaus erzogen wird. Ihr „Brautvater“ wird schließlich Generalmajor von Bamme, der sie „nachträglich mit Mitgift ausstattet“.[24]

24 Nacim Ghanbari: Dynastisches Spiel. Theodor Fontanes *Vor dem Sturm*. In: DVjS, Bd. 85 (2011), S. 186-207. Dass die ‚Mesalliance‘ zwischen Lewin und Marie nicht wie im bürgerlichen Drama durch Enthüllung der wahren Herkunft im letzten Moment legitimiert wird, dass darüber hinaus „die Häuser in *Vor dem Sturm*“, die Vitzewitze und Pudaglas insbesondere, „als das ‚alte Derfflingererbe‘ apostrophiert werden“ können (ebd., S. 206), bestätigt die sozialrevolutionäre Lesart, die im Folgenden entfaltet wird. Gemeint ist der spätere brandenburgische Generalfeldmarschall Georg Derfflinger, der populären Legende nach von niederer Herkunft und ein ehemaliger Schneidergeselle, der in die höchsten gesellschaftlichen Kreise aufgestiegen ist und tatsächlich durch geschickte Heiratspolitik seine Familie mit den alteingesessenen Adelsgeschlechtern der Mark Brandenburg und preußischen Fürstenhäusern verbunden hat. Um die Tatsachen hinter der Legende kümmert sich Fontane nicht. In seinem realistischen

Diesen ausgezeichneten Gesellschaftsgruppen ist zum einen das – mit Ausnahme der naiven Frau Hulen, Lewins Wirtin – als borniert, exaltiert und blasiert geschilderte großstädtische Berliner Bürgertum gegenübergestellt (vgl. VdS 2, 16-30, 44-68).[25] Viel wichtiger aber ist, dass ihnen zum anderen zwei Kreise entgegengesetzt sind, die der Handlungszeit entsprechend die soziale und politische Elite Preußens bilden: zunächst der Hofadel, zu dem auch Berndts Schwester, Lewins Tante Amelie, aufgrund ihrer Zeit am Rheinsberger Hof des Prinzen Heinrich zählt und der für die überkommene Herrschaftsform und Gesellschaftsordnung des Ancien Régime einsteht. Er bezeichnet dasjenige Element, das Fontane in seinem Aufsatz zu Willibald Alexis der „Korruption, des Französierens und Fraternisierens" bezichtigt – im Gegensatz zu ihm seien „der dem Hofe fernstehende Landadel, der Bürger der kleinen Städte und vor allem der Bauer" in der auf die „friderizianische Herrlichkeit" folgenden Zeit des „Niedergangs" „kerngesund geblieben".[26] Das beanstandete ‚Französieren' und ‚Fraternisieren' wird in *Vor dem Sturm* insbesondere an Amelie kenntlich gemacht, die das „Sentimentale" als „kleinbürgerlich deutsch[e]" Torheit, „[b]êtise allemande", befremdet und die sich im Literaturstreit mit Berndt „bis zu der Behauptung" versteigt, „daß sich die Ueberlegenheit des französischen Geistes in nichts so sehr ausspräche als in der Thatsache, daß selbst Erscheinungen zweiten Ranges *dem* überlegen seien, was innerhalb der deutschen Literatur als ersten Ranges angesehen würde" (VdS 1, 192, 354). Die Auseinandersetzung um Antoine-Marin Lemierres *Guillaume Tell* (1766) und Friedrich Schillers *Wilhelm Tell* (1804), Hoftheater und ‚Volksdichtung', Regelpoetik und Wirkungsästhetik macht die Differenzen deutlich und wird von Berndt in die Worte zusammengefasst: „Aber verzeih, Schwester, Du weißt nichts von Volk und Vaterland, Du kennst nur Hof und Gesellschaft, und Dein Herz, wenn Du Dich recht befragst, ist bei dem Feinde." (VdS 1, 356)[27] Die Tradition

---

‚Poesie'-Verständnis kann aus einem Schneider eben doch ein Graf oder Vergleichbares werden. Vgl. GBA-W, 196-211.

25 Vgl. Theodor Fontane: Die Märker und das Berlinertum. Ein kulturhistorisches Problem. In: Josef Ettlinger (Hg.): Aus dem Nachlaß. 2. Aufl. Berlin: 1908, S. 295-312, hier S. 305, 306f., wo das „[Z]ynisch-[R]ücksichtslose" des kleinbürgerlichen Berliner ‚Wesens', der „berlinische[ ] Räsonniercharakter" hervorgehoben, die „Nivellierungsepoche" um 1800 auf den mit Gotthold Ephraim Lessings *Nathan* (1779) in das „gebildete[ ] Bürgertum[ ]" eindringenden „berlinisch-jüdischen Geist" zurückgeführt wird. Das Nicht-Unterscheiden wird an diesem Punkt – allen nachfolgenden Lobpreisungen „gesellschaftliche[r] Gleichheit" zum Trotz, ebd., S. 309 – zumindest als Problem angedeutet, als ein Ärgernis der „Mittelmäßigkeit, Verschwommenheit und Trivialität" (ebd., S. 311), das dann vor allem im *Stechlin* zum Thema wird.

26 Fontane, Willibald Alexis (wie Anm. 3), S. 254, 246. Vgl. Neuhaus, Zeitkritik im historischen Gewand? (wie Anm. 12), S. 216.

27 Vgl. Fontanes Rezension einer Aufführung des *Wilhelm Tell* am Königlichen Schauspielhaus am Gendarmenmarkt für die *Vossische Zeitung*, in der der schweizerische Freiheitskampf in Parallele zum Deutsch-Französischen Krieg gesetzt, der „nationale[ ] Dichter" des ‚Volks' für den „großen nationalen Moment[ ]" vereinnahmt wird: „Einer Situation, wie der gegenwärti-

einer kosmopolitischen Aufklärung, in die sie sich stellt, erweist sich an Amelie, der Gräfin Pudagla, angesichts ihrer tatsächlichen Standesdünkel, etwa wenn sie sich weigert, Marie Kniehase in Schloss Guse zu empfangen, als bloße Phrase (vgl. VdS 1, 143-145), während Berndt andererseits nicht wirklich Anstoß an der Verbindung von Lewin mit Marie nimmt (vgl. VdS 2, 424f.). In der Schilderung der Abendgesellschaft im Haus Ladalinskis im Kapitel „Soirée und Ball" schließlich ist dieser Hofadel – freilich in der Mitsicht mit Lewin – vollends zur Karikatur entstellt: Da gibt es etwa ein „Fräulein von Bischofswerder", „Dame d'Atour der Königin-Wittwe", an der „alles lang" erscheint, von ihrem „wenige[n] blonde[n] Haar", das „in dünner ungebührlicher Länge bis an den Gürtel hinunter" hängt, über den „Hals" bis zu den „dänischen Handschuhe[n], die bis zum Ellbogen hinaufreich[ ]en"; oder die „alte Gräfin Reale, Oberhofmeisterin der Prinzessin Ferdinand, eine Dame von siebzig oder darüber, mit einer gebogenen und doch spitz auslaufenden Nase. Alles an ihr war grau: die Robe, der Shawl, das hoch aufgethürmte Haar und sie glich einem bösen Kakadu [...]." (VdS 2, 71f.)

Ferner sind auch der König und seine Regierung in kein gutes Licht gestellt. „Fürst und Volk" sind nicht „einig", zwischen der „gegenwärtigen Regierung" des schließlich mit Einwilligung Napoleons zum Staatskanzler ernannten Karl August von Hardenberg und dem Volk „ist ein Bruch" (VdS 2, 11). Der Monarch selbst, Friedrich Wilhelm III., ist nicht nur zögerlich. Wie Berndt durch den Prinzen Ferdinand, den Großonkel des Königs, erfährt, „mißtraut" er seinem „Volk", „[e]r schließt lieber ein Bündnis mit seinem Feinde [...] als mit seinem eigenen [...] Volke", „die gesellschaftliche Ordnung gilt ihm mehr als die politische" (VdS 2, 14f.). Dagegen, gegen eine Politik der Staatsräson und einen schwachen, „in eine Art Apathie verfallen[en]"[28] Monarchen, steht der Befund des Majors von Vitzewitz: „Der König ist um des Landes willen da. Trennt er sich von ihm, oder läßt er sich von ihm trennen durch Schwachheit oder falschen Rath, so löst er sich von *seinem* Schwur und entbindet mich des meinen." (VdS 1, 258)

Ausgehend von der Darstellung von Nationen, gesellschaftlichen Gruppen und den ihnen zugeordneten Werten wird in *Vor dem Sturm* ein Weltbild, eine ‚Wirklichkeit' entworfen. Das darin implizierte Modell einer preußischen Gesellschaft ist ein populistisches, das auf der Grundlage einer Unterscheidung von ‚Volk' und ‚Elite' seine Positionierung vollzieht. Jenes ‚Volk' setzt sich zusammen aus dem

---

gen, entspricht nichts besser als der Tell. Er enthält kaum eine Seite, gewiß keine Szene, die nicht völlig zwanglos auf die Gegenwart, auf unser Recht und unseren Kampf gedeutet werden könnte [...]." Theodor Fontane: Friedrich von Schiller – Wilhelm Tell (1870). In: Siegmar Gerndt (Hg.): Theodor Fontane. Theaterkritiken. Erster Band. 1870–1874. Frankfurt a. M. [u. a.] 1979 (Werke und Schriften. Erinnerungen, ausgewählte Schriften und Kritiken 30), S. 5f., hier S. 5.

28 Thomas Nipperdey: Deutsche Geschichte 1800–1918. 3 Bde. Neuausg. München 2013, Bd. 1, S. 23.

preußischen Landadel, seiner Bauernschaft und den Bürgern der Kleinstädte, die gegen einen schwachen König, eine vom äußeren Feind abhängige Regierung und eine korrupte Hautevolee Öffentlichkeit beansprucht und zur politischen Entscheidung drängt. Und in diesem ‚Volk', so legt es der Roman mit der Heirat Lewins und der ständeversöhnenden Marie Kniehase nahe, wäre die Ordnung des Ancien Régime, würden gesellschaftliche Trennungen überwunden. Angesichts des faktischen ‚Bündnisses' zwischen städtischer Bourgeoisie, dem sogenannten ‚Geldadel', und der dem Kaiser bzw. seiner Regierung ergebenen Adelsschicht im Deutschen Reich zur Zeit der Entstehung des Romans ist das skizzierte Gesellschaftsmodell freilich ein imaginäres, längst nicht mehr realisierbares. Die konzipierte politische Ordnung hat jedenfalls nicht in der „absolute[n] Monarchie" im Kontrast zu einer „Adelsoligarchie" oder zur Republik ihren „absoluten Wert"[29]. *Vor dem Sturm* scheint eher für eine Ständeordnung nach dem Vorbild des Heiligen Römischen Reichs als drittem Weg zwischen Absolutismus und Revolution zu plädieren, für eine Herrschaftsform, die über die Repräsentation gesellschaftlicher Gruppen auf Land- und Reichstagen demokratische Elemente politischer Partizipation garantiert – eine „durch Demokratie beschränkte Monarchie",[30] wie sie beispielsweise auch Achim von Arnim und anderen Vertretern einer politischen Romantik einmal vorgeschwebt hatte. Hier wird für feudal-korporative, ständische Traditionen als Korrektiv einer schwachen Monarchie argumentiert – gegen einen dynastischen Absolutismus also wie gegen eine bürokratische Herrschaft –, die dennoch eine progressive Teilhabe des ‚Volks' am Staat und rechtliche Gleichheit ermöglichen würden.[31]

Fontanes Realismus in *Vor dem Sturm* ist ein sentimentaler, insofern er im Rückblick auf eine historische Situation des gesellschaftspolitischen Aufbruchs, der als Gründungsmythos zur Legitimation eines ‚kleindeutschen', preußisch do-

29 Wünsch, Politische Ideologie (wie Anm. 22), S. 179f.

30 Achim von Arnim: Betrachtungen über die Verfassung des vormaligen Königreichs Westphalen [1817]. In: Roswitha Burwick [u. a.] (Hg.): Achim von Arnim. Werke. 6 Bde. Frankfurt a. M. 1992, Bd. 6, S. 512-532, hier S. 513.

31 Vgl. VdS 2, 490f., die Auslassungen Bammes über das „[A]ufräumen" mit „dem alten Schlendrian": „Es ist nichts mit den zweierlei Menschen. [...] Mensch ist Mensch." – Zu „Fontanes Konservatismus" vgl. Graevenitz, Theodor Fontane (wie Anm. 8), S. 52-82, der Fontanes politische Biografie vom Demokraten über den ‚konstitutionellen' Konservativen und den hochkonservativen *Kreuzzeitungs*-Mann bis hin zu seiner Sympathie für die Christsozialen nachzeichnet. Vgl. auch Rainer E. Zimmermann: Fontanes konkrete Utopie eines brandenburgischen Preußen. In: Fontane. Berlin Europa und die Welt, S. 121-138, dessen Analyse einen Hinweis auf die Ständeordnung als politisches Modell des Romans gibt, ohne dieses in letzter Konsequenz zu verfolgen: „Faktisch übernehmen [...] die Stände die monarchische Funktion." (ebd., S. 127) Stattdessen nimmt Zimmermann einen ‚Abgrund' wahr zwischen der Monarchie und dem Volk, dessen Insurrektion nur dann sinnvoll sei, wenn sie in eine Republik münde. Dass es zwischen dem absolutistischen Staat des Ancien Régime und der demokratisch verfassten Republik noch andere Formen der Herrschaft gibt, entgeht auch ihm.

minierten Kaiserreichs geworden ist, die Möglichkeit einer anderen, der tatsächlichen widersprechenden Gesellschaftsordnung projektiert[32] – und sie zugleich verabschiedet: weil auch im Roman die politische Bewegung der Landstürmer schließlich durch die Regierungspolitik vereinnahmt wird. Es handelt sich demnach nicht bloß um eine „rückwärtsgewandte Utopie", um die „Evokation einer vergangenen besseren Welt, durch die der Erzähler dem industrialisierten Machtstaat, der Preußen-Deutschland nach 1871 geworden war, den Spiegel vorhält",[33] sondern um einen die politischen Möglichkeiten von Literatur aushandelnden und darin selbst zur ‚Zögerlichkeit' neigenden Roman, insofern er den preußisch-deutschen Gründungsmythos vom ‚Volkskrieg' gegen den ‚Erbfeind' Frankreich dezent relativiert[34] und umschreibt. Nur in diesem Sinn lässt sich davon sprechen, dass Fontanes *Vor dem Sturm* das Bedürfnis nach Sinnstiftung in einer Orientierungskrise formuliert, die solche Sinnstiftung gar nicht mehr zulässt.[35] Dies wäre wiederum eine mittelbare Form romantischer Ironie, insofern vor dem Hinter-

32 Dies wäre auch das „Gegenbild zur vorherrschenden Geschichtsschreibung", das Fontane nach Otfried Keiler: *Vor dem Sturm.* Das große Gefühl der Befreiung und die kleinen Zwecke der Opposition. In: Christian Grawe (Hg.): Fontanes Novellen und Romane. Interpretationen. Stuttgart 1991, S. 13-43, hier S. 13 in *Vor dem Sturm* entwirft. – So weit wie zum Beispiel Friedrich August Ludwig von der Marwitz in seinem altständisch-reaktionären Antisemitismus und Antikapitalismus, wie er in der 1811 verfassten *Letzten Vorstellung der Stände des Lebusischen Kreises an den König* zum Ausdruck kommt, gehen dabei freilich weder der Roman noch seine Figuren. Vgl. Friedrich August Ludwig von der Marwitz: Letzte Vorstellung der Stände des Lebusischen Kreises an den König, dem sich der Beeskow- und Storkowsche anschloß, und die auf dem Kreistage am 9. Mai zu Frankfurt wirklich durchging (1811). In: Friedrich Meusel (Hg.): Friedrich August Ludwig von der Marwitz. Ein märkischer Edelmann im Zeitalter der Befreiungskriege. 3 Bde. Berlin 1913, Bd. 2/2, S. 3-23; vgl. dazu Bernhard Gölz: Altständischer Konservatismus und preußische Reformen: Ludwig von der Marwitz. In: Politische Vierteljahresschrift, Bd. 25 (1984), S. 359-377. Marwitz richtet sich insbesondere auch gegen die „*Gleichmachung aller Stände*" (Marwitz, Letzte Vorstellung der Stände, S. 19). Anvisiert wird in *Vor dem Sturm* ein Mittelweg zwischen Reaktion und Revolution, ein an ständischen Traditionen orientierter Weg der Reform. In seinen *Wanderungen durch die Mark Brandenburg* (1862–1889) bezeichnet Fontane Marwitz aufgrund seiner politischen Opposition vor allem gegen die Regierung Hardenberg als „rettenden Anker" des preußischen „Staatsschiffs" (GBA-W, 236). Fontane hat der Figur Berndts nichtsdestotrotz Züge von der Marwitz' geliehen. Am ehesten lässt sich das politische Programm, das in *Vor dem Sturm* entworfen wird, auf der Linie der sogenannten Kreuzzeitungspartei des Generals Ludwig Friedrich Leopold von Gerlach verstehen, als ständische Position gegen Revolution und Absolutismus.

33 Bernd Witte: Ein preußisches Wintermärchen. Theodor Fontanes erster Roman *Vor dem Sturm.* In: Fontane. Am Ende des Jahrhunderts, Bd. 1, S. 143-155, hier S. 148.

34 Vgl. Sean Franzel: Cultures of Performance, Gender, and Political Ideology in Fontane's *Vor dem Sturm.* In: Colloquia Germanica, Bd. 41 (2008), S. 11-31.

35 Vgl. Gerhard Neumann: *Vor dem Sturm.* Fontanes diaphaner Realismus. In: Peter Uwe Hohendahl, Ulrike Vedder (Hg.): Herausforderungen des Realismus. Theodor Fontanes Gesellschaftsromane. Freiburg i. Br. [u. a.] 2018 (Rombach Wissenschaft. Reihe Litterae, Bd. 229), S. 23-43.

grund einer Situation gegenwärtiger Entfremdung eine Einheitsfiktion entworfen und als Fiktion zurückgenommen wird.

5. Arten und Unarten der Romantik

Dass Literatur im so gearteten Realismus des Romans nicht nur als Reflexionsmedium einer aufgezeigten ‚Sozialromantik', dass sie vielmehr auch als Übertragungsmedium der angedeuteten sozialen Orientierung fungieren könnte, deuten insbesondere die zahlreichen Literaturgespräche in *Vor dem Sturm* an.[36] Bereits die Auseinandersetzung zwischen Berndt und Amelie um den Vorrang des Klassizisten Lemierre (bei dessen Verehrerin ‚Erhebung' nur als ästhetischer Genuss firmiert) oder des populären, spätestens seit den 1820er Jahren zum Nationaldichter geadelten Schiller lässt sich als Suche nach einer Ausdrucksform in Abgrenzung gegen andere Nationalliteraturen lesen. Sie findet das Eigene in der Wirkung aufs ‚Gemüt' und entsprechend in einer Diktion, die das L'art pour l'art eines rein formalen Ästhetizismus übersteigt. Beim Besuch bei Pastor Seidentopf im 15. Kapitel des ersten Buchs werden darüber hinaus die beiden ansässigen „Dichterschulen" besprochen, „die derb-realistische" Friedrich Wilhelm August Schmidts, des auch in den Xenien Goethes und Schillers im *Musenalmanach auf das Jahr 1797* verspotteten Schmidt von Werneuchen, und „die aristokratisch-romantische" (VdS 1, 127) Ludwig Tiecks. Beide fallen durch: Schmidt von Werneuchen, „weil er nichts als die Wirklichkeit kennt", er hat „kein anderes Ideal, als den bekäpselten Familienvater", und „seine Gedanken sind die Wüste" – Tiecks Dichtung hingegen hat gar keine Wirklichkeit, sie hat kein gegenwärtiges Interesse. Dichtung, so lautet die Forderung aus dem Mund Maries, „soll ein Spiegel aller Dinge sein", sowohl Schmidt von Werneuchen als auch Tieck jedoch, so ließe sich ihr Befund

36 Die Unterscheidung von ‚echter' und ‚falscher' Romantik ließe sich darüber hinaus an zwei Sammlungsprojekten, dem ‚heidnischen Museum' des Dorfpastors Seidentopf und den Meißner Porzellantassen Detleff Hansen-Grells, als Differenz von Exklusivität und kommunikativer Vergesellschaftung anschaulich machen. Vgl. dazu auch Peter M. McIsaac: Embodying the Romantic Collector in Post-Romantic Writing. In: Seminar. A Journal of Germanic Studies, Bd. 50 (2014), S. 314-331. Dasselbe Verhältnis von Ausschließlichkeit und integrativer Funktion lässt sich hinsichtlich des Umgangs mit Spukerscheinungen feststellen: Sie können den Zweck sozialer Distinktion erfüllen, wie im Fall des graf-drosselsteinschen Hausgespensts Wangeline von Burgsdorff, oder im Erzählen „romantische[r] Geschichten" (VdS 2, 333) der Geselligkeit dienen und eine „glückliche Stimmung" (VdS 2, 332) erzeugen. Zur Funktion der Gespenstergeschichten in *Vor dem Sturm* vgl. auch Matthias Bickenbach: The Lady in White or the Laws of the Ghost in Theodor Fontane's *Vor dem Sturm*. In: Andrew Cusack, Barry Murnane (Hg.): Popular Revenants. The German Gothic and its International Reception, 1800 - 2000. Rochester, New York 2012 (Studies in German Literature, Linguistics, and Culture), S. 200-221.

ausdeuten, „spiegel[n] nichts": Jener „gibt nur die Natur selber", dieser allein das Ideal (VdS 1, 132f.).

Die rechte Mitte zwischen Naturalismus und Idealismus vertritt hier Gottfried August Bürger mit seiner Ballade *Lenore* (1774).[37] Neben Bürger wird an dieser Stelle im Roman auch das Geistliche Lied des Reichsgrafen Nikolaus Ludwig von Zinzendorf und Pottendorf, des Gründers der Herrnhuter Brüdergemeinde, zur ‚Poesie' gerechnet, weil es die Realität geistig durchdringt, indem es das Weihnachtsfest nicht wie Schmidt von Werneuchen bloß als „Fest [der] eigenen Kinder" behandelt, sondern dieses als „Fest des Kindes Gottes" (VdS 1, 134)[38] auf ein Höheres hin transzendiert. Zudem wird es nicht wie zuvor die Vertonung des Schmidtschen Liedes als Gesangssolo, es wird von Renate und der herrnhutischen Tante Schorlemmer im Verein vorgetragen – schließlich ist das Gemeinschaftsbildende des Kirchenlieds ja seit Johann Gottfried Herder und der arnim-brentanoschen Liedersammlung ein fester Topos.

Präzisiert wird zunächst noch einmal der Vorwurf an die ‚falsche' Romantik Tiecks (und hier besonders: Novalis') am Beispiel der Figur des Lehrers Doktor Faulstich (der qua Titel zur Bildungselite zählt und überdies dem Gesellschaftskreis der Gräfin Pudagla angehört). Aus Anlass eines Aufsatzes über die „Arten und Unarten der Romantik" in der „Jenaer Literaturzeitung" (VdS 1, 224) statten Lewin und Tubal ihm einen Besuch in Kirch-Göritz ab. Faulstich, „ein kluger und interessanter Mann [...] von ziemlich zweifelhaftem Gepräge" und ein Bekannter Tiecks, stellt wiederum das Bild dar, das Georg Wilhelm Friedrich Hegel von

37 In dem bereits zitierten Aufsatz zu Willibald Alexis zählt Fontane Bürger, gemeinsam mit der „schottisch-englischen Ballade, dem Volksliede, mit den Romanciers des Mittelalters", zu den Vorbildern des „Altromantiker[s]" Walter Scott, während der „Neuromantiker" Alexis in eine Linie mit Tieck und E. T. A. Hoffmann gestellt wird. Die ‚echte', die „Altromantik" ist nach Fontane „ein Ewiges, das sich nahezu mit dem Begriff des Poetischen deckt", sie ist „höchstes und frischestes Leben", ist aus „Phantasie und Wahrheit [...] geboren"; die ‚falsche' „Neuromantik" dagegen ein obsoleter „Spuk", eine exzentrische „Marotte", „Mystik", die „Begeisterung für ein Schemen, [...] für etwas Unwirkliches und Rätselvolles". Fontane, Willibald Alexis (wie Anm. 3), S. 261f. Vgl. Zuberbühler, „Einmal / Lebt' ich, wie Götter, und mehr bedarfs nicht." (wie Anm. 1), S. 110: „Wahre Romantik ist für ihn [Fontane; C. G.] nur, was zwar in der Tradition der ‚Altromantik' steht, aber gleichwohl einem neuzeitlichen Welt- und Menschenbild verpflichtet ist, wie das Walter Scott in seinen historischen Romanen exemplarisch vorgeführt hat." Zu Fontanes Auseinandersetzung mit dem historischen Roman Scotts vgl. Heinz-Joachim Müllenbrock: Theodor Fontanes historischer Roman *Vor dem Sturm* und die Scottsche Gattungstradition. In: GRM N.F., Bd. 48 (1998), S. 365-373.

38 Zum Umgang mit dem Geistlichen Lied in *Vor dem Sturm* vgl. Sabine Gruber: „Aber nicht: ‚O Haupt voll Blut und Wunden'. Dies verbiete ich ausdrücklich". Religiöse Tradition, Geistliches Lied und Gesangbuch in Fontanes „Vor dem Sturm. Roman aus dem Winter 1812 auf 13". In: Jahrbuch für Liturgik und Hymnologie, Bd. 41 (2002), S. 204-225.

der Jenaer Romantik entwirft.[39] Ethische Normen scheren ihn wenig, er unterwirft alles dem Ästhetischen. Dabei ist er eine „schwache Natur", charakterisiert durch einen „Mangel an Gesinnung", eine „allerweichlichste[ ] Bequemlichkeit" und Egoismus: „Er kennt nur sich selbst", und „Volk, Vaterland, Sitte, Glauben", diese in *Vor dem Sturm* so zentralen Werte, sind ihm lediglich „Begriffs- nicht Herzenssache" (VdS 1, 232-234). Novalis gilt ihm als „Vollendung der [romantischen; C. G.] Schule", als ihre „Spitze" (VdS 1, 242), noch vor Tieck, besonders mit seinen *Hymnen an die Nacht* (1800). Gerade in ihnen jedoch treten, wie Lewin bemerkt, „Schönheit" und „Glaube[ ]" oder, mit Tubals Worten, „Ausdruck" und „Ueberzeugung[ ]", Form und Inhalt auseinander, die schwärmerisch-mystische „Sehnsucht nach dem Kreuz" begründet nach Faulstich denn auch die „Suprematie" Friedrich von Hardenbergs (VdS 1, 243f.). Dagegen wirkt der „schwärmerische[ ], sich anschmiegende[ ] Wohllaut[ ]" des *Geistlichen Liedes* (1802) „Wenn alle untreu werden", das Faulstich deklamiert und das neben der Treue gerade vom ‚Verklingen' des Glaubens handelt, vor allem auf Tubal in seiner „sinnlichen Natur[ ]" – ebenso wie die Rede vom „Widerspruch des Daseins", das ja dem Gegensatz von „Glauben" und „Leben" bei Faulstich und Tubal gleichermaßen entspricht (VdS 1, 245–247).[40]

Detleff Hansen-Grell, Kandidat der Theologie und ein in Lewins literarischer Gesellschaft Kastalia gefeierter Dichter, verkörpert die ‚echte' Romantik, in deren Tradition sich der Realismus Fontanes stellt – und das bereits in seiner äußeren Gestalt: Er sieht, wie Tubal in einem Brief an Lewin schildert, „so unpoetisch wie möglich aus", trägt aber seine Ballade „Hakon Borkenbart" aus dem nordischen Sagenkreis „ausdrucksvoll, fest, mit wohltönender Stimme und wachsendem Feuer" vor. Sein Vortrag bereitet „Entzücken" und „Genuß" (VdS 1, 150f.), aber auf eine Weise, die Raum für Vorstellungen wie für eine anschließende Aussprache lässt. In Hansen-Grell verbinden sich Prosa und Poesie zu einer Einheit: „[W]elche Prosa der Erscheinung und dahinter welch' heiliges Feuer!" (VdS 1, 151), glaubt Tubal sogar als Ausruf von der Stirn Bninskis ablesen zu können. Hansen-Grell ist ‚verklärte' Wirklichkeit: von Poesie durchdrungene Prosa.

Worauf diese realistische Romantik, dieses Konzept einer Verbindung von Poesie und Prosa abzielt, wird deutlich, wenn man Hansen-Grells Gespräch mit Lewin über die Lyrik Friedrich Hölderlins betrachtet. Lewin, der nicht wie Tubal im Anschluss an die Novalis-Lektion Faulstichs lediglich „bewegt[ ]" (VdS 1, 245)

39 Vgl. Georg Wilhelm Friedrich Hegel: Vorlesungen über die Ästhetik I (1835–1838). In: Eva Moldenhauer, Karl Markus Michel (Hg.): Georg Wilhelm Friedrich Hegel. Werke. 20 Bde. 15. Aufl. Frankfurt a. M. 2019, Bd. 13, S. 92-99.

40 Vgl. Novalis: Geistliche Lieder (1802). In: Paul Kluckhohn, Richard Samuel (Hg.): Schriften. Die Werke Friedrich von Hardenbergs. 4 Bde. 2. Aufl. Stuttgart 1960, Bd. 1, S. 159-179, hier S. 165f.

ist, empfängt „einen bedeutenden Eindruck" (VdS 2, 224) von den vier Zeilen des Hölderlin-Gedichts *Ehmals und Jetzt* (1798) – entscheidend ist wohl das ‚Bedeutende' seines Eindrucks, der sich nicht in einer diffusen Empfindung erschöpft oder in einer leeren Abstraktion endet – und gibt sich überrascht, bei seinem Gastgeber mit einer alkäischen Odenstrophe konfrontiert zu werden. Hölderlin aber, entgegnet Hansen-Grell, „ist Romantiker", und zwar „aller Klassizität seiner Form unerachtet" (VdS 2, 226), der Vertreter einer doch existierenden (auf deren Möglichkeit hatte bereits Faulstich hingewiesen) „Romantik des Klassischen" (VdS 1, 244). Sein Vortrag von Hölderlins Ode *An die Parzen* (1798) schließlich leitet, verbunden mit der Flucht Kathinkas, das heißt der Vergeblichkeit der auf sie gerichteten Sehnsüchte, die Wendung in Lewins Haltung, seine Entscheidung ein. „Einmal lebt' ich wie Götter, und mehr bedarf's nicht", wiederholt sich der junge Vitzewitz – eine Tat des „Heil'ge[n], das am / Herzen mir liegt", bedeutet ein gelingendes Leben und die beruhigte Gewissheit der inneren Übereinstimmung mit sich selbst, der Identität im Gegensatz zur Zerrissenheit der ‚falschen' Romantiker: „Willkommen dann, o Stille der Schattenwelt! / Zufrieden bin ich [...]." Hansen Grells „unschönes Gesicht [...] verklärt[ ] sich" abschließend „von innen heraus zu wirklicher Schönheit. ‚Ob Lied oder Liebe, ob Freiheit oder Vaterland, *einmal* leben wie Götter und dann – sterben'" (VdS 2, 226f.).[41] Und dies ist die entscheidende Qualität romantisch-realistischer Literatur: Sie ist eine ‚Poesie', die eine „Stimmung" des „räthselvoll Unbestimmte[n]", des „wie Wolken ziehende[n]" erzeugt, das dann „scharf und genau festzuhalten und [...] doch zugleich auch wieder" in einem „zauberischen, im Helldunkel sich bewegenden Schwankezustand zu lassen" (VdS 2, 227) ist. Das Romantische ist hier noch einmal gekennzeichnet als etwas Andeutungsweises, Indefinites, das sich der Prädikation weitgehend entzieht, dabei aber nicht nur eine ‚oberflächliche' Sinnlichkeit anspricht, sondern auf das ‚Innenleben' von Personen wirkt, für ihr Denken und Fühlen eine Signifikanz gewinnt, die, ohne hermetisch zu werden, weitergehend deutungsbedürftig ist. ‚Echte' Romantik ist, wie sich darüber hinaus zeigt, eine ‚Poesie', die nicht nur die ‚Prosa' der Wirklichkeit auf eine Idealität hin durchsichtig macht, sondern darüber hinaus eine, die sich in die ‚Prosa' des Lebens übertragen lässt und diese mit einem Sinn ausstattet.

Schließlich wird Hansen-Grell nicht nur für Lewin zum handelnden „Vorbild": „Die schöne Macht des Idealen, durch einfache Verhältnisse", durch ‚Prosa', „mehr unterstützt als beeinträchtigt, war ihm [Lewin, C. G.] nie reiner entgegengetreten" (VdS 2, 228). Zuletzt ‚lebt' Hansen-Grell nach seinem aus der ‚echt'-romantischen Literatur gezogenen Grundsatz: Er fällt beim Überfall auf die französisch besetzte

41 Vgl. Friedrich Hölderlin: An die Parzen [1798]. In: D. E. Sattler (Hg.): Friedrich Hölderlin. Sämtliche Werke, Briefe und Dokumente in zeitlicher Folge. Bremer Ausgabe. 12 Bde. München 2004, Bd. 6, S. 91f.

Garnison in Frankfurt, er stirbt, literarisch instruiert, den Heldentod für Freiheit und Vaterland. Die Moral seiner Geschichte jedenfalls lautet, in den Worten des Generalmajors Bamme:

> Es ist nichts mit den zweierlei Menschen. Eines wenigstens glaubten wir gepachtet zu haben: den Muth, und nun kommt dieser Kakerlaken-Grell und stirbt wie ein Held mit dem Säbel in der Hand. [...] [E]in solcher Tod kann einen alten Soldaten beschämen. Und woher das alles? Sie wissen es. Von drüben; Westwind. [...] Mit ihrer Brüderlichkeit wird es nicht viel werden, und mit der Freiheit auch nicht; aber mit dem, was sie dazwischen gestellt haben, hat es was auf sich. Denn was heißt es am Ende anders als: Mensch ist Mensch. (VdS 2, 491)

‚Humanität', die Anerkennung und Gleichbehandlung des Menschen jenseits seiner Stellung, ist – so will es der Roman in seiner eklektischen, altpreußischen Traditionalismus und französisch-revolutionäre Innovation verbindenden Geste – zu erreichen durch die Verknüpfung von ständischer Ordnung, nationaler Gemeinschaft und staatsbürgerlicher Gleichheit sowie durch eine gesellschaftliche Durchlässigkeit auf der Grundlage von moralischer Befähigung – in der Mitte zwischen ‚Reaktion' und ‚Revolution' als letztlich ‚westorientierter' Erneuerung preußisch-deutscher Tradition. Zuletzt ist diese ‚Humanität' auch der Ausdruck einer positiv besetzten Zeit der gesellschaftspolitischen Möglichkeiten ‚vor dem Sturm' der sogenannten Befreiungskriege.

6. Wirksamkeit des Imaginären

Wie die für den Realismus des Romans vorbildhafte Romantik nun in *Vor dem Sturm* selbst umgesetzt wird, lässt sich anhand der dort erzählten ‚Erscheinungen' nachvollziehen. Eine politische „Erscheinung" berichtet Berndt von Vitzewitz im Kontext seiner Auseinandersetzung mit der Schwester Amelie, die dem Prinzen Heinrich als einem Kritiker Friedrichs des Großen die Treue hält. Berndt seinerseits verherrlicht den „gerechte[n] König", der „sich Tausende zu Dank verpflichtet" habe, und erzählt vom „regelmäßigen Herbstbesuch" Friedrichs bei seiner Schwester:

> „Ich seh' ihn vor mir wie heut [...]. Hinter ihm Generale und Adjutanten. So ritt er auf seinem Schimmel, dem Condé, durch das Hallesche Thor, über das Rondeel, in die Wilhelmsstraße ein, die gedrückt voller Menschen stand, alle Häupter entblößt, überall das tiefste Schweigen. Er grüßte fortwährend, vom Thor bis zur Kochstraße wohl zweihundert Mal. Dann bog er in den Hof des Palais ein und wurde von der alten Prinzessin an den Stufen der Vortreppe

> empfangen. Er begrüßte sie, bot ihr den Arm, und die großen Flügelthüren schlossen sich wieder. Alles wie eine Erscheinung. Nur die Menge stand noch entblößten Hauptes da, die Augen auf das Portal gerichtet. Und doch war nichts geschehen: keine Pracht, keine Kanonenschüsse, kein Trommeln und Pfeifen; nur ein dreiundsiebzigjähriger Mann, schlecht gekleidet, staubbedeckt, kehrte von seinem mühsamen Tagewerk zurück. [...] Chère Amélie, auch Dein Rheinsberger Prinz ist eingezogen. Hast du je Bilder wie diese vor Augen gehabt oder auch nur von ihnen gehört?“ (VdS 1, 216f.)[42]

Ein bescheidener König des Volks, ein „Mann[ ] der Pflicht und der Arbeit“ (VdS 1, 217), so beschreibt Berndts Anekdote den Alten Fritz – eine ‚scharfe‘ und ‚eindringliche‘ Schilderung, die die Epoche der preußischen ‚Herrlichkeit‘ in Kontrast zur zeremoniellen Repräsentation der höfischen Gesellschaft setzt und damit – dies ist das Entscheidende – „ein Bild, eine Vorstellung“ (VdS 2, 142) freisetzt, die sie zugleich aus einem kollektiven Fundus bezieht und diesen weiterhin reproduziert (man denke an Franz Kuglers populäre *Geschichte Friedrichs des Großen* [1840], illustriert von Adolph Menzel,[43] und dann an Robert Warthmüllers Gemälde *Der König überall* [1886], das Friedrich in entgegenkommender Haltung bei der Inspektion des Kartoffelanbaus zeigt). Anders als die oberflächliche Repräsentation, deren Substanzlosigkeit in *Schach von Wuthenow* (1882) kritisiert wird, haben diese ‚Bilder‘ eines „kollektiven Imaginären“[44] die Wirkmacht, je nachdem zu begeistern oder zu entsetzen. Denn tatsächlich ist ja ‚nichts geschehen‘. Es ist die Faszination eines Imaginären, das in seiner Attraktionskraft dennoch wirksam ist. Ebenso wenig hat das „Hausgespenst“, die „schwarze Frau“ von Schloss Guse einen ‚Grund‘, ein reales Fundament in der „Geschichte“, es hat „nichts als [seine] Existenz“ und „erschein[t] blos“, ohne dass das „*Warum*“ seiner Erscheinung deutlich würde. Dennoch hat das „nur einmal“ durch die Kammerzofe „versäumte[ ] Herablassen des Vorhanges“ vor dem Toilettenspiegel im Schlafzimmer des Schlosses zur Folge, dass die „immer schwarz [ge]kleidete“ Gräfin Pudagla angesichts ihres Spiegelbilds, das sie für das Gespenst hält, dessen „Erscheinen [...] jedesmal Tod oder Unglück bedeute[t]“ (VdS 1, 221f.; vgl. VdS 2, 300),[45] vor Schreck stirbt. Die Engführung der Erscheinung Friedrichs mit der schwarzen Frau von Schloss Guse in zwei aufeinanderfolgenden Kapiteln deutet daher Folgendes an:

42 Vgl. GBA-W, 230f., die etwas abweichende Schilderung des Ereignisses, die Fontane der Lebensbeschreibung des Generalleutnants von der Marwitz entnimmt.

43 Vgl. Franz Kugler: Geschichte Friedrichs des Großen. Leipzig 1840. Vgl. dazu auch Graevenitz, Theodor Fontane (wie Anm. 8), S. 137-149.

44 Graevenitz, Theodor Fontane (wie Anm. 8), S. 333.

45 Constantin Stroop: Raum und Erzählen in *Vor dem Sturm*. Eine Mikroanalyse. In: FB, H. 85 (2008), S. 103-114, hier S. 111, deutet den Tod Amelies vor dem Spiegel als Ausdruck mangelnder Identität im Persönlichen wie im Politischen, von „Selbstverfremdung und -untreue“.

Auch der ‚Große König' ist ein ‚Spuk', eine Erscheinung der Vergangenheit, keine reelle Option der politisch-gesellschaftlichen Zukunftsgestaltung. Dennoch bleibt seine Erscheinung wirksam: als identifikatorisches Potenzial eines preußischen Mythos, der in seiner repräsentativen Funktion wohl auch substanzlos ist und zudem einem Missbrauch hinsichtlich der Legitimation von Herrschaft in die Hände spielen, aber auch als Kritik des gegenwärtigen Zustands der Monarchie produktiv werden kann – als eine Kritik, die schließlich zur Idee und ansatzweisen Umsetzung eines ‚Volkskriegs' (der dann freilich in Wirklichkeit und im Rahmen einer allgemeinen Wehrplicht nicht so freiwillig war, wie es der nationalistische preußisch-deutsche Mythos wollte) gegen eine repressive und ausbeuterische Besatzung führt.

Überdies wird damit der Literatur, und zwar über die Gattung der Anekdote, eine gewisse Wirkmacht zugesprochen: Fontanes Romane und Erzählungen, die sich als Ausfaltung solcher Anekdoten beschreiben lassen, haben (mindestens in der frühen Phase seiner Belletristik) zum Ziel, über die Aktivierung von ‚Bildern' und ‚Vorstellungen' im Leser die soziale und politische Realität in ihrer Definitheit infrage zu stellen, Deutungsmöglichkeiten zu eröffnen[46] – oder auch zu steuern. Diese Wirksamkeit ist die Wirklichkeit, auf die und von der her sich Fontanes Realismus bezieht: „[N]ur das Wahre wirkt."[47] Und zumindest eine heute noch effektvolle ‚Erscheinung' bleibt in *Vor dem Sturm* unhinterfragt: Lewins Heiligabenderlebnis. „[W]ie eine Erscheinung" wirkt auf ihn das „Bild[ ]" einer Mutter unter dem geschmückten Christbaum mit ihrem neugeborenen Kind im Arm, daneben der Vater, der Bohlsdorfer Krüger, der „auf das Glück, das ihm das Leben und dieser Tag bescheert hatten" (VdS 1, 11f.), blickt. Sodann begibt sich Lewin in die Kirche, in der ein Grabstein das Emblem ewiger Liebe zeigt („[z]wei Lindenbäume

46 Andrea MhicFhionnbhairr: Anekdoten aus allen fünf Weltteilen. The Anecdote in Fontane's Fiction and Autobiography. Bern [u.a.] 1985 (Europäische Hochschulschriften, Bd. 864), S. 79f. bestimmt als eine von fünf Funktionen der Anekdote, eine Wahrheit herauszustellen. Nach Peter Kofler: Die Anekdote im Roman bei Theodor Fontane: *Schach von Wuthenow*, *Graf Petöfy*, *Frau Jenny Treibel*. In: Elmar Locher (Hg): Die kleinen Formen in der Moderne. Innsbruck [u.a.] 2001 (Essay & Poesie, Bd. 13), S. 79-101, hier S. 82f. „erschließt" sie „Einsichten, die der Geschichtswissenschaft unzugänglich sind" und hinterfragt die „vermeintliche[ ] Evidenz des Faktischen". Zur Verwendung der Anekdote bei Fontane vgl. außerdem Siegfried Hajek: Anekdoten in Theodor Fontanes Roman „Vor dem Sturm". In: Jahrbuch der Raabe-Gesellschaft, Bd. 20 (1979), S. 72-93; Bruce Kieffer: Fontane and Nietzsche: The Use and Abuse of History in *Schach von Wuthenow*. In: The Germanic Review 61/1 (1986), S. 29-35; Volker Weber: Anekdote. Die andere Geschichte. Erscheinungsformen der Anekdote in der deutschen Literatur, Geschichtsschreibung und Philosophie. Tübingen 1993 (Stauffenburg Colloquium, Bd. 26).

47 Theodor Fontane: Gustav Freytag (1855/75). In: Kolbe (Hg.): Theodor Fontane. Aufsätze und Aufzeichnungen. (wie Anm. 1), S. 95-127, hier S. 106.

neigten ihre Wipfel einander zu") und an dem ihn insbesondere die letzte Zeile der Strophe

> Sie sieht nun tausend Lichter;
> Der Engel Angesichter
> Ihr treu zu Diensten stehn;
> Sie schwingt die Siegesfahne
> Auf güldnem Himmelsplane
> Und kann auf Sternen gehn[ ] (VdS 1, 12f.)[48]

tief beeindruckt. Lewin bezieht diese Verse zunächst auf die „Venus" (VdS 1, 14) Kathinka. Die im Kontext der Heiligabendszene ein Heilsversprechen bedeutenden Verse meinen aber konsequenterweise „Maria", die Ziehtochter des Schulzen Kniehase, die zuerst in Hohen-Vietz auftritt, wenn sie als Begleitung ihres Vaters in einem „kurzen Gazekleid, das mit Sternchen von Goldpapier besetzt war, [...] den Shawltanz auf[führt]", ein „Feenkind" wie aus dem „Märchen", das über Dächer geht, über das sich aber irgendwann „niemand" mehr „wundert[ ]" (VdS 1, 82, 87, 90, 29)[49] – die verkörperte, immanente Transzendenz. Sie, die „die Welt wie in einem Traum" sieht und „selber traumhaft darin umher[schreitet]", empfindet „Gesellschaftsgrade als bloße Rollen", nach dem „Glanz[ ]" der Repräsentation ist sie „[u]nbegehrlich[ ]", „sie ist wahr", ein Wunder Gottes im Gegensatz zur menschlichen „Welt des Scheins", und sie versöhnt den „Bruderzwist der Vitzewitze", der den Niedergang und die Entzweiung der preußischen Gesellschaft (bzw. der deutschen Nation – immerhin trägt sich der Brudermord zur Zeit des Dreißigjährigen Kriegs zu) symbolisiert: „Der auseinander getha'ne Stamm / Wird wieder eins, wächst wieder zusamm'" (VdS 1, 96f., 91, 25). Was Marie, die ebenfalls auf „Phantasie und Leidenschaft" gepolt ist, dann von Kathinka unterscheidet, ist offenbar, dass sie nicht sinnlich und sprunghaft, sondern „rein" und „stark" (VdS 1, 97) ist: ihre gleichwohl prinzipienfeste Treue. Damit ist auch die figurale Spiegelsymmetrie (Marie – Kathinka, Lewin – Tubal, Berndt – Bninski, Hansen-Grell – Faulstich) erschöpft, das Urteil über oder das Ende bestimmter Figuren macht die Tendenz des Romans noch einmal deutlich. Die abschließende Traumerscheinung

48 Das Gegenteil zu den ihre Kronen einander zuneigenden Lindenbäumen ist eine alte Buche neben der Hohen-Vietzer Kirche, die in zwei Stämme auseinanderwächst und den tödlichen Bruderzwist der Vitzewitze symbolisiert (VdS 1, 24f.).

49 Zum Einklang politischer und religiöser Erneuerung in *Vor dem Sturm* vgl. Gerhard vom Hofe: Das Eintreten einer großen Idee. Zum Thema des Patriotismus in Fontanes Preußenroman „Vor dem Sturm". In: Evangelische Akademie Baden (Hg.): „Was hat nicht alles Platz in eines Menschen Herzen ..." Theodor Fontane und seine Zeit. Karlsruhe: Evangelischer Presseverband für Baden 1993 (Herrenalber Forum, Bd. 3), S. 32-61. Zur Figur der Marie vgl. auch Jürgen von Stackelberg: Der verschwiegene Fontane. Zur Figur der Marie in *Vor dem Sturm*. In: GRM N.F., Bd. 57 (2007), S. 357-363.

Lewins, die die „furchtbare Wirklichkeit“ des Winters mit polnischer Begleitung löscht und in den Sommer seiner Hochzeit mit der in einen von „goldene[n] Sterne[n]“ gezierten „weißen Schleier“ gekleideten Marie führt, wird schöne Realität und durch einen „Lichtstrahl am östlichen Himmel“ als „Zeichen“ (VdS 2, 445f.) bekräftigt.

Eine Aporie bleibt allerdings, die vielleicht die ironisch strukturierte ‚Neuromantik‘ der Tiecks, Hardenbergs und Hoffmanns besser handhaben konnte. Die legitimierende Ursache der Sinnstiftung, die in den sonst geschilderten ‚Erscheinungen‘ problematisiert wurde, fehlt zwar auch hier, die Sinnstiftung selbst wird aber nicht infrage gestellt. Allein der Vergleich der thematisierten ‚Erscheinungen‘ legt eine Selbstreflexion auf die Willkürlichkeit der gesetzten Prämissen und Idealisierungen nahe. Was intradiegetisch (innerhalb der erzählten Welt) die Faszinationskraft und Wirksamkeit des Imaginären bestätigt, dessen Wirklichkeit eben in dieser Wirksamkeit liegt, bedeutet dann extradiegetisch (in der Anwendung des literarischen Programms auf die außerliterarische Realität) die Infragestellung der eigenen Poetik politisch-sozialer Beschreibung und Gestaltung. Darauf deutet bereits hin, dass das ‚Gespenst‘, das Imaginäre als Teil eines Diskurses im Roman mehrheitlich tatsächlich nicht mehr die Funktion erfüllt, Schauer zu erregen, dass es im Diskurs vielmehr zum Unterhaltungsgegenstand (mit der Funktion der Geselligkeit) wird – von wenigen Ausnahmen abgesehen, die noch einmal das Ideal einer Wirkungspoetik formulieren. Damit würde aber auch die politische Funktion der Literatur als Fiktion bedacht, insofern die ‚Erscheinung‘ einerseits delegitimierend die höfische Repräsentation infrage stellt, andererseits aber ein innovatives Modell der juridischen Gleichheit und politischen Partizipation unter der konservativen Körperschaft einer ständisch organisierten Herrschaft zu rechtfertigen scheint. Diese Ambivalenz zwischen einer Infragestellung politischer Adelsherrschaft und einem Erzählen als gesellschaftlich-politischer Integrationsform, das eine solche Herrschaft befördern zu wollen scheint, lässt sich schwerlich aufheben: Denn einerseits bestreitet dieses Erzählen die politische Repräsentation als Blendwerk (Hofstaat), andererseits wird es als Präsentation einer anderen Herrschaft beglaubigt (Friedrich II., Ständeordnung) und in der Form heilsgeschichtlich befrachteter ‚Bilder‘ zur Propagierung gesellschaftlicher Veränderung eingesetzt. Die strukturell hergestellte enge Beziehung von unstatthafter Repräsentation und legitimer Präsentation weist das propagierte gesellschaftspolitische Modell als Phantasma aus, ohne dass ihm jedoch die Berechtigung abgesprochen würde. Das Heilsversprechen, das ins Lewins Weihnachtserscheinung formuliert ist, erfüllt sich zwar intradiegetisch, aber doch nur als allegorische Konstruktion des Erzählers.[50] Dadurch lässt sich das Erzählte in seiner utopischen Dimension selbst als imaginär ausweisen, die Wirksamkeit der politischen Gestaltungsabsicht wird in die Ambivalenz aufgehoben, das wirksame Imaginäre zum möglicherweise unheilvollen Phantasma. Dies wäre allerdings eine abgeschwächte, ‚eingefaltete' Form romantischer Ironie, die auf der Grundlage von Entfremdungserfahrungen eine Einheitsfiktion imaginiert und diese zugleich als letztlich nicht erreichbar infrage stellt.

Jedenfalls bietet Fontanes Romandebüt demnach (und trotz der enormen Erfolgsgeschichte Preußens im 19. Jahrhundert) nicht „die Konstruktion eines Verheißungs- und Erfüllungsbezugs zwischen den Befreiungskriegen von 1813–15 und den ‚Einigungskriegen'".[51] Schließlich ist auch der Prozess der Reichsgründung (nach dem Verfassungs- und Heereskonflikt der 1860er Jahre) einer der Herrscher und ihrer Regierungen – zwar im Eingehen auf die bürgerlich-liberalen Kräfte der Nationalbewegung, deren national-revolutionäre Begeisterung auch zur Legitimation des doch eher ‚konservativen' Kriegsziels instrumentalisiert wird.[52] Die Kaiserproklamation findet ohne das ‚Volk' statt. Und nicht zuletzt stärkt zwar die nachmärzliche Verfassung mit der Reorganisation der ersten Parlamentskammer zum „Herrenhaus", das „bis 1918 ein Stück preußischer Wirklichkeit" bleibt, die Position des Landadels, insgesamt bleibt Preußen aber doch ein „Königs-, Beamten- und Militärstaat", die „Verfassungsrevision [...] ein Sieg der bürokratischen Etatisten".[53] Am Ende zweifelt auch Berndt – nicht an der sozialen Utopie, die mit dem Einzug von Lewin und Marie in Schloss Guse aufrechterhalten bleibt, aber doch an der politischen Entscheidung, die mit der Frankfurter Niederlage auch das Leben seines Sohns und damit jene gesellschaftliche Aussöhnung gefährdet hatte: „War es Vaterland und heilige Rache, oder war es Ehrgeiz und Eitelkeit?

50 Hier wird gewissermaßen unter der Hand der Erzählvorgang selbst in den Vordergrund gespielt und damit den eigenen Ansprüchen an den Roman, der eben „keine Episoden und Abschweifungen" duldet, noch nicht Genüge getan. In seinen Gustav-Freytag-Rezensionen 1855 und 1875 erklärt Fontane: „Man will die Hände des Puppenspielers nicht sehen." Fontane, Gustav Freytag (wie Anm. 46), S. 98, 104. Zur zeitgenössischen Rezeption von *Vor dem Sturm* vgl. auch Russel A. Berman: Narrative Digression and the Transformation of Nationhood in *Vor dem Sturm*. In: John B. Lyon, Brian Tucker (Hg.): Fontane in the Twenty-First Century. Rochester, New York 2019, S. 12-30, der die ‚Heterogenität' und die ‚Abschweifungen' des Romans allerdings als Teil einer innovativen „proto-modernist aesthetic agenda" sowie eines politischen Programms „for am more inclusive nation" liest; ebd., S. 16. Dass im Roman Seine Königliche Hoheit Prinz Ferdinand zu gleichem Recht kommt wie der Hohen-Vietzer Bauer im Dorfkrug, bedeutet jedoch nicht, dass die dargestellten gesellschaftlichen Gruppen wertfrei behandelt würden.

51 Uwe Hebekus: Klios Medien. Die Geschichtskultur des 19. Jahrhunderts in der historistischen Historie und bei Theodor Fontane. Tübingen 2003 (Hermaea. Germanistische Forschungen, N. F., Bd. 99), S. 180.

52 Nipperdey, Deutsche Geschichte (wie Anm. 27), Bd. 3, S. 55-75.

53 Ebd., Bd. 1, S. 680f., 683.

[...] Bah, es wird gewesen sein, wie es immer war und immer ist, ein bischen gut, ein bischen böse. Arme kleine Menschennatur!“ (VdS 2, 423) Freiheit und Mitbestimmung auf der Basis einer ständischen Repräsentation des ‚Volks‘ als Nation und zur Kontrolle der Regierung, die Entfaltung des Neuen aus dem Bewährten – dieser ‚romantische‘ Synkretismus von Liberalismus, Nationalismus und Konservatismus aus der Zeit der Befreiungskriege, deren Unvereinbarkeit zugleich mit angedeutet wird, zählt hier noch immer als Maßstab der sozialen und politischen Gestaltung.

‚Allerlei hors d'œuvres': Zur miszellanen Schreibweise in Fontanes *Stechlin*

Daniela Gretz

Die folgenden Überlegungen wenden sich im Rahmen eines „detoured reading"[1] ausgehend vom kleinen Umweg der Lektüre zeitgenössischer Fontane-Rezensionen zur ‚Geburt des fontaneschen Romans aus dem Geist des Feuilletons' dessen miszellaner Schreibweise im *Stechlin* zu. Damit schließen sie sich zwar durchaus der Ansicht der Herausgeber:innen dieses Bandes an, dass es an der Zeit ist, sich wieder einmal den konkreten kompositionellen Konstruktionsprinzipen und ästhetischen Darstellungsverfahren von Fontanes Texten, also dessen viel diskutierten „Finessen",[2] zuzuwenden, tun dies aber dezidiert nicht in Abwendung von, sondern in Zuwendung zu deren medialen Produktions- und Rezeptionskontexten, von denen sein „kreativer Apparat" nicht zu trennen ist.[3] Entsprechend wird der *Stechlin* im Folgenden auch in Gestalt seines Erstdrucks in *Über Land und Meer* gelesen und zitiert.[4]

1 Vgl. zu Begriff und methodischer Herangehensweise: Katja Mellmann: "Detoured reading": Understanding literature through the eyes of its contemporaries (A case study on anti-Semitism in Gustav Freytag's 'Soll und Haben'). In: Matt Erlin, Lynne Tatlock (Hg.): Distant Readings. Topologies of German Culture in the Long Nineteenth Century. Rochester 2014, S. 301-331.

2 Vgl. dazu exemplarisch im Rekurs auf die initialen Beiträge von Karl S. Guthke und Renate Böschenstein: Rudolf Helmstetter: Die Geburt des Realismus aus dem Dunst des Familienblattes. Fontane und die öffentlichkeitsgeschichtlichen Rahmenbedingungen des poetischen Realismus. München 1998, S. 130 f., sowie jüngst Elisabeth Strowick: Gespenster des Realismus. Zur literarischen Wahrnehmung von Wirklichkeit. Paderborn 2019, S. 269-275.

3 Vgl. dazu Petra McGillen: Ein kreativer Apparat. Die Mediengeschichte von Theodor Fontanes Bibliotheksnetz und Lektürepraktiken. In: FB, H. 103 (2017), S. 100-123 sowie Dies.: The Fontane Workshop. Manufacturing Realism in the Industrial Age of Print. New York [u. a.] 2019.

4 Theodor Fontane: Stechlin. In: Über Land und Meer, Jg. 79 (1898/1), H. 1, S. 1-6; H. 2, S. 21-27; H. 3, S. 41-47; H. 4, S. 57-62; H. 5, S. 73-79; H. 6, S. 89-95; H. 7, S. 105-111; H. 8, S. 121-127; H. 9, S. 137-143; H. 10, S. 153-155; H. 11, S. 169-174; H. 12, S. 185-190; H. 13, S. 200-206; H. 14, S. 217-223; H. 15, S. 233-240; H. 16, S. 249-254; H. 17, S. 265-271; H. 18, S. 281-287; H. 19, S. 297-306. Im weiteren Verlauf zitiere ich aus Fontanes Roman unter Angabe der Sigle ÜLM sowie Heftnummer und Seitenzahl.

Theodor Hermann Pantenius, u. a. Herausgeber der Familienzeitschrift *Daheim* und Redakteur von *Velhagen & Klasings Monatsheften*, veröffentlicht in letzteren 1894 ein ausführliches Autorenporträt, in dem er auch auf die Erstveröffentlichung von Fontanes Romanerstling *Vor dem Sturm* in *Daheim* zurückblickt. Er beginnt mit der Schilderung einer persönlichen Begegnung mit dem Dichter und hält fest: „Wenn, was er während eines Plauderstündchens spricht, gleich gedruckt würde, so erhielten die Leser ein sehr fesselndes Feuilleton“.[5] Er stellt so anekdotisch eine Verwandtschaft zwischen dem charakteristischen Plauderton des Erzählers Fontane und seiner Schreibweise zwischen Literatur und Journalistik ‚unter dem Strich‘ her. Diese strukturelle Verwandtschaft charakterisiert er mit Blick auf die *Wanderungen durch die Mark Brandenburg* genauer, wenn er kritisiert, dass diese „zu vielerlei“ bieten, wenn sie „kleine persönliche Erlebnisse, Landschaftsschilderungen, Inventare von Schlössern und geschichtliche Abhandlungen bunt durcheinander“ bringen:

> Ein solches Allerlei ist ja als Feuilleton einer Zeitung ganz willkommen, in einem Buch aber, das man doch hintereinander liest, will man zusammenhängendere Kost. Das ist wie ein aus lauter ganz verschiedenen Delikatessen bestehendes, in kleinen Portionen aufgetragenes Mittagsmahl. So ist es erklärlich, daß die Wanderungen durch die Mark viel weniger gelesen werden als sie verdienen und vielfach nur als Kalkgruben dienen aus denen unzählige Zeitungswanderer sich den Mörtel zu ihren Feuilletons holen.[6]

Auffällig ist hier die kulinarische Metaphorik des „Allerlei“, also einer Art ‚Eintopf‘, die anschließend im „Mittagsmahl“ aus vielen unterschiedlichen kleinen, separat servierten Köstlichkeiten noch einmal dergestalt abgewandelt wird, dass weniger das homogene Gesamtgericht als vielmehr dessen heterogene Bestandteile im Vordergrund stehen. Diese Metaphorik ist im englischen Sprachraum mit der sich im 17. und 18. Jahrhundert im Rahmen vermischter, aus kurzen und variablen Textformen zusammengesetzter und auf Fortsetzung hin angelegter Medienformate, wie Zeitungen, Zeitschriften, Jahrbüchern und Anthologien, etablierenden, nicht generisch gebundenen „miszellane[n] Schreibweise“ verbunden, die sich durch die Vermischung literarischer Formen, Sprechweisen und Stillagen, eine Vielzahl von Digressionen sowie die ausgiebige intertextuelle Integration vielfältigen Materials

5 Theodor Hermann Pantenius: Theodor Fontane. In: Velhagen & Klasings Monatshefte, Bd. 8 (1893/94), H. 12, S. 649-656, hier S. 649. Vgl. zu den wechselseitigen Rezensionen beider Autoren: Klaus Schenk: Theodor Fontane und Theodor Hermann Pantenius im Wechselspiel ihrer Rezensionen. In: Triangulum, Bd. 13 (2007), S. 251-261.

6 Pantenius, Theodor Fontane (wie Anm. 5), S. 653. Hervorhebungen D. G.

auszeichnet.[7] Auch Pantenius nutzt diese Metaphorik, um Fontanes digressive Mischung vielfältiger Themen und heterogener Darstellungsformen zu beschreiben, die sich entsprechend ebenfalls als miszellane Schreibweise charakterisieren lässt, zumal Pantenius sie gleichermaßen mit einem miszellanen Medienformat, der Zeitung bzw. deren Feuilleton, in Verbindung bringt, das aus einem Durch- bzw. Nebeneinander thematisch vielfältiger diverser meist kleiner Formen besteht und zeitgenössisch auch als „kulinarische Nebensächlichkeit" bezeichnet wird.[8] Im Feuilleton wird das *Wanderungen*-„Allerlei" nicht nur weiterverarbeitet, wie Pantenius andeutet, sondern es ist aus ihm, wie ein anonymer Rezensent betont, z. T. „in wörtlich gleicher Behandlung"[9] auch textgenetisch hervorgegangen. Ein weiterer anonymer Kritiker charakterisiert die *Wanderungen* im Anschluss an Fontanes eigene Bezeichnung sogar explizit als „Reise-Feuilletons", deren vermischte Darstellungsform er allerdings eher zu würdigen weiß: „In wahrhaft künstlerischer Weise ist der Stoff gestaltet und nur das berücksichtigt worden, was geeignet war, das Bild stimmungsvoll zu beleuchten und einheitlich abzurunden."[10] Hier wird im Gegensatz zur Lesart des feuilletonistischen „Allerlei" als zusammenhangloses Durcheinander gerade dessen künstlerische Komposition zum stimmungsvollen Gesamtbild herausgestrichen, was bei Pantenius allenfalls eher abschätzig als „Kühlraum verständiger Erwägung"[11] thematisiert wird, den Fontanes Texte als eine metaphorische Variante des im Titel dieses Bandes anzitierten „kreativen Apparats" stets durchlaufen, weshalb ihnen, so Pantenius weiter, „jene Leidenschaft

7 Emily Colette Wilkinson: The Miscellaneous. Toward a Poetics of the Mode in British Literature, 1668 – 1759, Phil. Diss. Stanford 2008, S. 1 f., vgl. auch S. 37 f. Übers. D. G.

8 Vgl. dazu das Sonderheft „Perspektiven der Feuilletonforschung" der *Zeitschrift für Germanistik* (22 (2012) 3), insbesondere die grundlegenden theoretischen Beiträge von Hildegard Kernmayer: Sprachspiel nach besonderen Regeln. Zur Gattungspoetik des Feuilletons. In: Ebd., S. 509-523, hier S. 510, sowie Gustav Frank, Stefan Scherer: Zeit-Texte. Zur Funktionsgeschichte und zum generischen Ort des Feuilletons. In: Ebd., S. 524-539, die unterschiedliche gattungs- und funktionsgeschichtliche Ansätze verfolgen, aber bezüglich dieser grundlegenden Zwischenstellung des Feuilletons übereinstimmen.

9 [Anonym:] Wanderungen durch die Mark Brandenburg (4. Theil. Spreeland, Beeskow-Storkow und Barnim-Teltow. Von Theodor Fontane.). In: Weser-Zeitung Bremen (Dezember 1881). Neben der im Artikel explizit erwähnten Veröffentlichung der Erzählung *Alexander Andersen* im *Deutschen Reichs-Kalender* von 1876 werden u. a. zuvor bereits Teile der unter dem Titel *Wanderungen durch die Mark Brandenburg* sukzessive angesammelten Buchpublikationen u. a. 1859 unter dem Rubrum „Märkische Bilder" in der *Kreuzzeitung* (*Neue Preußische Zeitung*) und von 1860–1864 in *Cottas Morgenblatt für gebildete Leser* unter dem Titel „Bilder und Geschichten aus der Mark Brandenburg" veröffentlicht. Vgl. dazu auch McGillen, The Fontane Workshop (wie Anm. 3), S. 129 f.

10 [Anonym]: Wanderungen durch die Mark Brandenburg. Vierter Theil: Spreeland. In: Wochenblatt der Johanniter-Ordens-Balley Brandenburg, Bd. 22 (1881), H. 50 (14.12.), S. 300. Vgl. zu Fontanes Bezeichnung der *Wanderungen* als „Reisefeuilletons" (W 2, 475).

11 Pantenius, Theodor Fontane (wie Anm. 5), S. 656.

[fehlt], die aus dem Herzen in das des Lesers strömt und ihn mit sich fortreißt".[12] In seiner Rezension der *Fünf Schlösser* in der *Deutschen Rundschau* identifiziert der Chefredakteur der naturalistischen Monatsschrift *Freie Bühne für modernes Leben* Otto Brahm demgegenüber gerade den „Zickzackweg" der „reizvollen Mischung von Ueberlegtheit und Caprice, von weisem Vorbedacht und Planlosigkeit" im „graziösen Plauderton" als den charakteristischen „Theodor-Fontane-Stil".[13] Der Theaterkritiker und Journalist Maximilian Harden, der in der *Nation* ebenfalls die „kleinen und großen Wunderlichkeiten des Fontane'schen Stils", dessen „behagliche Umständlichkeit", „die häufigen Gedankensprünge" und „die Freude an reichlichem, lebensvollem Detail" herausstellt, bietet im Rekurs auf Brahm eine damit verbundene alternative Erklärung für den zunächst ausbleibenden Erfolg der *Wanderungen*:

> Brahm hat es einmal ausgesprochen, wie der Reiz Fontane'scher Schilderung den knappen Reizen märkischer Landschaft ähnlich ist: beide drängen sich nicht auf, sie wollen gesucht sein. Und das erklärt auch das sonst unerklärliche Ausbleiben eines breiten populären Erfolges. Schönheiten aufsuchen ist nicht Jedermanns Sache [...].[14]

Wenn es, wie Pantenius konstatiert, dem „Allerlei", das in der Presse für abwechslungsreiche Unterhaltung sorgt, im „[H]intereinander" des Buchformats, das mit der Abrundung des Werks als in sich geschlossener Totalität identifiziert wird,[15] an Zusammenhang fehlt, dann liegt dies im Anschluss an Brahm und Harden daran, dass Fontanes vermischter Stil für einen solchen totalen Schönheitseindruck auf die aktive Konstruktionsleistung der Rezipient:innen angewiesen bleibt. Während dies für die Anhänger der literarischen Moderne offensichtlich ein Merkmal künstlerischer Qualität ist, sieht der ästhetische Traditionalist Pantenius darin vor allem einen kompositorischen Mangel. Dieser wiegt für ihn in der Übertragung auf die „Kunstform des Romans" in *Vor dem Sturm* sogar noch schwerer. Entsprechend führt er dessen „entschiedenen Mißerfolg" – vor allem, aber nicht nur in *Daheim* – rückblickend auf seine Genese aus dem Feuilleton zurück:

12 Ebd.

13 Otto Brahm: Theodor Fontane. Fünf Schlösser. In: Deutsche Rundschau, 62 (1890), S. 147-149, hier S. 148.

14 Maximilian Harden: Der alte Fontane. In: Die Nation, Bd. 6 (1888/89), H. 11 (15.12.), S. 164-166, hier S. 166.

15 Entsprechend kritisch beurteilt zeitgenössisch der erfolgreiche Schriftsteller und Journalist Ernst Eckstein in seinen *Beiträgen zur Geschichte des Feuilletons*. Bd. 1, 2. Aufl. Leipzig 1876, S. 65, den Fortsetzungsdruck allgemein: „Ich begreife nicht, wie man ein Kunstwerk, das in seiner Totalität wirken soll, durch Wochen und Monate hindurch zerstückeln mag!".

> Fontane kam zum Roman vom Feuilleton her. Da ist es sehr verständlich, daß ihm die Selbstbeschränkung, welche die Kunstform des Romans gebieterisch verlangt, noch fremd war. Er bot viel zu viel, und er verstand es noch nicht alle vorgeführten Personen durch eine fesselnde Handlung zusammenzuhalten. [...] In der Buchausgabe wird man diese Fehler weniger empfunden haben, für die Veröffentlichung in einem Blatt waren sie verhängnisvoll.[16]

Aus der Perspektive des Zeitschriftenherausgebers ist es die fehlende „fesselnde Handlung", die im Buchformat gerade noch durch dessen materiale Geschlossenheit als Integrationspunkt kompensiert werden kann,[17] die dem Roman im Journalformat zum Verhängnis wird. Denn dort soll gerade diese fesselnde Handlung qua Spannungserzeugung im Unterschied zum übrigen zentrifugalen miszellanen Nebeneinander als zentripetale Kraft des seriellen Erzählens für Leserbindung sorgen,[18] ohne sie verliert der Roman seine spezifische Funktion und geht in der Miszellanität des Mediums auf und damit zugleich als Roman unter. Dabei spielen hier zwei medial bedingte Schreibweisen ineinander, die des auf Spannungssteigerung und Leserbindung ausgerichteten handlungszentrierten sequenziellen Fortsetzungsromans im engeren Sinne und die durch die Miszellanität

---

16 Pantenius, Theodor Fontane (wie Anm. 5), S. 653. Bereits beim Manuskripteingang des Romans äußerte die Redaktion in Gestalt von Robert König, der Fontane in einer frühen Rezension zu dessen Lyrik folgenreich zum „Sänger der Mark" stilisiert (vgl. Ders.: Theodor Fontane, Der Sänger der Mark. In: Daheim, Bd. 11 (1875), H. 19 (6.2.), S. 300-303) und als konservativen Gesinnungsgenossen als *Daheim*-Beiträger angeworben hatte, Formkritik, wie Fontane in seinem Tagebuch kolportiert: „der Stoff wäre wundervoll, Gesinnung, Tendenz ebenso und die Sorglichkeit der Behandlung evident, aber alles zu breit, nicht gerade aufs Ziel los, Exkurse, Ueberflüssigkeiten. Ich sagte ihm, daß ich mit den Sensationshelden nicht zu concurriren gedächte, daß ich ein Zeitbild hätte geben wollen und Autodafés, eingemauerte Nonnen und Skalpirungen im Winter 1812 auf 13 in märkischen Dörfern nicht vorgekommen wären. Indeß wir einigten uns zuletzt, indem ich ihm Kürzungen für das Daheim gestattete." Theodor Fontane: Tagebücher 1866–1882/1884–1898. Gotthard Erler (Hg.) unter Mitarb. v. Therese Erler. Berlin 1994, S. 65. Vgl. dazu wie zu den entsprechenden Kürzungen: Roland Berbig: „aber zuletzt – schreibt man doch sich selber zu Liebe." Mediale Textprozesse: Theodor Fontanes Romanerstling *Vor dem Sturm*. In: Ders. (Hg.): Theodorus victor. Theodor Fontane, der Schriftsteller des 19. am Ende des 20. Jahrhunderts. Eine Sammlung von Beiträgen. Frankfurt a. M. [u. a.] 1999, S. 99-120, v. a. S. 112-116.

17 Die materiale Geschlossenheit des Buchformats insinuiert zugleich eine entsprechende kompositorische Geschlossenheit des Textes und ermöglicht eine intensive Lektüre, die dem so unterstellten Zusammenhang zwischen (Einzel-)Teilen und Ganzem in hermeneutischen Zirkeln nachspüren kann. Paradoxerweise erscheint damit die genuine kompositorische ästhetische Qualität der vom periodischen Medium inspirierten miszellanen Schreibweise im Buchformat eher zugänglich als in ihrem Entstehungskontext.

18 Vgl. dazu und zu den vielfältigen weiteren ökonomischen Marketingvorteilen von Romanpublikationen in der periodischen Presse: Laurel Brake: The Advantage of Fiction: The Novel and the 'Success' of the Victorian Periodical. In: Beth Palmer, Adelene Buckland (Hg): A Return to the Common Reader. Print Culture and the Novel, 1850 - 1900. Aldershot/Burlington 2011, S. 9-21.

des Mediums formatierte „feuilletonistische", vermischte Schreibweise des Durch-, als Neben-, Gegen- und Miteinander erzählerischer Kleinformen und die Frage nach deren (mangelnder) alternativer künstlerischer Überformung. Dabei deuten sich ausgehend von dieser Genese des fontaneschen Romans aus der Struktur des Feuilletons bereits Kontroversen um dessen Handlungsarmut und mangelhafte kompositorische Geschlossenheit – kurz: fehlende ‚Romanhaftigkeit' – an, der aber in entschiedener Abgrenzung vom zeitgenössischen Gattungswissen und den konventionellen Praktiken erfolgreicher Romanautoren wie der entsprechenden Erwartungshaltung der Leser:innen zuweilen, z. B. als „Kunst der Episode",[19] auch durchaus ästhetischer Innovationscharakter und zukunftsweisendes Potential zugeschrieben wird. Diese Debatten setzen sich in den Kritiken zu Fontanes Romanproduktion der 1880er und 90er Jahre fort und intensivieren sich angesichts des finalen *Stechlin* noch einmal.[20] Bemerkenswert hellsichtig erscheint in diesem Kontext die Rezension des in Frankreich lebenden polnischen Schriftstellers und Kritikers Théodore de Wyzewa in der *Revue des deux mondes*,[21] weil dieser mit der Lektüre des *Stechlin* als Roman (anders als das Gros der Rezensenten) keinerlei Problem hat. Vielmehr erklärt er dem französischsprachigen Publikum, dass dessen Erwartungshaltung an den Roman als eine Art „Drama in Prosa" („une sorte de drame écrit") mit spannender Handlung und Intrigen angesichts einer deutschen Tradition des Romans, die unter diesem „eher so etwas wie eine Chronik" („quelque chose comme une chronique") verstehe, vollkommen fehlgehe:

> Denn was uns in diesem Roman als das Gegenteil von Einheit, als zu langsame Entwicklung und als Überfluss an hors d'œuvres erscheint, alle diese Fehler finden sich in allen großen Romanen der deutschen Literatur, von Goethe und den Romantikern bis zu Freytag und Gottfried Keller: und es sind auch nur für

19 Vgl. dazu [Adolf Stern]: Theodor Fontanes Roman *Cecile*. In: Grenzboten. Zeitschrift für Literatur und Politik, H. 3 (14.7.1887), S. 130-135, hier S. 135.

20 Vgl. zu den später in der Forschung konstatierten Ähnlichkeiten zwischen Fontanes erstem und seinem letzten Roman: Frederick Betz: The Contemporary Critical Reception of Theodor Fontanes' Novels, *Vor dem Sturm* and *Der Stechlin*: 1878–1899, Phil. Diss. Indiana University 1973. Betz bemängelt allerdings, dass diese in der zeitgenössischen Rezeption noch zu wenig wahrgenommen wurden (ebd., S. 167), man kann im Gegensatz dazu aber auch betonen, dass diese von den Kritikern überhaupt schon beobachtet werden, obwohl ihnen Fontanes in der Forschung zur Beschreibung der entsprechenden Gemeinsamkeiten gerne herangezogene Unterscheidung von ‚Einheitsroman' und ‚Vielheitsroman' so noch nicht zur Verfügung stand, weil sie lediglich im erst später publizierten Briefwechsel mit Heyse formuliert wird.

21 Vgl. dazu auch Helen Chambers: Theodor Fontanes Erzählwerk im Spiegel der Kritik. 120 Jahre Fontane-Rezeption. Aus dem Englischen übersetzt von Verena Jung. Würzburg 2003, S. 22; Betz, The Contemporary Critical Reception of Theodor Fontanes' Novels (wie Anm. 20), S. 137 f.

uns Fehler, da wir die Gewohnheit haben, von einem Roman das Gegenteil zu verlangen.[22]

In diese deutschsprachige Tradition des Zeitromans, die hier erneut über die kulinarische Metaphorik der Überfülle von ‚außerhalb der eigentlichen Hauptmahlzeit' bzw. wörtlich ‚außerhalb des Werkes liegenden' vielfältigen appetitanregenden vermischten Kleinigkeiten als miszellane Schreibweise gekennzeichnet wird, reiht Wyzewa Fontanes gesamte Romanproduktion ein und verweist dabei explizit auf die Ähnlichkeiten zwischen dessen letztem und seinem ersten Roman *Vor dem Sturm*, aber auch zu den *Wanderungen*.[23]

Hors d'œuvres als ‚offenes Kunstwerk': Poetik der Miszellen und miszellane Schreibweise im Stechlin

Diese Tradition des miszellanen Erzählens im Zeitroman, bei der hors d'œuvres zur Hauptmahlzeit bzw. zum eigentlichen Romanwerk werden, gerät im *Stechlin* selbst in einem Gespräch zwischen Dubslav und Lorenzen in den Blick, in dem der alte Stechlin den Pastor auffordert, für ein wenig Zeitvertreib zu sorgen und dabei „das, was man früher Miscellen nannte", als Prinzip unterhaltsamen Erzählens herausstreicht und so zugleich metareflexiv den Roman selbst charakterisiert. Unter Miszellen versteht er dabei explizit vom „Zeitungsleserstandpunkte" ausgehend primär „Unglücksfälle", aber darüber hinaus auch sonst noch „allerlei" Auf- und Angelesenes von „Räubergeschichten" bis zu „Anekdoten aus allen fünf Weltteilen" (ÜLM 17, 271). Es handelt sich also um eine bunte Mischung unterschiedlicher kleiner Erzählformen, wie sie nicht nur das Feuilleton, sondern auch die im deutschen Sprachraum verbreitete Zeitungs- und Zeitschriftenrubrik „Miszellen" charakterisiert, in der vielfältige kürzere, meist aus fremden Quellen übernommene Textformen, die in keiner anderen Rubrik Platz finden, als vermischte Seitenfüller einsortiert werden. Miszellen bilden so, mit Roland Barthes' Definition der verwandten französischsprachigen ‚faits divers' gesprochen, als „Klassifikation

22 T[héodore] de Wyzewa: Le dernier roman de Théodore Fontane. In: Revue des Deux Mondes, H. 150 (15.12.1898), S. 926-935, hier S. 929: „Ce qui, dans ces romans, nous parait contraire aux règles essentielles du genre, la pauvreté de l'action, le manque d'unité, et la lenteur du développement, et la surabondance des hors-d'œuvre, ces défauts se retrouvent dans tous les grands romans de la littérature allemande depuis ceux de Goethe et des romantiques jusqu'à ceux de Freytag et de Gottfried Keller: et ils n'y sont des défauts que pour nous, avec notre habitude d'exiger d'un roman les qualités opposées." Später nimmt er auch noch auf „Jean-Paul Richter" als Vertreter dieser Romantradition Bezug. Ebd., S. 930. Übers. D. G.

23 Ebd.: „On y retrouve les mêmes procédés minutieux de description et de narration, le même dédain de l'action dramatique, le même mélange d'impressions actuelles et de vieux souvenirs.".

des Unklassifizierbaren"[24] den auch von Benedict Anderson herausgearbeiteten drucktechnischen imaginären ‚Zusammenhang des Zusammenhanglosen' als spezifische Medialität der periodischen Presse in nuce ab.[25] In ihr wird, wie wiederum Barthes herausarbeitet, die Bedeutsamkeit des Zusammentreffens scheinbar unzusammenhängender Ereignisse in Gestalt einer Hermeneutik des Verdachts zugleich nahelegt wie in Zweifel gezogen: für Barthes lauert ein Gott hinter dem „fait divers".[26] Bereits Gerhart von Graevenitz hat Dubslavs Miszellen in intertextuellen Bezug zu der von Fontane in seinen *Wanderungen durch die Mark Brandenburg* beschriebenen „wohlüberlegte[n] Gegensätzlichkeit" des „Fünf-Weltteile-Rendezvous" und der „bunten Mannigfaltigkeit" des Genzschen Künstlerinterieurs (W I, 178 f.) gebracht. Er hat beides mit dem „Wahrnehmungsprinzip der ‚fait divers'" und der „Aufmerksamkeitsökonomie des Layouts" von Zeitschriften und dessen „Kombinationen, die jeder Zeit auch anders sein könnten" assoziiert, die dem gleichen Darstellungsprinzip folgten, und überdies festgestellt, dass auch die „Streuungen der Gespräche" im *Stechlin* selbst ein solches „Aneinanderstoßen von Sinn und Unsinn exzessiv simulieren".[27] Dies soll nun kursorisch ausgehend von der Fortsetzung und intra- wie intertextuellen Vernetzung der anzitierten Unterhaltung zwischen dem alten Stechlin und Lorenzen verdeutlicht werden.

---

24 Roland Barthes: Structure de faits divers. In: Médiations. Revues des expressions contemporaines, Vol. 5 (1962), S. 27-43, hier S. 27.

25 Vgl. dazu Benedict Anderson: Imagined Communities. Reflections on the Origin and spread of Nationalism [1983]. Rev. Ed. London 2006, S. 33.

26 Roland Barthes spricht vom spezifisch Literarischen des „fait divers" als einer „formalen Ordnung, die Bedeutung sowohl postuliert als auch frustriert", vgl. Ders., Structure de faits divers (wie Anm. 25), S. 359 Übers. D. G.]; Bernhard J. Dotzler spricht parallel dazu von Fontanes andeutendem Schreibverfahren, das „Korrespondenzen" lediglich „indiziert" und nicht „darstellt". Ders.: Echte Korrespondenzen: Fontanes Welt-Literatur. In: Stephan Braese, Anne-Kathrin Reulecke (Hg.): Realien des Realismus. Wissenschaft – Technik – Medien in Theodor Fontanes Erzählprosa. Berlin 2010, S. 53-78, hier S. 77; vgl. ähnlich schon Jochen Hörisch: Ende der Vorstellung. Die Poesie der Medien. Frankfurt a. M. 1999, S. 66. Auch Michael Masanetz konstatiert mit Blick auf Fontanes Romane im Allgemeinen und den *Stechlin* im Besonderen, dass es „um den Aufbau des Zusammenhangs von Bedeutung aus dem Wechselspiel von Kontiguität und Similiarität der Zeichen" geht, und folgert daraus, dass den Interpret:innen die doppelte Aufgabe zufällt, diesen „[v]ertikal über zu rekonstruierende Konnotationsparadigmen der Worte im Gefüge des spezifisch Fontaneschen Wissens, horizontal über das Wortgefüge des Textes, seine Isotopien, die aus scheinbar heterogensten semantischem Material geknüpft sein können", zu verfolgen. Ders.: „Die Frauen bestimmen schliesslich doch alles" oder die Vorbildlichkeit des Bienenstaates: Vom (un)heimlichen Niedergang männlicher Macht und der Macht der Liebe im „Stechlin". In: Fontane. Am Ende des Jahrhunderts, Bd. 2, S. 187-200, hier S. 190 f.

27 Gerhart von Graevenitz: Theodor Fontane Ängstliche Moderne. Über das Imaginäre. Konstanz 2015, S. 679 f. u. S. 647, Letzteres wiederum im Rekurs auf eine strukturell mit dem *Stechlin* vergleichbare Gesprächspassage aus den *Wanderungen durch die Mark Brandenburg*.

In dieser erhofft Dubslav sich vom „Friederikus-Rex-Mann" (ÜLM 17, 271) Lorenzen nämlich Anekdoten von (Kriegs-)Helden aus der guten alten preußischen Zeit, wie Zieten, Blücher und Wrangel, worauf der allerdings mit der Anekdote über Leutnant Greeley, einen nordamerikanischen Nordpolfahrer reagiert, der den Proviantmeister seiner Expedition hinterrücks erschießt, weil der sich an den Vorräten vergreift und so das Leben aller Beteiligten und den Erfolg der Expedition gefährdet.[28] Greeley dient Lorenzen dabei als exemplarisches Fallbeispiel eines im Roman immer wieder thematisierten zeitgemäßen Heldentums der „Erfinder und Entdecker" (ÜLM 14, 223), „Kletterer und Steiger", „Ikarusleute", „Weltteildurchquerer" und „Nordpolfahrer" (ÜLM 17, 271), das jenseits des „Mut[s] im Bataillon" als „Herdenmut" (ÜLM 18, 282) in der individuellen Entscheidung zum Opfer für eine höhere Sache liegt, bei dem „[d]ie Gesinnung entscheidet", was sich hier konkret im „Entschluß" des Nordpolfahrers zum Handeln dokumentiert, der selbst „schon das Verbrechen streift" (ÜLM 18, 281), um die Expedition zu retten.[29] Diese Greeley-Anekdote, die auf einen realen Fall zurückgeht, über den auch in der zeitgenössischen Presse berichtet wurde, schließt so zugleich den Romandiskurs zum zeitgemäßen Heldentum ab, der sich u. a. in eine Reihe von vermischten und miteinander vernetzten Anekdoten in unterschiedlichen Gesprächen des Romans eingestreut findet.[30]

Zu diesen gehört zunächst die in einem Gespräch über Lorenzens sozialreligiöse Ideale – die Dubslav mit einer zweifelhaften modischen „Märtyrerlust" assoziiert, während Rex sie als bloße „Renommisterei" abtut – von Czako vorgetragene Anekdote über einen russischen Lehrer, der sich im Rahmen der allgemeinen Dienstpflicht weigerte, zu schießen, „weil das bloß Vorschule sei zu Mord und Totschlag, also ganz und gar gegen das fünfte Gebot", was er letztlich mit dem Leben bezahlte. Dies subsumiert Rex erneut unter Renommisterei, was Dubslav allerdings mit „Wenn sich's ums Sterben handelt, da hört das Renommieren auf" kommentiert (ÜLM 3, 42). Über die (abgelehnte) negative Lesart des Heldentums

28 Vgl. ÜLM 18, S. 281–282 und zur zeitgenössischen Berichterstattung über den Fall Adolphus Greelys in der periodischen Presse: Konrad Feilchenfeldt: Leutnant Greeley – ein amerikanisches Vorbild für Europa? Zu Fontanes „Der Stechlin" (achtunddreißigstes Kapitel). In: Konrad Ehlich (Hg.): Fontane und die Fremde, Fontane und Europa. Würzburg 2002, S. 229-247, hier S. 229 sowie Andrea MhicFhionnbhairr: „Anekdoten aus allen fünf Weltteilen". The Anecdote in Fontane's Fiction and Autobiography. Bern, Frankfurt a. M., New York 1985, S. 179-184.

29 Vgl. zu den Modifikationen der historischen Begebenheiten in der Romananekdote vor allem die eigenhändige Erschießung des Übeltäters hinterrücks durch Greeley gegenüber der tatsächlichen formalen Exekution eines Mehrheitsurteils, ebd., S. 179-182.

30 Vgl. dazu ebd., S. 184: „Three military stories, that of the Russian schoolteacher, of Klinke and of Lieutenant Greely form a complex of little narratives which links thematically chapters from different partsof this large novel in conversations which appear at first sight to be casual and unrelated, which actually present a revaluation of the value of heroism."

als Renommisterei ist diese Anekdote direkt mit dem späteren, die Greeley-Anekdote einleitenden Gespräch zwischen Dubslav und Lorenzen verbunden, in dem der Alte anlässlich seiner Bitte um eine preußische Heldenanekdote konstatiert: „Ich spiele mich persönlich nicht auf Heldentum aus, Renommieren ist ein elendes Handwerk: aber das darf ich sagen, ich liebe das Heldische. Und Gott sei Dank kommt dergleichen immer noch vor." (ÜLM 17, 271)

Eine weitere Variation zeitgenössischen Heldentums findet sich einige Folgen später in der von Woldemar beim Ausflug zum Eierhäuschen vorgetragenen Anekdote über Lorenzens Vorliebe für den portugiesischen Dichter João de Deus, die auf einen Zeitschriftenartikel von Hedwig Wigger zurückgeht.[31] Der junge Stechlin kolportiert, nachdem er den Pastor zuvor in einer Plauderei über „Luftschifferschlachten" und „Torpedoboote" als eine Art geistigen „Aeronauten" und idealistischen „Aufsteigemensch" (ÜLM 8, 122) bezeichnet hat, zur weiteren Charakterisierung des Freundes ein Gespräch mit ihm anlässlich seiner Lektüre eines kleinen Heftes zum Tod des Volkshelden. In diesem wird kolportiert, dass die Fabrikarbeiterinnen ihn mit „Un Santo, un Santo" verabschiedeten, „weil er für die Armen gelebt hatte und nicht für sich", was ihn zur Verkörperung des von Lorenzen propagierten sozialreligiösen Ideal der Agape bzw. Caritas, der christlichen Nächstenliebe und Wohltätigkeit macht. Wenn der Pastor dabei sozialkritisch konstatiert, dass „es [...] heißt, es gäbe dergleichen nicht mehr. Aber es gibt dergleichen noch, es muss es geben oder doch wieder geben", korrespondiert dies mit Dubslavs bereits zitierten allgemeinen Diagnose zum Heldischen: „Gott sei Dank kommt dergleichen immer noch vor" (ÜLM 17, 271) und weist João de Deus so als weiteres Beispiel zeitgemäßen Heldentums aus.

Wiederum einige Folgen später liest man die Anekdote vom Pionier Klinke, die der Stechliner Dorfschulze Melusine erzählt. Kluckhuhn trägt, nach dem dänischen Panzerschiff, das ihn seit seiner Teilnahme am deutsch-dänischen Krieg 1864 im Traum wie ein Gespenst heimsucht, den Beinamen Rolf Krake, weil er stets „alles zur Sozialdemokratie Gehörige mit dem schwarzen Ungetüm im Alsensund" vergleicht: „Ich sag' euch, was sie jetzt die soziale Revolution nennen, das liegt neben uns wie damals Rolf Krake." (ÜLM 8, 126) Als ebenbürtigen „Rivalen" dieser doppelten Gefahr bringt er aber schon zuvor im Roman den „Pionier Klinke" in Stellung, den „eigentliche[n] Held aller drei Kriege", „der bei Düppel unter Opferung seines Lebens den Pallisadenpfahl von Schanze drei weg-

31 Vgl. dazu wie zu Fontanes zeitgenössischer Quelle Maria Manuela Gouveia Delille: Das Joao-de-Deus-Motiv in Theodor Fontanes Roman „Der Stechlin". In: FB, H. 30 (1979), S. 497-509, hier S. 501, sowie zu den Differenzen zwischen Wiggers Artikel und Fontanes Darstellung MhicFhionnbhairr, „Anekdoten aus allen fünf Weltteilen" (wie Anm. 28), S. 188-193.

gesprengt hatte" (ebd.).[32] Gegenüber Melusine, die dem die „großen Verluste" des preußisch-österreichischen Kriegs von 1866 und des deutsch-französischen Kriegs von 1870 entgegenstellt, hebt Kluckhuhn dann erneut das individuelle, moralische Heldentum Klinkes hervor:

> Ja, die Verluste waren groß, das ist richtig. Aber Verluste, Frau Gräfin, das is eigentlich gar nichts. Natürlich wen es trifft, für den is es was. Aber ich meine jetzt das, was man dabei so das Moralische nennt; und darauf kommt es an [...]. Wenn einer eine Böschung 'rauf klettert und nu steht er oben, und schleicht sich 'ran, immer mit 'nem Pulversack und 'nem Zünder in der Hand, und nu legt er an und nu fliegt alles in die Luft und er mit. Und nu ist die Festung oder die Schanze offen. Ja, Frau Gräfin, das ist was. Und das hat unser Pionier Klinke gethan. Der war moralisch. Ich weiß nicht, ob Frau Gräfin mal von ihm gehört haben, aber dafür leb' ich und sterb' ich - immer bloß das Kleine, da zeigt sich's, was einer kann. Wenn ein Bataillon 'ran muß un ich stecke mitten drin, ja, was will ich da machen? Da muß ich mit. Und baff, da lieg' ich. Und nu bin ich ein Held. Aber eigentlich bin ich keiner. Es ist alles bloß ‚Muß', und solche Mußhelden giebt es viele. Das is, was ich die großen Kriege nenne. Klinke mit seinem Pulversack, ja, der war bloß was Kleines, aber er war doch groß. (ÜLM 14, 219)

Dabei sind die von Kluckhuhn diskreditierten „Mußhelden" nicht nur assoziativ mit dem Auftakt des Diskurses um das neue Heldentum im Gespräch der ersten Tischgesellschaft auf Schloss Stechlin verbunden, in dem Dubslav konstatiert: „Heldentum ist Ausnahmezustand und meist das Produkt einer Zwangslage" (ÜLM 2, 22), sondern auch mit dem im abschließenden Gespräch mit Dubslav von Lorenzen gescholtenen „Herdenmut" der Bataillone. Selbstopfer und individuelle Gewissensentscheidung Klinkes stehen so in einer Linie mit Czakos Anekdote vom russischen Lehrer und mit Lorenzens Greeley-Anekdote.

Dabei lässt sich Kluckhuhns Hinweis auf die große Bedeutung des „Kleinen" zugleich metareflexiv auf das Darstellungsverfahren einer latenten Vernetzung der syntagmatisch scheinbar kontingent in disparate Gesprächszusammenhänge und -konstellationen eingeflochtenen Anekdoten übertragen, die nur die Leser:innen in ihrer Lektüre in einen solchen manifesten Gesamtzusammenhang überführen können. Dies wird über wortspielerische paradigmatische Assoziationszusammenhänge (Heldentum, Ausnahmezustand, Zwangslage, Renommisterei, Märtyrertod,

32 Dem Publikum von *Über Land und Meer* war Fontane selbst aus früheren Autorenartikeln, wie dem aus Anlass der Publikation von *Vor dem Sturm* W[ilhelm] Lübke: Theodor Fontane. In: ÜLM, 41 (1878) 7, S. 127 f.] oder zu seinem siebzigsten Geburtstag [Anonym]: Theodor Fontane. In: ÜLM, 63 (1889/90) 14, S. 284], u. a. als Kriegsberichterstatter dieser drei Kriege bekannt, was der Darstellung zusätzlich den Eindruck von Authentizität verlieh.

Moralisches, Mußhelden, Gesinnung, Verbrechen, Heldenmut, Herdenmut, Bataillone) ermöglicht, die sich als intratextuelle thematische wie begriffliche Streufelder zum Verweissystem einer „makrostrukturellen Textphorik“[33] zusammenfügen lassen. Auch diesbezüglich ist die von Pantenius und Wyzewa verwendete kulinarische Metaphorik der appetitanregenden Kleinigkeiten oder hors d'œuvres durchaus instruktiv, denn auch hier handelt es sich ja in der Regel um Variationen einer beschränkten Anzahl unterschiedlicher Appetithappen, die sich jeweils in leicht abweichender Form aus den gleichen Bestandteilen zusammensetzen und ästhetisch, z. T. einfach durcheinander, z. T. in seriell variierten Reihen angeordnet, auf einer Platte als kulinarisch-ästhetisches Gesamtkunstwerk serviert werden. Im Roman werden derartige makrostrukturelle Effekte der assoziativen seriellen Verknüpfung miszellaner kleiner Formen, die zunächst im Hinblick auf das Romanganze eher digressiv scheinen, größtenteils erst ex post, im Rahmen des retrospektiven Überblicks einer intensiven Wiederholungslektüre (der Buchausgabe, oder des gebundenen Halbjahrgangsbandes) als ästhetische Komposition deutlich, während sie bei der Erstlektüre in Fortsetzungen im miszellanen Nebeneinander der Gespräche (wie der Zeitschrift) auf- (bzw. unter-)gehen.[34]

Denn die Greeley-Anekdote schließt im Erstdruck eben zugleich auch noch assoziativ an das „thematisch textsortenübergreifende serielle Erzählen“[35] von *Über Land und Meer* an. Dieses thematisiert u. a. im vorausgehenden Jahrgang in Dr. A. Römer-Berlins Artikel *Andrées Nordpolfahrt* die Geschichte der „Helden der Wissenschaft“ (ÜLM 78 1897/2 45, 735) einer schwedischen Expedition, die als Luftfahrer mit einem Ballon den Nordpol erkunden, und antizipiert und kombiniert so mit Nordpolexpedition und Luftschifferei gleich zwei zentrale Motive des entsprechenden späteren *Stechlin*-Diskurses, die sich im „Aufsteigemensch‘“ Lorenzen und seiner Geschichte vom Nordpolfahrer Greeley wiederfinden werden. Durch derartige assoziative Vernetzungen mit dem „seriellen Erzählen“ von *Über Land und Meer* kann der entsprechende Diskurs über das moderne Heldentum im Roman im Erstdruck zugleich perspektivisch verstärkt und hervorgehoben werden.

Im gesamten Roman findet sich über die vielfältigen weiteren Gespräche verstreut eine ganze Bandbreite derartiger historisch kolportierter, von den Figuren (auf-)gelesener bzw. ‚selbst erlebter‘ „Anekdoten aus allen fünf Weltteilen“, die

33 Peter Kofler: Die Anekdote im Roman bei Theodor Fontane: *Schach von Wuthenow, Graf Petöfy, Frau Jenny Treibel.* In: Elmar Locher (Hg.): Die kleinen Formen in der Moderne. Innsbruck, Wien, München 2001, S. 90. Vgl. auch MhicFhionnbhairr, "Anekdoten aus allen fünf Weltteilen" (wie Anm. 28), S. 214: „The interrelationship of all the inserted stories with the major aspects of thematic interest is one of the remarkable feature of this large novel.“

34 Das serielle Erzählen der Zeitschrift hat auf den Roman so einen zentrifugalen Effekt.

35 Claudia Stockinger: An den Ursprüngen populärer Serialität. Das Familienblatt „Die Gartenlaube“. Göttingen 2018, S. 151 (die Begriffsprägung erfolgt dort in Bezug auf *Die Gartenlaube*).

(wie im Beispiel der Gespräche über den Heldenmut) einerseits zur Charakterisierung der – als Erzähler wie Zuhörer oder als Erzählgegenstand – beteiligten Figuren dienen und sich damit im Hinblick auf die unmittelbare Handlung zunächst meist als eher digressiv erweisen, andererseits aber unterschwellig sukzessiv an einer gleichermaßen miszellanen wie seriell etablierten Makrostruktur des Romans mitarbeiten.

1. Die von Frau Gundermann und Czako bei der ersten Abendgesellschaft auf Schloss Stechlin ausgetauschten Ratten(fänger)-Anekdoten aus Berlin und Paris (ÜLM 2, 32).
2. Die Anekdote über die Gräfin de La Roche-Aymon und Friedrich Wilhelm IV., die Dubslav Czako (statt einer der notorischen neumodischen Porträtfotografien) noch in derselben Folge als Andenken an diesen Abend überliefert und die sich in anderer Form zuvor bereits in Fontanes *Wanderungen durch die Mark Brandenburg* findet.[36]
3. Die bereits thematisierte Anekdote vom russischen Lehrer (ÜLM 3, 43).
4. Die von Krippenstapel erzählte Anekdote von einem vorbildlichen Bürgermeister der 1848er Jahre, der sagte: „Wenn ich meinen Stiefel ans Fenster stelle, regier' ich die ganze Stadt" (ÜLM 3, 43).
5. Die Anekdote, in der Dr. Heim die in Erwartung des siebten Kindes befindliche Königin Luise auf die Notwendigkeit der „Brache" hinweist, die, wie Woldemar berichtet, sein Vater der ebenfalls mit dem siebten Kinde schwangeren Ermyntrud Katzler erzählt habe (ÜLM 4, 59).[37]
6. Die von Woldemar auf Veranlassung Armgards im Haus Barby zum Besten gegebene Anekdote über die Misogynie des alten preußischen Prinzen Heinrichs in Gestalt der „geheimnisvolle[n] Vorliebe für jungfräuliche Tote, besonders Bräute" (ÜLM 7, 107).
7. Die bereits behandelte Anekdote zu Lorenzens Lektüre des Todes von João de Deus (ÜLM 17, 271).
8. Die Bismarck-Anekdote, die (wie Lorenzen in einem Brief an Woldemar kolportiert) Koseleger, der „immer ein paar Anekdoten auf der Pfanne hat", Dubslav unterbreitet, um ihn als konservativen Kandidaten zur Reichstagsersatzwahl zu akquirieren (ÜLM 8, 123 u. 126).
9. Die bei der Wahl in Rheinsberg-Wutz bei der Besichtigung der dort gelegenen Preußen-Denkmäler durch von Molchow kolportierte weitere Bismarck-Anekdote über dessen Museumsbesuch mit einer reichen Amerikanerin (ÜLM

36 W 1, 323 u. 327 f.
37 Vgl. dazu MhicFhionnbhairr, „Anekdoten aus allen fünf Weltteilen" (wie Anm. 29), S. 215.

9, 142), die Fontane vermutlich in der *Vossischen Zeitung* ‚aufgelesen' und im Roman adaptiert hat.[38]

10. Die in der darauffolgenden Lieferung ebenfalls durch von Molchow im Zusammenhang mit der sich bereits ankündigenden Wahlniederlage Dubslavs erzählte Anekdote über August von Preußen und Petrus als Himmelswärter (ÜLM 10, 153 f.).
11. Die Anekdote von der Hinrichtung einer Giftmörderin, die ihren Mann, einen Klempnermeister, vergiftet hat, weil sie sich in dessen Lehrburschen verliebt hatte (ÜLM 10, 154).[39]
12. Die noch in derselben Lieferung im Rahmen des geselligen Beisammenseins am Wahlabend vom konservativen Gymnasialdirektor Thormeyer erzählte Anekdote über die Prinzessin von Siam (ÜLM 10, 55).
13. Die „Scene" mit chinesischen Akrobaten in London, die Herbstfelde im Gespräch mit Regimentskameraden im Kasino der Gardedragoner anlässlich der Nachricht von Woldemars Abberufung nach England erzählt (ÜLM 11, 171).
14. Schließt sich in derselben Folge auch noch die (von Fontane erneut bereits in seinen *Wanderungen durch die Mark Brandenburg* kolportierte)[40] Anekdote „vom alten Fritz" und dessen Trostwort „Denk' Er nur immer, daß Er hunderttausend Mann hinter sich hat" (ÜLM 11, 174) an, das Woldemar hier an Czako richtet.
15. Die Anekdote von einem Londoner „High-life Prozess[]" (ÜLM 14, 218), die Koseleger bei der Abendgesellschaft anlässlich des Weihnachtsbesuches der Barby-Schwestern in Stechlin zum Besten gibt, die Fontane der *Times* und dem *Morgenblatt für gebildete Leser* entnehmen konnte.[41]
16. Die eingangs bereits diskutierte Anekdote über den Pionier Klinke (ÜLM 14, 219).

38 Vgl. dazu Rolf Zuberbühler: Theodor Fontane: „Der Stechlin". Fontanes politischer Altersroman im Lichte der „Vossischen Zeitung" und weiterer zeitgenössischer Publizistik. Berlin 2012, S. 19 f., der auf einen entsprechenden Artikel vom 20. August 1895 verweist und zugleich dessen ursprüngliche Quelle in der schwedischen *Göteborgpost* benennt, denn es handelt sich im Original um eine schwedische Dame.

39 Klaus-Peter Möller legt im Rückgriff auf einen Brief Fontanes an Friedländer und einen Artikel in der Beilage *Didaskalia* zum *Frankfurter Journal* vom August 1864 als realhistorisches Vorbild den Fall Johanna Karoline Knothes und des Maurergesellen Johann Friedrich Steinmanns nahe, die wegen gemeinschaftlicher Vergiftung von deren Ehemann im Juli 1864 in Moabit hingerichtet wurden. Vgl. die Anmerkungen in der GBA (DS, 626).

40 Vgl. dazu die Anmerkungen in DS, 636, mit dem Hinweis auf deren zeitgenössische Präsenz bei Debatten im Preußischen Landtag am 3. März 1863 und 7. April 1865.

41 Vgl. dazu wie zu den zentralen Unterschieden zwischen der Romanversion und dem tatsächlichen Fall: MhicFhionnbhairr, „Anekdoten aus allen fünf Weltteilen" (wie Anm. 29), S. 203-209 sowie Margret Walter-Schneider: Von Wetterfahnen, Schönheitskuren und Straßenmalern: Über das Moderne in Fontanes „Stechlin". In: Ursula Amrein, Regina Dieterle (Hg.): Gottfried Keller und Theodor Fontane. Berlin 2008, S. 113-125.

17. Adelheids Anekdote über eine rauchende Engländerin in Berlin (ÜLM 15, 235 f.).
18. Die Anekdote über Kaiser Wilhelm I., der an einem regnerischen Tag während eines Aufenthaltes in Bad Gastein den täglichen Spaziergang ins Hotelzimmer verlegt und dabei eigenhändig alle Läufer und Teppiche auf dem Boden übereinanderlegt, um einen Schwerkranken im Zimmer unter ihm nicht zu belästigen, die der Hofprediger Frommel (einer entsprechenden Erinnerung des historischen Hofpredigers Emil Frommel folgend)[42] seinem Tischnachbarn Dubslav bei der Hochzeit von Armgard und Woldemar erzählt (ÜLM 15, 238).
19. Die einleitend thematisierte Anekdote über den Nordpolfahrer Greeley (ÜLM 17, 271 u. 18, 281).

Im Rahmen dieser syntagmatischen miszellanen Vielfalt und ihren eher zentrifugalen Effekten bieten sich den Leser:innen ausgehend von Fontanes „Kunst der Allusion“[43] im Verlauf der Lektüre des Romans sukzessiv durchaus zentripetale thematisch-motivische, aber auch begrifflich-assoziative paradigmatische Reihen- und Serienbildungen an, wie sie bereits am Beispiel des Diskurses über ein zeitgemäßes Heldentum (3, 7, 6, 19) zu beobachten waren. So z. B. mit Blick auf die soziale und moralische Revolution (1, 4, 7) sowie Fronde, Reaktion, Gegenrevolution (6, 10, 11, 12, 18), die traditionelle preußische Politik und Kultur (2, 4, 5, 8, 9, 10, 14, 18), die moderne kosmopolitische Kultur und ihre Werte (7, 12, 13, 15, 17) und die Vorstellungen der Restitution/Wiederherstellung oder Erneuerung (7, 12, 14, 15, 16, 18, 19) oder das Spiel mit erotischen wie politischen Zweideutigkeiten[44] (1, 6, 8, 9, 10, 11, 12, 13). Analog zu den Anekdoten sind, wie z. B. mit der Eierhäuschen-Episode und den in ihr enthaltenen Szenerien, dialogischen Szenen und eingeflochtenen mikrologischen (Zeit-)Bildern, immer wieder auch noch weitere miszellane kleine Erzählformen an solchen beiläufigen, intratextuellen Serienbildungen beteiligt. Diese erweisen sich so zugleich als Erscheinungsform der

---

42 Diese Anekdote wird in anderer Form in Band 10 von dessen *Gesammelten Schriften* von 1878 kolportiert. Vgl. zu den Differenzen zwischen dieser und Fontanes Version: MhicFhionnbhairr, „Anekdoten aus allen fünf Weltteilen“ (wie Anm. 29), S. 168-171.

43 MhicFhionnbhairr spricht von „Fontane's art of allusion, whereby associations and links between apparently disparate and unrelated scenes are established and seep without effort into the reader's consciousness.“ Ebd. S. 212 f. Vgl. zu diesem „intra- und intertextuellen Geflecht“ auch Lukas Gloor: Prekäres Erzählen. Narrative Ordnungen bei Robert Walser, Franz Kafka und Theodor Fontane. Leiden, Boston 2020 (Robert Walser–Studien, Bd. 5), S. 88.

44 Diese anekdotische Reihenbildung korrespondiert zugleich mit dem Gespräch zwischen Dubslav und Uncke über das „Zweideutige“ insbesondere in der Politik (ÜLM 14, 219 u. 222) sowie mit Dubslavs Vorliebe für erotische Zweideutigkeiten, die er u. a. in einem Gespräch mit Adelheid zur Schau stellt, die darauf mit der Diagnose einer „Revolution in der Sitte“ (ÜLM 18, 283) reagiert.

einleitend anzitierten, in der Forschung unter dem Schlagwort „Finessen“ diskutierten latenten sprachlich-symbolischen Substrukturen von Fontanes Texten, die es, wie Onkel Poggenpuhl es einmal metareflexiv mit Blick auf die anspielungsreichen Zweideutigkeiten eines Theaterstück kommentiert, allererst aufzufinden gilt: „Sieh, das sind so Finessen, auf die man warten muß, bis man sie zufällig 'mal aufpickt, sagen wir auf einem Einwickelbogen oder auf einem alten Zeitungsblatt, da wo die Gerichtssitzungen oder die historischen Miscellen stehn“ (P, 50).[45] Damit entspricht der *Stechlin* Umberto Ecos Vorstellung eines „offene[n] Kunstwerk[s]“, das ein „Möglichkeitsfeld“[46] der Aktualisierung ambivalenter Bedeutungen eröffnet und erst von den Interpret:innen vollendet wird,[47] von einem „Kunstwerk in Bewegung“, das „Möglichkeit für eine Vielzahl persönlicher Eingriffe“ bietet, „aber keine amorphe Aufforderung zu einem beliebigen Eingreifen, die Einladung sich frei in eine Welt einzufügen, die gleichwohl immer noch die vom Künstler gewollte ist“.[48]

Die „Finesse/n“ von Fontanes miszellaner Schreibweise

Fontanes miszellane Schreibweise ermöglicht es den Leser:innen so im Rahmen einer stetig beförderten Hermeneutik des Verdachts, dass sich hinter dem vermeintlich Kleinen der en passant eingeflochtenen miszellanen Erzählformen der von Melusine beschworene „große[] Zusammenhang der Dinge“ (ÜLM 14, 222) verbergen könnte, assoziativ die im Nebeneinander von Episoden, Szenen, Anekdoten und (Zeit-)Bildern angelegten vielfältigen Möglichkeiten paradigmatischer, thematischer wie begrifflicher Serienbildung und deren komplexe Vernetzungen jeweils entsprechend ihrer Vorkenntnisse und Vorlieben zu aktualisieren (oder auch nicht). Darin liegt die spezifische Finesse der fontaneschen Miszellen (zumal in einem Blatt wie *Über Land und Meer*, das durchaus eine breite Leserschaft adressiert). Dabei können dann auch das miszellane Nebeneinander und „thematisch textsortenübergreifende serielle Erzählen“ der Zeitschrift die ‚Realitätseffekte‘

45 Als Beispiel nennt er dabei vergleichend u. a. den Fall der „Aurora von Königsmarck“ (ebd.), auf den Fontane im Rahmen seiner „Kunst der Episode“ auch in *Cécile* anspielt, was verdeutlicht, dass das Aufpicken solcher Finessen nicht nur eine rezeptionsästhetische, sondern auch eine produktionsästhetische Relevanz hat.

46 Umberto Eco: Die Poetik des offenen Kunstwerks. In: Ders.: Das offene Kunstwerk. A. d. Ital. v. Günter Memmert [ital. Orig. 1962]. 5. Aufl. Frankfurt a. M. 1990, S. 27-59, hier S. 27.

47 Vgl. ebd., S. 29.

48 Ebd., S. 51. Dies beobachten bereits zeitgenössische Rezensenten wie Otto Brahm und Maximilian von Harden, wenn sie konstatieren, dass die Schönheiten in Fontanes Romanen ‚aufzusuchen‘ und diese entsprechend auf die Mitarbeit der Leser:innen angewiesen seien (vgl. dazu S. 110 dieses Beitrags).

(durchaus im Sinne Barthes') steigernd assoziativ miteinbezogen werden, weshalb den Leser:innen der Zeitschrift Fontanes „Finessen" nicht notwendigerweise entgehen, wie Hans Ester dies nahegelegt hat,[49] sondern ihnen unter Umständen, wie am Beispiel des modernen Heldentums angedeutet, durch die resonierende Verstärkung der kompositionellen Relevanz nur vermeintlich ‚überflüssiger' oder ‚bedeutungsloser' „‚unnützer' Details" gerade dort erst aufgehen.[50]

Eine solche Lesart des Romans lässt sich nicht zuletzt auch mit Fontanes eigenem Konzept des „Vielheitsroman[s]" in Einklang bringen, denn es reflektiert mit den vielfältigen miszellanen kleinen Formen, als „Retardierungen [...], die, während sie momentan den Gesamtzweck zu vergessen scheinen, diesem recht eigentlich dienen", eine solche vom Disparaten aus gedachte alternative Art der kompositionellen Formgebung, in der gerade die „Vielheit zur Einheit" werden kann.[51] Dies hängt jedoch eben nicht allein von der „Regie" des „auktorialen Erzählers"[52] (bzw. dem zugrundeliegenden Arrangement des Autors), sondern vor allem auch von der „Assoziationskraft des Lesers"[53] ab: erst durch sie fügt sich die serielle Variation von räumlichen, zeitlichen und sozialen Beziehungen und etablierten Zusammenhängen von Provinz und Welt, traditioneller und moderner Lebensart in den vielfältigen Episoden und Szenen des Romans sowie den Anekdoten und Zeitbildern seiner Gespräche kaleidoskopartig[54] zu einem perspektivischen Gesamtbild zusammen.

---

49 Hans Ester: Fontane und der Fortsetzungsroman. In: Hanna Delf von Wolzogen, Christine Hehle (Hg.): Formen ins Offene. Zur Produktivität des Unvollendeten. Berlin, Boston 2018, S. 59-76, hier S. 68.

50 Roland Barthes: Der Wirklichkeitseffekt [1968]. In: Ders.: Das Rauschen der Sprache. Übers. v. Dieter Hornig. Frankfurt a. M. 2006, S. 164-172, hier S. 165.

51 Gotthard Erler (Hg.): Der Briefwechsel zwischen Theodor Fontane und Paul Heyse. Berlin, Weimar 1972, S. 133.

52 Julia Encke: Kopierwerke. Bürgerliche Zitierkultur in den späten Romanen Fontanes und Flauberts. Frankfurt a. M. [u. a.] 1998, S. 58.

53 Eric R. Miller: Der Stechlinsee. Symbol und Struktur in Fontanes Altersroman. In: Journal of English and Germanic philology, Bd. 97 (1998), H. 3, S. 352-370, hier S. 366.

54 Während Peter Hasubek das Kompositionsprinzip als „mosaikartig" (Ders.: Der Zeitroman. Ein Romantypus des 19. Jahrhunderts. In: ZfdPh, Bd. 87 (1968), S. 218–245, S. 234) charakterisiert (vgl. dazu auch Ders.: „... wer am meisten red't, ist der reinste Mensch". Das Gespräch in Theodor Fontanes Roman *Der Stechlin*. Berlin 1998, S. 214), scheint mir im Anschluss an Peter Demetz der metaphorische Rückgriff auf die Medientechnik des „Kaleidoskops" (Ders.: Formen des Realismus. Theodor Fontane. München 1973, S. 165) zur Beschreibung des Darstellungsverfahrens sinnfälliger. Das Kaleidoskop beruht auf der variablen, von der Bewegung des Mediums durch den Betrachter abhängigen, imaginären Vervielfältigung von disparaten kleinen Elementen durch drei bis vier zusammengesetzte Spiegelwände, aus der sich wechselnde, vielgestaltige, arabeske schöne Formen ergeben, was sich mit der assoziativen Serienbildung der miszellanen Elemente in den sprachlichen Spiegelungsachsen wie der ‚Spiegelfläche' des Sees im Roman analogisieren lässt und so, anders als die Mosaikmetapher, die von der Aktivität der Leser:innen abhängige Variabilität der ‚schönen Formen, die

Dieses über „[z]ahlreiche intra- und intertextuelle Anspielungen" erzeugte „dichte[] Geflecht an Referenzen, deren Funktion es ist, dem Inhalt Kohäsion und Kohärenz zu geben", erweist sich aus dieser rezeptionsästhetischen Perspektive aber nicht nur, wie von Lukas Gloor im Rekurs auf Gerhart von Graevenitz behauptet, als ‚prekärer' Versuch der Einhegung dergestalt „kontrollierte[r] Ambivalenz" im Rahmen einer „ängstlichen Moderne"[55] oder als eine sich in der „Semantik des Formverlusts" dokumentierende (partielle) „Krise des Romans",[56] wie Till Breyer sie nahelegt, sondern vor allem als medial informierter Versuch der zeitgemäßen Erneuerung der Romanform. Fontane geht es dezidiert um die „gebotene Art, einen Zeitroman zu schreiben"[57] und er konzipiert diesen neuen Roman als ‚offenes Kunstwerk', das sich durch ein ausbalanciertes dynamisches und (interpretations-) offenes Wechselspiel zentrifugaler miszellaner und zentripetaler serieller Kräfte im Rahmen einer miszellanen Schreibweise auszeichnet.

Wenn bereits die zeitgenössischen Rezensenten wie auch die aktuelle Forschung dies einerseits biographisch mit „Fontanes Tätigkeit als Journalist" sowie werkbiographisch mit der Publikationsform seiner Romane „in Teilen und Fortsetzungen in Zeitungen und Zeitschriften"[58] zusammenbringen, lässt sich dies mit Blick auf die vielfältigen von Fontane bereits vorab anderweitig publizierten in den *Stechlin* eingeflochtenen Passagen (wie die zahlreichen ursprünglich bereits in Zeitungen und Zeitschriften veröffentlichten und dann zunächst in den *Wanderungen* recycelten Anekdoten und nicht zuletzt auch die zentrale Sage von den Weltverbindungen des Stechlinsees) sowie die zahlreichen Quellen des Romans in der zeitgenössischen Berichterstattung der periodischen Presse[59] auch textgenetisch

---

gesehen werden", berücksichtigt und herausstreicht. Vgl. zur ‚kaleidoskopartigen' Schreibweise Fontanes mit Blick auf dessen Englandreisefeuilletons, die dort allerdings als Formen des Essayistischen diskutiert werden, und deren Einfluss auf Fontanes Romanpoetik auch: Marion Villmar-Doebeling: Theodor Fontane im Gegenlicht. Ein Beitrag zu Theorie des Essays und des Romans. Würzburg 2000, S. 23-89.

55 So Gloors Lesart des Romans, die sich u. a. auf Gerhart von Graevenitz' Fontane-Monographie beruft (Ders., Prekäres Erzählen (wie Anm. 43), S. 88), aber abschließend zugleich konstatiert, dass dieses nur „scheinbar so souveräne[] Erzählen als ein im Grunde prekäres Erzählen [...] auf Robert Walser und Franz Kafka vorausweist." Ebd., S. 89.

56 Till Breyer: Chiffren des Sozialen. Politische Ökonomie und die Literatur des Realismus. Göttingen 2019, S. 270 und S. 285.

57 So Fontane im Entwurf eines Werbebriefs für seinen Roman an Adolf Hoffmann, den Direktor der Deutschen Verlagsanstalt, in der die Zeitschrift *Über Land und Meer* erscheint. Zit. n. einer maschinenschriftlichen Abschrift des nicht im Original erhaltenen Briefs aus dem Anhang der GBA (DS, 495).

58 Ester: Fontane und der Fortsetzungsroman (wie Anm. 49), S. 162.

59 Vgl. vor allem zur *Vossischen Zeitung* als „geistige[m] Lebensraum" und zentraler Quelle Fontanes zu Zeitereignissen und Zeitgeschichte im *Stechlin*, die Monographie von Zuberbühler, „Der Stechlin" (wie Anm. 38), S. 31, sowie zu Fontanes Rezeption der Tagespresse allgemein als Quelle seiner literarischen Produktion und Poetik: Christian Klug: Die Poesie der Zeitung. Fontanes poetische Rezeption der Tagespresse und die Entdeckung der neuen Wirklichkeit.

untermauern. Zumal Fontane selbst wiederum, wie Günter Oesterle und Iwan-Michelangelo herausgearbeitet haben, in einer Artikelserie über die englische Presse am Beispiel der *Times* eine „Zeitungspoetik"[60] als „knappste und treffendste Poetik des Feuilletons"[61] entwickelt. Deren Beschreibung des „Feuilletonstils" als medien(format)spezifischer Schreibweise lässt sich unschwer als selbstreflexive Beschreibung seiner eigenen „subversiven, anspielungsreichen, vielstimmigen Schreibweise"[62] lesen. Da ist von der *Times* als Institution die Rede, welche die „Macht des Unbestimmten und Geheimnisvollen" sowie die „Phantasie des Publikums" nutzt,[63] vom „Schreiber", der „strikt gebunden [ist], seinen Schatz zu vergraben und höchstens anzudeuten", vom „gut geschriebene[n] ‚Times'-Artikel" als „Arabeske, die sich graziös um die Frage schlingt, ein Zierat, eine geistreiche Illustration", die „nichts erschöpfen, [...] nur anregen" will und sich dabei an die „bestechliche Einbildungskraft, nicht an den nüchternen Verstand" wendet,[64] sowie schließlich von den „Introduktions-Anekdoten", die „oft die Hälfte" ausmachen, „um ihrer selbst willen da" sind und zugleich „Feuilletontalent und novel-

---

In: FB, H. 68 (1999), S. 74-116 und jüngst auch Iwan-Michelangelo D'Aprile: Mimesis ans Medium. Zeitungspoetik und journalistischer Realismus bei Theodor Fontane. In: Text + Kritik [Theodor Fontane] (2019), S. 7-23. Alle drei vernachlässigen angesichts ihres gemeinsamen Schwerpunktes auf Fontanes journalistischer Produktion und Rezeption der Tagespresse allerdings die (zumal für seine Romanpoetik) gleichermaßen relevante Schreibpraxis als Romanautor für vielfältige Zeitungs- und Zeitschriftenformate (oder differenzieren wie Letzterer nicht genügend zwischen beiden Formaten).

60 Ebd., S. 13. Vgl. dort auch den Verweis auf den Nachweis der entsprechenden Erstpublikationsorte in der *Nymphenburger Fontane Ausgabe*, auch diese Artikel werden im Rahmen der charakteristischen Mehrfachverwertung im Sammelband *Aus England* wiederverwertet.

61 Günter Oesterle: „Unter dem Strich": Skizze einer Kulturpoetik des Feuilletons im neunzehnten Jahrhundert. In: Jürgen Barkhoff, Gilbert Carr, Roger Paulin (Hg.): Das schwierige 19. Jahrhundert. Germanistische Tagung zum 65. Geburtstag von Eda Sagarra im August 1998. Tübingen 2000, S. 229-250, hier S. 244.

62 Ebd. Vgl. dazu auch D'Aprile, Mimesis ans Medium (wie Anm. 59), S. 13-15.

63 Theodor Fontane: Studien über England 1860: Die Londoner Tagespresse. In: Ders.: NFA, Bd. 19: Charlotte Jolles, Kurt Schreinert (Hg.): Politik und Geschichte. München 1969, S. 163-242, hier S. 236.

64 Ebd., S. 242. Mit der Charakterisierung der Arabeske als „Zierat" ruft Fontane zwar zunächst deren klassische Lesart als bloß rahmendes Ornament auf (vgl. Helmstetter: Die Geburt des Realismus aus dem Dunst des Familienblattes (wie Anm. 2), S. 9), aber nur um diesem „bloßen Rahmen der jeweiligen Frage" ganz im Sinn der Romantik die zentrale Funktion zuzuschreiben, dem Leser die Meinungsbildung zu überlassen (vgl. dazu Christine Falk: Topik als Verfahren kultureller Selbstvergewisserung. Zur Aktualisierung rhetorischer Stoff-Findung bei Fontane und Raabe. Berlin 2019, S. 72). Im Hinblick auf den „Feuilletonstil" scheint vor allem auch das spezifische, miszellane Nebeneinander der „Leitartikel-Seite" von Interesse: „Hier drängen sich die wichtigsten Annoncen, die Theater-Anzeigen, die Auszüge der Parlamentsverhandlungen, die drei oder vier Leitartikel, die telegraphischen Depeschen und die wichtigsten Lokalvorkommnisse [...] auf verhältnismäßig kleinem Raum zusammen". Fontane, Studien über England 1860 (wie Anm. 63), S. 234.

listische[s] Interesse" bekunden. Fontane selbst differenziert letztere einleitend bereits in „mannigfach[e]" kleine narrative Formen und nutzt dabei zur näheren Beschreibung die einschlägige kulinarische Metaphorik des Miszellanen: „Historie, Fabel, Märchen, Anekdote, Alles ist willkommen, Alles ist gleichberechtigt, nur pikant muß der Bissen sein und zu jenen Gerichten zugehörig, die während sie selber schon dem Gaumen wohlthun, doch vor Allem den Appetit reizen und begierig machen auf das, was da kommt."[65] Wenn er seine Bewunderung für diese „Schreibart" bekundet, die er mit einem „prächtigen Teppich" vergleicht, „der uns ein Wunder scheint, bis wir am Webstuhl gestanden und wahrgenommen haben, daß sich das alles ziemlich einfach und natürlich macht", und konstatiert, dass die Leitartikelschreiber diese Anekdoten „keineswegs in unendlicher Fülle zur Hand", sondern „ein paar Kästchen haben, in denen sie auf gut Glück hin reizende, sicher einmal zu brauchende Anekdoten sammeln",[66] dann beschreibt er damit nicht zuletzt seinen eigenen, von Petra McGillen beschriebenen „kreativen Apparat" und sein produktionsästhetisches Verfahren der Generierung von poetischem „Output" aus journalistischem „Input" durch „Remixing",[67] das sich so auch anhand der miszellanen Schreibweise des *Stechlin* nachvollziehen lässt.

65 Ebd., S. 243.
66 Ebd., S. 244. Vgl. dazu auch Falk, Topik als Verfahren kultureller Selbstvergewisserung (wie Anm. 64), S. 71 f.
67 McGillen, The Fontane Workshop (wie Anm. 3), S. 31 f. u. S. 15 f.

Der unheimliche Realist – Das Problem der literarischen Phänomene des Übersinnlichen, des Aberglaubens und Sonderbar-Abseitigen im Werk Theodor Fontanes*

Detlef Haberland

Wer wollte bestreiten, dass Fontane zu den bedeutendsten deutschen Realisten gehört? Vom Dialekt über zahlreiche Figuren bis hin zur Darstellung bestimmter Örtlichkeiten und Landschaften: Das Werk des Preußen ist nicht ohne die unzähligen wiedererkennbaren Details seiner Lebenswirklichkeit denkbar. Aber auch diejenigen Schilderungen von Handlungen, Figuren und Räumlichkeiten, die keine Entsprechung in der Realität haben, sind so gestaltet, dass die Leser jederzeit glauben können, sie würden auf Vorbildern beruhen, die Fontane selbst erlebt oder gesehen hat.

Wenn Fontane formuliert, der Realismus wolle „nicht die bloße Sinnenwelt und nichts als diese; er will am allerwenigsten das bloß Handgreifliche, aber er will das *Wahre*",[1] deutet sich hier bereits ein von ihm als komplex verstandenes Miteinander der verschiedenen Sinnebenen eines dichterischen Textes an, das die ausschließlich „realistische" Beschreibung bestimmter Figuren oder Aktionslokale um ein Vielfaches übersteigt.[2] Das heißt, dass er bereits an der Oberfläche des Textes variiert und differenziert – ein künstlerisches Vorgehen, von dem man sicher sein kann, dass es Auswirkungen bis in die Tiefen der Text- und Sinnstrukturen hat. Realität und Fiktion stehen für Fontane zwar in einem Zusammenhang, sind jedoch nicht übereinstimmend:

> Er [der Roman, D. H.] soll uns eine Geschichte erzählen, an die wir *glauben*. Er soll zu unserer Phantasie und unserem Herzen sprechen, Anregungen geben,

* An dieser Stelle sei mit Dank des anregenden Gesprächs mit Sophia Wege gedacht, deren Habilitationsschrift über Fontane und Schopenhauer noch nicht im Druck vorliegt. Christian Begemann machte dem Verf. freundlicherweise seine beiden Aufsätze zum Thema ‚Spuk' bei Fontane zugänglich (s. u.) sowie seinen seinerzeit noch ungedruckten Beitrag zum gleichen Thema aus dem inzwischen erschienenen Fontane-Handbuch: Fontane-Handbuch 2023, S. 1061-1070.

1 Theodor Fontane: Unsere lyrische und epische Poesie seit 1848. In: Fontane. Der Dichter über sein Werk, Bd. 2, S. 583-591, hier S. 589.

2 Konsequent schreibt er dazu: „Das Leben ist doch immer nur der Marmorsteinbruch, der den Stoff zu unendlichen Bildwerken in sich trägt [...]. Ebd., S. 588.

> ohne aufzuregen; er soll uns eine Welt der Fiktion auf Augenblicke als eine Welt der Wirklichkeit erscheinen [...].[3]

Diese Distanz kann nicht aufgehoben werden, was bedeutet, dass unter Zuhilfenahme von Stil und Konstruktion eine mehrschichtige Welt geschaffen wird. Zu diesem Verfahren gehört auch seine Äußerung im Kontext von *Irrungen, Wirrungen*: „Meine ganze Produktion ist Psychographie und Kritik, Dunkelschöpfung im Lichte zurechtgerückt."[4] Man kann diesen Satz dahingehend etwa so verstehen, dass Fontane das, was er an seelischen „Dunkelheiten" – also vielleicht schwierige psychische Dispositionen, individuelle Problemlagen etc. – zutage fördert, in der hellen Logik der Dichtung komponiert zur Sprache bringt: Er beschreibt psychologische Konflikte und gestaltet sie zugleich zu einer Kritik je mentaler, religiöser, kultureller und/oder gesellschaftlicher Zustände aus.

Ein solches Verständnis dieses Satzes wird gestützt durch seine Äußerung im Rahmen einer Rezension:

> Aufgabe des modernen Romans scheint mir die zu sein, ein Leben, eine Gesellschaft, einen Kreis von Menschen zu schildern, der ein unverzerrtes Widerspiel *des* Lebens ist, das wir führen. Das wird der beste Roman sein, dessen Gestalten sich in die Gestalten des wirklichen Lebens einreihen, so daß wir in Erinnerung an eine bestimmte Lebensepoche nicht mehr genau wissen, ob es gelebte oder gelesene Figuren waren, ähnlich wie manche Träume sich unserer mit gleicher Gewalt bemächtigen wie die Wirklichkeit.[5]

Auch hier geht es um die literarische Realisierung von wirklichen Menschen als „unverzerrtes Widerspiel des Lebens", das heißt „gelebte [...] Figuren" mit ihren jeweiligen psychischen und sozialen Eigenschaften poetisch neu zu deuten. Die Fortsetzung des Lebens findet sich in der Literatur, zwar auf der Basis der genauen Beobachtung von Personen und Umständen, aber doch weiterentwickelt. Literatur und Realität scheinen auf diese Weise ineinander überzugehen.

Die von ihm als „Finessen" bezeichneten handwerklichen Besonderheiten[6] zeigen sein Bemühen, über die genaue Charakterzeichnung, den kalkulierten dramatischen Aufbau und die exakte Verwendung topographischer und sachlicher Details noch andere, nämlich poetische Mechanismen wirksam werden zu lassen. Aust formuliert zutreffend, dass diese Schaffensweise „eine Gratwanderung zwischen zeigenden und verbergenden Kunstgriffen vollzieht".[7] Fontane behandelt sowohl Details als auch große Zusammenhänge mit der gleichen Sorgfalt, „weil

3 Theodor Fontane: Gustav Freytag Die Ahnen [1875]. In: Ebd., S. 639.
4 Theodor Fontane an seine Frau, Brief vom 14.5.1884. In: Ebd. S. 360.
5 Theodor Fontane: Lindau Der Zug nach Westen. In: Ebd., S. 687.
6 Hugo Aust: Fontanes Poetik. In: Fontane Handbuch 2000, S. 412-465, hier S. 445.
7 Ebd.

ich den Unterschied zwischen klein und groß nicht recht gelten lasse, treff ich aber wirklich mal auf Großes, so bin ich ganz kurz."[8] Das „Große", also etwa ein existentieller Konflikt, ist nicht alltäglich, sondern wie im Leben auch, eher seltener. Seine Darstellung folgt eigenen Regeln: „Das Große spricht für sich selbst; es bedarf keiner künstlerischen Behandlung um zu wirken. Gegentheils, je weniger Apparat und Inscenirung, um so besser."[9] – Nun ist Fontanes Auffassung von der Wiedergabe der Wirklichkeit, wie oben angedeutet, noch komplexer; aber für das hier zu behandelnde Thema würde es zu weit gehen, den poetologischen Bereich an dieser Stelle bis ins Einzelne hinein aufzufächern.

Es geht im Folgenden nicht darum, auf Biegen und Brechen Text-Feinheiten im Hinblick auf das Thema des Übersinnlichen zu suchen, die sich hinter ganz andersgearteten Strukturen verstecken. Karl S. Guthke hat im *Jahrbuch der deutschen Schillergesellschaft* (mit z. T. erfrischender Polemik) herausgearbeitet, dass die Suche nach raffiniert verborgenen Finessen nicht selten in die Irre führt.[10] Renate Böschenstein hat einige Jahre später im selben Jahrbuch den Ball aufgenommen.[11] Sie plädiert zwar für die Analyse von Zeichenzusammenhängen, um die Tiefendimension von Fontanes Texten zu erschließen, fordert aber insgesamt mehr Einfühlungsvermögen für die Texte selbst – rekurriert also eigentlich auf ein bekanntes, traditionelles philologisches Verfahren, das die versteckten Feinheiten eines dichterischen Kunstwerks aufdeckt, ohne dabei in eine „Über-Interpretation" zu verfallen:

> Zusammengefaßt: mir scheint das Bemühung um die Wahrnehmung solcher Zeichenzusammenhänge Tiefendimensionen der Texte selbst aufzuschließen, die erkannt werden wollen. Zum andern zeigt aber die Praxis der Interpretation oft die Berechtigung einer Warnung vor der Lockung des Versteckten, eine Warnung, die mit milderen Worten als Guthke auch eine so kompetente Fontane-Kennerin wie Ch. Jolles ausgesprochen hat [...].[12]

So selbstverständlich dies scheint, so sinnvoll ist es allerdings auch, dass sie an diese Grundlage erinnert hat.

Die Gefahr, dass es sich bei dem Thema dieses Beitrags um die Suche nach einem textlich Nicht-Existenten handelt, das erst durch die Ausdeutung zu einem fragilen Leben erweckt wird, besteht daher also nicht. Denn selbst einem weniger

8 Ebd., S. 446.

9 Brief von Fontane an seine Frau Emilie Fontane vom 8.8.1883. In: GBA-Ehe, Bd. 3, S. 360-362, hier S. 361.

10 Karl S. Guthke: Fontanes „Finessen". „Kunst" oder „Künstelei"?. In: JDS, 26. Jg. (1982), S. 235-261.

11 Renate Böschenstein: Fontanes ‚Finessen'. Zu einem Methodenproblem der Analyse ‚realistischer Texte'. In: JDS, 29. Jg. (1985), S. 532-535.

12 Ebd., S. 535.

aufmerksamen Leser der Werke Fontanes kann nicht entgehen, dass sie erfüllt sind mit übersinnlichen Erscheinungen vielfacher Art, mit Aberglauben und mit Absonderlichem, mit literarischen Zeichen und Andeutungen aus dem Bereich des Irrationalen. Eines der bekanntesten Motive dürfte wohl der „Angst-Chinese" in *Effi Briest* sein. Auch der sich angeblich aufwölbende See Stechlin, auf dessen Strudel zuweilen noch ein roter Hahn erscheinen soll, wenn es in anderen Weltgegenden umstürzende natürliche Ereignisse gibt, gehört zu den Erscheinungen, die sich für die Figuren, aber auch für die Leser einer rationalen Erklärung entziehen.

Diese und manche anderen Phänomene sind in der Fontane-Forschung zwar nicht ganz unbemerkt geblieben, jedoch bei weitem noch nicht mit derselben Intensität bearbeitet worden wie andere poetische und poetologische Aspekte. Nicht im Sinne eines detaillierten Forschungsberichtes, aber doch als ein knapper Überblick über wesentliche Aspekte der methodischen Herangehensweise sollen im Folgenden einige neuere Arbeiten in den Fokus genommen werden.

Während die Untersuchungen zu Fontanes Verhältnis zur Religion (ebenfalls ein Bereich des Nicht-Rationalen) durchaus häufiger sind und Arbeiten bekannter Philosophen und Literaturwissenschaftler einschließt (etwa Gustav Radbruch, Eda Sagarra oder Pierre Paul Sagave, um nur die Bekanntesten zu nennen),[13] ist es erst die Monographie von Helen Elizabeth Chambers, die 1980 für den nicht-religiösen Bereich des Übersinnlichen einen fundierteren Auftakt macht.[14] Dabei ist ihr Rahmen sehr weit gespannt:

> The central supernatural motifs under consideration are ghosts and fairy-tales; irrational concepts examined include fate and predestination, with the attendant themes of grace prophecy, premonition and omen, together with the closely allied concepts of superstition and religion, and the motif of the character with elemental affinities.[15]

Ihr Ziel ist ähnlich ambitioniert:

> The purpose of this study is to examine in detail the full range of irrational and supernatural elements to be found in Fontane's novels, and to consider by what

13 Siehe dazu Hugo Aust: Kulturelle Traditionen und Poetik. In: Fontane Handbuch 2000, S. 306-465, hier S. 381-394 (Fontane und die Religion (und Kirche)), mit einer Bibliographie. Hier noch genannt werden sollten Grete Röder: Protestantischer Realismus bei Theodor Fontane. Würzburg 2017; Dies.: Protestantischer Realismus bei Theodor Fontane – dargestellt an dem Roman L'Adultera. In: Géza Horváth (Hg.): Luther und die Reformation im Spiegel der deutschsprachigen Literaturen im 18., 19. und 20. Jahrhundert. Würzburg 2019, S. 111-124.

14 Helen Elizabeth Chambers: Supernatural and Irrational Elements in the Works of Theodor Fontane. Stuttgart 1980 (Stuttgarter Arbeiten zur Germanistik, Nr. 82).

15 Ebd., S. i.

> means and to what end such apparently discordant material has been integrated into his works.[16]

Für *Vor dem Sturm* postuliert sie eingangs, „it [the supernatural, D. H.] also serves on a cosmic level to suggest an order beyond man which rules his fate, and on a purely human level to develop characterisation as Fontane portrays the differing attitudes of his characters to the irrational phenomena that confront them."[17] Dabei macht sie drei Hauptfunktionen des Irrationalen aus: Sie seien erstens ein „framework" für das „progressive fulfilment of the enigmatic prophecy found at the end of the second chapter",[18] zweitens würden die schicksalshaften Zeichen „provide a sense of overall pattern and order in the universe of the novel"[19] und schließlich würde die Wiederholung von Zeichen die „individual episodes to each other" verbinden und auf diese Weise „a unity of tone" herstellen.[20] Nach einer Reihe von Einzelanalysen kommt sie zu folgendem Schluss:

> On the one hand he fills his novel with reference to and anecdotes about irrational phenomena but on the other hand he constantly dissociates himself from this matter, presents it at second hand, through the mouths and eyes of his characters, or treats it with gentle irony. [...] His organization of supernatural themes into patterns to bind the work together and provide its eighty-two chapters with an ordered and aesthetically satisfactory form shows his first experimentation in a technique which he was to refine in his later works.[21]

Chambers' Gesamturteil fügt sich am Ende in eine großdimensionierte Fragestellung, die schon früh der Ausgang für eine bis heute aktuelle Forschungsrichtung ist. Wertvoll ist auch ihre Auswertung der vorhandenen Sekundärliteratur, in der vielfach auf das Vorhandensein von Irrationalem hingewiesen wird, allerdings eher en passant und kaum auf der Basis von eingehenden Analysen.[22]

Erstaunlich spät, erst mit Christian Begemanns Aufsatz *Gespenster des Realismus*,[23] beginnt eine Auseinandersetzung mit diesem Thema, die er von der Seite der Literaturtheorie her angeht. Seine These ist, dass „die Frage nach den Gespenstern in den Kernbereich der realistischen Poetik führt, der programmati-

16 Ebd., S. 5.
17 Ebd., S. 51.
18 Ebd., S. 53.
19 Ebd., S. 54.
20 Ebd.
21 Ebd., S. 75.
22 Aus diesem Grund kann eine Auseinandersetzung mit den vielen kurzen Hinweisen an dieser Stelle entfallen.
23 Christian Begemann: Gespenster des Realismus. Poetologie, Epistemologie, Psychologie in Fontanes „Unterm Birnbaum". In: Ders.: Realism and romanticism in German literature. Bielefeld 2013, S. 229-259.

schen wie der textimmanenten".[24] Er zieht u. a. Karl Rosenkranz und Friedrich Theodor Vischer heran, für die „das Gespenstische" mit zur funktionellen Totalität der Kunst gehört. Ein weiteres Element ist das der ‚dichterischen Verklärung', die nach Otto Ludwigs Auffassung in der Dichtung die Totalität der Welt zeigt, wie sie in der Wirklichkeit nicht erkannt werden kann. Gleichwohl darf die Frage gestellt werden, ob – trotz dem gewinnbringenden Ansatz und der ausführlichen Durchführung – dafür gerade *Unterm Birnbaum* der geeignete Text ist. Denn das „Gespenst" (der tote Handlungsreisende) wird nur in der Einbildungskraft zweier Figuren, des jungen Knechts Ede und des Mädchens Male, erzeugt, ja, es wird noch nicht einmal als solches benannt. Gleichwohl schafft es Mutter Jeschke, Ede Angst zu machen: „Hest' noch nix siehn o'r hürt?" und „Un grappscht ook nich?" (UB, 107), womit sie auf den verschwundenen Handlungsreisenden anspielt; nimmt aber, als sie die Angst des Jungen merkt, ihre Andeutung wieder zurück: „Ede, Du bist ne Bangbüchs. Ick hebb' joa man spoaßt. Is joa man all dumm Tüg." (ebd.) Ede und Male sagen hingegen übereinstimmend: „Et spökt"(UB, 111f.) Der Erzähler als narrative Autorität bestätigt dies für den Leser jedoch nicht, noch nicht einmal die Möglichkeit des Spuks. Mutter Jeschke wird von Hradschek mehrfach als „Hexe" bezeichnet (UB, 85, 121), was sie definitiv nicht ist: Sie hat nicht einmal im Ansatz übersinnliche Fähigkeiten. Was sie jedoch auszeichnet, sind durchgehend üble Nachrede und vage Verdächtigungen, die in die Alltagskommunikation, nicht aber in den Bereich des Übersinnlichen gehören. Eindeutig wird sie in dieser Charaktereigenschaft vom Erzähler charakterisiert: Ihr Gespräch sei zwar „sonderbar vertraulich", aber ihre „Angewohnheit" sei es, in „dunklen Andeutungen zu sprechen", „alles mit Absicht und Berechnung" (UB, 116).

Abgesehen davon wird der weite Bereich des Irrationalen (Aberglauben, Zweites Gesicht, Vorahnung etc.) im Text kaum benannt. Das Zurückzucken von Frau Hradscheck, in ein bestimmtes Zimmer umzuziehen, hat nichts mit Gespensterfurcht zu tun, sondern mit der Erinnerung an den ermordeten Handlungsreisenden und in dem schuldhaften Bewusstsein, dass sie als aktive Helferin und Mitwisserin an dem Mord beteiligt war (UB, 91). Es zeigt sich bereits nach diesen wenigen Belegen, dass jedes Thematisieren dieses Bereichs in jedem Fall einzeln betrachtet werden muss.

Begemann widmet sich in einer zweiten Analyse in diesem Themenfeld *Effi Briest*.[25] Er untersucht „das Gespenst" in seiner umfangreichen Analyse unter den

24 Ebd., S. 227.

25 Christian Begemann: „Ein Spukhaus ist nie was Gewöhnliches…". Das Gespenst und das soziale Imaginäre in Fontanes *Effi Briest*. In: Peter Uwe Hohendahl, Ulrike Vedder (Hg.): Herausforderungen des Realismus. Theodor Fontanes Gesellschaftsromane. Freiburg i. Br. [u. a.] 2018 (Rombach Wissenschaften. Reihe Litterae, Bd. 229), S. 203-241. Klaus-Peter Möller weist

Aspekten der medialen Vermittlung, der Topographie, der Psychologie, der sozialen Dimension und als „Epistemologie des Spuks" (so die Kapitelüberschriften). So erhellend seine Darstellung in vielen Punkten ist und aufweist, in welchem Maße die bisherige Forschung defizitär ist, so ist doch an einer Stelle ein leiser Zweifel anzumelden. Begemann zitiert Fontane, er habe das Buch „wie mit dem Psychographen geschrieben",[26] und bindet darauf aufbauend seine Argumentation zusammen:

> Der Psychograph stellt den Anschluss der Spukgeschichte an den zeitgenössischen spiritistischen Diskurs her, in den sich nun auch der Autor selbst einschreibt. Es ist zunächst sicherlich naheliegend, die Briefstelle im Sinne einer écriture involontaire zu lesen [...]. Mir scheint sie aber doch noch mehr zu implizieren. Denn der Psychograph deutet ja nicht nur auf den Akt eines quasi unbewussten Schreibens, sondern er leistet als Medium die Verschriftlichung eines gespenstischen Etwas, ob man dieses nun tatsächlich als Stimme aus dem Geisterreich oder ‚nur' als das Unbewusste der Beteiligten auffasst.[27]

Bedenkt man, wie kritisch Fontane der gesellschaftlich geübten Praxis des Übersinnlichen gegenüberstand,[28] so ist vielleicht eher an den bereits genannten Zusammenhang der psychologischen Tiefendimensionen zu denken, die er im Zusammenhang mit *Irrungen, Wirrungen* anspricht, und die an dieser Stelle noch einmal zitiert sei: „Meine ganze Produktion ist Psychographie und Kritik, Dunkelschöpfung im Lichte zurechtgerückt."[29] Damit würde der Chinese in *Effi Briest* auf einer „menschlichere Ebene" positioniert. Auch wenn der Begriff ‚Psychograph' tatsächlich aus dem Bereich des Spiritismus herrührt und in diesem Sinne in zeitgenössischen anerkannten und weit verbreiteten Lexika für die Allgemeinheit erläutert wird,[30] so scheint die substantivische Ableitung, die Fontane benutzt, nicht auf eine ‚écriture involontaire' oder ‚écriture automatique' hinzuweisen, sondern eher auf eine Ausforschung von psychischen Zuständen mittels Beschreibung.

---

noch jüngst auf diesen Zusammenhang hin: Ders.: Klosterhexen, Naturmagie, Chinesenspuk. Die Macht des Unheimlichen in der Dichtung Fontanes. In: Die Mark. Zeitschrift für die Mark und das Land Brandenburg, Sonderheft 2022, S. 28-31.

26 Ebd., S. 240.

27 Ebd., S. 240f.

28 Siehe seine Schilderung der Séancen mit König Friedrich II. in *Havelland*, siehe hierzu unten S. 136f.

29 Theodor Fontane an seine Frau, Brief vom 14.5.1884. In: Fontane. Der Dichter über sein Werk, Bd. 2, S. 360.

30 Stichwort ‚Psychograph'. In: *Meyers Großes Konversations=Lexikon. Ein Nachschlagewerk des allgemeinen Wissens*, 6., gänzl. neubearb. u. verm. Aufl. 16. Bd. Leipzig, Wien: Bibliographisches Institut 1907, S. 424; ebenso in *Pierers Universal-Conversationslexikon. Neuestes encyklopädisches Wörterbuch aller Wissenschaften, Künste und Gewerbe*. 6. vollst. umgearb. Aufl., 14. Bd. Oberhausen: Spaarmann 1879, S. 762 (mit Verweis auf „Spiritismus").

Denn der Schriftsteller Fontane selbst (wie auch viele seiner zeitgenössischen Kollegen) bedurfte nicht eines spiritistischen Mediums als Vorbereitung zum oder Begleitung des Schreibvorgangs, sondern einer klaren Vorstellung von den zu formulierenden psychischen Problemlagen und sozialen Verwicklungen. Gleichwohl ist Begemann grundsätzlich zuzustimmen, dass die über das rein Soziale hinausgehenden Aspekte dieses Romans, etwa das unbestimmte Psychologische der Hauptfigur Effi Briest, ein entschiedenes Schlaglicht auf die immanenten Problemstrukturen der Gesellschaft zu Fontanes Zeit wirft.

Ein wichtiger Meilenstein der Forschungsvergewisserung war das *Fontane-Handbuch* von 2000. Es gibt erschöpfend Auskunft über zahlreiche historische und poetologische Fakten – angefangen bei Fontanes Umwelt, über die politischen Verhältnisse seiner Zeit bis hin zu den „kulturellen Traditionen und Poetik". Nach Transzendentem gleich welcher Art sucht man hier jedoch fast vergebens: Lediglich das kurze Kapitel über „Fontane und die Religion (und Kirche)"[31] beschreibt sein Verhältnis zum Nicht-Irdischen. In dem sich anschließenden Kapitel über Philosophie beginnt der Verfasser mit einer apodiktischen Behauptung: „Der Einfluß Schopenhauers auf Fontane ist umstritten."[32] Auf derselben Seite räumt er schließlich ein: „Im Umkreis dieser Gespräche entstanden Fontanes erste Notizen über Schopenhauer. Es handelt sich hierbei einerseits um knapp kommentierte Exzerpte aus Wilhelm Gwinners Schopenhauer-Biographie (1862), andererseits um Bemerkungen zu Schopenhauers Versuch über das Geistersehen [...] über den Fontane wohl im Gesprächskreis referierte."[33] Aust zitiert gleich darauf (nicht ganz vollständig) eine Passage aus einem Brief an Karl Zöllner, in dem Fontane schreibt: „Bei diesem [Carl Ferdinand Wiesike, D. H.] waren wir vier Tage der vorigen Woche, die Stunden zwischen Schopenhauer, altem Rheinwein und Naturgenuß gewissenhaft theilend."[34] Der Zeitraum „vier Tage" und das „gewissenhaft" deuten darauf hin, dass die Auseinandersetzung sehr intensiv gewesen sein dürfte. – Aber damit hat es auch schon sein Bewenden.

Begemann unternimmt mit seinem Aufsatz *Spuk* im neuen Theodor-Fontane-Handbuch[35] zum ersten Mal den Versuch, das eigentlich auffällige, aber vernachlässigte Phänomen strukturell zu beschreiben und zusammenzufassen. Mit seinem

---

31 Fontane Handbuch 2000, S. 381-394. Diesen Abschnitt in den „kulturellen Traditionen" hat Hugo Aust verfasst.

32 Ebd., S. 395.

33 Ebd.

34 Fontane an Karl Zöllner, Berlin 14. Juli 1875. In: Fontane. Der Dichter über sein Werk, Bd. 1., S. 762f., hier S. 762. Bei Aust heißt es: „die Stunden zwischen Schopenhauer, altem Rheinwein und Naturgenuß gewissenhaft theilend", womit die Intensität des Gesprächs verloren gegangen ist. Aust in Grawe (wie Anm. 37), S. 396.

35 Christian Begemann: Spuk. In: Fontane-Handbuch 2023. Dem Autor sei herzlich für die Möglichkeit der seinerzeitigen Einsichtnahme in das Manuskript gedankt.

selbständigen Eintrag wird dieser poetische Bereich überhaupt in der Forschung als ein wichtiges, problematisches sowie strukturell wie gehaltlich folgenreiches poetisches Element hervorgehoben. Es trifft ohne Abstriche zu, wenn Begemann eingangs postuliert: „Es lässt sich kaum behaupten, dass die Forschung dieser auffälligen Präsenz des Themas ausreichend Rechnung getragen hätte."[36] Es lassen sich lediglich Chambers, Masanetz, Ewert, von Wilpert und Bickenbach nennen, die „längere oder kürzere Überblicksdarstellungen" geliefert hätten.[37] Zu Recht formuliert er, dass man von „einer textanalytisch tragfähigen Gesamtdarstellung [...] man noch weit entfernt" sei.[38] Strukturell, wenn auch in größerem Maßstab, arbeitet sich Begemann ähnlich wie in seinem Aufsatz über *Unterm Birnbaum* durch das gesamte Themenfeld (historische, soziale, kommunikative und epistemologische Dimensionen; psychologische, poetologische Dimensionen). Es wäre jedoch unfair, von einem Handbuch-Artikel, dem vom Umfang her strikte Grenzen gesetzt sind, die Erfüllung dessen zu verlangen, was Begemann als umfänglich zu bearbeitendes Desiderat kennzeichnet. Die von ihm genannten „Dimensionen" wären tatsächlich, gerade auch im Hinblick auf die Poetologie Fontanes und die sich daraus für seine Dichtung ergebenden Konsequenzen eingehend zu analysieren.

An dieser Stelle tritt ein grundsätzliches methodisches Problem in den Vordergrund, das in den folgenden drei Punkten zusammengefasst werden kann:

1. Ist die Bezeichnung des literarischen Phänomens mit ‚Spuk' oder ‚Gespenst' hinreichend präzise und abgegrenzt? Es finden sich ja, wie die verschiedenen von Begemann genannten Autoren richtig ausführen, verschiedenste Phänomene in Fontanes Texten: Spuk (echter oder vermeintlicher!), Gespenster und Geister (was nicht dasselbe ist), Zweites Gesicht, Aberglaube, Magie, Prophezeiung, Übernatürliches („supernatural") etc. Aus der Zusammenlegung dieser Phänomene[39] resultiert gleichwohl eine gewisse begriffliche Unschärfe, die wahrscheinlich sich auf weitere Analyse-Schritte nicht günstig auswirkt.

---

36 Begemann, S. 1062.

37 Ebd. Zu Chambers siehe oben S. 130f. Michael Masanetz: Volksfrömmigkeit, Aberglaube und Paganes bei Fontane. Am Beispiel des *Spuks*. In: Fontane. Religion als Relikt, S. 203-218; Michael Ewert: Geisterbeschwörung, religiöse Schwärmereien und Aufklärung. Fontanes Beitrag zur Geschichte der geheimen Gesellschaften. In: Ebd., S. 183-201; Gero von Wilpert: Die deutsche Gespenstergeschichte. Motiv – Form – Entwicklung. Stuttgart 1994; Matthias Bickenbach: The Lady in White or The Laws of the Ghost in Theodor Fontane's *Vor dem Sturm*. In: Andrew Cusack, Barry Murnane (Hrsg.): Popular Revenants. The German Gothic and its International Reception, 1800 – 2000. Rochester 2012, S. 200-221.

38 Begemann, S. 1062.

39 Was für den Handbuch-Artikel Begemanns durchaus praktikabel ist („Spuk' soll hier als Sammelbegriff für alle Erscheinungen des Gespenstischen und Unheimlichen verwendet werden, wie sie von den Figuren wahrgenommen und diskutiert oder vom Text selbst produziert [!]

2. Daher könnte es sich nach meiner Auffassung empfehlen, die Phänomene zunächst voneinander getrennt, aber für alle Romane Fontanes zusammen zu behandeln, um sie in einer synthetischen Zusammenführung zu einem (wie auch immer strukturierten) Gesamtbild zusammenzuführen. Das heißt, es würden alle Gespenster-, Magie-, Aberglauben- und andere Übersinnlichkeits-Realisierungen in allen Texten analysiert werden, alle magischen Praktiken, alle Prophezeiungen etc., um daraus ein Fazit zu ziehen. Damit könnten Entwicklungslinien im literarischen Schaffen Fontanes hervorgehoben werden, Schwerpunkte der Behandlung etc. Die Bedeutung des Komplexes des Übersinnlichen für den einzelnen Roman im Kontext anderer immanent vorhandener Elemente träte dann jedoch in den Hintergrund.[40]
3. Oder sollten alle Phänomene zusammen vielleicht eher Text für Text analysiert werden? Das würde bedeuten, dass z. B. *Vor dem Sturm* etwa für den Bereich Aberglauben oder Vorausdeutung vollständig untersucht würde, dann *Grete Minde*, dann *Ellernklipp* usw. Wahrscheinlich ergeben sich für den jeweiligen Text vielfacettige und differenzierte Einzelbetrachtungen, die jedoch nicht notwendigerweise etwas über die Entwicklung dieses Bereichs im literarischen Werk Fontanes aussagen würden. Quantitative Konzentrationen, das Fehlen oder eine eher nebensächliche Einfügung von Übersinnlichem würden damit jedoch für jeden einzelnen Roman abgewogen analysiert.

Welche der beiden Vorgehensweisen sich auch immer empfehlen mag – oder vielleicht eine Kombination aus beiden methodischen Ansätzen – Begemanns Schlussfolgerung, dass man von einer „textanalytisch tragfähigen Gesamtdarstellung noch weit entfernt“ sei, ist zutreffend und lässt sich nicht „wegzaubern“.

Zudem ist Fontanes Haltung gegenüber dem Phänomen des Übersinnlichen keineswegs widerspruchsfrei. Es ist aufschlussreich und für seine Einschätzung bedeutsam, dass er in *Havelland* bei der Beschreibung des Dorfes Marquardt erzählt, dass König Friedrich II. hierhin kam, wo sein Minister Bischofswerder ein Gut hatte. In einer Grotte im Park wohnte der König dann Séancen bei. Fontane schreibt, es sei bekannt, dass die Grotte doppelwandig gewesen sei. Aber: „Es ist eine nicht wegzuleugnende Tatsache, daß Bischofswerder ein Rosenkreuzer war, daß er mehr als einmal in Berlin [...], in Sanssouci [...], endlich im Belvedère zu Charlottenburg wirklich ‚Geister‘ erscheinen ließ [...].“ (GBA-W 3, 284) Aber für diese Ereignisse kommt Fontane zu einem eindeutigen Ergebnis: „Etwas Unheimliches ist drumher, das nicht abzutun ist. Was ist es? Ist es, weil es ein Spukhaus

---

werden. Einbezogen werden zudem Randphänomene, wie etwa Magie oder Prophezeiungen.“ Begemann, S. 1061), erscheint für eine differenzierte Analyse hingegen recht allgemein.

40 Ergänzend ließe sich daran denken, die jeweiligen literarischen Phänomene bei Fontanes Zeitgenossen vergleichend heranzuziehen, um möglicherweise auf diesem Wege zu einer literarhistorischen These zu gelangen.

war, weil Gespenster hier umgingen? Nein, denn man *spielte* hier nur Gespenst." (GBA-W 3, 188) Fontane scheint in anderer Weise auf die Doppelbödigkeit des Erlebens abzuheben, wenn er abschließend formuliert: „Aber fast scheint es, als ob ein doppeltes Grauen ebendaraus erwuchs, daß die Geister, die hier auftraten, nur ein Schein, eine Lüge waren." (GBA-W 3, 188)

Dies lässt sich ohne Mühe dahingehend verstehen, dass das Spiel mit dem Übersinnlichen nur deshalb für ihn ein „doppeltes Grauen" ist, weil die Fassade der Personen nicht das zeigt, was sie zu sein vorgeben. Die „Psychographie" Fontanes würde somit tatsächlich eher als eine differenzierte psychologische Analyse in poetischer Form aufgefasst werden können, durch die die Motivation, die Vorbedingungen und andere soziale Verschränkungen (etwa religiöser oder geistiger Art) auf die Ebene des literarischen Textes gehoben werden.

Darüber hinaus ist seine Kritik eindeutig sozial konnotiert: Eigentlich, so lässt sich seine Einlassung verstehen, passt das Spiel mit dem Übersinnlichen nicht in eine moderne Gesellschaft, zumal wenn sich diese als aufgeklärt versteht. Das gilt sowohl für die Zeit Friedrichs II. als auch – mitgedacht – für Fontanes Gegenwart.

Zwar setzt er sich an anderer Stelle in *Havelland* kritisch mit den „Geistererscheinungen" und deren Produktion auseinander: „Es waren Spekulanten und Komödianten. Geister erscheinen lassen war ihr *Geschäft* und *nur* ihr Geschäft." (GBA-W 3, 313f.); im Folgenden führt er aus, wie diese „Geschäfte" funktioniert haben. Dennoch bleibt für Fontane die tatsächliche Welt ersichtlich ein ‚offenes System', wie ein Salongespräch in *Oceane von Parceval* enthüllt:

> „Eine entzückende Seite in unserer modernen Kunst ist das Hervorkehren des Elementaren", sagt der Professor dort und fügt hinzu: „Das Spukhafte, das Gespensterwesen steht dem Menschlichen und Religiösen viel näher. Es ist die Nachtseite jener Lichtseite, die wir Glauben nennen. Aber mit all dem hat das Elementare nicht zu tun.[41]

Frau von Parceval wendet ein, dass er es bei dem „Grusel des Elementaren" bewenden ließe.[42] Dies sei zwar „alles etwas Apartes u. Neues [...] aber die Sache war längst da."[43] Der Professor repliziert, dass „sich die andren drei [Elementarteile, D. H.] von dem gröbsten zu emanzipieren gesucht: Wasser, Feuer, Luft." „...und nach dem alten Gravitations-Gesetz wollen diese Teilchen, auch *diese* Teilchen in ihre Ganzheit zurück. Und das ist es was unsrer neuren Kunst und Dichtung nun

---

41 Theodor Fontane: Oceane von Parceval. In: Ders.: Prosafragmente und Entwürfe. Frankfurt a. M., Berlin: Ullstein 1986 (Theodor Fontane. Werke und Schriften, Bd. 26), S.217-231, hier S. 227.

42 Ebd., S. 228.

43 Ebd.

Charakter gibt und so haben wir eine Melusine, einen Salamander, eine Sturmgret. Und ich glaube, solche Gestalten leben nicht bloß in Dichtungen [...].“[44]

Freilich ist zu beachten, dass beide Textstellen nicht direkt vergleichbar sind: In jener aus *Havelland* beschreibt Fontane eine historische Realität, die er durch seinen Kommentar erläutert. Die Passage aus *Oceane von Parceval* hingegen ist ein fiktionaler Text. Die Urteile legt Fontane verschiedenen Figuren in den Mund. Es sind von Fontane gestaltete Meinungen, Auffassungen, die erst im Gesamt der Dichtung ihre Bedeutung enthüllen.

Als vorläufiges Resümee lässt sich formulieren, dass möglicherweise weniger übergreifende ästhetische Strukturen von Bedeutung sind als zunächst der Rekurs auf die Texte selbst und der Versuch, aus ihnen Fontanes Ansätze zu erschließen. Wie das Zitat aus den *Wanderungen* zeigt, lässt sich seine Position gegenüber dem Übersinnlichen und sein Verhältnis zu ihm durchaus erhellen. In diesem Sinne soll an einem scheinbar weniger prominenten Beispiel die Funktion des Übersinnlichen als textliche Struktur und Autorstrategie in mehreren Schritten zu erläutern versucht werden.

Der Stechlin mag in dieser Hinsicht nicht zentral von Bedeutung sein, weil „das Übersinnliche“ in diesem Roman praktisch kaum eine Rolle zu spielen scheint.[45] Es geht unter anderem um die zwei Generationen des Geschlechts Stechlin, um Lokalpolitik, um das Verhältnis des alten Dubslav zu seiner Schwester Adelheid; sein Sohn Woldemar von Stechlin heiratet und schließlich stirbt der Vater.

Es ist jedoch der Protagonist Dubslav von Stechlin, der, ähnlich wie Melusine, immer wieder zentrale Gedanken ausspricht, die leicht durch den zuweilen heiteren, zuweilen etwas medisierenden Ton, den Fontane meisterhaft beherrscht, übersehen werden können. In solchen einfachen Sätzen liegen allerdings grundsätzliche Hinweise offen zutage. So auch in einem Gespräch mit seiner Schwester Adelheid. Diese regt sich über die roten Strümpfe von Agnes, der Tochter der Karline, auf. „Warum“, fragt Dubslav, „bist du so sehr gegen die roten Strümpfe?“ (DS, 418) „Weil sie ein Zeichen sind“, entgegnet Adelheid (ebd.). Dubslav gibt nicht nach: „Das sagt gar nichts, Adelheid. Ein Zeichen ist alles. Wovon sind sie ein Zeichen? Darauf kommt es an.“ (ebd.) Adelheid zieht ihren letzten Trumpf

44 Ebd., S. 229.

45 Eine andere Variante der Aktivitäten des Sees breitet Fontane in *Die Grafschaft Ruppin* aus, wo sich der See mit seinen unerklärlichen Kräften gegen die Fischer wendet (GBA-W 1, 349). Es ist nicht unerheblich, dass der rote Hahn hier bei ganz bestimmten (nicht-politischen!) Aktivitäten der Menschen erscheint: „Ist aber ein Waghals im Boot, der's ertrotzen will [an den Stellen zu fischen, an denen es der See nicht will, D. H.], so gibt's ein Unglück, und der Hahn steigt heraus, rot und zornig, der Hahn, der unten auf dem Grunde des Stechlin sitzt, und schlägt den See mit seinen Flügeln, bis er schäumt und wogt, und greift das Boot an und kreischt und kräht, daß es die ganze Menzer Forst durchhallt von Dagow bis Roofen und bis Altglobsow hin.“ Ebd.

heraus: „sie sind ein Zeichen davon, daß alle Vernunft aus der Welt ist und alle gesellschaftliche Scheidung immer mehr aufhört." (ebd.) Von hier aus geht der Disput zu der angeblichen schwachen Haltung ihres Bruders und zu den politischen Verhältnissen über.

Was Adelheid lediglich auf die sozialen Zustände oder Veränderungen hindeutet, wird bei Dubslav zu etwas Grundsätzlichem. Er sagt mit zwei Aussagesätzen und einem Fragesatz alles, was sein Weltverständnis erklärt: „Ein Zeichen ist alles. Wovon sind sie ein Zeichen? Darauf kommt es an." Er deutet jedoch hiermit nicht nur seine Selbstwahrnehmung der Realität an, sondern zugleich seine Einstellung zu den Dingen. Ob nun Politik, Gesellschaft, familiäre Verhältnisse oder Natur, alles das sind für Dubslav Hinweise auf andere Bedeutungsebenen, die nicht a priori festgelegt sein müssen. Darüber hinaus lässt sich dieser Passus als geschickt implementierte poetologische Aussage, so offen (und nicht etwa verborgen) sie auch formuliert wird, verstehen: Die Signifikanten des Romans, also die dargestellten Personen oder Sachen verweisen auf Signifikate mit einer über das Wort hinausgehenden Bedeutung. Das wird am Stechlinsee, der gleich zu Beginn des Romans beschrieben wird, klar. Erzählerisch raffiniert ist es, dass Fontane diese Sätze nicht dem Erzähler des Romans in den Mund legt, sondern einer Figur, dazu noch nicht etwa zu Beginn des Textes, sondern fast gegen Schluss der Handlung.

Andererseits setzt der Erzähler nicht mit der Handlung ein, sondern mit einer Beschreibung der geographischen Lokalität, die in der Beschreibung der angeblichen Besonderheit des Sees Stechlin gipfelt: „Und doch, von Zeit zu Zeit wird es an eben dieser Stelle lebendig. Das ist, wenn es weit draußen in der Welt, sei's auf Island, sei's auf Java, zu rollen und zu grollen beginnt oder gar der Aschenregen der hawaiischen Vulkane bis weit auf die Südsee hinausgetrieben wird. Dann regt sich's auch *hier*, und ein Wasserstrahl springt auf und sinkt wieder in die Tiefe. Das wissen alle, die den Stechlin umwohnen [...]." (DS, 5) Er fügt hinzu: „Das mit dem Wasserstrahl, das ist nur das Kleine, das beinah Alltägliche; wenn's aber draußen was Großes giebt, wie vor hundert Jahren in Lissabon, dann brodelt's hier nicht bloß und sprudelt und strudelt, dann steigt statt des Wasserstrahls ein roter Hahn auf und kräht laut in die Lande hinein." (ebd.)[46] Dieses „Leitmotiv",[47] wie Fontane es nennt, setzt er jedoch recht spärlich ein. Die zweite Erwähnung

46 Es darf bezweifelt werden, dass mit „dem Großen" auch „im übertragenen Sinne soziale Bewegungen, Revolutionen gemeint sind". Ebd., S. 484. An dieser Stelle ist der Bezug jedenfalls rein geographisch, verweist aber auf die übersinnliche Qualität des Naturereignisses, die nicht rational erklärt werden kann.

47 Als solches bezeichnet er es in einem Brief an Carl Robert Lessing nach Abschluss des Romans: „Es ist dies der ganz in der Nähe von Meseberg gelegene See [...]. Um diesen See handelt es sich, trotzdem er nur zu Anfang und zu Ende mit etwa 5 Zeilen vorkommt. Er ist das Leitmotiv." Fontane an Lessing am 8. Juni 1896. In: Fontane. Der Dichter über sein Werk, Bd. 2, S. 471.

bricht diesen Sagenkomplex durch die Einlassung von Herrn von Czako ironisiert auf:

> Und da frag ich mich denn unwillkürlich (denn Karpfen werden alt; daher beispielsweise die Mooskarpfen), welche Revolutionen sind an diesem hervorragenden Exemplar seiner Gattung wohl schon vorüber gegangen? Ich weiß nicht, ob ich ihn auf hundertfünfzig Jahre taxieren darf, wenn aber, so würde er als Jüngling die Lissaboner Aktion und als Urgreis den neuerlichen Ausbruch des Krakatowa mitgemacht haben. (DS, 30)

Dies bezieht Czako auf das Erdbeben von Lissabon 1755 und den Ausbruch des Krakatau 1883. Er fährt fort:

> Und all das erwogen, drängt sich mir die Frage auf, wenn's nun ihn Ihrem Stechlinsee zu brodeln beginnt oder gar die große Trichterbildung anhebt, aus der dann und wann, wenn ich recht gehört habe, der krähende Hahn aufsteigt, wie verhält sich da der Stechlinkarpfen, dieser doch offenbar Nächstbeteiligte, bei dem Anpochen derartiger Weltereignisse? Beneidet er den Hahn, dem es vergönnt ist, in die Ruppiner Lande hineinzukrähen, oder ist er umgekehrt ein Feigling, der sich in seinem Moorgrund verkriecht, also ein Bourgeois, der am anderen Morgen fragt: „Schießen sie noch?" (DS, 30)

Dubslav wehrt die politische Anspielung knapp und elegant ab: „[...] die Beantwortung Ihrer Frage hat selbst für einen Anwohner des Stechlin seine Schwierigkeiten. Ins Innere der Natur dringt kein erschaffener Geist." (DS, 30) Der Vergleich mit dem Bürger ist daher kein eindeutig vorausdeutender Hinweis auf soziale Bewegungen.

Auch die nächste Erwähnung ist wiederum nur eine flüchtige Ironisierung: „‚Wo ist nun die Stelle?' fragte Czako. ‚Natürlich die, wo's sprudelt und strudelt.' [...] ‚Nun, von der Steinbank aus keine zwei Bootslängen in den See hinein, da haben Sie die Stelle, die, wenn's sein muß, mit Java telephoniert.'" (DS, 64) Und damit lenkt Dubslav den Blick auf die noch eben zu sehende Glashütte von Globsow, wie es zunächst scheinen muss, nur eine nebensächliche touristische Nebensächlichkeit (DS, 65).

Ein weiteres Mal ist Gräfin Melusine von Barby die Gesprächspartnerin, die die Unterhaltung auf den See lenkt. Er habe nicht das Gewöhnliche, fasst Dublav zusammen, sondern: „Er steht mit den höchsten und allerhöchsten Herrschaften, deren genealogischen Kalender noch über den Gothaischen hinauswächst, auf du und du." (DS, 159) Dann erzählt er vom Wasserstrahl und vom Hahn.

Bei der folgenden Besichtigung ist der See zugefroren. Melusine wehrt sich entschieden dagegen, die Stelle aufhacken zu lassen, um den Hahn aufsteigen zu lassen:

> Um Gottes willen, nein. Ich bin sehr für solche Geschichten und bin glücklich, daß die Familie Stechlin diesen See hat. Aber ich bin zugleich auch abergläubisch und mag kein Eingreifen ins Elementare. Die Natur hat jetzt den See überdeckt; da werd' ich mich also hüten, irgend was ändern zu wollen. Ich würde glauben, eine Hand führe heraus und packte mich. (DS, 316)

Ein letztes Mal kommt Melusine im Schlusssatz des Romans brieflich zu Wort.[48] Nimmt man die zitierten Stellen dieses „Leitmotivs" zusammen, so ist ersichtlich, dass die den See bewegenden „Weltereignisse" sich auf unerklärliche natürliche Vorgänge beziehen, die allerdings von einer hyperrealen, eben übersinnlichen Dimension sind, die in „das Innere der Natur" führen. Hiermit wird, wenn auch nicht im Sinne von ‚Spuk', ‚Gespensterwesen' oder ‚Zweitem Gesicht', auf einen Bereich angespielt, der die Realitäten des Dargestellten übersteigt, ohne dass der Leser durch die weit auseinanderliegenden Passagen zunächst etwas für ein umfassenderes Verständnis des Romans gewinnen könnte.

Die übersinnlichen, anscheinend gewaltigen irdischen Kräfte weisen jedoch auf den transzendenten Urgrund der Welt hin, wie er durch den Glauben manifestiert wird. Dieses Thema gehört auch zu den Grundlagen Fontane'scher Lebenserfahrung, die in seine poetischen Gestaltungen, nicht notwendigerweise konfessionell ausgerichtet, immer wieder einfließt.[49] Diesem Bereich angebunden ist ein anderer, der ebenso real, aber letztlich unerklärlich ist: den Tod. Ihm begegnet man sofort im Schloss Stechlin, in der Eingangshalle, wo eine „Rokoko-Uhr angebracht" war, „mit einem Zeitgott darüber, der eine Hippe[50] führte". (DS, 19) Czako findet diese Todesdarstellung eigenem Bekunden nach „Ein bißchen graulich" (ebd.), obwohl er auch das gleich ins Lächerliche zieht: „Ein bißchen Spuk trau' ich diesem alten Kasten allerdings schon zu; aber keine Rokokogeschichte. Rokoko ist doch immer unsittlich." (DS, 21)

Was für ein Stimmungsingredienz gehalten werden könnte, wird an ganz anderer Stelle wieder aufgenommen: An einem Abend bei den Barbys philosophiert

48 Siehe unten S. 144.

49 Hier sei auf Radbruchs Analyse des Bekenntnisses von Fontane verwiesen: „Die Kraft fließt nur aus festen Überzeugungen, aus jener rätselhaften Tiefe, wo das Göttliche und der Glaube an das Göttliche ruhen." Gustav Radbruch: Theodor Fontane oder Skepsis und Glaube. 2. Aufl. Leipzig 1948, S. 43. „Fontane endet mit der ‚still ernsten Mahnung, das Diesseitige nach dem Jenseitigen zu gestalten.'" (ebd.) „Die große Rätselmacht, sie heiße nun Gott oder Schicksal". (ebd., S. 45).

50 Nach *Deutsches Wörterbuch*: „messer von sichelartiger gestalt für gärtner und winzer", auch „dieselbe, da in ihr der engel des todes mit einer hippe versehen aufgeführt wird, scheint den anlasz gegeben zu haben, dasz dichter, aber erst des 18. jahr., den Tod mit der hippe erscheinen lassen". Deutsches Wörterbuch, Bd. 10, Sp. 1553. – Offensichtlich ist die Sichel zu einer Sense vergrößert.

ein „Malerprofessor“ über den nazarenischen Maler Peter von Cornelius und die Gegenwart:

> Ein wahres Glück, daß König Friedrich Wilhelm IV. diese jetzt etablierte Niedergangsepoche nicht mehr erlebt hat, diese Zeit des Abfalls, so recht eigentlich eine Zeit der apokalyptischen Reiter. Bloß zu den dreien, die der große Meister uns da geschaffen hat, ist heutzutage noch ein vierter Reiter gekommen, ein Mischling von Neid und Ungeschmack. Und dieser vierte sichelt am stärksten. (DS, 241)

Das bezieht er auf das Blatt von Cornelius *Die apokalyptischen Reiter* (1849), dessen Vorgänger das Blatt von Albrecht Dürer ist (1511).[51] Auf beiden ist der Tod zu sehen (bei Dürer jedoch mit einer Heu- oder Mistgabel und nicht mit einer Sense). Cornelius hat die Reiter auf drei reduziert, und der Tod schwingt hier tatsächlich eine Sense. Abschließend wird der Tod noch einmal thematisiert: Als Woldemar und die Damen Barby in der Weihnachtszeit in Stechlin ankommen, empfängt sie ein großer Mistelbusch – das in Mythos und Aberglauben verankerte Zeichen für die Abwehr des Bösen und der Krankheit sowie Glücksbringer[52] – und der „Hippenmann“, der „wie verwundert und beinah‘ verdrießlich auf die fremden Gäste herniedersah.“ (DS, 298f.). Die Tage um das Fest der Geburt Christi werden sinnmäßig in ihrer positiven christlichen Ausrichtung gebrochen durch die symbolische Anwesenheit des Todes.

Er lässt gedanklich, was Fontane zwar nicht ausdrücklich benennt, was aber doch im geistesgeschichtlichen Hintergrund präsent ist, den Bereich der Vanitas als ein auf das Transzendente hinweisendes Bedeutungsfeld aufscheinen. Und diese ist auch in einem eindeutigen Symbol vorhanden, das dem Leser gleichsam „aufdringlich“ und offen vor Augen geführt wird. Gleich zu Beginn bei der Schilderung des Schlosses Stechlin heißt es: „[...] und war nichts weiter als ein einfaches Corps des logis, dessen zwei vorspringende, bis dicht an den Graben reichende Seitenflügel ein Hufeisen und innerhalb desselben einen kahlen Vorhof bildeten, auf dem, ein einziges Schmuckstück, eine große blanke Glaskugel sich präsentierte.“ (7) Man könnte meinen, es nur mit einem Relikt des Gartenschmucks des 18. und 19. Jahrhunderts zu tun zu haben, wenn dieses Element im Roman nicht verschiedentlich prominent genannt würde.

Diese Kugel zieht, weil sie so prominent genannt, aber deskriptiv nicht eingebunden in ein Beet oder eine Bepflanzung geschweige denn in die Handlung ist, die Aufmerksamkeit der Stechlin'schen Besucher auf sich:

---

51 Auf Dürers Blatt „Ritter, Tod und Teufel“ präsentiert der Tod lediglich eine Sanduhr in der Hand, was auf die Vergänglichkeit des menschlichen Lebens hindeutet.

52 Marzell: Mistel. In: HWdA, Bd. 6 (1935), Sp. 381-393, hier Sp. 384-387.

> [...] und Rex, feiner Mann, der er war, war bei Passierung des Vorhofs verbindlich an die mit Zinn ausgelegte blanke Glaskugel herangetreten, um ihr, als einem mutmaßlichen Produkte der eben besichtigten ‚grünen Glashütte', seine Ministerialaufmerksamkeit zu schenken." (72)

Die Wirklichkeit wird in diesem Objekt verzerrt, was den ebenfalls in sie hineinschauenden Czako zu der Bemerkung verleitet: „Wenn man nur etwas besser aussähe" (72).

Der Superintendent, bei Pastor Lorenzen zu Besuch, seufzt, seiner vorauszusetzenden theologischen und geistesgeschichtlichen Bildung eingedenk: „Und stammt auch sicher nicht [der Stich Kreuzabnahme von Rubens, D. H.] aus dem sogenannten Schloß Ihres liebenswürdigen alten Herrn drüben, Riesenkate mit Glaskugel davor. Ach, wenn ich diese Glaskugeln sehe. Und daneben *das* hier!" (202) Der Superintendent beschwört – gleichsam nebenbei – mit der Glaskugel das Bild der Vanitas im Gegensatz zu der von Rubens gestalteten biblischen Szene, die eben nicht die Vergänglichkeit thematisiert, sondern die Vorstufe der Auferstehung Christi ist.[53] Die Zerbrechlichkeit des Glases und in diesem Falle die Verzerrung der Wirklichkeit sind ein eindrückliches Symbol für Vergänglichkeit im allgemeinen sowie für die des Geschlechts derer von Stechlin im Besonderen.[54] Dies bringt Melusine mit ihrem sentenzenartigen Satz am Schluss des Romans bündig zum Ausdruck (siehe unten).[55]

Insgesamt lässt sich bereits an diesem Punkt der Einbruch einer Welt in die Dubslav'sche Realität festmachen, die immer eine Ebene beschwört, die die dargestellte Wirklichkeit des 19. Jahrhunderts übersteigt, so viel auch über die Realia medisiert, diskutiert oder gestritten wird. Spuk wird nur einmal – von der Erwähnung durch Woldemars Kameraden Rex abgesehen (21) – ernsthaft ins Spiel gebracht, nämlich durch Gräfin Melusine, die von sich selbst sagt, dass

53 Glas ist weitgehend negativ konnotiert. Siehe Haberlandt: Glas. In: HWdA, Bd. 3 (1927), Sp. 853-856. Darüber hinaus sollen der Glaskugel geheimnisvolle Kräfte innewohnen. Ebd.

54 Zu diesem Zusammenhang – die gläserne oder durchsichtige Kugel als Vanitas- und Welt-Symbol – siehe ausführlich und mit zahlreichen Belegen aus der europäischen Kunst und Literatur Lieselotte Möller: Bildgeschichtliche Studien zu Stammbuchbildern II. Die Kugel als Vanitassymbol. In: Jahrbuch der Hamburger Kunstsammlungen, Bd. 2 (1952), S. 157-177. Sie grenzt eindeutig von der Glaskugel mit ihrem Bezug zum Aberglauben (Wahrsagerin mit gläserner Kugel!) die Kugel ab, die von Gottvater oder Christus gehalten wird, meist mit einem Kreuz bekrönt, die den „von Gott geschaffenen und beherrschten Kosmos versinnbildlicht". Ebd., S. 159.

55 Dass der Menzer Forst, in dem der Stechlinsee liegt, auch Glashütten beherbergt, wie im Roman angedeutet, ist gewiss ein sozialhistorischer Aspekt, den Fontane berücksichtigt. In den *Wanderungen* wird von diesen Hütten ebenfalls berichtet. *Die Grafschaft Ruppin* (wie Anm. 55), S. 346f., 350.

sie „abergläubisch" sei und „kein Eingreifen ins Elementare" mag (316).[56] Daher sagt sie, als sie auf Schloss Stechlin zu Bett geht, zu ihrer Begleiterin Armgard: „alle Spukgeschichten sind immer gerad' in Himmelbetten passiert; ich habe noch nie gehört, daß Gespenster an eine Birkenmaserbettstelle herangetreten wären. Und hast du nicht unten den mistle-toe gesehn? Mistelbusch ist auch noch so Überbleibsel aus heidnischer Zeit her [...]." (307). Die mythologische Bedeutung der Mistel als Mittel gegen Krankheiten, als Zeichen für Gesundheit und ewiges Leben steht (hier wie in der Halle des Schlosses Stechlin) im Gegensatz zu dem lebensverneinenden Auftreten von Gespenstern. Daher kann Melusine auch sagen: „wenn ich mir denke, Tante Adelheid erschiene mir hier und brächte mir eine Erdbeere, die die Schnecken angeknabbert haben, so wäre das mein Tod." (307)

Von hier aus ist es nur noch ein kleiner Schritt zum „Inneren der Natur", das gleichfalls von Melusine beschworen wird. Das Übersinnliche ist also im *Stechlin* immer wieder in verschiedener Gestalt gegenwärtig. Seine Präsenz reicht von der Aufrufung der Phänomene – der See, die Glaskugel, die Allegorien Tod und apokalyptischen Reiter – bis hin zu deren Einbindung in einen größeren Rahmen. In ihm entsprechen den Phänomenen die Signifikate: das unerklärbare und daher verstörende Innere der Natur, Vanitas, Tod und Jenseits.

Daher benennt Fontane den Stechlinsee zu Recht als „Leitmotiv". Auf eine in den Dialogen nicht vermittelte Art ist in dieser Hinsicht Melusine seiner Intention am nächsten. Daher hat auch sie das letzte Wort im Roman, mit dem sie den übersinnlichen Rahmen der irdischen Geschehnisse zusammenfasst: „es ist nicht nötig, daß die Stechline weiterleben, aber es lebe *der Stechlin*." (462)

Fontane zeigt mit seinen eigenen Urteilen über seinen Roman, wie sehr er schwankt und sich der Gewichtung der verschiedenen Teile sogar noch am Ende der Arbeit am Roman nicht ganz sicher ist. Seine erste Äußerung ist scheinbar ganz klar: „ich stecke so drin im Abschluß eines großen, noch dazu politischen (!!) und natürlich märkischen Romans, daß ich gar keine andern Gedanken habe und gegen alles andre auch gleichgültig bin."[57]

---

56 Überaus deutlich ist ihre Charakterisierung bei ihrem ersten Auftreten: Woldemar kennzeichnet sie in seinem Tagebuch als eine Person, die als solche in die übersinnliche Sphäre hineinreicht: „Es bleibt mit den Namen doch eine eigne Sache; die Gräfin ist ganz Melusine [...]." (DS, 136) Ihr Name verweist nicht nur auf ihre Wesensart, die zwischen Realität und mythischer Sage changiert, sondern ist der naturgegebene Ausdruck für diese. Zu Melusine siehe (unbeschadet der umfangreichen Literatur zu dieser Figur) Claude Lecouteux: Melusine. In: EM, Bd. 9 (2017), Sp. 555-562; Jan-Dirk Müller: Melusine. In: VL, Bd. 9 (1995), S. 908ff.; Hubert Ohl: Melusine als Mythos bei Theodor Fontane. In: Helmut Koopmann (Hg.): Mythos und Mythologie in der Literatur des 19. Jahrhunderts. Frankfurt a. M. 1979, S. 289-306.

57 An Ernst Heilborn, 12. Mai 1897. In: Fontane. Der Dichter über sein Werk, Bd. 2, S. 474.

Die zweite Äußerung an den Verleger ist demgegenüber schon weniger eindeutig und präzise:

> Die Honorarfrage kann kaum zu Meinungsverschiedenheiten zwischen uns führen, und der Stoff, soweit von einem solchen die Rede sein kann – denn es ist eigentlich bloß eine Idee, die sich einkleidet –, dieser Stoff wird sehr wahrscheinlich mit einer Art Sicherheit Ihre Zustimmung erfahren. Aber die Geschichte, das, was erzählt wird. Die Mache! Zum Schluß stirbt ein Alter, und zwei Junge heiraten sich; – das ist so ziemlich alles, was auf 500 Seiten geschieht.[58]

Es sei ein „Zeitroman", führt Fontane in demselben Brief als dritte Gattungsbestimmung weiter aus, der zwischen dem märkischen Gut und Berlin spiele, die Figuren sprächen „da Gott und die Welt durch".[59] Er hält „dies nicht nur für die richtige, sondern sogar für die gebotene Art, einen Zeitroman zu schreiben, bin mir aber gleichzeitig nur zu sehr bewußt, daß das große Publikum sehr anders darüber denkt und Redaktionen – durch das Publikum gezwungen – auch."[60]

Und schließlich kommt er im selben Brief erneut auf den See zu sprechen: „Dieser See, klein und unbedeutend, hat die Besonderheit, mit der zweiten Welt draußen in einer halb rätselhaften Verbindung zu stehen [...]. Um dies – so ungefähr fängt der Roman an – und um *das* Thema dreht sich die ganze Geschichte...".[61] Fontane schwankt also in seinem poetologischen Urteil zwischen einem „politischen (regional konnotierten) Roman", einem „Zeitroman", bis hin zu einem Roman, in dem das „Innere der Natur" die zentrale Rolle spielt, denn „*das* Thema" ist die „halb rätselhafte Verbindung" des Sees zur Welt.

Was hier in gebotener Kürze entfaltet wurde, ließe sich ähnlich für die anderen Romane Fontanes ausarbeiten. Denn die vorstehenden Zeilen haben eines deutlich machen können: In der Tat lässt sich das Phänomen des Übersinnlichen, hier analysiert anhand von Fontanes letztem Roman, mit Begemann als eines begreifen, dem bislang zu wenig Aufmerksamkeit geschenkt wurde. Unzweifelhaft ist jedoch dieser Zeichenzusammenhang bei weitem nicht der Einzige, der die komplexe Aussage des Romans ausmacht. Die soziale Realität, das Regionale und anderes spielen ebenfalls gewichtige Rollen; es ist methodisch kaum zu rechtfertigen, den *Stechlin* und damit Fontanes Intentionen nur auf eine einzige Deutungslinie festzulegen.

Dabei nimmt das Übersinnliche einen durchaus wahrnehmbaren Raum in Fontanes Dichtung ein. Er wird durch dessen Aufdeckung zwar nicht zu einem

58 An Adolf Hoffmann, Mai/Juni 1897. In: Ebd., Bd. 2, S. 474.
59 Ebd., S. 475.
60 Ebd.
61 Ebd.

„spiritistischen" Schriftsteller, sondern verbleibt auf der Ebene der realistischen Ausformung seiner Erzählungen. Aber er fügt sich in einen Kontext ein, der zwischen Annette von Droste-Hülshoff und Madame Blavatsky oder zwischen Tieck und Wilhelm Raabe oszilliert: In vielen Erzählungen, Romanen und auch Gedichten hat das Übersinnliche im langen 19. Jahrhundert durchaus seinen Platz. Ob es für Fontane übergreifend als „an order beyond man which rules his fate" beschrieben werden kann[62] – das heißt als eine grundsätzlich bestimmende poetologische Instanz –, mag dahingestellt sein. Dass das Übersinnliche jedoch einen festen Platz in Fontanes Dichtung hat, darf als sicher gelten. Es zeigt mindestens auf, wie am Beispiel des *Stechlin* exemplifiziert, dass es noch andere Bereiche im menschlichen Leben gibt, die einen wie auch gearteten Einfluss auf es haben.

Wie sehr sich Fontane der Ambivalenz des Lebens bewusst war, zeigt jene weise Äußerung zum Lebensganzen: „In dem Heilig-Überlieferten allein noch (oder doch fast allein noch) gedeiht jene kläräugige Weisheit, die auch in Dingen dieser Welt das Wahre vom Falschen, das Glückbringende vom Unglückbringenden zu scheiden weiß."[63] Und an anderer Stelle wird er noch deutlicher:

> Der große Zug der Zeit ist Abfall. Aber man hat es nachgerade satt. Die Welt sehnt sich aus dem Haeckelismus wieder heraus, sie dürstet nach Wiederherstellung des Idealen. Jeder kann es jeden Tag hören. Und es ist ernst gemeint. Trifft dies zu, so ließe sich sagen: Seht, der Wind dreht sich, die alten Götter leben noch. Unsinn: Das Christentum ist nicht tot.[64]

Was Fontane hier schließlich zuspitzt auf den christlichen Glauben, gilt mutatis mutandis für das Übersinnliche, Transzendente in jeder Form.[65] Seine Absicht, „Dunkelschöpfung im Lichte zurechtgerückt" zu gestalten, wird auch mit diesem Beleg deutlich. Die politischen und sozialen Diskurse im *Stechlin* sind zweifelsohne auf der Ebene der Beschreibung von und Kritik an aktuellen Zuständen – in diesem Sinne ist *Der Stechlin* selbstverständlich ein „Zeitroman" – von zentraler Bedeutung. Aber sie würden weit weniger bedeuten, wenn die „Zeichen", von

---

62 Chambers, siehe oben S. 131.

63 Hier zit. nach Radbruch (wie Anm. 49), S. 42.

64 Ebd.

65 Es sei an dieser Stelle eine Bemerkung Fontanes aus den *Wanderungen* zitiert, die diesen Einbruch des Übersinnlichen geradezu greifbar macht und das Verschwimmen von Realität und Übersinnlichen thematisiert. Nachdem er den Stechlinsee besucht hat, kehrt er in seine Unterkunft zurück: „Die Rede ging [vor dem Kamin, D. H.] von alter und neuer Zeit. Märchenhaft verschwamm uns Jüngsterlebtes mit Längstvergangem, und während wir eben noch über den Rheinsberger See hinglitten und das Gekicher schöner Frauen zu hören glaubten, weitete sich plötzlich das stille Wasserbecken und bildete Strudel und Trichter, und der Hahn, der unten auf dem Grund des Großen Stechlin sitzt, stieg herauf und krähte, seinen roten Kamm schüttelnd, über den See hin. Mitternacht war heran, die Scheite verglimmten, und nur ein Flackerschein spielte noch um die Bilder. Es war als lächelten sie." Ebd., S. 352f.

denen Dubslav spricht, nicht vorhanden wären. Sie verweisen auf einen transzendenten Hintergrund, dessen sich Fontane sehr wohl bewusst war.

Mit einem Wort von Umberto Eco ist seine Intention in dieser Hinsicht auf der Ebene der Literatur präzise und zugleich offen genug formuliert: „Aufgabe der Kunst ist es weniger, die Welt zu erkennen, als Komplemente von ihr hervorzubringen, autonome Formen, die zu den schon existierenden hinzukommen und eigene Gesetze und persönliches Leben offenbaren."[66]

66 Umberto Eco: Das offene Kunstwerk. Frankfurt a. M. 1977, S. 46.

Textwelten im Werden. Zu Fontanes Ostfriesland-Fragmenten

Christine Hehle

Wie baut Fontane seine Textwelten auf? Dieser Frage möchte ich mich nicht vom fertigen Produkt eines Romans aus, also aus der Perspektive der Rezeption, nähern, sondern den Blick auf den Weg dorthin richten: auf Fontanes Schreibprozess oder, etwas weiter gefasst, seinen kreativen Prozess. Mich interessiert zum einen, was den kreativen Prozess, mithin die Entscheidung für ein Projekt, auslöst, zum anderen, wie er sich vollzieht, und zum Dritten, an welchem Punkt in diesem kreativen Prozess jene Elemente entstehen, die die dann unverwechselbare Textwelt ausmachen: Wann entsteht das je besondere Zusammenspiel von Sprache, Bildlichkeit, Leitmotiven, Symbolbeziehungen? Wann und wie entstehen Fontanes vieldiskutierte „Finessen", die von den einen bewundert, von den anderen als Überdeterminierung und „Künstelei" kritisiert werden?[1]

Fontanes kreativer Prozess ist zuletzt überaus erhellend untersucht worden von Petra McGillen in *The Fontane Workshop*. Sie zeigt, wie es Fontane gelang, sich den Bedingungen auf dem literarischen Markt seiner Zeit nicht nur erfolgreich anzupassen, sondern sie sich als Stimulans zunutze zu machen und den ästhetischen Effekt zu erzeugen, auf den es ihm ankam: die Illusion gesellschaftlicher Realität. McGillens Fokus liegt auf der Analyse von Fontanes kompilatorischer Arbeitsmethode, die auf dem Remix heterogener Elemente beruhte, und auf Fontanes Interaktion mit der Medienwelt, die ihn umgab. Sie betont, dass Fontanes Werkstattsystem darauf angelegt war, ein Maximum an Kreativität, und das heißt, ein Maximum an Assoziationen zu ermöglichen. Ich beziehe mich dankbar auf ihre Erkenntnisse und auf die von ihr benutzte Terminologie, möchte den Akzent aber etwas anders setzen: Bei Petra McGillen entsteht das Bild eines „anorganischen", hochbewussten Prozesses, dem nichts „Natürliches" oder „Geheimnisvolles" eignet. Dieses Bild steht im Widerspruch zur traditionellen Imago des inspirierten Autors, auf die auch Fontane sich in Wort und Bild berief.[2] Bekannt ist

1 Zu dieser Diskussion vgl. exemplarisch Karl S. Guthke: Fontanes Finessen. Kunst oder Künstelei? In: JDS, 26. Jg. (1982), S. 235-261, und die Erwiderung von Renate Böschenstein: Fontanes ‚Finessen'. Zu einem Methodenproblem der Analyse realistischer Texte. In: JDS, 29. Jg. (1985), S. 523-535, wiederabgedruckt in: Renate Böschenstein: Verborgene Facetten. Studien zu Fontane. Hg. v. Hanna Delf von Wolzogen, Hubertus Fischer. Würzburg 2006, S. 85-90.

2 Petra S. McGillen: The Fontane Workshop. Manufacturing Realism in the Industrial Age of Print. New York, London 2019 (New Directions in German Studies, Bd. 26). „Anorganischer" Prozess: S. 256 und 117; Berufung auf traditionelle Autor-Imago: S. 3 und 115-119.

seine in verschiedenen Varianten überlieferte Aussage: „Meine ganze Produktion ist Psychographie und Kritik: Dunkelschöpfung, im Lichte zurechtgerückt",[3] die suggeriert, dass in seinem kreativen Prozess, und zwar in dessen erstem Teil, ein Element des Unbewussten eine Rolle spiele. Man kann das als bloße zeitgemäße Selbststilisierung deuten, wozu Petra McGillen tendiert. Es bleibt aber die Frage, worin die Initialzündung für ein Projekt lag und wie das „Feuerwerk" der Assoziationen funktionierte, das zur Rekombination vorgefundener Elemente in einer bestimmten Weise führte.[4] Um diesen Fragen nachzugehen, möchte ich im Folgenden eine Kette – oder ein Netz – von fünf Texten vorstellen, das verschiedene Aspekte von Fontanes kreativem Prozess sichtbar werden lässt.[5] Die Texte sind auf assoziative Weise miteinander verknüpft, und das Stichwort für diese Verknüpfung ist „Ostfriesland".

Text 1: Hoppenrade

Ausgangspunkt der Kette ist ein *Wanderungen*-Projekt: das Kapitel *Hoppenrade*, das 1882 in der *Vossischen Zeitung* gedruckt wurde und 1888 in den *Wanderungen*-Nachtragsband *Fünf Schlösser* einging.[6] Es ist also ein spätes *Wanderungen*-Kapitel und entstand zeitlich parallel zu Fontanes ersten Novellen, die auf das Romandebüt *Vor dem Sturm* folgten, das heißt, in der Zeit, in der Fontane „Novellenstoffe sammelte", wie er an Mathilde von Rohr schrieb:

> Ich sammle jetzt Novellenstoffe, habe fast ein ganzes Dutzend, will aber mit der Ausarbeitung nicht eher vorgehn, als bis mir noch mehr zur Verfügung stehn. Es liegt für mich etwas ungemein Beruhigendes darin, über eine Fülle von Stoff disponieren zu können, etwa wie wenn man mit einer Extra-Summe auf der Brust leichter auf Reisen geht, wie wenn man schon zwischen Berlin

---

3 Fontane an Emilie Fontane, 14.5.1884. In: GBA-Ehe, Bd. 3, S. 382.

4 Vgl. Christine Hehle: Rezension zu McGillen, The Fontane Workshop. In: FB, H. 111 (2021), S. 196-202, hier S. 200f.

5 Eine ähnlich ausgerichtete Verbindung narratologischer, textgenetischer und editionsphilologischer Ansätze demonstriert aufschlussreich anhand von Arthur Schnitzlers kreativem Prozess Michael Scheffel: Wege zu einer genetischen Narratologie oder: Von der Geburt und dem Abenteuer der Geschichten am Beispiel von Werkgenesen des Autors Arthur Schnitzler. In: DIEGESIS. Interdisziplinäres E-Journal für Erzählforschung / Interdisciplinary E-Journal for Narrative Research, 10.1 (2021), S. 49-72; <https://www.diegesis.uni-wuppertal.de/index.php/diegesis/article/download/424/608> (zuletzt abgerufen am 19.1.2024).

6 Theodor Fontane: Hoppenrade. In: GBA-W, Fünf Schlösser, S. 143-235 (Seitenzahlen im Folgenden in Klammern im Text).

und Jüterbog an zu rechnen fängt und von der Frage gequält wird: wird es auch reichen?[7]

Liest man *Hoppenrade*, so hat man den Eindruck, in diesem traditionell mit einer Ortsschilderung anhebenden *Wanderungen*-Kapitel liege eine Novelle verborgen, die nur darauf wartet „auszuschlüpfen": Die Geschichte, die darin erzählt wird, ist viel weniger die eines Schlosses als die einer Frauenfigur, der sogenannten „Krautentochter", Charlotte oder Luise von Kraut (1762–1819), und verfügt über alle Ingredienzien einer *human interest story*:[8] drei Ehen, wovon die erste mit Duell, Scheidung und Kindsentführung endet, die zweite heimlich geschlossen wird und mit dem Tod des Mannes ihr Ende findet, während die dritte wiederum geschieden wird, weil der Mann dem Alkohol verfällt. Dazu ein Auf und Ab zwischen höfischer Karriere als Alleinerbin großer Güter, Erb- und Scheidungsprozessen, einsamem Leben auf dem Gut und finanzieller Not, obendrein in der Zeit epochaler Umwälzungen durch die Französische Revolution und die Napoleonischen Kriege. Die „Krautentochter", die im *Wanderungen*-Kapitel in erlebter Rede, also in der Art einer Novellenfigur zu Wort kommt (193), ist eine typische fontanesche Romanheldin, „apart", von einer alleinerziehenden „leichtsinnigen" Mutter „oberflächlich" erzogen,[9] mit ganz unterschiedlichen Männern konfrontiert, die sich alle in sie verlieben, mit denen sie aber nicht glücklich wird.

An der Entstehungsgeschichte von *Hoppenrade* lässt sich Fontanes Schreibprozess exemplarisch zeigen.[10] Das Projekt geht zurück bis auf seine frühesten „Wanderungen", einen Besuch in Hoppenrade nördlich von Berlin im Frühling 1861, den der homodiegetische *Wanderungen*-Erzähler zu Beginn des Kapitels atmosphärisch dicht schildert: Er nähert sich einem „verwunschenen Schloss" (145), das den Eindruck von „herrenlosem Eigentum" erweckt, weil niemand kommt, um ihn zu empfangen. Er geht also einfach in das offenstehende Schloss hinein, in dem er die Spuren von „Reichtum und gutem Geschmack", ein „Durcheinander von Glanz und Verfall" erkennt: Symbolisch dafür stehen die Klingeldrähte in den Zimmern, die „ihre Spannung verloren" haben. Was es damit auf sich hat, wird ihm nicht klar, „vielleicht", sagt er, „dass wir's unten von den Wänden lesen" (146). Ein Durcheinander herrscht auch in der Schlosskapelle, und zwar von Calvinismus,

---

7 Theodor Fontane an Mathilde von Rohr, 15.5.1878. In: Theodor Fontane: „Sie hatte nur Liebe und Güte für mich". Gotthard Erler (Hg.): Briefe an Mathilde von Rohr. Berlin 2000, S. 254f.

8 Den journalistischen Terminus *human interest story* für einen Text, der über das Leben, die Probleme und Leistungen von Personen berichtet und dabei die Emotionen der Leser anspricht, verwendet Petra McGillen für Fontanes Romane. Vgl. McGillen, The Fontane Workshop (wie Anm. 2), S. 247.

9 Dies verbindet sie mit Fontanes Romanfigur Cécile.

10 Zur Entstehungs- und Publikationsgeschichte von *Hoppenrade* vgl. Erler, Mingau, Kommentar zu *Hoppenrade* (wie Anm. 6), S. 561-571.

Freimaurerei und Katholizismus „im zopfigsten Jesuitenstil" (146) – „alles rätselhaft", resümiert er. Seinem bewährten Rechercheverfahren entsprechend setzt er auf die lokale *oral history* und befragt eine alte Frau, die angeblich alles über den Ort und seine Bewohner weiß, aber erst recht Verwirrung stiftet. Zu seiner Enttäuschung weiß sie nichts von den Bredows, derentwegen er herkam, bringt ihn aber auf die Spur der „Krautentochter". Mit dem Anfangssatz „Es sind jetzt zwanzig Jahre" (146) stimmt er seine Leser auf märchenhaft Zurückliegendes ein. Was dem Autor Fontane von diesem ersten Besuch blieb, waren die rätselhafte, schwer einzuordnende Stimmung des Ortes und die Lust, dessen „Geheimnissen" auf den Grund zu gehen.

Lang blieb es bei diesem Vorhaben. Fontane begleitete das Gefühl, dass hier ein verlockendes Projekt verborgen sei, er wusste aber noch nicht recht, was daraus werden würde. 1864 begann er neue Recherchen, 1867 besuchte er Schloss Hoppenrade ein zweites Mal, 1873 setzte er eine erprobte Informantin, ein Mitglied seines Netzwerks, mit dem ihn – mit Petra McGillen gesprochen – *strong ties* verbanden,[11] auf die Geschichte von Hoppenrade an: seine Schwester Elise. Ihr schrieb er, ihm fehle

> noch der Schlüssel, der zu den Geheimnissen schließt. [...] Dieser Stoff hat mir, seit ich vor sechs, sieben Jahren dies Schloß sah, nicht Ruhe gelassen. Heute zum ersten Male fällt mir aber ein, daß er für mich möglicherweise gar nicht mehr zu brauchen ist. Sein Hauptzauber lag in seiner Unbewohntheit. Ist jetzt ein beliebiger weiß oder schwarz gestempelter Erdenbürger dort eingezogen, so ist sein Charme dahin. [...] Hoppenrade [...] – vorausgesetzt, daß es noch wüst und unbewohnt ist –, hätte ich gern in Schnee-Einsamkeit gesehn. Das Bild wäre dadurch noch wirksamer geworden.

Nach einem dritten Besuch 1874 vermeldete er, die „Ausbeute sei glänzend".[12] Sein Fokus hatte sich jetzt auf die „Krautentochter" gerichtet: Sie sei „eine ins Kurbrandenburgische transponierte Messalinenexistenz" und „ein tolles Kraut", aber die ganze Sache laufe noch „wie Kraut und Rüben" durcheinander, kalauerte er.[13] Inzwischen hatte er, über verschiedene *weak ties* seines Netzwerks, herausgefunden, wo nähere Informationen zu holen waren: auf Schloss Lütetsburg bei Norden in Ostfriesland, im Familienarchiv der Inn- und Knyphausen, denn der zweite Mann der „Krautentochter", der sich um ihretwillen duellierte und allerhand an-

11 McGillen, The Fontane Workshop (wie Anm. 2), S. 155.

12 Fontane an Elise Fontane, 20.1.1873, 29.1.1873 und 15.2.1873. Zit. nach: Erler, Mingau, Kommentar zu *Hoppenrade* (wie Anm. 10), S. 562.

13 „Messalinenexistenz": Fontane an Philipp zu Eulenburg, 15.7.1880. In: Ebd., S. 565; „tolles Kraut": Fontane an Mathilde von Rohr, 20.4.1875. In: Fontane, Briefe an Mathilde von Rohr (wie Anm. 7), S. 227.

dere Unbill auf sich nahm, war ein Graf von Knyphausen. Im Juli 1880 reiste Fontane nach Norden, recherchierte im Schlossarchiv und sah sich euphorisch in der Vermutung bestätigt, hier habe er „eins der brillantesten" Kapitel überhaupt gefunden.[14] Er schrieb auch gleich, im August 1880, einen *first draft* oder – mit seinem eigenen Ausdruck – das *Brouillon*, und zwar während er, auch das typisch für seine Arbeitsweise, an mehreren anderen Projekten arbeitete, die sich in unterschiedlichen Stadien befanden, darunter *Ellernklipp*, *Graf Petöfy* und *Eine Frau in meinen Jahren*. Beim Schreiben indes stellte er fest, dass Lücken klafften, und entschloss sich, seine virtuelle Bibliothek radikal zu erweitern: Im September setzte er in die „illustrierte Wochenschrift für vaterländische Geschichte" *Der Bär*[15] eine Annonce mit der Frage nach Material. Mehrere Informanten meldeten sich bei ihm, und gestützt auf die erhaltenen Informationen verfasste er Anfang 1881 einen *second draft*. Dieser ruhte ein Jahr lang, bevor Fontane im Frühjahr 1882, nachdem ein Publikationsort gefunden war, an die Überarbeitung und Finalisierung ging, der die Veröffentlichung in der *Vossischen Zeitung* unmittelbar folgte. 1883 entstand ein „Anhang" über Emil von Arnstedt, der lose mit der Geschichte der „Krautentochter" zusammenhängt, und beides zusammen bildete dann 1888 das Kapitel *Hoppenrade* in *Fünf Schlösser*.

Am Anfang des kreativen Prozesses stehen also ein Ort, eine Stimmung, unbeantwortete Fragen und das Gefühl, dass „aus diesen trocknen Daten und Zahlen eine [...] ganze Geschichte erblühen" könne.[16] Nach einer „Inkubationszeit" von zwanzig Jahren kommt, nach dem Erscheinen des ersten Romans *Vor dem Sturm*, der Durchbruch: Jeweils zwei konzentrierte Recherche- und Schreibphasen folgen abwechselnd aufeinander, bevor der Text finalisiert und dann unverzüglich publiziert wird. Diese in Phasen gegliederte Struktur des Schreibprozesses lässt sich auch an Fontanes erzählerischen Werken beobachten: Stets arbeitete er parallel an mehreren Erzähltexten und gleichzeitig an weiteren Texten anderer Genres. Nach dem Abschluss des *Brouillon* oder *first draft* blieb ein Novellen- oder Romanprojekt meist für mehrere Monate, mitunter auch Jahre liegen. Die Überarbeitung erfolgte in einem separaten Schritt, und zwar stets erst dann, wenn eine Publikationsmöglichkeit gefunden oder zumindest mit hoher Wahrscheinlichkeit in Sicht war. Auch wiederholte Überarbeitungsphasen kommen vor.[17] Finalisiert wurde

14 Fontane an Emilie Fontane, 24. oder 25.7.1880. In: GBA-Ehe, Bd. 3, S. 223.
15 Erschienen in Berlin 1875–1900.
16 Vgl. Fontane an Philipp zu Eulenburg, 15.7.1880. Zit. nach: Erler, Mingau, Kommentar zu *Hoppenrade* (wie Anm. 10), S. 565.
17 Zum Beispiel bei *Unwiederbringlich*.

der Text schließlich auf einen konkreten Publikationstermin hin und oft unter Zeitdruck.[18]

Das Konzept der Stimmung

Zurück zum Beginn eines Projekts: Um die Bedeutung näher zu beschreiben, die die Stimmung eines Ortes oder einer Geschichte als pränarrativer Impuls für Fontane hatte, möchte ich auf das von Leo Spitzer erarbeitete und von David E. Wellbery und Hans Ulrich Gumbrecht weiterentwickelte Konzept der Stimmung als Paradigma für die Auseinandersetzung mit Texten zurückgreifen.[19] Wellbery zufolge zeichnet sich Stimmung durch eine präreflexive und vorthematische Qualität aus. Sie vermittelt ein Gesamtbild von Phänomenen, von Gegenständen und ihren Eigenschaften, in das alle Wahrnehmungsbereiche einfließen. Für die stimmungsorientierte Rezeption von Texten ist laut Gumbrecht die Sinndimension sekundär, während materielle Komponenten wie der Klang, also etwa Rhythmus und Prosodie, eine wichtige Rolle spielen. Die Stimmung macht die Simultaneität von Zeitschichten in der Gegenwart fühlbar und ist daher Ansatzpunkt für ein intensives Erleben historischer und kultureller Alterität, denn Stimmungen aus der Vergangenheit treffen uns unvermittelt und überspringen dabei die hermeneutische Dimension. Gumbrecht nimmt die Perspektive der Rezeption ein; das Konzept der Stimmung lässt sich jedoch meines Erachtens mit Gewinn auch auf die Produktion anwenden, auf den Initial-Impuls für die Entstehung einer Erzählung – insbesondere wenn es sich um einen historischen Roman handelt –, auf Orts- und Szenenschilderungen oder auf die Atmosphäre, die in der Welt eines

18 Das Satzmanuskript wurde meist von Emilie Fontane angefertigt, oft während Fontane den Text noch überarbeitete, und von ihm mitunter als Grundlage für eine weitere Überarbeitung benutzt, z.B. bei *Unwiederbringlich* oder in Kap. 8 von *Effi Briest*. Vgl. Christine Hehle: Kommentare zu *Unwiederbringlich* (U, 368-370) und zu *Effi Briest* (EB, 400). Zum Entstehungsprozess der einzelnen Romane und Novellen vgl. die Kommentare der Abteilung „Das erzählerische Werk" der GBA. Ein Sonderfall ist der ausnehmend lange, experimentelle Entstehungsprozess von *Vor dem Sturm* (erschienen 1878), der sich in dem ca. 3000 Blatt umfassenden Manuskriptkonvolut (heute in der Stiftung Stadtmuseum Berlin) widerspiegelt; vgl. dazu Christine Hehle: Kommentar zu „Vor dem Sturm" (VdS, 429-466) und Walter Hettche: Die Handschriften zu Theodor Fontanes „Vor dem Sturm". Erste Ergebnisse ihrer Auswertung. In: FB, H. 58 (1994), S. 193-212. Monographisch detailliert untersucht wurde der Entstehungsprozess von *L'Adultera* (erschienen 1882) durch Gabriele Radecke: Von Schreiben zum Erzählen. Eine textgenetische Studie zu Theodor Fontanes Roman „L'Adultera". Würzburg 2002 (Epistemata, Reihe Literaturwissenschaft, Bd. 358).

19 Leo Spitzer: Classical and Christian Ideas of World Harmony. Prolegomena to an Interpretation of the Word ‚Stimmung' [1944/45]. Hg. v. A. Granville. Baltimore 1963; David E. Wellbery: Stimmung. In: Karlheinz Barck [u. a.] (Hg.): Ästhetische Grundbegriffe. Historisches Wörterbuch in sieben Bänden. Bd. 5. Stuttgart, Weimar 2003, S. 704-733; Hans Ulrich Gumbrecht: Stimmungen lesen. Über eine verdeckte Wirklichkeit der Literatur. München 2011.

Textes herrscht. Wie hoch Fontane die Bedeutung der Stimmung – eines Ortes, einer Erzählidee, aber auch seiner eigenen Stimmung als Schreibender – für seine Kreativität einschätzte, zeigt ein Brief an seine Frau aus dem konfliktreichen Jahr 1876, in dem er seine Beamtenstellung aufgab und beschloss, sich als Romancier zu etablieren:

> Es ist bisher gegangen, gut gegangen und ich sehe nicht ein, warum es nicht weiter gehen soll. Die einzige Gefahr liegt bei Dir. Nimm mir die *Stimmung* und ich bin verloren. Ich beschwöre Dich, daß Du dessen eingedenk bist und das Deine tust, mich schwimmfähig zu erhalten (Hervorhebung C. H.).[20]

Genealogie und Geographie als Strukturprinzipien

Ein weiterer Aspekt, der sich an *Hoppenrade* neben Fontanes ‚klassischem' Schreibprozess zeigen lässt, sind zwei Recherche- und Strukturprinzipien, nach denen die *Wanderungen* funktionieren und die, so meine These, auch Fontanes erzählerische Plots beeinflussen: Geographie und Genealogie. Die *Wanderungen* erzählen die Geschichten von Familien anknüpfend an die von ihnen bewohnten Orte bzw. schildern Orte, wie sie durch Familien, als einzelne Personen und als aufeinanderfolgende Generationen, gestaltet wurden. Diese beiden Prinzipien prägen auch die assoziative Entstehung der Kette von Projekten, um die es hier geht: Die genealogische Verbindung über den zweiten Mann der „Krautentochter" und dessen Familienarchiv führt Fontane aus der Mark Brandenburg nach Ostfriesland. Einmal dort angekommen, ergeben sich aufgrund von geographisch vermittelten Assoziationen neue Projekte.

Text 2: Die Likedeeler

Unweit von Norden und Schloss Lütetsburg liegt der kleine Ort Marienhafe mit seiner mächtigen Kirche. Einer Lokalüberlieferung zufolge siedelte sich hier in den letzten Jahren des 14. Jahrhunderts eine Gruppe von Vitalienbrüdern oder „Likedeelern" an, angeführt von dem sagenumwobenen Klaus Störtebeker. Die Vitalienbrüder waren Freibeuter, die ursprünglich im Sold des Herzogtums Mecklenburg während einer Fehde mit dem Königreich Dänemark standen, sich dann als Seeräuber verselbständigten und schließlich vom Deutschen Orden aus der Ostsee vertrieben wurden, woraufhin sie sich in die Nordsee zurückzogen. Der Eindruck von den Örtlichkeiten und das erzählerische Potenzial, das diese Über-

20 Fontane an Emilie Fontane, 15.8.1876. In: GBA-Ehe, Bd. 3, S. 72.

lieferung barg, führten Fontane zur Idee für eine Störtebeker-Novelle, für die er auf seiner zweiten Ostfriesland-Reise im Sommer 1882 intensive Recherchen betrieb.[21] Mit dem Lokalhistoriker Friedrich Sundermann besuchte er Emden und Marienhafe und schrieb den *first draft* einer „wundervolle[n] Novelle",[22] für die er im folgenden Jahr auf seiner dritten Ostfriesland-Reise weiter recherchierte. Die Handlung umfasst folgende Eckpunkte: Die Vitalienbrüder gehen ein Bündnis mit dem Clanchef Keno ten Brôk in Marienhafe ein. Dessen Tochter und Störtebeker verlieben sich ineinander und heiraten. Seine Frau veranlasst Störtebeker zu einer Bußwallfahrt in seinen Geburtsort. Als er zurückkehrt, ist Kenos Burg von der Hanse zerstört und seine Frau getötet worden. Er bricht zu einem Rachefeldzug auf, wird in der Seeschlacht bei Helgoland besiegt, gefangen genommen und in Hamburg enthauptet. Diese Novelle wurde nicht weiter ausgearbeitet, sondern Jahre später als Romanprojekt wiederaufgegriffen und in den 1890er Jahren in Fontanes Korrespondenz häufig erwähnt, wobei das Stichwort „Phantasmagorie" auf den Stimmungsaspekt verweist, der das Projekt charakterisiert:

> ich will einen neuen Roman schreiben [...], einen ganz famosen Roman, der von allem abweicht, was ich bisher geschrieben habe [...], indem er eine Aussöhnung sein soll zwischen meinem ältesten und romantischsten Balladenstil und meiner modernsten und realistischsten Romanschreiberei. [...] Alles steht mir fest, nur eine Kleinigkeit fehlt noch: das Wissen. Wie eine Phantasmagorie zieht alles an mir vorbei, und eine Phantasmagorie soll es schließlich auch wieder werden. [...][23]

Von Frühjahr bis Juli 1895 ist eine Phase intensiver Arbeit an dem Roman dokumentiert, in dem nun die politischen Aspekte dominierten, wohl auch unter dem Eindruck der prominenten Position der SPD im Reichstag und im politischen Diskurs. Fontane recherchierte wiederum neu, spannte die entsprechenden Zweige seines Netzwerks als Informanten ein, entwarf eine Romankonzeption in mehreren Varianten und verfasste große Textteile, bevor er das Projekt endgültig beiseite legte.[24]

---

21 Vgl. Christine Hehle, Hanna Delf von Wolzogen, Kommentar zu „Die Likedeeler". In: FF, Bd. 2, S. 40-43; Christine Hehle: Die Likedeeler. In: Fontane Handbuch 2023, S. 867-870.

22 Fontane an Emilie Fontane, 9.8.1882. In: GBA-Ehe, Bd. 3, S. 270.

23 Fontane an Hans Hertz, 16.3.1895. Zitiert nach: Fontane Fragmente, Bd. 2, S. 43.

24 Theodor Fontane: Die Likedeeler. In: Ebd., Bd. 1, S. 38-96. Seitenzahlen im Folgenden in Klammern im Text. Von dem 232 Seiten umfassenden Manuskriptkonvolut der *Likedeeler* werden seit dem Zweiten Weltkrieg 220 Seiten vermisst; aufgrund der sehr detaillierten Edition von Hermann Fricke (Theodor Fontanes letzter Romanentwurf. „Die Likedeeler". Rathenow 1938) lässt sich das Konvolut jedoch Seite für Seite rekonstruieren; vgl. Hehle, Delf von Wolzogen, Kommentar zu „Die Likedeeler" (wie Anm. 21), Bd. 2, S. 36-40.

Stimmen des Autors in Fontanes Fragmenten

Die Likedeeler sind, wie man oft bedauert hat, also Fragment geblieben – wie auch die übrigen Ostfriesland-Texte mit Ausnahme von *Hoppenrade* –, und daher ist hier der Ort für eine Definition: Unter „Erzählfragmente" verstehe ich narrative Texte, die zu Fontanes Lebzeiten nicht publiziert wurden und noch nicht das Stadium erreicht hatten, in dem er sonst Texte zur Reinschrift bzw. in Satz zu geben pflegte. Weil sie dieses Stadium noch nicht erreicht haben, gewähren sie einen recht unverstellten Einblick in Fontanes kreativen Prozess. Mit Konrad Ehlich kann man die Fragmente als „Prozessdokumente" bezeichnen,[25] insofern sie in ihrer überlieferten Form eine Momentaufnahme aus dem nicht zu Ende geführten Schreibprozess darstellen. Kennzeichnend für Fontanes Werkhandschriften ist, dass darin verschiedene Stimmen des Autors miteinander in Dialog treten, die Funktionen im kreativen Prozess oder, in der Terminologie der klassischen Rhetorik, *officia oratoris* repräsentieren:

- der recherchierende, sammelnde Autor – Funktion der *inventio*
- der organisierende, konzipierende Autor – Funktion der *dispositio*
- der Autor als Verfasser des diskursiven Textes – Funktion der *elocutio*
- der revidierende Autor als Leser und Kritiker seines eigenen Textes, den er bewertet und dann überarbeitet – Funktion der *elocutio*[26]

Der Text der *Likedeeler* enthält verschiedene Initial-Elemente, die die Anfangsphasen des kreativen Prozesses – also im Wesentlichen *inventio* und *dispositio* – prägten. Wir finden hier u. a. den historischen Impuls und Notizen des recherchierenden Autors: „Das Historische habe ich an folgenden Plätzen zu erfragen: a) In Emden, Norden, Marienhafe. Vielleicht durch Graf Knyphausen. Wenn nicht durch ihn, so durch den Buchhändler in Emden [...]" (38); Quellenangaben und Exzerpte, u.a. einen Artikel vom Juli 1882 aus der *Borkumer Badezeitung*, der Fontane also während des Sommeraufenthalts in die Hände gefallen sein wird (38-45); eine Einschätzung der Quellen, die zeigt, dass er die Lesetechnik des *brutal* oder

25 Konrad Ehlich: Fragmente zur Pragmatik des Fragments – ein Versuch. In: Hanna Delf von Wolzogen, Christine Hehle (Hg.): Formen ins Offene. Zur Produktivität des Unvollendeten. Berlin, Boston 2018, S. 21-34, hier S. 23.

26 Vgl. Christine Hehle: Von der allmählichen Verfertigung des Erzählers beim Schreiben. Zu Fontanes Erzählfragmenten. In: Formen ins Offene (wie Anm. 25), S. 145-160, hier S. 158f. Eine stärker editionsphilologisch akzentuierte Darstellung der verschiedenen Äußerungen, in denen der Autor Fontane in den Werkhandschriften sichtbar wird, zusammengefasst unter dem Begriff „Autorkommentare", gibt Gabriele Radecke: „und während ich meine Notizen machte". Theodor Fontanes Autorkommentare im schriftstellerischen Produktionsprozess: Möglichkeiten der Textanalyse und editorischen Repräsentation. In: Andrew Cusack, Michael White (Hg.): Der Fontane-Ton. Stil im Werk Theodor Fontanes. Berlin, Boston 2021, S. 67-88.

discontinuous reading[27] nutzte, ein stark selektives, ganz auf Produktion, nicht auf Rezeption ausgerichtetes Lesen:

> 1. Was die Beninga'sche Chronik enthält, ist absolut Null. 2. Die Friedländer'sche Urkundensammlung ist wichtig. Sie giebt wenigstens den Ton der Zeit und die politischen Verwicklungen. 3. Hauptwerk ist: ‚Die Vitalienbrüder' langer Aufsatz von Professor Fr. Voigt in Raumers historischem Taschenbuch vom Jahre 1841. (48; Hervorhebungen im Original)

Tatsächlich lässt der Text des Fragments erkennen, dass Fontane sich hauptsächlich auf den Aufsatz von Voigt[28] gestützt hat; eine Figurenliste, überschrieben „Dramatis personae" (45), in der eine Schlüsselposition der ostfriesischen Prinzessin zukommt, die Störtebeker geheiratet haben soll. Für sie werden verschiedene Namen erwogen, unter denen „Hyma" den Sieg davonträgt. Die Namen entnimmt Fontane als konzipierender Autor der Familie des Grafen von Inn- und Knyphausen, bei dem er wegen der „Krautentochter" recherchierte:

> Die sechs Namen der Comtessen hab ich mir einstudirt und schwank mit meinen Vorweg-Sympathien zwischen Hyma, Hedda und Theda hin und her. Wär' ich Graf und 40 jahre jünger, würd' ich mich aber wahrscheinlich doch für Hyma entscheiden. Es klingt nach verschiedenen Seiten so wundervoll an.[29]

Von dieser Schlüsselfigur, die schließlich Hyma bzw. Geta heißt, entwirft er eine Charakterskizze samt Figurenbiografie in nuce:

> Hyma Keno ist eine mystisch-prophetisch-religiöse Natur. Groß, stark, blaß „pale", friesisch schön, blond, der Kopf schmal, langgezogen, was ihr etwas ganz Eigentümliches gab. Als die Likedeeler eintreffen, steht sie auf dem Punkt, in ein Kloster in Verden einzutreten. [...] Kl. St. macht einen Eindruck auf sie; sie läßt ihren Entschluß fallen, sie wird seine Braut, sein Weib, aber der mystisch-religiöse Hang, der Hang nach Sühne, Buße, Versöhnung auch für eine Schuld die nicht ihre Schuld ist [...] bleibt ihr. [...] Nur schließlich, als die Lübeschen etc. den Kl. S. quälen, hetzen und klein machen wollen, wird das ostfriesische Häuptlingsblut [...] mächtig in ihr, und in einem großen Stil im klaren Bewußtsein dessen, was das Ende sein wird, nimmt sie Partei gegen die Hansischen und geht zu Grunde. (47)

---

27 Vgl. dazu Petra Spies [= McGillen]: A Creative Machine: The Media History of Theodor Fontane's Library Network and Reading Practices. In: The Germanic Review 87 (2012), S. 72-90, hier S. 83; McGillen, The Fontane Workshop (wie Anm. 2), S. 173-182.

28 Johannes Voigt: Die Vitalienbrüder. In: Friedrich von Raumer (Hg.): Historisches Taschenbuch. NF, 2. Jg. Leipzig 1841, S. 1-159.

29 Fontane an Philipp zu Eulenburg, 15.7.1880. Zit. nach: Hehle, Delf von Wolzogen, Kommentar zu „Die Likedeeler" (wie Anm. 21), S. 46.

Außerdem gibt es einen „Traum, den der junge Jan Janßen Raß hat" (47). Dieser Traum stammt aus einer Quellenpublikation[30] und ist die Geschichte einer unheilvollen Vorahnung, die sich bewahrheitet. Ein weiteres Initial-Element ist ein Lied der Likedeeler, das als Leitmotiv fungieren soll. Fontane notiert sich nicht nur den Text, sondern auch den Rhythmus: „alles daktylisch" (47f.). Schließlich ist eine deutliche Vorstellung von der Stimmung festgehalten, die in der Erzählung herrschen soll und zu der der konzipierende Autor dem schreibenden, formulierenden „Anweisungen" erteilt:

> Die ganze Schilderung [...] muss mittelalterlich romantisch gehalten sein, finster und gruslich auf der einen Seite, humoristisch auf der andern. Alles wie Qualm, daraus helle Flammen schlagen. Allmählich, unter dem Einfluß Hyma's, wird es poetisch - idyllisch - heiter. (47)

Dies sind die Initial-Elemente, und daran zeigt sich, dass Leitmotive, Isotopien, Namen, Figurencharakterisierungen, symbolische Verweise - also vieles von dem, was wir mit Fontanes eigenem Ausdruck seine „Finessen" nennen[31] - nicht etwa nachgehend, im Zuge der Überarbeitung, „hineingekünstelt" werden, sondern von Anfang an vorhanden sind, als jener Teil des kreativen Prozesses, der sich vornehmlich assoziativ vollzieht.

Aus der Phase der *dispositio* enthält der Text der *Likedeeler* mehrere Gliederungen in Punkten, Kapiteln und „Scenen" (64-67). Sie sind stichpunktartig und im Präsens, also der Stimme des Autors, gehalten, werden aber mitunter von Erzählertext im Präteritum und Figurenrede „überwuchert" und immer wieder von revidierenden Anmerkungen unterbrochen. Szenen, die Fontane als „Dreh- und Angelpunkte" des Plots konzipierte, liegen im Stadium der *elocutio*, also als weitgehend diskursiver Erzählertext samt Figurenrede vor, etwa der Handlungsbeginn: „An einem der letzten Septembertage 1399 fuhr von Juist her eine Flotte von fünf Schiffen in die Ems ein [...]" (68) oder der Wendepunkt gegen Ende, Störtebeker an der Bahre seiner Frau:

> So gingen sie vom Kreuzgang bis in die Kirche, von der aus einige Steinstufen links neben dem Altar in die Crypta hinunter führten. Nun Schilderung wie sie im Sarge oder auf der Bahre liegt. Weißes Kleid. Bis an die Hüfte mit der Sterbedecke zugedeckt. Um ihr Haupt lag ein Zweig vom Stechpalmenzweig,

30 C. F. Scherz, Friedrich Sundermann: Die Nordseeinsel Norderney. Nebst ärztlichen Ratschlägen und Winken, betreffend die Seereise, den Aufenthalt auf der Insel und den Gebrauch des Seebades. Emden 1882.

31 Theodor Fontane an Emil Dominik, 14.7.1887. In: HFA IV/3, S. 551: „[...] wer hat jetzt Lust und Fähigkeit, auf die hundert und, ich kann dreist sagen, auf die tausend Finessen zu achten, die ich dieser von mir besonders geliebten Arbeit [*Irrungen, Wirrungen*, C. H.] mit auf den Lebensweg gegeben habe."

> dessen blankes Grün in der sonderbaren Beleuchtung blitzte. Schneeglöckchen lagen darüber. Zwischen Schläfe und Auge lief die Wunde, die ihr den Tod gegeben.
>
> Der Prior wies darauf hin und sagte: das schöne Antlitz entstellt.
>
> Nicht entstellt. Verschönt. Es ist die Wunde, die die Heiligen tragen.
>
> Ihr seid unglücklich.
>
> Ich bin glücklich. Ich habe sie so geliebt, daß ich glücklich bin. Aber ob ich sie noch mehr geliebt hätte, ich will sie rächen.
>
> Seid Ihr sicher, daß sie zustimmend auf Euch niederblickt.
>
> Ich bin mir des Gegentheils sicher. Aber ob ihr Auge mit mir zürnt, so weit sie zürnen konnte, sie kann mich nicht abhalten. Nicht um sie [...] aber um meinetwillen will ich Rache. Dies Krämervolk mit dem frommen Gesicht und der Gerechtigkeit, war das Gerechtigkeit. Und wenn sie die Welt zerstören wollten, diese durften sie nicht zerstören. Alles Hohe und Heilige ging vor ihr her. Die Elenden, daß sie das nicht fühlten, das richtet sie, ich will sie richten.
> „Die Rache ist mein" spricht der Herr.
> „Die Rache ist mein" spreche ich.
> Dann brach er einen Zweig von dem Stachelpalmenzweig und steckte es an seine Kappe.
> Eh der Zweig welk ist, ist es geschehen. (93f.)

An den Formulierungen dieses Abschnitts ist deutlich erkennbar, dass wir es mit einem *first draft* zu tun haben, den Fontane, hätte er das Projekt fortgeführt, stilistisch zweifellos noch stark überarbeitet hätte. Vorhanden sind aber Bilder, Atmosphäre, Zitate wie „Die Rache ist mein" und rhetorisch pointierte Formulierungen sowohl im Erzählertext als auch in der Figurenrede. Der überlieferte Text des Fragments enthält also Teile, die der *inventio*, der *dispositio*, aber auch schon der *elocutio* zuzuordnen sind, Text des recherchierenden, des konzipierenden und disponierenden sowie des revidierenden Autors, außerdem Text des auktorialen, heterodiegetischen Erzählers im Präteritum sowie Figurenrede und Figurendialog.

Text 3: Quade Foelke

Während Fontane *Die Likedeeler* als Novelle entwarf, erzeugten sie einen Seitentrieb: ein ebenfalls Fragment gebliebenes Novellenprojekt mit dem Titel *Quade*

Foelke. Die Letzte der Ten Brôks.[32] In einem Aufriss für einen Novellenband unter dem Titel *Chronika*, den Fontane um 1882 niederschrieb, erscheint *Quade Foelke* zusammen mit den *Likedeelern, Grete Minde, Ellernklipp* und den fragmentarisch überlieferten Erzählungen *Sidonie von Borcke, Herzog Abel* und *Das Gelübde von Bornhöved.*[33] Die Quellen für *Quade Foelke* sind weitgehend identisch mit jenen für *Die Likedeeler*; Fontane wurde also wohl bei den Recherchen für diese auf den Quade-Foelke-Stoff aufmerksam.[34] Quade Foelke, „böse Foelke", ist der Beiname der ostfriesischen Fürstin Foelke Kampana ten Brôk (gest. 1417). Auf der Handlungsebene gibt es sowohl eine geographische als auch eine chronologische und genealogische Verbindung mit den *Likedeelern*: Beide Geschichten spielen in der gleichen Gegend. Die Zeit der *Quade-Foelke*-Handlung umfasst die Zeit der *Likedeeler*-Handlung (1399–1401) und geht darüber hinaus (bis 1427). Zudem war Foelke eng verwandt mit Keno ten Brôk, Störtebekers Schwiegervater laut der Marienhafer Überlieferung. Wie der Untertitel *Die Letzte der Ten Brôks* erkennen lässt, ist Genealogie auch das Hauptthema der Erzählung, in der es um die Ablösung einer Dynastie durch eine andere geht. Es ist eine Familientragödie von exotisch anmutender Wildheit und Gewalt, in deren Zentrum drei Frauen stehen. Am Ende stehen Enkelin und Großmutter einander als Siegerin und Besiegte gegenüber. Der planende Autor notiert sich für die Schlusspartie der Erzählung einen anzustrebenden ästhetischen Effekt, eine Stimmung:

> Letztes oder vorletztes Kapitel.
>
> In der Schlacht auf den „wilden Aeckern" wo ihr Enkel fällt, flieht sie verwundet, eine 70jährige Greisin ein Page (beßres Wort, vielleicht Knecht oder Knechtsohn) mit ihr.
>
> Diese Flucht muß nun ein Haupt- und Glanzstück sein, einmal landschaftlicher Schilderung (die Moore) dann ihrer Furcht gefangen zu werden.
>
> Dann Unterkunft in einer Moorhütte. Hier die Nacht. Am andern Morgen kommt Eve (Hebe) Attena, ihre Enkelin, und trifft sie. Begegnung.
>
> Dann Begräbniß auf einer alten Burg als „letzte tom Brôk". (99)

Neben der engen geographischen, chronologischen und genealogischen Verbindung zu den *Likedeelern* gibt es übrigens auch diverse Motive, die *Quade Foelke* mit *Hoppenrade* in Beziehung setzen: u. a. einen Erbschaftsstreit, eine Schwie-

32 Theodor Fontane: Quade Foelke. In: FF, Bd. 1, S. 97-99. Seitenzahlen im Folgenden in Klammern im Text. Das aus fünf Foliobogen bestehende Manuskriptkonvolut ist vollständig erhalten und liegt in der Staatsbibliothek zu Berlin Preußischer Kulturbesitz.

33 Ebd., S. 434.

34 Vgl. Hehle, Delf von Wolzogen, Kommentar zu *Quade Foelke*. In: FF, Bd. 2, S. 60.

germutter, die die Partei des Schwiegersohns gegen die eigene Tochter ergreift – ein Handlungsmotiv, das wir auch aus *Effi Briest* kennen –, und das Motiv der Enthauptung: Im lose angeknüpften Anhang zu *Hoppenrade* über Emil von Arnstedt (1816–1837) geht es vor allem um dessen Enthauptung.[35] Kaum nötig hinzuzufügen, dass dieses Motiv auch für *Die Likedeeler* zentral ist, die mit der Enthauptung Störtebekers und seiner Gefährten in Hamburg enden.

Text 4: Eleonore

Das Netz miteinander verknüpfter Projekte hat noch einen weiteren, allerdings lockerer verbundenen Zweig: die Briefnovelle *Eleonore*, für die Fontane 1880 auf der Rückreise von Ostfriesland in Hannover recherchierte und deren *first draft* er gleichzeitig mit jenem von *Hoppenrade* verfasste.[36] Darin geht es um die Welfen, also auch um eine von ihrem Platz verdrängte Dynastie, und um eine Frau, die ihre Macht mittels ostentativ ausgespielter Religiosität sichert. Im erhaltenen Text hören wir mehrere Stimmen: In das Gespräch des recherchierenden, disponierenden und revidierenden Autors und eines sporadisch auftretenden Erzählers treten zwei Figurenstimmen ein, die Brief-Ichs der Adligen Eleonore und des Pastors, mit dem sie korrespondiert.[37] Deutliche thematische und motivische Verbindungslinien führen von *Eleonore* zum etwa gleichzeitig entstandenen Romanfragment *Storch von Adebar*; tatsächlich gibt es in den Handschriftenkonvoluten Szenenentwürfe, auf denen Fontane vermerkt hat: „Zu Storch v. Adebar oder zu Eleonore",[38] was für die von Petra McGillen konstatierte Offenheit seines kreativen Prozesses spricht.[39] Zarter konturierte Linien verknüpfen *Eleonore* mit *Unwiederbringlich* und *Der Stechlin*. So ist *Eleonore* geographisch und der Entstehungschronologie nach mit den Ostfriesland-Texten verknüpft, doch auch oder überwiegend Teil eines anderen Textnetzes – und damit eine andere Geschichte, die ein andermal erzählt werden muss.

---

35 Fontane, Hoppenrade (wie Anm. 6), S. 215-235.

36 Theodor Fontane: Eleonore. In: Fontane Fragmente, Bd. 1, S. 228-232. Auch *Eleonore* ist wie *Die Likedeeler* ein „doppeltes" Fragment: unabgeschlossen und unvollständig überliefert; vgl. Hehle, Delf von Wolzogen, Kommentar zu *Eleonore*. Ebd., Bd. 2, S. 115-117.

37 Zu *Eleonore* und generell zu Fontanes als Briefnovellen geplanten Fragmenten und der mit ihnen verbundenen Erzählerkonzeption vgl. Matthias Grüne: Wer erzählt? Experimente mit der Erzählerfigur oder: Warum Fontane nie einen Briefroman schrieb. In: FB, H. 114 (2022), S. 55-70.

38 Zum Beispiel FF, Bd. 1, S. 207.

39 McGillen, The Fontane Workshop (wie Anm. 2), S. 17, 203-208 u. ö.

Text 5: Obristleutnant von Esens

Fontanes spätester Ostfriesland-Text stammt von 1886 und spielt 1886 in Berlin. *Obristleutnant von Esens* handelt von einem Offizier aus ostfriesischer Familie, der sich zur Ruhe setzt, aber nicht zur Ruhe kommt.[40] In seiner Unrast probiert er alle Aktivitäten aus, die das boomende Berlin der 1880er Jahre bietet, verfolgt Sportanlässe, tritt in wissenschaftliche Gesellschaften ein, verfällt dann darauf, die im Mai 1886 eröffneten städtischen Markthallen zu besuchen, und vertreibt sich die Zeit am Ende damit, an prominenten Begräbnissen teilzunehmen. Der letzte Satz lautet: „Oberstleutnant v. Esens ruht auf dem Matthäikirchhof." (354) Obwohl dieser Figurencharakteristik eine bedenkliche psychische Situation zugrunde liegt, wie Renate Böschenstein herausgearbeitet hat,[41] ist *Obristleutnant von Esens* bei Weitem der lustigste von Fontanes Ostfriesland-Texten, stark dialogisch und hochassoziativ, ein Mix von unterschiedlichsten Elementen, *highbrow and lowbrow* – ein Musterbeispiel für den sprühenden Output von Fontanes *apparatus of creativity*, um wiederum mit Petra McGillen zu sprechen.[42] Wir hören in diesem Fragment kurz die Stimme des konzipierenden Autors, der eine Szene im Präsens entwirft, dann folgt Erzählertext im Präteritum, anfangs als Disposition mit „1.", „2.", „3." Sehr bald aber hört die Nummerierung auf und der Textfluss verselbständigt sich, größtenteils als Figurenrede, nur in Ansätzen gegliedert, in der Art eines *Freewriting*: diskursiv, rasch dahineilende Schrift, kaum Überarbeitungen.[43]

Dass Fontane bei den Ostfriesland-Motiven der Erzählung auf seine Recherchen zu *Die Likedeeler* und *Quade Foelke* zurückgriff, zeigt sich an verschiedenen Bezugnahmen auf die Quellen zur ostfriesischen Geschichte, etwa bei der Wahl der Figurennamen: „Die Esens waren eine friesische Familie und wollten von den Häuptlingsnamen nicht lassen, – unser Obristleutnant [der Ottomar heißt, C. H.] war nur eine Ausnahme." (349) Der Cousin heißt Ezard, zum Bruder notiert der Autor sich: „friesischen Namen nehmen, Ocko ist gut" (352), einen aus *Quade Foelke* bekannten Namen. In einem Brief an diesen Bruder erwähnt der Obristleutnant ein groteskes Detail: „Wenn ich an unsren einen Ahnherrn denke, der einen Nachbarn zwischen zwei Bretter legen und durchsägen ließ. Selbst für

---

40 Theodor Fontane: Obristleutnant v. Esens. In: FF, Bd. 1, S. 349-354. Seitenzahlen im Folgenden in Klammern im Text. Das neun Bogen Folio und ein Blatt Quart umfassende Manuskriptkonvolut ist vollständig erhalten und liegt in der Staatsbibliothek zu Berlin Preußischer Kulturbesitz.

41 Renate Böschenstein: Ich-Konzeptionen im Horizont von Sinnsuche. Zu Fontanes späten Prosafragmenten [2000]. In: Dies., Verborgene Facetten (wie Anm. 1), S. 373-389, hier S. 389.

42 Spies, A Creative Machine (wie Anm. 27), passim.

43 Zur Kreativtechnik des *Freewriting* (ähnlich der *Écriture automatique*) vgl. z. B. Peter Elbow: Writing with Power. Techniques for Mastering the Writing Process. 2. Ed. Oxford 1998; Gabriele Rico: Writing the Natural Way. New York 2000.

einen von der schweren Artillerie zu starker Toback." (352) Fontane kannte dieses Detail aus Onno Klopps *Geschichte Ostfrieslands* und dem Aufsatz von Voigt über die Vitalienbrüder;[44] in puncto Drastik korrespondiert es auf groteske Weise mit der Schilderung der in den Markthallen hängenden Hasen:

> „[...] und die Hasen alle schon abgezogen. Na, nachher, wenn er gespickt ankommt, merkt man nichts mehr davon aber vorher, wenn da so hundert Stück hängen und dazwischen welche mit nem Fell und 'nem Hasenbart, lange spitze Haare, und die Augen als lebten sie noch, – zum Graulen." (352)

Im gleichen Brief berichtet der Obristleutnant von seinen Besuchen beim Prinzen Friedrich Karl im Schloss Dreilinden bei Berlin. An diesen Herrenabenden hatte Fontane selbst teilgenommen, und zwar 1881/82, also zu der Zeit, zu der er an seinen früheren Ostfriesland-Texten arbeitete, was für eine assoziative Verbindung spricht.[45] Als es um Möglichkeiten des Zeitvertreibs geht, erwähnt der Obristleutnant sein Interesse für die Luftschifffahrt:

> Sieh da haben wir jetzt die Luftschiffer-Abtheilung. Ich persönlich bin zu dick dafür und man darf solcher Gondel nicht zu viel zumuthen. Aber wenn es eine aeronautische Gesellschaft gebe [sic], man braucht ja nicht selber mit aufzusteigen man kann ja auch blos so mitmachen oder mit dabei sein wenn gefüllt wird oder die Stricke losgelassen werden. Und dann verheddert sich einer in den Telegraphendrähten oder landet bei Königsberg in der Neumark und die Leute denken, es ist ein Unthier oder dringen auf Schadenersatz weil ihnen ihr Kleefeld zertreten ist, – ich kenne diese märkischen Bauern da is immer was zertreten, immer wollen sie 'was 'rausschlagen und immer mit Gott für König u Vaterland ich sage Dir es ist alles Bande ... (350)

Der Ursprung dieser Phantasie lässt sich genau nachzeichnen: Im Sommer 1886 ging ein Ballon der preußischen Luftschiffer-Abteilung auf einem Acker in der Neumark nieder. Bei dieser Gelegenheit lernte der Offizier, der dem Ballon entstieg, die Tochter eines Gutsbesitzers kennen und lieben. Die junge Frau, Ella von Mandel, die die Geschichte ein halbes Jahrhundert später in ihren Memoiren festhielt, war eine Freundin von Fontanes Tochter. Zwei Monate nach der Ballonlandung ist ein Besuch Martha Fontanes bei den Mandels belegt; es liegt also nahe anzunehmen, dass Fontane die Geschichte frisch von seiner Tochter gehört hatte.[46] Die Begeisterung für die damals brandneue Luftschifffahrt erinnert aber

---

44 Onno Klopp: Geschichte Ostfrieslands. Bd. 1. Hannover 1854, S. 173; Voigt, Die Vitalienbrüder (wie Anm. 28), S. 56.

45 Vgl. Theodor Fontane: Dreilinden. In: GBA-W, *Fünf Schlösser*, S. 333-417 sowie Erler, Mingau, Kommentar, ebd., S. 604-610.

46 Vgl. Hehle, Delf von Wolzogen, Kommentar zu *Obristleutnant v. Esens*. In: FF, Bd. 2, S. 248.

auch etwa an Melusine im *Stechlin.* Schließlich bekommt das Fragment noch einen selbstreflexiven Twist, wenn der Erzähler über den aus der Markthalle zurückkehrenden Obristleutnant, der einen Gratulationsbrief an seinen Bruder schreiben muss, sagt:

> Er war [...] aus den verschiedensten Gründen in sehr guter Stimmung vor allem deshalb weil er, namentlich bei Geburtstagsbriefen nie wußte, was er schreiben sollte und nun mit einem Mal einen Stoff hatte, wo doch mit den ihm schrecklichen Redensarten schnell aufgeräumt werden konnte. (352)

In dieser, wie es scheint, durch *Freewriting* provozierten Assoziationsflut mixt Fontane also historische Recherchen mit eigenen Erlebnissen und Erinnerungen, Erzählungen anderer, mit Alltagsereignissen und Informationen aus Zeitungs- und Buchlektüre. Rekurrente Motive, beziehungsreiche Namen, Ansätze zu Symbolen und Metaphern – mithin zu den „Finessen" – sind auch hier bereits im *first draft* vorhanden.

Conclusio

Ein kurzes Resümee zu meinen anfangs gestellten Fragen über Fontanes kreativen Prozess:

- Das hier exemplarisch vorgestellte Netz von Texten, dessen geographischer Nexus Ostfriesland ist und dessen zeitlicher Nexus im Jahr 1882 liegt, zeigt die auch von Petra McGillen demonstrierte Offenheit, mit der sich verschiedene Projekte assoziativ und fluid auseinander ergeben, über geographische, genealogische, chronologische, motivische Verbindungen. Dieser Fluss von Projekten ist genre-übergreifend: Ein *Wanderungen*-Kapitel wächst sich fast zu einer Novelle aus; ob aus einem Projekt eine Novelle oder ein Roman wird, ist lange offen; entschieden wird darüber erst, wenn Fontane die Publikation vorbereitet, also Exposés versendet und über Bogenzahlen und Honorare verhandelt.
- Auch einzelne Erzähltexte organisiert Fontane als eine Art Fluss, der „Szenen" oder „Situationen" miteinander verbindet.[47]
- Am Beginn eines Projekts schießen verschiedene Impulse zusammen, wobei Stimmungen im Sinne Wellberys und Gumbrechts eine entscheidende Rolle spielen. Ein realhistorisches Ereignis kann ein Impuls für die Entstehung einer neuen Textwelt sein – etwa die „Ardenne-Affäre" für *Effi Briest* –, aber nur einer unter vielen. Ebenso wichtig sind Stimmung, Assoziationen, Bilder, und

47 Vgl. dazu Christine Hehle: Situation/Szene. In: Fontane-Handbuch 2023, S. 1047-1051.

zwar nicht nur für Schilderungen und Realitätseffekte, sondern auch für die Konzeption des Plots.

- Der Schreibprozess gliedert sich in zwei Teile: Im ersten Teil entsteht das *Brouillon* oder der *first draft*, wobei Assoziationen, Stimmungen und Bilder eine bestimmende Rolle spielen; dieser Teilprozess steht also im Zeichen des „Psychographen". Im zweiten Teil kommt die „Kritik" zum Tragen: Fontane überarbeitet, rekonfiguriert, poliert, finalisiert.[48]
- Den Fluss der Assoziationen gewährleistet das *Freewriting* im ersten, „psychographischen" Teil des Schreibprozesses. Damit verbindet Fontane zielgerichtete Recherchen, die er im Zuge der Überarbeitung(en) in den entworfenen Rahmen einpasst.
- „Finessen" wie rekurrente Motive, intertextuelle und symbolische Beziehungen stammen häufig bereits aus dem ersten Teil des Schreibprozesses und verleihen dem Text seine spezifische Färbung oder Stimmung. Es scheint, dass sie sich zunächst eher „ergeben" als bewusst konstruiert werden. Im zweiten Teil, im Zuge der Überarbeitung, werden sie ausgearbeitet, betont oder aber dezenter gestaltet. Hierbei kann es vorkommen, dass sie zu stark ziseliert werden und auf manche – heutigen – Leser „overdone" oder wie „Künstelei" wirken.

48 Diese Aufgliederung des Schreibprozesses entspricht geradezu idealtypisch den auf neurologischen Erkenntnissen basierenden Empfehlungen für ein optimales Zusammenwirken von rechter (paradigmatisch operierender) und linker (syntagmatisch operierender) Gehirnhälfte in zwei zeitlich aufeinanderfolgenden Phasen des kreativen Prozesses, die heute im Rahmen des *Creative Writing* vermittelt werden; vgl. dazu z. B. Rico (wie Anm. 43), S. 63-71; Elbow, Writing with Power (wie Anm. 43), passim.

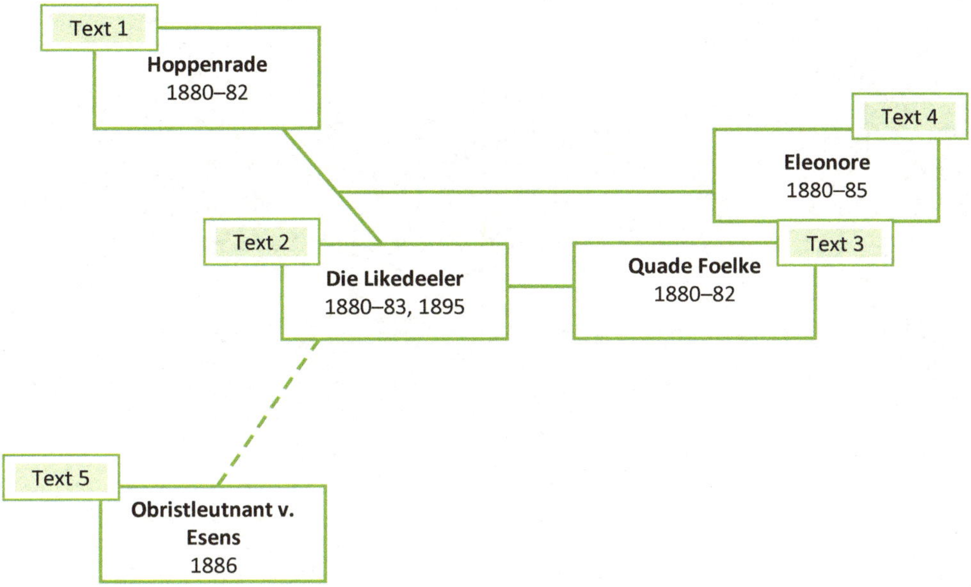

Abbildung: Fontanes Ostfriesland-Texte

Erzähltes Erinnern in Fontanes *Meine Kinderjahre*: Der autobiographische Roman als bewegt-bewegende Bildkomposition und narratives *Reenactment*

Natalia Igl

1. Finessen des autobiographischen Romans

> Als mir es feststand, mein Leben zu beschreiben, stand es mir auch fest, daß ich bei meiner Vorliebe für Anekdotisches und mehr noch für eine viel Raum in Anspruch nehmende Kleinmalerei mich auf einen bestimmten Abschnitt meines Lebens zu beschränken haben würde. (MK, 9)[1]

So beginnt Theodor Fontanes Vorwort zu seinem autobiographischen Werk *Meine Kinderjahre* (erschienen zu Weihnachten 1893, mit Datierung auf 1894). Ganz im Sinne des Paratextes als Reflexionsraum der „Grenze zwischen Text und Nicht-Text"[2] dient das Vorwort hier als Raum zur Explikation, wie sich zum einen der gewählte Zeitabschnitt zur Gesamtbiographie und das (auto)biographisch Faktische in *Meine Kinderjahre* zum ‚Allgemeinmenschlichen' und ‚Zeitbildlichen' verhalte, zum anderen als rahmende Anleitung, wie der Text zu lesen sei:

> Nach kurzem Schwanken entschied ich mich, meine Kinderjahre zu beschreiben, also „to begin with the beginning". Ein verstorbener Freund von mir (noch dazu Schulrat) pflegte jungverheirateten Damen seiner Bekanntschaft den Rat zu geben, Aufzeichnungen über das erste Lebensjahr ihrer Kinder zu machen, in diesem ersten Lebensjahre ‚stecke der ganze Mensch'. Ich habe diesen Satz bestätigt gefunden und wenn er mehr oder weniger auf Allgemeingültigkeit Anspruch hat, so darf vielleicht auch diese meine Kindheitsgeschichte als eine Lebensgeschichte gelten. Entgegengesetzten Falls verbliebe mir immer noch die Hoffnung, in diesen meinen Aufzeichnungen wenigstens etwas *Zeitbildliches* gegeben zu haben: das Bild einer kleinen Ostseestadt aus dem ersten Drittel des Jahrhunderts und in ihr die Schilderung einer noch ganz von Refugié-Traditionen erfüllten Französischen-Colonie-Familie, deren Träger und Repräsentanten

1 Der Band zu *Meine Kinderjahre* in der *Großen Brandenburger Ausgabe* ist in Vorbereitung, jedoch noch nicht erschienen. Daher wird der Text unter Angabe der Sigle „MK" nach der HFA zitiert.

2 Uwe Wirth: Paratext und Text als Übergangszone. In: Birgit Neumann, Wolfgang Hallet (Hg.): Raum und Bewegung in der Literatur, Bielefeld 2009, S. 167-180, hier S. 167.

> meine beiden Eltern waren. Alles ist nach dem Leben gezeichnet. Wenn ich trotzdem, vorsichtigerweise, meinem Buche den Nebentitel eines ‚autobiographischen *Romanes*' gegeben habe, so hat dies darin seinen Grund, daß ich nicht von einzelnen aus jener Zeit her vielleicht noch Lebenden auf die Echtheitsfrage hin interpelliert werden möchte. Für etwaige Zweifler also sei es Roman! (MK, 9)

Neben Fontanes oben zitierten Bekenntnissen in Bezug auf die für ihn typischen Modi des Erzählens – die „Vorliebe für Anekdotisches" und die raumgreifende „Kleinmalerei" (MK, 9) – enthält das Vorwort also auch eine Art poetologischen ‚Haftungsausschluss'. Indem Fontane seinem Text die doppelte Gattungszuordnung eines ‚autobiographischen Romans' voranstellt, verwahrt er sich nicht nur auf leichtfüßig-humoristische Weise davor, auf die Faktizität seiner Darstellung hin „interpelliert [zu] werden" (MK, 9), sondern deutet damit auch das erzählerische Grundprinzip des Textes an: In *Meine Kinderjahre* verbindet sich die Ebene des Erinnerns und Reflektierens durch den *erzählenden* Fontane mit der Ebene des Erlebens und Empfindens des *erzählten* Fontane zu einer komplexen Erzählstruktur, die von einem dynamischen Wechsel zwischen (poetisch-realistischer) Beobachterdistanz und der (sensorischen) Involvierung ins erinnerte Geschehen geprägt ist.

Zu den narrativen Finessen in *Meine Kinderjahre* gehört es, dass der Erzähler Fontane die Grenze des *Selbsterlebten* tendenziell überschreiten und – statt etwa nur im Ton eines Chronisten zu berichten – auch Ereignisse außerhalb des autobiographischen Raums in Form erzählter beziehungsweise dialogisch nachgestellter Szenerien präsentieren kann. Eine solche Szene der dialogisch-narrativen ‚Wiederaufführung' findet sich beispielsweise im ersten Kapitel des Textes, in dem Fontane sich einer „biographische[n] Skizze" (MK, 10) seiner Eltern widmet. Während der Vater in Bezug auf seine Zeit als Lehrling in der Berliner Elefanten-Apotheke ab 1809 wenig mitteilsam schien (vgl. MK, 12), wurde über die Kriegszeit ab 1813 im Hause Fontane umso mehr gesprochen – „meist durch mich veranlaßt", wie Fontane einräumt, „der ich nicht genug davon hören konnte" (MK, 13):

> „Du warst also wohl sehr patriotisch, lieber Papa." – „Nein, höchstens Durchschnitt. Offen gestanden, ich machte nur so mit. Wenn man siebzehn Jahr alt ist, erscheint einem ein freies Soldatenleben hübscher, als ein Lehrlingsleben. Und wie's im Liede heißt ‚eine jede Kugel trifft ja nicht'. Aber wenn ich auch anders hätte denken wollen, ich hatte keine rechte Wahl. In dem Tuchgeschäfte von Köppen und Schier, dessen Du Dich, weil Du ja selber in der Burgstraße gewohnt hast, vielleicht noch entsinnst trat damals eine adlige Dame ein und wurde von einem hübschen jungen Manne mit blondem Schnurrbärtchen

> bedient. ‚Ich wundere mich, Sie hier hinter dem Ladentisch zu sehn.' – ‚Ich nicht, meine gnädigste Frau; ich stehe hier lieber als anderswo.' – ‚Das seh ich', antwortete die Dame und dem hübschen Blondin eine Ohrfeige gebend, verließ sie das Lokal." (MK, 13)

Wie sich in dieser Passage bereits andeutet, verknüpft Fontane in *Meine Kinderjahre* die Ebenen des Anekdotischen (die Ohrfeige), der zeitbildlichen Darstellung (die Kriegszeit) und Szenerien des zum Teil autobiographischen, zum Teil dialogisch nachgestellten Erinnerns zu einem komplexen narrativen *Reenactment*. Das eigene Erlebt-Erinnerte, das dialogisch Nachgestellte und das Anekdotisch-Zeitbildliche werden, wie im Folgenden gezeigt werden soll, in Form von ‚angehaltenen Momenten' und ‚bewegten Bildern' präsentiert, die durch die geschickte narrative Blick- und Aufmerksamkeitslenkung vor den Augen der Leserin zu Panoramen, Motivketten und nicht zuletzt Szenarien der Reflexion entfaltet werden.

2. Erinnern und Erzählen in ‚bewegt-bewegenden' Bildern

Theodor Fontane ist nicht nur ein Meister des Erzählens, sondern auch der visuellen Gestaltung im Medium Sprache. Christoph Wegmann nennt ihn gar einen „Bilderfex", einen Enthusiasten des Visuellen.[3] Fontanes Erzählweise fungiert in ihrer Bildhaftigkeit, ihrer kunstvollen Blicklenkung und Inszenierung von visuellen Wahrnehmungsvorgängen als eine Schule des Sehens – das hat Nora Hoffmann an den *Wanderungen durch die Mark Brandenburg* (1862–1889) und verschiedenen Romanen Fontanes anschaulich herausgearbeitet.[4] In seinem 1893 erschienenen autobiographischen Werk *Meine Kinderjahre* kommen Fontanes Finessen als geübter Komponist ‚erlebt-erlebbarer' Landschaften und ‚bewegt-bewegender' Bilder in besonderer Weise zur Geltung.

In Fontanes strategischem Einsatz des Visuellen im Erzählen kommt dem mnemotechnischen Konzept der sogenannten *imagines agentes* eine Schlüsselfunktion zu, wie Wegmann unterstreicht.[5] Das in der römisch-antiken Gedächtniskunst entwickelte Konzept der markanten, ‚theatralen'[6] Bilder, die dank ihrer stark auf affektive Wirkung angelegten Gestaltung das detailgenaue Memorieren auch komplexer Szenerien und Zusammenhänge ermöglichen, erweist sich auch in der

3 Vgl. Christoph Wegmann: Der Bilderfex. Im imaginären Museum Theodor Fontanes. Hg. v. Theodor-Fontane-Archiv, mit einem Vorw. v. Peer Trilcke. Berlin 2019.

4 Vgl. Nora Hoffmann: Photographie, Malerei und visuelle Wahrnehmung bei Theodor Fontane. Berlin, Boston 2011 (Schriften der Theodor Fontane Gesellschaft, Bd. 8).

5 Vgl. Wegmann, Der Bilderfex (wie Anm. 3), S. 45.

6 Frauke Berndt: Literarische Bildlichkeit und Rhetorik. In: Claudia Benthien, Brigitte Weingart (Hg.): Handbuch Literatur & Visuelle Kultur. Berlin 2014, S. 48-67, hier S. 57.

modernen Rhetorik und der Literatur des langen 19. Jahrhunderts als produktiv. Aleida Assmann hat dies in ihrer grundlegenden Studie zu den *Formen und Wandlungen des kulturellen Gedächtnisses* detailliert nachgezeichnet.[7] Wie Assmann etwa in Bezug auf Charles Baudelaires Auseinandersetzung mit den radikalen Beschleunigungserfahrungen der Moderne darlegt, birgt die Technik der sprachlich erzeugten, emotional wirkmächtigen Bilder das Potential eines ‚Innehaltens': „Die rhetorische Mnemotechnik filterte die Zeit aus und machte den Raum zur zentralen Dimension der Erinnerung."[8] In *Meine Kinderjahre* fungiert gleichermaßen der Raum – sei es die Landschaft, das Haus mit seinen verschiedenen Zimmern und Dachböden, die Stadt mit ihrem Rathaus- und Kirchenplatz, die Straße entlang des Flusses, etc. – nicht nur als Schauplatz sondern Ordnungsstruktur autobiographischen Erinnerns, in der sich Zeit(wahrnehmung) und Raum(semantik) überlagern.[9]

Die *imagines agentes* oder ‚bewegten Bilder' lassen sich dabei zu einer Erzählstrategie in Bezug setzen, die Joachim Paech mit dem Konzept des ‚angehaltenen Moments' beschrieben hat. Paech spricht in seinem bereits älteren, aber grundlegenden Beitrag zum Phänomen ‚filmischen' Schreibens bzw. Erzählens *vor* der eigentlichen Entstehung des Mediums Film von einem für den poetischen Realismus des neunzehnten Jahrhunderts charakteristisch erscheinenden „Verfahren des ‚angehaltenen Moments'", der „zum gerahmten Tableau ausgeweitet wird, um in Rundblicken, Detailbeschreibungen, Intensivierungen an Ort und Stelle ausgestaltet zu werden, oder dessen Beschreibung dynamisierter Wahrnehmung zur Intensivierung des Erzählens selbst führt".[10] Das von Paech beschriebene Zusammenspiel aus Fokussieren und perspektivische Entfalten einer Szenerie lässt sich auch als Strategie der narrativen Aufmerksamkeitslenkung[11] fassen, die eine dynamische Involvierung der Leserin als beobachtende und (mit-)erlebende Instanz zum Ziel hat.[12]

---

7 Vgl. Aleida Assmann: Erinnerungsräume. Formen und Wandlungen des kulturellen Gedächtnisses. München 1999, S. 221-224.

8 Ebd., S. 224.

9 Zur Semantik der Raumsysteme bei Fontane und der Verquickung der Ebenen von Raum und Zeit vgl. etwa Rolf Parr: Die nahen und die fernen Räume: Überlagerungen von Raum und Zeit bei Theodor Fontane und Wilhelm Raabe. In: Roland Berbig, Dirk Göttsche (Hg.): Metropole, Provinz und Welt. Raum und Mobilität in der Literatur des Realismus. Berlin, Boston 2013 (Schriften der Theodor Fontane Gesellschaft, Bd. 9), S. 53-76.

10 Joachim Paech: ‚Filmisches Schreiben' im Poetischen Realismus. In: Harro Segeberg (Hg.): Die Mobilisierung des Sehens. Zur Vor- und Frühgeschichte des Films in Literatur und Kunst. München 1996 (Mediengeschichte des Films, Bd. 1), S. 237–260, hier S. 246.

11 Vgl. dazu das grundlegende Konzept von Erzählen als Szenario der Aufmerksamkeitslenkung und die Relevanz von „guided attention" und „simulated joint attention" in der Narration bei Gregory Currie: Narratives & Narrators. A Philosophy of Stories. Oxford 2010, bes. S. 97f.

Wie sehr das Bild(hafte) als Teil und Modus des Erzählens bei Fontane mit dem Prinzip der narrativen Blick- und Aufmerksamkeitslenkung verknüpft ist, wird in einem kurzen poetologischen Text mit dem Titel *Die Kunst des Erzählens* deutlich (FF, 429). Beim Erzählen, so führt Fontane hier zunächst aus, laufe es im Wesentlichen „auf dasselbe hinaus wie beim Drama und wer Menschen zu schaffen und diese geschaffenen Menschen in natürliche Beziehungen zu einander zu bringen weiß, der schreibe, der versteht sein Metier. Ganz wie beim Drama: Charactere und Situationen." (ebd.) Die Frage danach, ob der komponierende Autor sich in der Rolle der Erzählinstanz im Hintergrund halten oder mittels einer wahrnehmbaren Erzählstimme ‚plaudernd' einbringen soll, ist dabei aus Fontanes Sicht nicht der entscheidende Aspekt: „Ob ich als Puppenspieler hinter der Coulisse bleiben oder alle Augenblicke philosophirend oder erklärend vortreten will, ist gleichgültig. Das Erstre ist besser, aber wenn ich das Andre gut und geistreich und unterhaltend thue, ist es nicht nur statthaft sondern kann einen Reiz bilden." (ebd.) Ausschlaggebend für die als gelungen anzusehende narrative Komposition sei vielmehr dieses:

> Wir müssen dem, was sich da vor uns vollzieht, in jedem Augenblick unter freudiger Zustimmung *folgen* können. Auf dies Folgenkönnen, kommt es an. Man gleitet in einem Kahn den Fluß hinunter, immer angeregt, immer befriedigt durch die Bilder am Ufer. Stockt die Fahrt, geräth der Kahn auf eine Sand-Bank, so darf dieser Zwischenfall nicht zu lange währen; währt er nur kurze Zeit, so kann er den Reiz der Fahrt erhöhn. (ebd.)

Durch den Bogen, den Fontane hier von der Relevanz der authentisch-natürlichen Gestaltung von „Charactere[n] und Situationen" zum Konzept des „Folgenkönnens" schlägt, werden zwei unterschiedliche Dimensionen des letzteren aufgerufen: Einerseits geht es um die im Paradigma des Realismus zentral gesetzte Plausibilität der Figurencharakteristik und Erzählhandlung, wie sie in zugespitzter Form auch noch die naturalistische Programmatik mit ihrer Forderung nach ‚naturwissenschaftlich'-psychologisch motivierten Figuren und Handlungsverläufen ansetzt.[13] Andererseits legt das Motiv des Erzähl- und Lektüreflusses als Kahnfahrt

12 Vgl. Natalia Igl: The double-layered structure of narrative discourse and complex strategies of perspectivization. In: Natalia Igl, Sonja Zeman (Hg.): Perspectives on Narrativity and Narrative Perspectivization. Amsterdam, Philadelphia 2016 (Linguistic Approaches to Literature, Bd. 21), S. 91-114.

13 Zum naturalistischen *Reframing* des poetischen Realismus siehe Johannes J. Braakenburg (Hg.): Wilhelm Bölsche. Die naturwissenschaftlichen Grundlagen der Poesie. Prolegomena einer realistischen Ästhetik. [1887] Mit zeitgenössischen Rezensionen und einer Bibliographie der Schriften Wilhelm Bölsches. München, Tübingen 1976 (Deutsche Texte, Bd. 40).

entlang eines Ufers voller Bilder[14] – in sich selbst ein ‚bewegtes Bild'– den Fokus darauf, dass das Erzählte nicht nur in sich plausibel sein soll, sondern auch dazu imstande, die Leserin so in den Bilderfluss zu involvieren, dass die Lektüre als ein bewegt-bewegendes Erlebnis erscheint.

Betrachtet man Fontanes wirkungsästhetischen Ansatz des „Folgenkönnens" vor dem Hintergrund gegenwärtiger kognitiv-literaturwissenschaftlichen Arbeiten, so lässt sich das Bild der Kahnfahrt mit einem Modell des Lesens als „embodied process and experience"[15] in Einklang bringen, wie es etwa Karin Kukkonen expliziert hat. In ihrer Forschung zu den literarischen Strategien der sensorischen Leser-Involvierung – d. h., dem Zusammenspiel der Körper rückgebundenen (Leser-)Kognition und der ebenfalls durch Körperlichkeit ‚formatierten' sprachlichen Auslösereize – hat Kukkonen den Begriff des ‚*designed sensory flow*' geprägt.[16] Literarische Texte machen sich die körperlich-sensorische Dimension von Sprache auf eine Weise zunutze, dass sie in der Leserin nicht nur entsprechende sensorische Resonanz auslösen, sondern auch ein Gefühl des *Flows* des eigenen Wahrnehmungs- und Aufmerksamkeitsprozesses beim Lesen erzeugen. Der Text gibt der Leserin durch seine Anordnung sensorischer Eindrücke gleichsam das Gefühl zu wissen, worauf sie als nächstes achten muss.[17]

Im Falle von *Meine Kinderjahre* ist dabei für die Leserin bereits durch die Gattungszuordnung erwartbar, dass es sich bei den sensorisch besonders reichhaltigen Passagen des Texts typischerweise um Erinnerungssequenzen handelt. Eingeleitet werden diese bewegt-bewegenden (Erinnerungs-)Bilder in der Regel im Sinne des oben skizzierte Verfahren des ‚angehaltenen Moments': So finden sich durch den gesamten Text hindurch Formulierungen wie „dessen entsinne ich mich deutlich" (MK, 15), „[...] habe ich aus jenen Tagen her noch deutlich im Gedächtniß" (MK, 74) oder auch „[...] ist mir besonders stark im Gedächtniß geblieben" (MK, 137). Diese Formulierungen fungieren zugleich als textuelle Marker der leserseitigen Aufmerksamkeitslenkung – eine Art diskursives Stoppschild – und als perspektivische ‚*shifter*'[18], die den Wechsel in eine andere narrative

14 Wie in den Erläuterungen zum Fragment *Die Kunst des Erzählens* angemerkt, lässt sich das Bild der Kahnfahrt als Schreibmetapher dabei konkret als intertextueller Verweis auf Friedrich Schlegels Kritik *Über Goethe's Meister* in der Zeitschrift *Athenäum* (erster Band, 1798) lesen, „wo von den ‚beweglichen Gemälden' die Rede ist, die am Leser vorüberziehen"; Fontane Fragmente, Bd. 2, S. 364.

15 Karin Kukkonen: Presence and Prediction: The Embodied Reader's Cascades of Cognition. In: Style, 48 (2014) H. 3, S. 367-384, hier S. 378.

16 Vgl. Karin Kukkonen: 4E Cognition and Eighteen-Century Fiction: How the Novel Found its Feet. Oxford 2019.

17 Vgl. Kukkonen, 4E Cognition and Eighteen-Century Fiction (wie Anm. 16), S. 19f.

18 Zum perspektivischen *shifting* als narrativ-kognitivem Phänomen siehe grundlegend etwa Mary Galbraith: Deictic shift theory and the poetics of involvement in narrative. In: Judith F. Duchan, Gail A. Bruder, Lynne E. Hewitt (Hg.): Deixis in Narrative. A Cognitive Science

Ebene ankündigen. Mit Kukkonens Konzept des *designed sensory flow* lassen sich nun sensorisch reichhaltige Textpassagen nicht nur als Mittel der leserseitigen Involvierung im ‚Hier und Jetzt' des Erzählflusses verstehen, sondern auch als Mittel der makrostrukturellen Blicklenkung. So ist das Erleben von Präsenz in der erzählten Welt zwar aus kognitiv-literaturwissenschaftlicher Sicht ein zentraler Effekt der Vordergrundierung der körperlich-sensorischen Dimension von Sprache; wie Kukkonen jedoch hervorhebt, bedeutet dies nicht, dass die Leserin dadurch an das ‚Hier und Jetzt' des narrativen Geschehens im Lektürefluss gebunden ist.[19] Die *sensorische* Involvierung der Leserin durch entsprechende textuell-narrative Mittel ist vielmehr nicht von ihrer *kognitiven* Involvierung zu trennen.

Eine Sequenz aus *Meine Kinderjahre* soll diesen Konnex illustrieren. So findet sich im zweiten Kapitel eine der ersten, explizit als „Bild" (MK, 26) bezeichneten Erinnerungssequenzen, die zugleich eine einprägsame Charakterzeichnung der Mutter leistet. Der siebenjährige Fontane wird darin ‚mittelbar' Zeuge eines Scheunenbrandes – vor allem aber Zuschauer „eine[r] sich unmittelbar vor meinen Augen abspielende Scene, zu der das Feuer, dessen Schein ich nicht mal sah, nur die zufällige Veranlassung gab." (MK, 25)

> Meine Eltern befanden sich an jenem Tage auf einem kleinen Diner, ganz am entgegengesetzten Ende der Stadt. Als die Tischgesellschaft von der Nachricht, daß alle Scheunen in Feuer stünden, überrascht wurde, stand es für meine Mutter, die eine sehr nervöse Frau war, sofort fest, daß ihre Kinder mit verbrennen müßten oder mindestens in schwerer Lebensgefahr schwebten und von dieser Vorstellung ganz und gar beherrscht, stürzte sie, von der Tafel fort, die lange Friedrichwilhelmsstraße hinunter und trat ohne Hut und Mantel und das Haar von dem stürmisch eiligen Gange halb aufgelöst, in das große Frontzimmer unserer Wohnung, darin wir, aus den Betten geholt und mit Decken zugedeckt, schon auf Kissen und Fußbänken umhersaßen. Unserer ansichtig werdend, schrie sie vor Glück und Freude laut auf und brach dann ohnmächtig zusammen. Als im nächsten Augenblicke verschiedene Personen, darunter auch die Wirtsleute, mit Lichtern in der Hand herzukamen, empfing das Gesamtbild, das das Zimmer darbot, eine grelle Beleuchtung, am meisten das dunkelrote Brokatkleid meiner Mutter, und das schwarze Haar das darüber fiel, und dies Rot und Schwarz und die flackernden Lichter drum herum, das alles blieb mir bis diese Stunde. (MK, 25f.)

Für die Leserin hervorgehoben wird hier nicht so sehr das Brandgeschehen – der Text markiert deutlich, dass dieses in einer räumlichen und sogar visuellen

---

Perspective. Hillsdale NJ 1995, S. 19-59; für einen aktuellen Überblick siehe den Abschnitt zur „Deictic Shift Theorie" in: Lesley Jeffries, Dan McIntyre: Stylistics. Cambridge 2010, S. 157-161.

19 Vgl. Kukkonen, Presence and Prediction (wie Anm. 15), S. 380.

Distanz zum jungen Fontane verortet ist –, sondern die sich als Szene der sinnlich-körperlichen Überwältigung manifestierende Nervosität der Mutter. Erst der Schein der Lichter der zur Szene hinzukommenden anderen Personen erzeugt, zusammen mit den Farben des mütterlichen Haares und Kleides, ein künstliches Abbild eines Feuers. In diesem *imago agens* ist nicht nur die theatrale Szenerie einprägsam komprimiert und für den sich erinnernden Fontane mnemonisch gespeichert, sondern auch ein szenisch verdichtetes Charakterbild der Mutter angelegt, das sich leserseitig als ein Szenario der sinnlich-körperlicher Übersteigerung einprägt. Dieses Charakterbild erweist sich als akut relevant, wenn sich im weiteren Verlauf der erinnert-erzählten Handlung in *Meine Kinderjahre* ein vor allem der Mutter zugeschriebenes problematisches Erziehungsprinzip als zentraler Konflikt herausstellt – nämlich die von der Mutter angeordneten und vom Vater ausgeführten körperlichen Züchtigungen, die auch dem erzählenden Fontane noch als „im Maß verfehlt oder ganz und gar ungerechtfertigt" (MK, 135) erscheinen.

Im Folgenden ist jedoch zunächst ein genauerer Blick auf die spezifischen Strategien des Erzählens von autobiographischem Erinnern zu werfen, die in *Meine Kinderjahre* zugleich auf leserseitige Immersion und Reflexion angelegt sind.

3. Erzähltes Erinnern als performatives Wiedererleben und Szenario der Reflexion

Für die spezifische Strategie autobiographischen Erzählens in Fontanes *Meine Kinderjahre* ist, wie weiter oben bereits angesprochen, nicht zuletzt das Prinzip des dialogischen Nachstellens und Wiederaufführens eingeprägter und biographisch prägender Momente und Ereignisse von zentraler Bedeutung. Entsprechend ist das Erinnern in *Meine Kinderjahre* kein rein ans Visuelle beziehungsweise an das ‚innere Auge' geknüpfter Akt – ebenso wenig wie das *imago agens* oder „theatrale Bild"[20] als rein visuelles Konzept zu verstehen ist. Das (auto)biographische Erinnern und dessen Narration ist vielmehr eine an Raum, an Dinge und vor allem an die *multisensorische* Körperlichkeit angebundene Erfahrung des performativen Wiedererlebens, wie beispielsweise eine Sequenz im sechsten Kapitel („*Die Stadt; ihre Bewohner und ihre Honoratioren*") illustriert. Fontane schildert hier ein Szenario olfaktorischen Erinnerns – nicht erst mit Marcel Proust findet das Geruchserlebnis als Auslöser des Erinnerns Einzug in die Literatur – und der eindrücklich-körperlichen Erfahrung des ‚Nahrhaften' eines wiedererlebten Sinnesreizes. Das Szenario beginnt wie gewohnt mit einem angehaltenen Moment, einem Panorama oder Tableau, und dessen nachfolgender Entfaltung durch den Erzähler:

20 Berndt, Literarische Bildlichkeit und Rhetorik (wie Anm. 6), S. 57.

> Swinemünde war, als wir Sommer 1827 dort einzogen, ein unschönes Nest, aber zugleich auch wieder ein Ort von ganz besonderem Reiz, dabei aller Unbelebtheit der Mehrzahl seiner Straßen zum Trotz, von jener eigentümlichen Lebendigkeit, die Handel und Schiffahrt geben. [...] Hier am Strome nämlich, lief, auf fast eine Viertelmeile Wegs, das ‚Bollwerk' hin, eine Uferstraße, wie sie nicht poetischer gedacht werden konnte. [...] Freilich war auch diese Bollwerk-Straße nicht an jeder Stelle dieselbe, ließ sogar, namentlich flußaufwärts, manches zu wünschen übrig, von dem Punkt an jedoch, wo eine an unserer Hausecke beginnende Querstraße rechtwinkelig einmündete, konnte man sich, dem Laufe des Flusses folgend, Schritt für Schritt an den sich darbietenden Bildern erquicken. (MK, 51)

Ganz wie in der poetologischen Metapher der ‚Kahnfahrt' beschrieben, lenkt der Erzähler hier den Blick und die Aufmerksamkeit der Leserin „an den sich darbietenden Bildern" (MK, 51) entlang. Auf einige weitere (jahreszeitlich geordnete) Bildstationen, Rundblicke und Detailbeschreibungen folgt nun die Sequenz der olfaktorischen Erinnerung und einer von dieser ausgehenden Szenerie des sinnlichen Wiedererlebens:

> War dann im Frühling die Swine wieder eisfrei, so begann sich alsbald Alles wie mit Zauberschlag zu beleben und das Treiben am Strom hin zeigte, daß die Zeit zur Ausfahrt wieder nahe sei. Dann wurde der Schiffskörper auf die Seite gelegt, um ihn auf etwaige Schäden hin besser untersuchen zu können und waren diese gefunden, so sah man, am anderen Tage schon, an der betreffenden Bollwerkstelle, kleine mit Holzspähnen und zerfaserten alten Tauenden unterhaltene Feuer, in deren Mitte das Pech in eisernen Grapen brodelte. Ganze Haufen von Werg daneben. Und nun begann der Prozeß des Kalfaterns. Kam dann Mittagzeit heran, so wurde noch eine Pfanne mit Kartoffeln und Speckstücken in die Glut geschoben und viele, viele Male, wenn ich um diese Stunde hier meines Weges zog, sog ich begierig den appetitlichen Qualm ein, an dem mich der Pechbeisatz nicht im Mindesten störte. Noch jetzt nähre ich mich, oder doch wenigstens meine Nerven, mit Vorliebe von dem Erdpechqualm, der mitunter durch unsere neu zu asphaltierenden Berliner Straßen zieht. (MK, 52)

Der olfaktorische Reiz fungiert in dieser Sequenz gleichsam als Anker des Erinnerns und als eine Art Schablone, um zwei Raum-Zeit-Ebenen übereinanderzulegen: das Swinemünde des jungen, *erinnerten* Fontane und das Berlin des *erinnernden* Autor-Erzählers. Fontane inszeniert hier nicht nur das Erinnern als Akt des sinnlichen Wiedererlebens, sondern verknüpft zudem den doppelt überblendeten (‚Damals'/Swinemünde – ‚Jetzt'/Berlin) individuellen Erfahrungs- und Erinnerungsraum mit der poetisch-realistischen Darstellung des ‚Zeitbildlichen' – ganz wie es das Vorwort des Textes als programmatische Zielsetzung ankündigt.

Ein spezifisches Szenario der multisensorisch-performativen Körperlichkeit von Erinnern wird in *Meine Kinderjahre* unter dem Stichwort der ‚sokratischen Methode' präsentiert (vgl. MK, 92; 121f.; 125). Philosophiegeschichtlich betrachtet bezeichnet der Begriff der sokratischen Methode oder des sokratischen Dialogs ein auf Platon zurückgehendes (moral)philosophisches Diskursmodell, das über den Bereich der Philosophie hinaus eine breite Wirkung im Feld der Pädagogik entfaltet hat.[21] Als Modell des ‚Lehrens durch Fragen' hat sich die sokratische Methode in pädagogischen Ansätzen seit dem Ende des 18. Jahrhunderts etabliert.[22] In *Meine Kinderjahre* kommt dem Motiv der sokratischen Gesprächs- und Lehrmethode nicht nur eine besondere Rolle im Sinne einprägsamer Momente des Kindheitserlebens zu, sondern auch in Bezug auf die Komposition des zentralen Konflikts des autobiographischen Erinnerns, wie im Weiteren noch zu zeigen ist.

Auf der inhaltlichen Ebene dient der Begriff der ‚sokratischen Methode' zunächst einmal als Selbstbezeichnung des Vaters für sein – aus mütterlicher Sicht als eigenwillig und pädagogisch fragwürdig dargestelltes – Vorgehen, die stets gleichen (Dialog-)Szenen mit seinem Sohn durchzuspielen und auf diese Weise historische Begebenheiten anhand eines gemeinsamen *Reenactments* nicht als Fakten, sondern als Erlebnis zu vermitteln (vgl. MK, 120-122). Fontane selbst bewertet die Methode seines Vaters als äußerst wirkmächtig – und zwar sowohl darin, historische Gestalten im geselligen Gespräch derart bildhaft zu schildern und zum Leben zu erwecken, dass diese „dann leibhaftig vor einem" (MK, 92) standen, als auch mit Blick auf der aus dieser Methode resultierenden Bildung:

> Es kam vor, daß meine Mutter diesen eigenartigen Unterrichtsstunden beiwohnte [...] und bei der Gelegenheit durch ihr Mienenspiel zu verstehen gab, daß sie diese ganze Form des Unterrichts, die mein Vater mit einem unnachahmlichen Gesichtsausdruck seine ‚sokratische Methode' nannte, höchst zweifelhaft finde. Sie hatte aber in ihrer in diesem Stück und auch sonst noch ganz konventionellen Natur total Unrecht, denn, um es noch einmal zu sagen, ich verdanke diesen Unterrichtsstunden, wie den daran anknüpfenden gleichartigen Gesprächen, eigentlich alles Beste, jedenfalls alles Brauchbarste was ich weiß. Von dem was mir mein Vater beizubringen verstand, ist mir nichts verloren gegangen und auch nichts unnütz für mich gewesen. Nicht bloß gesellschaftlich sind mir, in einem langen Leben, diese Geschichten hundertfach zu gute gekommen, auch bei meinen Schreibereien waren sie mir immer wie ein Schatzkästlein zur Hand und wenn ich gefragt würde, welchem Lehrer ich mich

21 Vgl. Thomas C. Brickhouse, Nicholas D. Smith: Socratic teaching and Socratic method. In: Harvey Siegel (Hg.): The Oxford Handbook of Philosophy of Education. Oxford 2009, S. 177-194.

22 Vgl. Avi I. Mintz: Plato. Images, Aims, and Practices of Education. Cham 2018, S. 41.

> so recht eigentlich zu Dank verpflichtet fühle, so würde ich antworten müssen: meinem Vater, meinem Vater, der so zu sagen gar nichts wußte, mich aber mit dem aus Zeitungen und Journalen aufgepickten und über alle möglichen Themata sich verbreitenden Anekdotenreichtum unendlich viel mehr unterstützt hat, als alle meine Gymnasial- und Realschullehrer zusammengenommen. Was *die* mir geboten, auch wenn es gut war, ist so ziemlich wieder von mir abgefallen, die Geschichten von Ney und Rapp aber sind mir bis diese Stunde geblieben. (MK, 121)

Die sokratische Methode des Vaters erweist sich für Fontane damit als gute Gabe im doppelten Sinne: Für die Figur des jungen Fontane gestaltet sie sich in der Erzählung als gleichsam angenehmer und nachhaltiger Weg der Aneignung historischen Wissens im performativen (Gesprächs-)Spiel. Für den autobiographisch zurückblickenden Erzähler Fontane wird sie zum Grundstein der Ausbildung seines Sinns für das Dialogische und Anekdotische, zum „Schatzkästlein" (MK, 121) an Stoffen und Modi des Schreibens.

Auf der kompositorischen Ebene des Textes wird das dergestalt positiv entworfene Motiv der sokratischen Methode nun, wie im Folgenden beleuchtet werden soll, zur Kontrastfolie für ein pädagogisch fragwürdiges Erziehungsprinzip im Hause Fontane und dem in *Meine Kinderjahre* nach und nach als zentral entfalteten Konflikt autobiographischen Erinnerns.

4. Von der ‚sokratischen Methode' zum Reenactment *autobiographischer (Un)Ordnung*

Es gehört zu den Gemeinplätzen der Psychologie wie der Erzählforschung, dass wir unser als kohärent empfundenes ‚Selbst' anhand von Narration herstellen, als *narratives Selbst*: „[N]arrative configurations create meaning out of the chaos of reality. [...] Making sense of our lives and our sense of selfhood means structuring the events in our lives."[23] Gemäß der Gattungserwartung an eine Autobiographie und des Grundmusters autobiographischen Erzählens mit seinem Schema von ‚Krise und Überwindung'[24] ist dieser Prozess der Kohärenzbildung nicht nur an ein Verfahren des sinnstiftenden Anordnens von Lebensereignissen geknüpft, son-

23 Guri Ellen Barstad, Karen Patrick Knutsen, Elin Nesje Vestli: Introduction. The Search for Self: Continuity and Mutability. In: Dies. (Hg.): Exploring Identity in Literature and Life Stories: The Elusive Self. Newcastle upon Tyne 2019, S. 1-14, hier S. 3. Siehe grundlegend auch Paul Ricoeur: Oneself as Another. Übers. v. Kathleen Blamey. Chicago 1992.

24 Wie Susanna Egan argumentiert, verschiebt sich dieses Grundmuster seit der (literarischen) Moderne dahingehend, dass es in autobiographischen Texten immer häufiger um unlösbare Krisen geht und die Frage nach der Möglichkeit des autoritativen Sprechens an sich in den Fo-

dern auch an ein Identifizieren dessen, was die Ordnung der Dinge zu bedrohen scheint.

Als geübter Romancier versteht es Fontane auch im autobiographischen Erzählen, seinen Text so anzulegen, dass eine klare Plot- und Konfliktstruktur entsteht. Wie in anderen erzählenden Werken Fontanes geht auch in *Meine Kinderjahre* das Schürzen des dramatischen Knotens – wir erinnern uns an Fontanes vorangehend skizzierte poetologische Engführung des Narrativen und des Dramatischen (vgl. FF, 429) – entsprechend schrittweise von statten. Während zunächst das Motiv der väterlichen Verfehlungen in Gelddingen – dessen fehlende Geschäftstüchtigkeit und Hang zum Spiel – und die von Fontane nicht zuletzt darauf zurückgeführte spätere Trennung der Eltern als zentraler Konflikt der Kindheitserinnerungen erscheint, wird durch Fontanes geschickte motivische Komposition im Verlauf der Erzählung die *eigentliche* Krise des autobiographischen Erinnerns herauspräpariert. So präsentiert der Text das elterlich-häusliche Erziehungsmodell nach und nach als ein janusköpfiges: als eines, in dem die sich die Pädagogik der körperlich-performativen Resonanz einerseits in der als positiv prägend vorgeführten ‚sokratischen Methode' manifestiert, andererseits jedoch auch in schädigenden Szenarien der körperlichen Züchtigung. Die von Anfang an in *Meine Kinderjahre* markierte charakterliche Verschiedenheit der Eltern wird im Text als zentraler Grund für diese doppelseitige pädagogische Praxis lesbar, in der „durch dann und wann auftretende Versuche mit den herkömmlichen pädagogischen Mitteln einzugreifen, unser normaler Nicht-Erziehungsprozeß gestört [wurde], teils nutzlos, teils geradezu schädigend" (MK, 135).

Als entscheidende erzählerische Finesse, um die autobiographische *Unordnung* im Text für die Leserin genau sichtbar und nachvollziehbar zu machen, erweist sich dabei das Motiv der ‚Exekution'. In diesem einmal in eigentlicher, einmal in uneigentlicher Bedeutung verwendeten Begriff treten in *Meine Kinderjahre* die (semantischen) Räume des Hauses und der Stadt dergestalt zueinander in Bezug, dass deren jeweilige Ordnungsprinzipien zueinander in eine kritisch-abgleichende Relation gesetzt werden.

Werfen wir zunächst einen Blick auf die Textpassage, in der es um eine Exekution im Wortsinne der Hinrichtung geht. Von diesem städtischen Ereignis wird in einer längeren Textpassage erzählt (MK, 97-99), in der vor allem das „in der Ordnung"-Sein (MK, 98) des an sich exzeptionellen Vorganges in den Vordergrund tritt. So wird die Passage durch eine typische panoramatische Spaziergangssequenz eingeleitet, von der das Untypische des Ereignisses gerahmt wird:

kus gerät; vgl. Susanna Egan: Mirror Talk. Genres of Crisis in Contemporary Autobiography. Chapel Hill 1999.

> Jeden Nachmittag machten wir, mein Bruder und ich, einen Spaziergang an dem schon in den Dünen gelegenen Kirchhof vorüber, auf den Strand zu. So auch an jenem Sonnabend. Der Kirchhof lag bereits hinter uns und das Meer, wenn der Weg etwas anstieg, blitzte schon hier und da vor uns auf, als wir plötzlich einer Anzahl von Leuten ansichtig wurden, die, links ab vom Wege, in einer von Strandhafer überwachsenen Dünenschlucht ein sonderbares Gerüst aufschlugen, nicht viel größer als ein großer Tisch. Sie klopften gerade große Nägel, mit Eisenringen daran, in die Bretter des Podiums, darauf außerdem noch Holzklötze standen, ein halbes Dutzend oder ein paar mehr. Die Leute aber, die dabei beschäftigt waren, waren nicht Zimmerleute, sondern die, von denen es hieß ‚daß sie gekommen seien'. Sie ließen sich nicht stören und wir unsererseits, nachdem wir das unheimliche Bild uns eingeprägt, gingen rasch weiter auf den Strand zu, wo der Blick aufs Meer uns wieder frei machte. (MK, 97f.)

Dass mit der anstehenden Hinrichtung und ihrer Durchführung alles seine (bürgerliche) Ordnung hat, machen die weiteren Ausführungen deutlich. So wurde im Hause Fontane „nicht viel von dem, was bevorstand, gesprochen, und erst am Abend erfuhren wir, daß mein Papa mit dabei sein werde und das Kommando habe." (MK, 98) Zusammen mit anderen Kindern des Orts verfolgt der junge Fontane das Geschehen – vor allem aber das Verhalten der Eltern:

> Einige befreundete Damen begleiteten meine Mutter, die merkwürdig ruhig war; sie fand Alles, was vorging, nur in der Ordnung, Aug um Auge, Zahn um Zahn, und ließ den Damen, die mit bei uns eingetreten waren, ein Glas Portwein reichen. Dann sprach sie von ganz andern Dingen; sie wollte falsche Sentimentalität nicht aufkommen lassen und hatte Recht wie immer. (MK, 98)

Die als „merkwürdig" bezeichnete Ruhe der Mutter findet ihr Gegenstück in der „sichtliche[n] Erregung" des Vaters, der zwar zuhause vom Hergang der Exekution „ziemlich ruhig" erzählt, aber doch „mit besonderer Betonung einzelner französischer Wörter wie massacre, sangfroid, pitoyable, zu denen er immer griff, wenn er etwas scharf markieren wollte" (MK, 99). Während die Ruhe der Mutter sich infolge ihres Empfindens der moralischen Richtigkeit des Geschehens und ihrer persönlichen Ablehnung „falsche[r] Sentimentalität" (MK, 98) natürlich einzustellen scheint, wird die starke emotionale Reaktion des Vaters erst „gedämpft durch das Gefühl der verantwortlichen Kommandorolle, die sein Teil bei der Sache gewesen war" (MK, 99). Die „sichtliche Erregung" des Vaters wird im Text durch die folgende Passage als das eigentlich angemessene Maß emotionaler Involviertheit nahegelegt – der vorangehenden Aussage, die unsentimentale Mutter „hatte Recht wie immer" (MK, 98) zum Trotz:

> Mir war zu Mut als ob wenigstens ein Unwetter heraufziehen oder eine Sonnenfinsternis stattfinden müsse; es kam aber nichts derart und in verhältnismäßig kurzer Zeit – was mit dem langen Schweben des Prozesses zusammenhängen mochte – war alles vergessen. (MK, 99)

Wenn die Leserin nun im weiteren Verlauf der Lektüre mit dem erneuten Auftreten des Motivs der Exekution konfrontiert wird – nun in der übertragenen Bedeutung der körperlichen Bestrafung als erzieherischem Akt im Abschnitt „*Wie wir erzogen wurden – Wie wir spielten in Haus und Hof*" (vierzehntes Kapitel) – geschieht dies also vor dem Hintergrund des bereits etablierten Bildes der tatsächlichen Hinrichtung als staatlich-bürgerlich sanktioniertem Akt der Wiederherstellung von Ordnung. In der dergestalt im wiederkehrenden Motiv der Exekution angelegten Vergleichsperspektive wird entsprechend im Handlungsverlauf deutlich, dass das Gerechtigkeitsprinzip des „Aug um Auge, Zahn um Zahn" (MK, 98) zwar im Außenraum der Stadt und Welt seine verbürg(erlich)te Ordnung haben mag, auf den im Innenraum des Hauses nun aber nicht ohne Weiteres übertragbar scheint:

> Ich kann mich nämlich nicht entsinnen, jemals mit einem vollen Recht bestraft worden zu sein, entweder war es im Maß verfehlt, oder ganz und gar ungerechtfertigt. Es traf sich dabei so sonderbar, daß alle diese Strafen durch meinen Vater vollzogen wurden, wobei jedoch zwei Gruppen unterschieden werden müssen, solche, zu denen der Vollziehende, mein Vater also, sich durch sich selbst getrieben fühlte und solche, zu denen er bloß abkommandiert wurde. Jene haben keinen großen Eindruck in meiner Seele hinterlassen, aber diese, die bloß auf Befehl erfolgten, schmerzen mich bis diesen Tag. (MK, 135)

Während die hyperbolisch als „kleine Exekutionen" bezeichneten „Vollstreckungen aus der freien Initiative meines Vaters" (MK, 137) als direkte, und vom richtigen Maß an emotionaler Beteiligung gleichsam angefeuert wie auch abgemilderte Reaktionen auf kindliches Fehlverhalten die häusliche Ordnung letztlich nicht aus dem Gleichgewicht zu bringen vermögen, erscheinen die von der Mutter in Auftrag gegebenen Bestrafungen als ein „schmerzlich[es] und nachhaltig[es]" (MK, 137) Unrecht, das Fontane als prägende Kindheitserinnerung präsentiert:

> Leider jedoch hatte meine Mutter [...] den Entschluß gefaßt, nur immer Strafmandate zu erlassen, die Ausführung aber meinem Vater, wie einem dafür Angestellten, zuzuweisen. Das Heranreifen eines solchen Entschlusses in ihr, kann ich mir nur so erklären, daß sie davon ausging, mein sehr zur Bequemlichkeit neigender Vater sei eigentlich ‚für gar nichts da' und daß sie mit dem allen den Zweck verband, ihn auf den Weg des Pflichtmäßigen hinüber leiten zu wollen. Treff ich es damit, so muß ich sagen, ich halte das von ihr eingeschlagene

Verfahren für falsch. Wer die Untat entdeckt und als Untat empfindet, der muß auch auf der Stelle Richter und Vollzieher in einer Person sein. (MK, 137-138)

Im Kontrast zu den vorangegangenen Textpassagen wird hier bemerkenswerterweise der Fokus vom Problem des verfehlten Mittels und Maßes (vgl. 135) auf das Problem des verfehlten *Zweckes* gelenkt: Zur eigentlichen Zielsetzung des Bestrafungsszenarios wird in der Deutung des Erzählers nun die *väterliche Disziplinierung* durch die Mutter. Das gesamte Szenario wird so als eine Instrumentalisierung von Vater und Sohn gleichermaßen präsentiert.

Indem Fontane diesen Konflikt im Text nicht einfach benennt, sondern gemäß der weiter oben zitierten poetologischen Devise „Ganz wie beim Drama: Charactere und Situationen." (FF, 429) im Verlauf der Erzählung nach und nach aufbaut, entfaltet und deutet, gestaltet er den autobiographischen Roman als eine Art *Reenactment*. Das erinnernd-performative Wiedererleben des als prägend gezeigten Kindheitskonflikts ermöglicht es dabei nicht nur dem *Erzähler* Fontane, die Geschehnisse narrativ ‚in (die) Ordnung' zu bringen, sondern beteiligt auch die Leserin in entscheidender Weise an diesem Prozess: Durch die Strategien der einprägsamen bewegt-bewegenden Bilder, der narrativen Aufmerksamkeitslenkung und motivischen Verkettung wird die Lektüre für die Leserin im Sinne des von Kukkonen beschriebenen *designed sensory flow*[25] zugleich als Prozess des sensorisch-mentalen *Miterlebens* und als Prozess der Reflexion und des *Mit-Erkennens* angelegt.[26]

5. Der autobiographischer Roman als Krisenbewältigung

Jede autobiographische Erzählung ist das Ergebnis eines komplexen Kompositionsprozesses – ebenso wie *Erinnern* ein komplexer kognitiv-affektiver und an den Körper und die räumlich-sensorische Wahrnehmung der sich erinnernden Person rückgebundener Prozess ist.[27] Auch in Fontanes kunstvoll komponiertem „autobiographischen Roman" (MK, 9) *Meine Kinderjahre* steckt das Erinnern in seinen narrativen Manifestationen als bewegt-bewegende Bilder und dialogisch-

25 Vgl. Kukkonen, 4E Cognition and Eighteen-Century Fiction (wie Anm. 16).

26 Terence Cave bringt dieses zentrale Potential von Literatur auf den Punkt, wenn er sie als ein Instrument des Denkens beschreibt: Literatur bringt Dinge ans Licht – nicht einfach, indem sie Erkenntnisse formuliert, sondern indem sie Erkennen beobachtbar und zugleich selbst erlebbar macht. Vgl. Terence Cave: Thinking with Literature: Towards a Cognitive Criticism. Oxford 2016, S. 12.

27 Zum Zusammenhang von autobiographischem Erinnern, Körper und Raum siehe etwa Steven D. Brown und Paula Reavey: Embodiment and Place in Autobiographical Remembering. A Relational-Material Approach. In: Journal of Consciousness Studies, Jg. 25, H. 7-8 (2018), S. 200-224.

performative Sequenzen *im Körper*. In Bezug auf die im Text zentral verhandelte Krise tritt der Konnex von Körper und Erinnern dabei noch einmal besonders deutlich in den Vordergrund.

Auch wenn das Gattungsschema autobiographischen Erzählens das von ‚Krise und Überwindung' sein mag, zeigt sich in der Schlusssequenz von *Meine Kinderjahre* konsequenterweise, dass solchermaßen nachhaltige ‚Prägungen' auch im Zuge der Kohärenzbildung und narrativ-reflektierenden Ordnens von Lebensereignissen und Zusammenhängen nicht einfach zu überwinden sind. So kommt es hier zwar zu einer knapp angemerkten, positiv-emotionalen Abschlussszene zwischen Mutter und Sohn und damit verbunden den Kinderjahren als solchen, zugleich aber zu einer recht ernüchternden Bilanz in Bezug auf das biographische Gesamtbild:

> Und so fuhr ich denn mit meiner Mutter – die in diesen Tagen, ganz gegen ihre Gewohnheit, ungemein weich und nachsichtig gegen mich war – in die Welt hinein. Ein neuer Lebensabschnitt, der zweite, begann für mich und eh ich auch über ihn, wenn überhaupt, berichte, werf ich noch einen Blick auf das Stück Leben zurück, das mit dem Abreisetage für mich abschloß.
>
> Es war, trotz des letzten Halbjahrs mit seinen vielen kleinen Ärgernissen, eine glückliche Zeit gewesen; später – den Spätabend meines Lebens ausgenommen – hatt ich immer nur vereinzelte glückliche Stunden. Damals aber, als ich in Haus und Hof umherspielte und draußen meine Schlachten schlug, damals war ich unschuldigen Herzens und geweckten Geistes gewesen, voll Anlauf und Aufschwung, ein richtiger Junge, guter Leute Kind. Alles war Poesie. Die Prosa kam bald nach, in allen möglichen Gestalten, oft auch durch eigene Schuld. (MK, 176)

Die eigentliche Krisenbewältigung findet außerhalb des Textes statt, wie in Fontanes Tagebucheintrag zum Jahr 1892 deutlich wird. Dieser beginn mit der Bemerkung, das Jahr sei „ein recht bitteres" (TB, 1206) für ihn gewesen, erfüllt von langer Krankheit, Schlaflosigkeit und äußeren Unannehmlichkeiten („Nach Berlin zurückkehren ging auch nicht, denn es herrschte eine tropische Hitze, dazu kam Cholera."; TB, 1206). Erst im Herbst verbessert sich die Lage und Anfang November sei Fontane „so weit wiederhergestellt" gewesen, dass er „mit dem Niederschreiben einer ‚Biographie' von mir, oder doch eines Bruchstückes, beginnen konnte" (TB, 1207): „Ich wählte ‚Meine Kinderjahre' (bis 1893) und darf sagen, mich an diesem Buch wieder gesund geschrieben zu haben. Ob es den Leuten gefallen wird, muß ich abwarten, mir selbst habe ich damit einen großen Dienst getan." (TB, 1207)

Fontane selbst wertet sein autobiographisches Schreibprojekt also im ganz handfesten Sinne als geglückte Überwindung einer Krise. Als kunstvoll angelegter autobiographischer Roman, der einen gleichermaßen immersiven wie erkenntnisreichen Lektüreprozess bietet, verdient es der Text ohne Zweifel, auch die Fontane zugeneigte Leserschaft in den Bann zu ziehen.

„gens irritabilis": Niels Wrschowitz und die Musikdebatte im *Stechlin*

Florian Krobb

Wenn im 13. Kapitel des *Stechlin* der Schauplatz zum Barbyschen Haushalt wechselt, der Roman dessen Häuslichkeit und Geselligkeit zum Gegenstand macht und die Verbindung zwischen den beiden Familien in den Vordergrund rückt, tritt auch die Musik als Gesprächsthema in den Radius des Erzählens. Danach sind musikalische Anspielungen wenn nicht allgegenwärtig, so doch prominent genug, dass man durchaus von einem signifikanten Motiv sprechen darf. Eine zentrale Gestalt des Romans ist ein Musiker, der sich auch zu seinem Metier äußert und Gesprächspartner ebenfalls zu Stellungnahmen provoziert; die Namen von nicht weniger als *sechs* Komponisten werden genannt; einige der Gespräche schalten sich in zeitgenössische Musikdebatten ein und enthalten Ansichten zu Fragen von Stil und musikalischem Ethos. Weiterhin sind zwei von den Hauptpersonen Klavierschülerinnen, einer Musikliebhaber und ein weiterer erinnert sich an die Klavierübungen seiner Jugend. Im Verlauf der Handlung kommen der Musik und ihren Repräsentanten nach dem 13. Kapitel noch zweimal eine szenenbeherrschende Rolle zu, nämlich im Rahmen der Heiligabend-Feier im Hause der Barbys, wenn ein schon anfangs erwähntes Musikstück aufgeführt wird (Kapitel 26), und in dem hitzigen Streit zwischen den beiden Hausfreunden der Barbys, dem Musiker Wrschowitz und dem Maler Cujacius (Kapitel 34), wenn die polarisierende Debatte aus dem 13. Kapitel einen Nachhall findet. Und schließlich nennt Dubslav Stechlin gegen Ende des Romans noch einen Komponistennamen im Gespräch mit seinem alten Hausarzt Sponholz. Von diesen Stellen aus fädelt sich das musikalische Thema dann auf verschiedene Weise in andere Motivkomplexe ein.

Die im Roman namentlich erwähnten Komponisten sind Richard Wagner (1813–1883), Niels Gade (1817–1890), Felix Mendelssohn-Bartholdy (1809–1847), Frederic Chopin (1810–1849), Graf Michał Kleofas Ogiński (1765–1833) und Ignaz (Isaak) Moscheles (1794–1870). Chopin wird lediglich als Beispiel für einen polnischen Komponisten angeführt, dessen Musik dem Grafen Barby gefällt. Von dessen im selben Atemzug genannten Landsmann Ogiński kommt später ein Stück zur Aufführung, an das sich eine wichtige Handlungswendung anschließt und das ein auch anderswo anhand der Musik verhandeltes Leitmotiv variierend aufnimmt: das der Leidenschaft. Die Wiederholung der Erwähnung Ogińskis hat sodann eine strukturierende Funktion; die zweite Stelle antwortet auf die erste. Mendelssohn, Chopin und Wagner sind bis heute berühmt; Gade, Ogiński und Moscheles dagegen außer in Fachkreisen kaum mehr bekannt. Moscheles genießt allerdings im englischsprachigen Raum noch weitaus größere Popularität als im deutschsprachigen, wahrscheinlich auch wegen seiner langen Residenz in London und seinen Konzerttouren im gesamten damaligen Vereinigten Königreich von Großbritannien und Irland (1825–1846).[1] Im Roman werden auch die Namen der Komponisten, die heute kaum mehr ein Begriff sind, mit einer solchen Selbstverständlichkeit von den Romanfiguren im Munde geführt, dass auf größere Bekanntheit, ein wissendes Verständnis der Gesprächspartner und zeitgenössischen Leser und Leserinnen geschlossen werden darf. Welche Assoziationen die Erwähnungen dieser Komponisten freisetzen und welche Bedeutung sie transportierten mochten, welchen Resonanzraum ihre Nennung eröffnete und auf was für ein kollektives Vorverständnis Fontane bauen konnte, muss heute allerdings rekonstruiert werden. Die Musiker-Anspielungen entfalten im Text eine strukturierende Funktion, denn die beiden Szenen im Barbyschen Haushalt, in denen der Klavierlehrer Wrschowitz und der Komponist Ogiński eine prominente Rolle spielen, signalisieren die entscheidenden Stufen in dem Verhältnis von Armgard Barby und Woldemar Stechlin, deren Eheverhandlungen ja den Kern der Handlung ausmachen.[2] Die musikalischen Anspielungen im *Stechlin* leisten aber noch viel mehr als die Markierung von Handlungsschritten; sie bringen das Bedeutungsgefüge des Textes auf eigene Art zum Schwingen, da sie sich gegen einsinnige Aufschlüsselung und Zuordnung sperren. Oft sind die Musiker-Erwähnungen antithetisch oder antizyklisch gegen andere Züge der Figurengestaltung oder sonstigen Bedeutungserzeugung gerichtet; außerdem zeichnen sie sich durch eine gute Portion situativer Ironie aus.

Angelpunkt in dem musikalischen Motivgeflecht ist eindeutig Dr. Wrschowitz, der Klavierlehrer der Barby-Töchter, mit seinen markigen Äußerungen zur zeitgenössischen Musikszene, insbesondere mit seiner ungestümen Wagner-Verehrung und vehementen Ablehnung anderer musikalischer Strömungen. Abgesehen von Fontanes ‚Verhältnis' zu Wagner und dem Wagnerismus, dem besonders in den 1980er Jahren einige Studien gewidmet worden sind, die natürlich auch die Be-

1 Emil F. Smidak: Isaak-Ignaz Moscheles. Das Leben des Komponisten und seine Begegnungen mit Beethoven, Liszt, Chopin, Mendelssohn. Wien 1989, S. 39-141. Ergänzend Una Hunt: The Harpers' Legacy. Irish National Airs and Pianoforte Composers. In: Journal of the Society of Musicologists in Ireland, Vol. 6 (2010/11), S. 3-53.

2 Florian Krobb: Transaktionale Geschlechterbeziehungen bei Fontane. *Cécile* und *Der Stechlin*. In: Paul Keckeis, Gerda Moser, Viktoria Walter (Hg.): Literarische Aushandlungen von Liebe und Ökonomie. Berlin 2023, S. 151-170.

handlung im *Stechlin* streifen,[3] scheint dem Thema der Musik und den so auffällig zahlreichen Musiker-Nennungen in dem Roman noch nicht nachgegangen worden zu sein. Man braucht nicht so weit zu gehen, in Teilen von Fontanes literarischen Verfahren Echos von Wagners Leitmotivtechnik zu sehen – und sei es „mit skeptischem Unterton"[4] – um zu erkennen, dass die Auseinandersetzung Fontanes im *Stechlin* mit Musik als gesellschaftlichem Phänomen und auf ästhetischer wie emotionaler Ebene eines der prominentesten und schillerndsten Motive des Textes darstellt. Um in der musikalischen Metaphorik zu bleiben: Fontanes assoziative und kontrapunktische Verwendung trägt durchaus Züge der Variation oder des Capriccios; intrikate Verwebungen motivischer Komplexe mögen an die Kunst der Fuge erinnern, die Vielstimmigkeit der Verwendung legt die Metapher eines ‚Konzerts' nahe.[5]

Das Motivgeflecht, in dessen Zentrum die musikalischen Anspielungen stehen, verästelt sich in einige andere signifikante Themenbereiche, darunter Nationalismus, Antisemitismus und Kosmopolitismus. In der Kombination mit Anspielungen auf die bildende Kunst trägt es zur Zeichnung des wilhelminischen Preußen in einer Umbruchsphase bei. Musik wird zum Demonstrationsobjekt für Denkweisen und Dispositionen genutzt, für persönliche Haltungen und Problemkonstellationen, zur Exemplifizierung der Dichotomie von Beharren und Neuerung, von Essenz und Gefälligkeit, von leidenschaftlicher Vehemenz und zurückhaltender Erwägung. Die Namen von Komponisten fungieren als Signifikanten oder Chiffren, sie generieren Bedeutung, indem sie sich sowohl offen wie beiläufig in zeitgenössische Diskurse und auch Kontroversen einklinken. Meistens verweigern die Nennungen allerdings eindeutige Stellungnahme zu den angerissenen Problemlagen; Kontexte und Bezüge werden nicht explizit gemacht, Resonanzräu-

3 Dorothea Rüland: Instetten war ein Wagner-Schwärmer. Fontane, Wagner und die Position der Frau zwischen Natur und Gesellschaft. In: JDS, 29. Jg. (1985), S. 405-425; Hans Otto Horch: Ansichten des 19. Jahrhunderts. Theodor Fontanes Verhältnis zu Wagner und dem Wagnerismus. In: FB, H. 41 (1986), S. 311-325; Gábor Kerekes: Theodor Fontanes Verhältnis zu Richard Wagner. In: Germanistisches Jahrbuch DDR – UVR, 7 (1988), S. 92-101; Hans Otto Horch: Annäherung an ein Jahrhundertereignis. Theodor Fontanes Verhältnis zum Wagnerismus. In: Robert Leroy, Eckart Pastor (Hg.): Deutsche Dichtung um 1900. Beiträge zu einer Literatur im Umbruch. Bern [u. a.] 1991, S. 31-73.

4 Friederike Wißmann: Richard Wagner, Friedrich Nietzsche und die Folgen. Zu einem intermedialen Paradigma der Rezeption zwischen Musik und Philosophie. In: Nicola Gess, Alexander Honold (Hg.): Handbuch Literatur & Musik. Berlin 2017, S. 450-469, hier S. 456.

5 Zu musikalischen Evokationen im Medienverhältnis Musik und Literatur über Gattungsbezeichnungen wie Sonate, Fuge, Variation, Konzert und andere vgl. Monika Schmitz-Emans: Medientransfomationen und Formtransfers. Kunstvergleichende Studien im Horizont wechselnder Paradigmen. In: Gess, Honold (Hg.): Handbuch Literatur & Musik (wie Anm. 4), S. 131-158, und andere Beiträge in diesem Band. Die einschlägige (Theorie-) Diskussion hat das Beispiel *Stechlin* bisher noch nicht zur Kenntnis genommen.

me müssen deshalb rekonstruiert werden. Wie Metaphern bei Fontane ja so oft, bleiben Bedeutungen schwebend und polyvalent.

Strukturelle Klammer

Äußerungen zur Musik und zu Komponisten dienen der Charakterisierung der Figuren, denen diese in den Mund gelegt oder als Attribute beigelegt sind. Auch beleuchten sich die Gegenstände der Anspielung und ihre Situierung, also die Szene, gegenseitig. Ausführungen und Aussagen zum Thema sind immer Standpunkte und werden durch die vielseitige Zeichnung der Redner von vornherein relativiert sowie in Rückblick und Wiederaufnahme permanent variiert, modifiziert, ridikulisiert - auch veruneigentlicht und veruneindeutigt. Im *Stechlin* markieren die Musikanspielungen, besonders die auf Ogiński und seine Polonaise, aber auch die auf die Kontroverse um Richard Wagner und Niels Gade, signifikante Stufen in der Entwicklung der äußerlich dürftigen Handlung - wenn man denn das Zusammenfinden von Armgard und Woldemar als Handlung bezeichnen will. Gewisse Analogien und Korrespondenzen zwischen der ersten großen Gesprächsszene im Barbyschen Haus im 13. Kapitel und der Feier im 26. Kapitel erhellen die strukturelle Funktion des musikalischen Themas.

Musik tritt mit einem Paukenschlag in den Themenkreis des Romans ein, wenn der Klavierlehrer von Melusine und Armgard Barby, Hausgast und Gesprächspartner des alten Grafen, eingeführt wird. Eine vordergründig harmlos-erheiternde Anekdote erklärt, warum der Musiker einen Doktortitel erworben hat:

> Wrschowitz' Vater, ein kleiner Kapellmeister an der tschechisch-polnischen Grenze, war ein Niels-Gade-Schwärmer, woraufhin er seinen Jungen einfach Niels taufte. Das war nun wegen des Kontrastes schon gerade bedenklich genug. Aber das eigentlich Bedenkliche kam doch erst, als der allmählich ein scharfer Wagnerianer werdende Wrschowitz sich zum direkten Niels-Gade-Verächter ausbildete. Niels Gade war ihm der Inbegriff alles Trivialen und Unbedeutenden [...]. (DS, 128)[6]

Deshalb habe er, so der Hausherr weiter, „den Vornamen auf seiner Karte durch einen Doktortitel weg[...]eskamortier[t]" (DS, 128). Wenn der Musiker dann noch als „richtiger Künstler" in die „Gruppe der gens irritabilis" gehörend angekündigt und vor seiner „Reizbarkeit" gewarnt wird (DS, 128), dann ist auch die Überzeugung, die er verkörpert, vollends als ‚Reizthema', als Provokation und Herausforderung annonciert. Diese Macke des Hausgastes gibt in der Folge Anlass

6 HFA, Abt. I, Bd. 5: Der Stechlin. Hg. v. Walter Keitel. München 1980.

zu Witzeleien; er wird als skurriler Kommentator Berliner Zustände beispielsweise von dem Spötter Czako regelrecht vorgeführt (DS, 232). Wrschowitz trägt durch die Ungehobeltheit der Äußerungen seiner Überzeugungen einen Misston in den ansonsten trotz kleiner Gehässigkeiten eher verhaltenen Text und darf sich am Anfang vom Charme seiner Schülerin angezogen zeigen, gewissermaßen als chancenloser Huldiger witzige Kontrastfolie für den erfolgreichen Bewerber Woldemar von Stechlin. So ist es verständlich, dass Wrschowitz vornehmlich als „humoristische Figur" und „Karikatur" empfunden wurde,[7] sein Auftreten als „Posse".[8] Melusines Kommentar zu seinen Unterrichtsanstrengungen – „Was müssen Sie gelitten haben, Wrschowitz" – können Leser nicht nur auf „all die falschen Griffe" Armgards auf der Tastatur, sondern sowohl auf seine vergebliche Neigung wie auf seine soziale Unbeholfenheit beziehen (DS, 232). Seine Verspottung entsteht somit unter anderem durch ein Spiel von Wissen und Nichtwissen und die hier verschlüsselte Zusammenbindung von Musik und gesellschaftlichen Usancen. Wenn man jedoch Wagner und den Kult um den Komponisten, wovon die vehemente Verehrung des Klavierlehrers ein Beispiel ist, als „symptomatisch für die Gründerzeit" ansieht,[9] dann kann sich auch die Rolle seines Fürsprechers im Roman nicht in unterhaltsamer Satire erschöpfen, sondern er muss als Vehikel von Fontanes Gesellschaftskritik konturiert werden.

Die strukturelle Bedeutung der zwei zentralen Musik-Szenen liegt in ihrer Symmetrie. In der ersten erfahren die Leser von Wrschowitz' heimlicher Neigung für Armgard; in der zweiten, die ineins fällt mit der öffentlichen Bekanntmachung der Verlobung von Armgard und Woldemar, zieht sich der Klavierlehrer mit einer dramatischen Geste aus der Gleichung zurück. In der ersten wird die Vorliebe des Grafen Barby für eine Polonaise des polnischen Komponisten Ogiński erwähnt (DS, 129), diese in der zweiten zu Gehör gebracht:

> Nach dem Tee wurde musiziert, und Wrschowitz spielte – weil er dem alten Grafen eine Aufmerksamkeit zu erweisen wünschte – die Polonaise von Oginski, bei deren erster, nunmehr um siebzig Jahre zurückliegenden Aufführung, einem alten on dit zufolge, der polnisch gräfliche Komponist im Schlußmomente sich erschossen haben sollte. Natürlich aus Liebe. „Brav, brav", sagte der alte Graf und war, während er sich beinahe überschwenglich bedankte, so sehr aus dem Häuschen, daß Wrschowitz schließlich schelmisch bemerkte: „Den Piffpaffschuß muß ich mir versagen, Herr Graff, trotzdem meine Verehrung

7 Horch, Annäherungen an ein Jahrhundertereignis (wie Anm. 3), S. 65f.

8 Jan Brachmann: Was man den Zugvögeln ablauschen kann. 200. Geburtstag von Niels Gade 26.01.2017 <Faz.net/aktuell/feuilleton/buehne-und-konzert/200-geburtstag-des-komponisten-niels-wilhelm-gade-14641141.html> (letzter Zugriff 30.12.2019).

9 Rüland, Instetten war ein Wagnerianer (wie Anm. 3), S. 406.

(Blick auf Armgard) serr groß ist, fast so groß wie die Vererrung des Grafen vor Graff Oginski." (DS, 248)

Die anekdotische Begründung des Selbstmordes und die Geste der Verehrung markieren eine offensichtliche Verbindung zum Romangeschehen. Passionierte, emotional aufrüttelnde Musik rahmt mithin das Verhältnis von Armgard und Woldemar, das ja in der ersten Szene erstmals sichtbar und in der zweiten Szene sozusagen öffentlich besiegelt wird. Wrschowitz, dessen Zuneigung zu Armgard in der ersten Musik-Szene zu Tage tritt, als sich „sein Gesicht wie verklärte" unter „huldigendem Hinblick auf Armgard" (DS, 132), zieht sich in der Heiligabend-Szene über die Analogie mit Ogiński tragikomisch aus dem Wettbewerb um seine Schülerin zurück.[10] Im Rückblick erscheint die erste Szene als Anbahnung der Verbindung zwischen Armgard und Woldemar, die in der Reprise zu ihrem formellen Abschluss gebracht wird. Weitere Bedeutungsdimensionen, die sich über Stil, Gattung und politische Aussage des Musikstückes erschließen, weisen dann über die unmittelbare handlungsstrukturierende Funktion hinaus.

In der ersten der Szenen schälen sich einige der Motive heraus, entlang derer die Tragfähigkeit der prospektiven Verbindung verhandelt wird. Dieser Prozess bezieht auch die Schwester Melusine ein, deren Zeichnung ohne Musik-Assoziation auskommt, die aber strukturell als Gegenstück zu Wrschowitz gelten muss, denn wie der Musiker als Bewerber um Armgard ins Spiel gebracht wird, so kommt auch Melusine schon früh als Heiratskandidatin für Woldemar ins Gespräch: „in einem solchen Hause verkehren und sich mit einer Tochter verloben [ist] so ziemlich ein und dasselbe. [...] Die Schwierigkeiten liegen in was anderem. Es sind da nämlich, wie ich mir schon anzudeuten erlaubte, zwei Komtessen im Hause." (DS, 106) In dem Gespräch über den Prinzen Heinrich, das engstens mit den musikalischen Proklamationen des Wagnerianers verschraubt ist, findet sich

10 Die Meldung über diesen Zwischenfall war in verschiedenen Versionen und Zusammenhängen im Umlauf (siehe z. B.: Der Sammler. Ein Unterhaltungsblatt, 79 (Juli 1830); S. 317; Damen Zeitung. Ein Morgenblatt für die elegante Welt, 2. Jg. (1830), Nr. 237, S. 947; Franz M. Böhme: Geschichte des Tanzes in Deutschland. Leipzig 1886, S. 215 und 266). Königin Luise soll 1798 sogar einen Ball zu den Klängen dieser Polonaise eröffnet haben. Friedrich Adami: Luise, Königin von Preußen. 3. Aufl. Berlin 1859, S. 135. Sogar in seriöse Nachschlagewerke fand die Episode Eingang, allerdings wurde ihr Gehalt verschiedentlich bezweifelt, da die Geschichte 1830 stattgefunden haben soll, der Komponist aber bis 1833 lebte: „Den angeführten Namen [„Todtenpolonaise"] erhielt die Polonaise daher, weil man aufbrachte (wahrscheinlich um dem Stück Nimbus zu verleihen), daß O., durch seine Geliebte einen Anderen sich vorgezogen sehend, aus Verzweiflung darüber sich erschossen habe, während bei dem Hochzeitsfeste seines Rivalen mit der ungetreuen Geliebten gespielt und getanzt wurde. Es ist aber erwiesen, daß die Polonaise schon 1793 komponiert wurde, mithin [...] O. noch eine sehr geraume Zeit nachher am Leben war." Eduard Bernsdorf (Hg.): Neues Universallexikon der Tonkunst. Bd. 3. Offenbach 1861, S. 66. Mein herzlicher Dank für diese Nachweise gilt Klaus-Peter Möller.

die erste Feststellung von Gemeinsamkeiten zwischen Armgard und Woldemar, die in eine Distanzbeteuerung der jüngeren Schwester von Melusine gekleidet ist. Deren nur aus zweiter Hand wiedergegebenes Votum zur Homosexualität – „Denn wie mir Melusine erzählt hat, sind die Weiberfeinde sogar stolz darauf, Weiberfeinde zu sein, und behandeln ihr Denken und Tun als eine höhere Lebensform.“ (DS, 133) – gibt Anlass zur Verständigung zwischen Woldemar und Armgard über die Notwendigkeit von Mitleid und Verständnis gegenüber „Unglücklichen[n]“ und „Krank[en]“ (DS, 133), zur Affirmation von Zurückhaltung im Urteil, also Maß und Ausgleich, und zu einem Bekenntnis zum Leben und zur Weitergabe von Leben, also Familiengründung. Da diese Werte später bei der Besiegelung der Verbindung wieder als Grundlage der Gemeinsamkeit evoziert werden, kann die Affirmation einer (homosexuellen) ‚höheren Lebensform‘ als Ausschluss Melusines von den Heiratserwägungen gelesen werden. Darin wiederum lebt die Andeutung wieder auf, Melusine sei „verheiratet, oder vielleicht auch nicht verheiratet“ gewesen, jedenfalls seien die „Himmelstüren“ einer reproduzierenden heterosexuellen Verbindung ihrer geschiedenen Ehe vorenthalten geblieben (DS, 107f.). Als Analogieantithese zu Wrschowitz erhält die Lesart, die hier Melusines Ausschluss von Heiratsplänen verortet, eine zusätzliche, strukturelle Plausibilität. Als Anlass für dieses Gespräch, also als Auslöser der Auslotung von Gemeinsamkeit zwischen den späteren Brautleuten, spielt Wrschowitz geradezu eine Amor-Rolle. Dazu liefert dann die zweite Ogiński-Szene das Pendant – bzw. es erscheint die erste Szene im Rückblick von der zweiten als Analogon, was die Kompatibilitätsverhandlungen der beiden späteren Brautleute betrifft.

Nationalität, Leidenschaft, Diskursdominanz

Die Piffpaffschuss-Anekdote wirft die Problematik von Maß und Verhältnismäßigkeit von Affekt und Emotion auf. Erotische Leidenschaft (einschließlich der melodramatischen Entsagung) werden hier einer vorgehenden Bedeutung des betreffenden Musikstückes aufgepflanzt, zwei Sinnbereiche mithin in ein Analogieverhältnis gesetzt. Die so offensichtliche Verbindung zur Romanhandlung und die Behauptung von Liebeskummer als Grund für den Selbstmord des polnischen Komponisten verschleiern eine signifikante Bedeutungsdimension, die sich an das Musikstück knüpft. Bei der „Polonaise von Oginski, die damals so regelmäßig und mit viel Passion gespielt wurde“ (DS, 129), kann es sich eigentlich nur um das Stück *Pożegnanie Ojczyzny* (*Abschied vom Vaterland*) handeln, die weitaus bekannteste seiner Polonaisen, die, „nicht nur in Polen in zahlreichen Ausgaben verbreitet war". (Abb. 1)[11] Über Ogińskis Kompositionen heißt es in der Rezension einer Ausgabe von 1814 aus der Hand E. T. A. Hoffmanns:

> In der Polonaise [liegt] wieder ganz der Ausdruck jener Ritterhaftigkeit, deren integrirender Theil die romantische Verehrung der Damen ist, welche in Polen mehr, als sonst irgendwo, noch statt findet.

Die Polonaise drücke „jene innere, romantische Stimmung [aus], die noch jetzt, wie aus dem Purpurschein einer goldenen, längst vergangenen Zeit, herübertont". Dies kann als Elaboration des Barbyschen Stichworts der „Passion" gelesen werden: Die „echt polnische Polonaise [spreche] eben jene romantische Stimmung aus": „glühende Sehnsucht – hoffnungslose Klagen – das Entzücken, der Jubel der Liebe", ruft E. T. A. Hoffmann:

> Tragen aber nun irgend echte Polonaisen jene tiefere Bedeutung wahrhaft in sich, so sind es die vorliegenden, vom Grafen Oginski componirten, und so kommt es, dass man in dieser Art nicht leicht etwas Anziehenderes hören wird.[12]

Jedenfalls greift die zweite Ogiński-Szene genau dieses Motiv der unbedingten, aufwallenden Leidenschaft auf, hier des schmerzhaften Liebesverzichts. Die einfache Struktur des Stückes alterniert zwischen ekstatisch aufrüttelnden, sentimentalen und innigen Passagen; der letzte Teil ist ein Fortissimo, dessen Rhythmus durchaus Schüsse evoziert – allerdings eher eine Salve als einen einzelnen Selbstmord-Schuss. Leidenschaft ist jedenfalls die Absicht dieser Musik. Die Leidenschaft (und auch die unterliegende Sentimentalität) des Stückes und seines Schöpfers gelten allerdings nicht einer erotischen Liebe, sondern einer politischen Loyalität; der Entsagungsschmerz gilt dem Verlust der staatlichen Eigenständigkeit des Heimatlandes des Komponisten und Politikers Ogiński. Die Entstehung des besagten Stückes 1794 ist eng mit den Freiheitskämpfen zwischen der zweiten und dritten Teilung Polens und Ogińskis eigener Exilierung verknüpft. Der Zeitpunkt der in der Anekdote bezeichneten Aufführung (etwa siebzig Jahre vor der Handlungszeit des Romans) deutet auf das Umfeld des polnischen Novemberaufstandes 1830 gegen das Zarenregime, das mit einer Niederlage der Unabhängigkeitskämpfer endete, welche die Hoffnungen der Nationalisten auf Wiedererringung polnischer Selbständigkeit für lange Zeit zunichtemachte. Implizit nimmt Fontane mithin eine Engführung oder gegenseitige Bespiegelung der (behaupteten) privaten und der historisch-politischen ‚Kapitulation' vor.

---

11 Ogiński, Michał Kleofas. In: MGG, Personenteil, Bd. 12 (2004), Sp. 1335.

12 [E. T. A. Hoffmann:] Zwölf Polonaisen für das Pianoforte vom Grafen Oginsky, gesammelt vom Herrn Staatsrath Koslovsky. Berlin, bey Concha & Comp. In: Allgemeine Musikalische Zeitung, Jg. 16 (1814), S. 792-794.

Ogińskis Polonaise führt dergestalt die Trennung von Kunst und Politik ad absurdum, die Graf Barby in seinem Kommentar zu Chopin vornimmt, wenn er seine „Vorliebe für alle Polen“ auf „Musikanten oder Dichter oder auch Wissenschaftsmenschen“ einschränkt: „Als Politiker kann ich mich mit ihnen nicht befreunden“ (DS, 129) – drückt das Musikstück, direkt nach dieser Aussage ins Spiel gebracht, doch weit mehr als „polnischen Patriotismus“ aus, wie es verhalten in der *MGG* heißt,[13] nämlich Wut und Schmerz über die Auflösung des ‚Vaterlandes‘ als Staat, Widerstand und Aufbegehren gegen diesen Akt machtpolitischer Willkür. Das Fortissimo-„Piffpaff“ der letzten Takte ist eine eminent politische Proklamation, eine Forderung oder Drohung, aber auch ein Aufschrei der Verzweiflung ob des erneuten Scheiterns nationalistischer Freiheitsaspirationen.

Wenn Armgard das Gespräch von der ‚irritierenden‘ Musik-Thematik auf Rheinsberg und den Prinzen Heinrich umlenkt, um das Gespräch auf „harmloser[es]“ und „friedeverheißend[er]es Gebiet“ zu überführen, dann besteht die Pointe nicht nur darin, unwissentlich das gesellschaftlich so delikate Thema der Homosexualität angeschnitten zu haben,[14] sondern auch darin, damit den politischen Kontext des Musikstücks indirekt zu evozieren. Eine der wenigen konkreten politischen Leistungen, die man dem Königsbruder Heinrich von Preußen (1726–1802) anrechnete, standen im Zusammenhang mit den Teilungen Polens: Ein Politiker, „der in politische Beratungsabläufe und Entscheidungsprozesse eingebunden war“, so hebt ein Beitrag zum Thema an, sei „Heinrich nur in wenigen Momenten gewesen, im Vorfeld der ersten Teilung Polens (1770–1772) und der Aushandlung

13 Ogiński, Michał Kleofas. In: MGG (wie Anm. 11), Sp. 1335.

14 Das Thema Homosexualität in Fontanes Werk kann als weitgehend unerforscht gelten. Kommentare zu Fontanes ‚Umgang mit der Homosexualität‘ bleiben dem Biographischen verhaftet, attestieren dem Autor eine durch Briefäußerungen und persönliche Wertschätzung belegte Toleranz gegenüber der Homosexualität; die Stelle im *Stechlin* gilt als Beleg für die sich im zeitgenössischen sexualwissenschaftlichen Diskurs abzeichnende Umwertung von Homosexualität von einem Straftatbestand zur „Krankheit“. Vgl. Erwin In het Panhuis: Fontane, „sexuelle Incorrectheiten“ und der „dankbare Anus“. ‹queer.de/detail.php?article_id=35191› (geposted am 30.12.2019; letzter Zugriff 29.04.2020). Georg Bartsch: Fontane und die „sexuellen Incorrectheiten“. Theodor Fontanes Umgang mit der Homosexualität. O.O. Eigenverlag 2014, stellt viele einschlägige Textstellen zusammen, zieht aber keine Schlüsse aus der behaupteten Homosexualität von Romanfiguren beiderlei Geschlechts. Auch der Kommentar zu dem Novellenplan über eine offensichtlich lesbische Beziehung (Theodor Fontane: *Susanne von Sandrascheck*. Ein unveröffentlichtes Erzählfragment. Hg. v. Hanna Delf von Wolzogen u. Christine Hehle. In: FB, H. 96 (2013), S. 10-19) enthält keinerlei Interpretationsansätze. Einen Versuch zur Erhellung des Themas in dem Motivgeflecht zweier Romane unternimmt Florian Krobb: „Ist es etwas, das man wissen muß?“ Zur Anordnung von Geschlechterbeziehungen bei Fontane: Homosexualität in *Cécile* und *Der Stechlin*. In: Recherches germaniques, 52 (2022), S. 25-42.

des Basler Friedens".[15] Auch seine Diplomatie im Umkreis des Basler Vertrags vom Frühjahr 1795 steht im weiteren Kontext zu dem Kościuszko-Aufstand und der Dritten Polnischen Teilung, welche Ogińskis *Abschied vom Vaterland* ja lamentiert.

Der Exkurs über das Rheinsberger Schloss und seinen Bewohner eröffnet noch einen weiteren Problemkomplex, der wie die Polonaise und ihr Komponist, wie das Thema alternativer sexueller Ausrichtung und Lebenseinrichtung auf das Terrain der Politik, der Geschichte, der kulturellen Erinnerung und der diskursiven Macht oder Hegemonie führt. Der Problemkomplex von öffentlicher Sichtbarkeit und Akzeptanz, alternativer Geschichte, Diskursdominanz und Marginalität lässt sich über den Rückgriff auf frühere Äußerungen Fontanes über die Bedeutung des Ortes rekonstruieren. Woldemar bietet eine Einschätzung des Prinzen Heinrich und seines lokalen Nachruhms an, die fundamental quer liegt zu dem Urteil, das Fontane fünfunddreißig Jahre früher in den *Wanderungen durch die Mark Brandenburg* formuliert hatte:

> Die Zimmer des Prinzen *Heinrich*, Prinz Heinrich selbst, alles ist bloße Zugabe, Material für die Rumpelkammer. Das harte Los, das dem Prinzen bei Lebzeiten fiel, das Geschick, „durch ein helleres Licht verdunkelt zu werden" verfolgt ihn auch im Tode noch.[16]

Im *Stechlin* ist dies umgekehrt, der „Stern seines Bruders" (Wanderungen, 279) leuchtet jetzt nicht mehr gar so hell: „Der große König war als Kronprinz nur kurze Zeit da, sein Bruder Heinrich aber fünfzig Jahre. So hat die Prinz-Heinrich-Zeit beklagenswerterweise die Kronprinzenzeit ganz erdrückt" (DS, 131). Pyramide und Obelisk im Park des Schlosses, welche Dubslav und seine Freunde am Wahltag besuchen und kommentieren, sind Monumente eines problematischen Verhältnisses zwischen dem dominanten und dem marginalen Geschichtsmoment. Das Motto der von Prinz Heinrich wohl selbst verfassten Inschrift auf der Grabespyramide lautet „aucun prejudice" (Wanderungen, 290); die Liste der Kriegshelden, die an dem Obelisken angebracht ist, erzählt von dem Verhältnis zwischen König und Prinz. Sie enthält außerdem den Namen eines gewissen „schwarzen [von der] Marwitz", der Kammerjunker Heinrichs, Major und Quartiermeister gewesen sein soll und wahrscheinlich mit dem „schönen Marwitz" identisch war,

15 Andreas Pečar: Ein Prinz von Geblüt auf dem Abstellgleis. Prinz Heinrich als Politiker. In: Jahrbuch Stiftung Preußischer Schlösser und Gärten Berlin-Brandenburg, 4 (2001/2002), S. 113-124, hier S. 113.

16 HFA, Abt. II: Wanderungen durch die Mark Brandenburg Bd. 1. 2. Aufl. München 1977, S. 278f. Hervorhebung im Original.

an dem sich die Eifersucht Friedrichs II. auf seinen Bruder entzündete.[17] Die Obelisken-Inschrift kommentiert Fontane in den *Wanderungen*, umfasse die Namen „all[er] d[er]jenigen, die bei der einen oder anderen Gelegenheit von der Ungnade des Königs betroffen wurden"; diese könnten „ziemlich sicher sein [...], an diesem Obelisken ihr Konto in Balance gebracht zu sehen" (Wanderungen, 290f.). Die „Balance" der Geschichte steht auch im *Stechlin* zur Debatte; die Möglichkeit alternativer Geschichte(n) ist Subtext jeder Konversation bei Fontane. Und das Thema der Eifersucht oder Rivalität zwischen Geschwistern spielt sich nicht nur in der Erwähnung des Königsbruders aus, sondern spielt in die Gesprächsszene hinein.

Erinnerungshegemonie und Diskursdominanz sind zentrale Anliegen des prominentesten Elements der Musikthematik im *Stechlin*, nämlich der Wagnerverehrung und korrespondierenden Verunglimpfung anderer, unscheinbarerer musikalischer Orientierungen, als sie Wrschowitz vertritt. Dessen glücklose Rolle in den sozialen Interaktionen - von höflichen Gesprächen im Salon bis zu erotischer Neigung - reflektiert zurück auf die Substanz der von ihm in den Roman eingebrachten Positionen.

Wagner, Antisemitismus und Orientierungspluralität

Der erste Anlass, den Fontane seiner Figur Wrschowitz zur Proklamation seiner Überzeugung und Demonstration seiner Haltung gibt, ist engstens mit der Rheinsberg- und Prinz Heinrich-Thematik verbunden. Die Gegenüberstellung von „öd[en] und langweilig[en] Hofleut[en]" und „Frondeurs", Armgards Aussage „Ich mag diesen Prinzen Heinrich nicht und seine ganze Fronde nicht" (DS, 133), liefert dem Hausgast das Stichwort für eine Tirade, in deren Licht auch sein Bekenntnis zu Wagner gelesen werden muss:

> Frondeur ist Krittikk, und wo Guttes sein will, muß sein Krittikk. Deutsche Kunst viel Krittikk. [...] Kritikk ist wie große Revolution. Kopf ab aus Prinzipp. Kunst muß haben ein Prinzipp. Und wo Prinzipp is, is Kopf ab. (DS, 132)

Die Dichotomie, für die Wagner und Gade als Symbole stehen, schält sich hier mit großer Klarheit heraus: Kritik bedeutet Veränderung, Umsturz, Erneuerung als Selbstzweck, als basale Einstellung. Auf der Gegenseite wird entsprechend das Traditionsverhaftete, vermeintlich Harmlose, Unaufregende, Gefällige verortet,

17 Eva Ziebura: Prinz Heinrich von Preußen. Berlin 1999, S. 44-48. Vgl. auch Dies.: Prinz Heinrich von Preußen und sein Rheinberger Hof im Werk Theodor Fontanes. In: Bernd Heidenreich, Frank-Lothar Kroll (Hg.): Theodor Fontane - Dichter der deutschen Einheit. Berlin 2003, S. 165-181.

das ganz im Sinne Wagners mit dem Etikett des Sentimentalen belegt wird: „Ich hasse das Sentimentalle de tout mon cœur“ (DS, 130). Durch Wrschowitz als Verfechter musikalischer Revolution im Sinne Wagners, durch seine gesellschaftliche Sperrigkeit, sein Aufbrausen, das so eklatant mit seinem erfolglos-schmachtenden Bewerben um Armgard kontrastiert, geraten augenscheinlich Wagner und der Wagner-Kult insgesamt ins Visier von Fontanes Spott. Die wissenschaftlichen Kommentare haben entsprechend Fontanes vehemente und umfassende Skepsis gegenüber Wagner und dem Wagnerismus hervorgehoben: „Fontanes Vorbehalte betrafen Wagner als Menschen, die Rolle Wagners als modischen Komponisten einer aggressiven Bourgeoisie, das Textliche und Gedankliche [...] und zuletzt [...] auch die Musik: also alles!“[18] Es wird aber auch deutlich, dass der Wagnerkult als Symptom verstanden werden kann für bestimmte gesellschaftlich-kulturelle Tendenzen des Wilhelminismus: „gefährliche[n] Schein“, „eskapistische Tendenzen“, Künstlichkeit und Exaltiertheit,[19] also Eigenschaften, welche den Idealen der Brautleute, die als zukunftsfähige Lebensperspektiven postuliert werden, diametral entgegenlaufen. Hans Otto Horch stellt dann Fontanes Wagner-Behandlung in den Zusammenhang von dessen antisemitischer Polemik: „im Zuge der Ablehnung Mendelssohns mußte auch Gade schließlich dem Verdikt verfallen“.[20] Wrschowitz’ Gade-Phobie kann nicht von Wagners Attacken gegen Mendelssohn isoliert werden, zu dessen Leipziger Kreis der Däne wie auch der gleichsam als Nachtrag erwähnte Ignaz Moscheles zählten.

Welchen Signalwert besaßen die Namen im zeitgenössischen Diskurs, welche Reputation? Auch wenn Popularität, Ruf, weltanschauliche und soziale Verortung eines Komponisten im Einzelnen und ohne Beiführung breiter Rezeptionszeugnisse nicht aussagekräftig rekonstruiert werden können, erweist sich doch eine stichwortartige Skizze als hilfreich, den zeitgenössischen Resonanzraum für die Anspielungen im Roman zu rekonstruieren. Der Roman hält Hinweise bereit, inwieweit und wofür Wagner und Gade als Chiffren lesbar sind. Nicht eine persönliche Neigung, die Parteinahme für musikalische Erneuerung (denn das ist Wagner in den 1890er Jahren ja längst nicht mehr) steht im Zentrum des Spotts, sondern der Gestus der Ausschließlichkeit, Urteilsgewissheit und revolutionären Maßlosigkeit, der sich als radikal und avantgardistisch geriert. Die verschiedenen Anspielungen Fontanes auf Besuche von Wagner-Opern in seinen Romanen deuten an, dass der Spielplan der Berliner Häuser von Wagner dominiert war, Wagner also weniger als avantgardistische Ikone, sondern als Modetrend etabliert war. Der Gestus, dass sich das Eigene durch die Frontstellung gegen etwas Anderes definiert, erscheint in diesem Lichte als heuchlerisch, selbstgefällig, ja derivat. Gade steht dagegen

18 Kerekes, Theodor Fontanes Verhältnis zu Richard Wagner (wie Anm. 3), S. 94.
19 Rüland, Instetten war ein Wagnerianer (wie Anm. 3), S. 425.
20 Horch, Ansichten des 19. Jahrhunderts (wie Anm. 3), S. 321f.

als Chiffre für eine wohlfeile Angriffsfolie, als Platzhalter gewissermaßen, der als Ableger und per Assoziation Anstoß gibt, dessen musikalischer Stil, Affiliation und auch Nationalität (denn mit ihm gerät „die ganze skandinavische Welt“ ins Visier; DS, 128, vgl. auch DS, 302) stellvertretend für ein eher diffuses Feindbild stehen.

Die Gegenüberstellung von Gade und Wagner führt mithin zu weiteren Überlegungen zur musikalischen Landschaft und Geschmacksbildung der Zeit. Niels Gade war als Mitleiter des Gewandhausorchesters und Nachfolger Mendelssohns in dieser Funktion aufs Engste mit Mendelssohn assoziiert; diese biographische Information spielt zwar in der Erwähnung beider in dem hitzigen Streitgespräch zwischen Wrschowitz und Cujacius im 34. Kapitel keine Rolle, wohl aber werden sie musikalisch einander an die Seite gestellt: „‚Niels Gade? Von Niels Gade spricht man nicht.‘ ‚Ich spreche von Niels Gade. Seine Kompositionen reichen bis an Mendelssohn heran.‘ ‚Was ihn nicht größer macht.‘“ (DS, 302f.) Dass sich Cujacius auf Gades op. 1, die Konzertouvertüre *Efterklange af Ossian* (*Nachklänge von Ossian*, 1840) bezieht, die dem Kopenhagener das Stipendium nach Leipzig eingebracht hatte und die als seine erste Komposition dort (und danach in ganz Deutschland) aufgeführt wurde, rückt ihn zusätzlich in Mendelssohns Nähe, dessen *Hebriden*-Ouvertüre op. 26 (1829/30, EA 1833, auch als *Fingalshöhle* bekannt) ja ebenfalls von Ossian inspiriert ist. Niels Gade wird in Graf Barbys Einführung des Hausfreundes als „Inbegriff alles Trivialen und Unbedeutenden“ (DS, 128) charakterisiert. Diese Bezeichnung mag anspielen auf die Anverwandlung von Konventionen in Gades musikalischen Sprache, also seiner Anpassung an Traditionen, seiner fehlenden Radikalität oder „Krittikk“. Der Trivialitäts-Vorwurf trifft sich im Tenor recht genau mit Wagners Verunglimpfung Mendelssohns als unoriginell, glatt, unbeseelt, brillant lediglich in einem rein handwerklichen Sinn.

Wagners Pamphlet *Das Judentum in der Musik*, 1850 erstmals pseudonym als Aufsatz erschienen, 1869 noch einmal mit einem langen polemischen Rahmen versehen unter eigenem Namen als Buch, dient der Absicht, „die große deutsche Kunstwiedergeburt“ zu befördern, den „Verfall unsrer Cultur“ aufzuhalten „durch eine gewaltsame Auswerfung des zersetzenden fremden Elements“.[21] Die Kontexte und Argumentationsweisen dieses Traktats und das Unheil, das es in seiner späteren Wirkungsentfaltung angerichtet hat, sind ausführlich aufgearbeitet worden; Wagners Schrift ist einer der am besten erforschten und meistkommentierten antisemitischen Texte des neunzehnten Jahrhunderts.[22] Die Erinnerung an eini-

21 Richard Wagner: Das Judenthum in der Musik. Leipzig 1869, S. 57. Die Stellennachweise im Folgenden im Text.

22 Bahnbrechend Jacob Katz: Richard Wagner. Vorbote des Antisemitismus. Königstein im Taunus 1985; informativ Jens Malte Fischer: Richard Wagners „Das Judentum in der Musik“. Eine kritische Dokumentation als Beitrag zur Geschichte des Antisemitismus [2000]. Neuausg. Würzburg 2015. Zur Nachwirkung weiterhin informativ Ders.: Das ‚Judentum in der

ge der darin geäußerten Anwürfe gegen die „musicalische Judenschönheit" und „Judenmusicschönheit" (Wagner, 47f.) kann jedoch erhellen, inwieweit die hier ausgebreiteten Thesen bei Wrschowitz und allgemein im *Stechlin* widerhallen – ohne dass dort Wrschowitz anitjüdische Ausfälle zugeschrieben werden.

Wrschowitz' zentrale Begriffe, die Gegenstände seiner Abscheu, erscheinen wie Verkürzungen der Wagnerschen Anwürfe gegenüber dem Musikschaffen von Künstlern jüdischer Herkunft: (a) Wenn Wagners „sympathisch berührend[e] Leidenschaft" der „lächerlich wirkend[en] Leidenschaftlichkeit" des jüdischen musikalischen Ausdrucks entgegenstellt wird (Wagner, 16f.), so schwingt diese Diffamierung mit in Wrschowitz' Anklage der Sentimentalität als nachgeahmter, aufgesetzter, unorigineller Emotion. (b) Wagner bezichtigt jüdische Musiker der Unfähigkeit, etwas Bedeutendes zu schaffen; sie seien weder in der Lage noch willens „ein Bestimmtes, Nothwendiges und Wirkliches auszusprechen" (Wagner, 18); deshalb „müssen [wir] die Periode des Judenthums in der modernen Musik [also die sowohl 1850 wie 1869 gegenwärtige] geschichtlich als die der vollendeten Unproductivität, der verkommenden Stabilität bezeichnen" (Wagner, 24) – womit die Stagnation bezeichnet ist, die Wrschowitz mit seiner „Krittikk" und seiner Revolution zu überwinden aufruft. (c) Das dritte Stichwort ist schließlich direkt aus Wagner übernommen: Mehrmals schreibt er die vermeintliche Unfähigkeit Mendelssohns, „Herz und Seele ergreifende Wirkung auf uns hervorzubringen" (Wagner, 25), der „Trivialität" von dessen musikalischem Ausdruck zu: Jüdische Musik habe „die Eigenschaft der Kälte, der Gleichgültigkeit, bis zur Trivialität und Lächerlichkeit an sich" (Wagner, 24); denn „was der gebildete Jude in seiner bezeichneten Stellung auszusprechen hatte, wenn er künstlerisch aussprechen wollte, konnte natürlich eben nur das Gleichgiltige und Triviale sein" (Wagner, 18). Der Vorwurf des Unechten, der Nachahmung und Effekthascherei, die implizite Gegenüberstellung von „Sentimentalität" als falsche, aufgesetzte, auf Wirkung zielende Emotion mit deren Gegenteil: Echtheit, Tiefe, Authentizität trifft auch den Dänen. Im Gestus der Leidenschaft, des Aufbäumens, der Entrüstung setzt Wrschowitz die Wagnerschen Thesen im Gespräch um; seine Phobie gegenüber allem Skandinavischen spiegelt die Paranoia Wagners, die allerorts eine „Verjüdung der modernen Kunst" (Wagner, 12), eine jüdische „Beherrschung des öffentlichen Geschmackes" (Wagner, 17) wittert: „Diese eigenthümliche Gemeinde ist es, welche gegenwärtig [1869] so ziemlich Alles in sich faßt, was Musik componirt und – leider auch! – dirigirt" (Wagner, 46). In dieser Anklage von Geschmacksdominanz und von kultureller Hegemonie hallt die Debatte um politische Wirkmacht wie die um sexuelle Normativität wider, die sich aus der Erwähnung Rheinsbergs und

Musik'. Kontinuität einer Debatte. In: Hans Otto Horch, Horst Denkler (Hg.): Conditio Judaica. 3. Teil: Judentum, Antisemitismus und deutschsprachige Literatur vom Ersten Weltkrieg bis 1933/1938. Tübingen 1993, S. 227-250.

des schwulen Königsbruders entspinnt. Zum Zeitpunkt, als Wagner zur dominanten musikalischen Macht geworden ist, muss der Vorwurf an seine Gegner, den allgemeinen Geschmack zu beherrschen, als anachronistisch erscheinen; der so ostentativ ausgestellte Antagonismus scheint mithin anderen Zwecken zu dienen.

Die Gade-Kritik des neunzehnten Jahrhunderts ordnet den Dänen musikalisch gemeinhin den Mendelssohn- und Schumann-Schulen zu. Er galt als Vertreter klassizistischer Stilideale, mit romantischem Ausdruck angereichert – was spätestens seit der Mitte des neunzehnten Jahrhunderts als eher konservative Position gelten konnte. Vereinzelt findet sich der Vorwurf der Epigonalität; zumeist wird ihm kompositorische Originalität zugebilligt, nicht aber Innovationskraft. Er galt als „solider musikalischer Handwerker", der „gutgemachte Produkte" ablieferte, nicht aber zu inspirieren vermochte.[23] Für die Wagnerianer stand mithin der fehlende Bruch mit Traditionen in musikalischem Ausdruck und musikalischer Intention im Zentrum ihrer Kritik. Gades Beliebtheit beim Publikum beruhte beispielsweise unter anderem auf sogenannten Konzertstücken oder Konzertouvertüren als Appetitanregern in einem Konzertprogramm, deren Wirkung oft auf der geschickten Verwendung gängigen musikalischen Materials beruhte; als Programmmusik (also einen zum Beispiel aus der Dichtung bekannten Gegenstand gestaltend) konnte dem Genre der Ruch des Derivaten anhaften.

Etwa seit den 1880er Jahren gesellt sich zu dieser allgemeinen Einschätzung die Zuordnung zu den nordischen nationalen Schulen. Den Topos des ‚Nordischen', in dem einerseits Selbständigkeit des Ausdrucks und andererseits Erhabenheit der Empfindung mitschwing, bemüht Cujacius, wenn er den „ossiansche[n] Meereszauber in den Kompositionen unseres trefflichen Niels Gade" als „spezifisch skandinavisch" empfindet"– und damit Wrschowitz' Ausfall „Von Niels Gade spricht man nicht" provoziert (DS, 302). So zeigt sich, dass Fontane hier tatsächlich mit einiger Genauigkeit zeitgenössische Musikdebatten evoziert, ohne sich allerdings in Feinheiten zu verstricken, wie die, dass sich die ‚Lieblichkeit' des Dänischen bei Gade denn doch von prononcierterer ‚Nördlichkeit' unterscheide. Doch auch hier wird wieder deutlich, dass nicht in erster Linie eine künstlerische Substanz den Fokus der Debatte bildet, sondern der Habitus von einerseits Exaltiertheit, andererseits Bescheidenheit. Cujacius, dessen Kunstgeschmack ein Prisma integrativer, verbindender Ideale bildet, die durch den Handlungsausgang als trag- und zukunftsfähiges Gesellschaftsmodell postuliert werden,[24] bietet eine Einschätzung eines dänischen Malers Anton Melbye (bei Fontane Melby) an, derzufolge der Künstler „Gerade darin bedeutend" sei, „daß er nicht bedeutend sein will. Er

23 Michael Matter: Niels W. Gade und der ‚nordische Ton'. Ein musikgeschichtlicher Präzedenzfall. Diss. phil. Zürich, 2012 ‹https://doi.org./10.5167/uzh-70722› (letzter Zugriff 29.04.2020), Zitat S. 215, vgl. zur den referierten Einschätzungen auch S. 205ff. und 228ff.

24 Krobb, Transaktionale Geschlechterbeziehungen bei Fontane (wie Anm. 2), S. 64f.

erhebt keine falschen Prätensionen“ (DS, 302). Was mithin mit dem Wagner-Kult ins Visier genommen wird, sind Ostentation, Auftrumpfen, Imponiergehabe als Symptome eines zeitgenössischen gesellschaftlich-kulturellen Kollektivcharakters.

Und noch ein weiterer im Roman genannter Komponist gehört in den vorliegenden Sinnzusammenhang: Ignaz Moscheles. Dieser wird geradezu hinterrücks in einem scheinbar vollständig unverbundenen Zusammenhang eingeführt, wenn nämlich Dubslavs alter Hausarzt Sponholz den Patienten auf seine Urlaubsvertretung vorbereitet:

> „An seinem Namen – er heißt nämlich Moscheles – dürfen Sie nicht Anstoß nehmen. Er ist aus Brünn gebürtig, und da heißen die meisten so.“
>
> Der Alte drückte mit allem seine Zustimmung aus, auch mit dem Namen trotzdem dieser ihm quälende Erinnerungen weckte. Schon vor etlichen fünfzig Jahren habe er Musikstücke spielen müssen, die alle auf den Namen ‚Moscheles‘ liefen. (DS, 321)

Auch wenn die geographische Verortung die jüdische Konnotation des Namens verschleiert, wird diese Zugehörigkeit insinuiert. Der Komponist Moscheles gehört in die kulturelle Sphäre um Gade und Mendelssohn; er hat kurzzeitig Felix und Fanny Mendelssohn Klavierunterricht erteilt und später in London mit den Geschwistern Bachs Konzerte für mehrere Tasteninstrumente zur Aufführung gebracht; seine Anstellung am Leipziger Konservatorium übernahm er auf Einladung und Empfehlung Mendelssohns. Weiterhin hat er Mendelssohn öffentlich gegen Wagners Anfeindungen in Schutz genommen.[25] Moscheles' jüdische Herkunft (er ersetzte seinen Geburtsnamen Isaak durch den weniger stigmatisierenden, vom Lateinischen ignis abgeleiteten Ignaz) war weithin bekannt, und genau von einem ‚jüdisch identifizierenden‘ Familiennamen nimmt ja der zitierte Austausch seinen Ausgang.[26] Edward Grieg gehörte zu seinen Schülern – aber diese Verbindung spielt in dem Gewebe des *Stechlin*-Textes und in dem aufgerufenen zeitgenössischen Kontextwissen nicht in die Zuordnung zur skandinavisch-jüdischen Seite hinein. Von größerer Bedeutung sind wohl sein musikalisches Profil, seine Kompositionen und der Typ Musik, denen der ungeheuer produktive Komponist seinen im neunzehnten Jahrhundert beachtlichen Ruf verdankte. Seine Etüden waren beliebte Hilfsmittel der musikalischen Unterweisung; dies macht Dubslav Stechlins Erwähnung ungemein plausibel. Der Schwierigkeitsgrad seiner Etüdensammlungen wie *Studien für das Pianoforte, zur höhern Vollendung bereits*

25 David Conway: Jewry in Music. Entry to the Profession from the Enlightenment to Richard Wagner. Cambridge 2012, S. 194.

26 Immer noch maßgebend Dietz Bering: Der Name als Stigma. Antisemitismus im deutschen Alltag 1812-1933. Stuttgart 1987.

ausgebildeter Clavierspieler, bestehend aus 24 characteristischen Tonstücken (op. 70, 1825-26), *Praeludien in den verschiedenen Dur- und Molltonarten* (op. 73, 1827) und *Charakteristische Studien. Tägliche Studien über die harmonisierten Skalen zur Übung in den verschiedensten Rhythmen* (op. 95, 1836) erklärt Dubslavs Stoßseufzer, diese Stücke hätten „quälende Erinnerungen“ hinterlassen. Wichtiger vielleicht, dass Moscheles – auch und gerade im England des sehr marktwirtschaftlich organisierten Musiklebens – als Künstler-Unternehmer wirkte, der seine Werke auf den Publikumsgeschmack ausrichtete, nicht nur in Form und Kolorit, sondern auch in volksmusikalisch-nationaler Färbung. Titel wie *Potpourri* (op. 59, 1821), *Souvenirs de ...* (mindestens fünf opera dieses Titels), *Bijoux* (op. 72, 1826), das mit einem Reizwort betitelte *Rondo Sentimentale* (op. 82a, 1829) und all die als ‚brillant‘ oder ‚expressif‘ betitelten Charakterstücke signalisieren eine Geschmacksrichtung, die auf Puristen und Neuerer wie Wrschowitz als Provokation wirken mussten. Die auf eine englische Käuferschaft zielenden *Les Charmes des Londres* (op. 74), *Anklänge aus Schottland* (op. 75, 1826), *Souvenirs d'Irland* (op. 69, 1826) rücken ihn in die Nähe Mendelssohns; die *Souvenirs de Danemarc* (op. 83) in die Nähe Gades.

Hier eröffnet sich noch ein weiterer für Fontanes Roman relevanter Resonanzraum der musikalischen Anspielungen. Wagners Pamphlet vollzieht eine (implizite) Gleichsetzung von „Musikjudenthum“ (Wagner, 37) mit Internationalismus. Paris gerät über Meyerbeer in den Blick, Mendelssohns englische Verbindungen werden gestreift, am pointiertesten erscheint in dieser Hinsicht die Apostrophierung Leipzigs (dem gemeinsamen Wirkungsort Mendelssohns, Moscheles' und Gades) als „Judenmusikweltstadt“ (Wagner, 34). Im Geleitwort zur Ausgabe von 1869 macht Wagner für die negative Reaktion auf seinen ursprünglichen Aufsatz die „Stammverwandtschaft desselben national-religiösen Elementes der neuern Europäischen Gesellschaft“ verantwortlich, „dessen unversöhnlichen Haß ich mir durch die Besprechung seiner so schwer vertilgbaren, unsrer Cultur nachtheiligen Eigenthümlichkeiten zugezogen habe“ (Wagner, 8). Die Inkongruenzen einer Kunstkritik, die sich auf nationale Zugehörigkeit beruft, die Unhaltbarkeit eines Essentialismus der kulturellen ‚Reinheit‘, ironisiert Fontane darüber, dass er seiner Gestalt Wrschowitz eine multikulturelle Biographie beigibt, ihn als Produkt kultureller Mischung oder Assimilation gestaltet: Sein Vater, erklärt Graf Barby, sei „ein kleiner Kapellmeister an der tschechisch-polnischen Grenze“ gewesen (DS, 128); Czakos Frage, ob er „sich schon in Berlin eingelebt habe?“ (DS, 232) erinnert wie die dialektale Färbung seiner Sprache an diese Herkunft – in Cujacius' provokativer Anfeindung: „Immer Personen aus unkontrollierbaren Grenzbezirken führen bei uns das große Wort“ (DS, 303). Purismus erscheint in diesem Lichte als Kompensation eines Defizit-Bewusstseins; der Unbedingtheitsanspruch des Ideologischen wird Gegenstand der Satire.

Dominante Motive, Lesbarkeit der Zeichen, zerbrechliche Bedeutungen

Die Einsicht, dass Fontanes Anspielungen sich nie in Schemata fügen, sich in ihrer Tendenz nicht festlegen lassen, kann wohl als Gemeinplatz gelten. Dass eine genaue Aufschlüsselung leitender Aspekte eines Anspielungs- und Verweisgeflechtes unerwartete Aufschlüsse zeitigen kann, erweist sich allerdings auch nach über einem Jahrhundert der Auseinandersetzung mit seiner Prosa immer wieder. Die Anordnung und Zuordnung von Motiven als Attribute hat beispielsweise oftmals unerwartete und leicht übersehene ironische, geradezu satirische, oft paradoxe Dimensionen. Dass ausgerechnet Graf Barby, der als Kosmopolit, Aufklärer, Moderner gekennzeichnet ist,[27] an dem ‚passionierten', emotional aufwiegelnden und ein nationalistisches Programm verkörpernden, musikalisch dabei höchst einfach gestrickten Musikstück Gefallen findet, der weltläufige Graf die beiden Polen Chopin und Ogiński im Munde führt und die aufrüttelnd-sentimentale Freiheitspolonaise des letzteren zum Heiligen Abend als „Aufmerksamkeit" (DS, 248) vorgespielt erhält, dass der Hinterwäldler Dubslav dagegen mit dem zwar gefälligen, aber technisch äußerst anspruchsvollen internationalen Star Moscheles assoziiert ist, erscheint zutiefst und wohl auch bissig kontrapunktisch gemeint. Dass der Zugezogene Wrschowitz sich von anderen vermeintlich Fremden abgrenzt, sich bei so unbedingter Verehrung des großen Vorbilds von jedem Epigonalitätsverdacht distanziert, lässt sich psychologisch als Überkompensation verstehen, ist gleichzeitig aber überaus entlarvend, denn es suggeriert, dass hinter dem emphatisch ausschließlichen Wagnerkult, dem radikalen Bekenntnis zur Erneuerung, zum revolutionären Überwinden des Überkommenen und Versöhnlichen eine tiefe Minderwertigkeits- oder Defizienzerfahrung schlummert. Hier wird ein Chiasmus sichtbar, der sich nicht nur gegen schlüssige Zuordnungen stemmt, sondern darüber hinaus einen Kommentar anbietet zu jeder Art von Engstirnigkeit und Kurzschlüssigkeit, zum Beispiel der Synchronisierung von geographischer Herkunft, politischer Ausrichtung (Nationalismus) und Musikgeschmack.

Mit dem musikalischen Anspielungsgeflecht steht die Lesbarkeit von Zeichen zur Debatte, die Zuordbarkeit oder Kongruenz von Geschmack, politischer Orientierung, Affekt und Lebensausrichtung. Die Signifikanten aus Geschichte, Kunst und Gesellschaft entziehen sich eindeutiger Entzifferung. Entsprechend bleiben Orientierung, Affiliation, Sympathieverteilung schillernd. Oder vielleicht auch nicht? Wird die Einheit Deutschlands, die Union zwischen Westorientierung und

27 Zu Graf Barby als „Weltmann", Dubslav Stechlin als Provinzler vgl. Dirk Oschmann: „Wo soll man am Ende leben?" Zur Verschränkung von Raum- und Zeitsemantik in Raabes „Stopfkuchen" und Fontanes „Stechlin". In: Roland Berbig, Dirk Göttsche (Hg.): Metropole, Provinz, Welt. Raum und Mobilität in der Literatur des Realismus. Berlin 2013, S. 213-236, hier bes. S. 227.

Ostorientierung, zwischen Internationalismus und Isolationismus, zwischen Liberalismus und Konservatismus, Vergangenheit und Zukunft, wird also Woldemars und Armgards Verbindung auf Kosten und durch Überwindung von „unkontrollierbaren Grenzbezirken“ (des Polnisch-Sentimentalen und des Zuspitzend-Konfrontativen) errungen, wird also Wrschowitz und alles, was sich an ihn und seine Musik im Roman anlagert, trotz des den Text so würzenden, ihn so zum Tanzen bringenden Potentials, schlicht und einfach überboten durch den Symbolakt der versöhnenden Heirat?

Dass allerdings im Laufe der Ehevertragsverhandlungen Armgard und Woldemar die Vehemenz, auch die modische Emphase des Wagnerianers verwerfen, steht im Einklang mit dem Ethos der Gefälligkeit, Anpassungsfähigkeit und Traditionsverhaftung, zu der das romantische Stilideal der Schumann-Mendelssohn-Tradition besser passt als Rigorosität Wagnerscher Prägung, Kontinuität besser als Bruch. Insofern als die von Wagner personifizierte Neuerung in den letzten Jahrzehnten des neunzehnten Jahrhunderts zur Mode, zur Selbstdarstellungskonvention einer sich fortschrittlich gerierenden kaiserzeitlichen Elite avanciert war, drückt dieser Konservatismus schon so etwas wie Opposition, sicherlich aber Unabhängigkeit in Urteil und Entscheidung aus, bewusstes und politisch signifikantes Versöhnen von Tradition und Zukunft.

Der musikalische Anspielungskomplex fügt dem Motivgewebe des *Stechlin* eine zusätzliche Komplexitätsebene hinzu. Einzelne Elemente verunsichern einerseits, pointieren und fokussieren andererseits bestimmte Tendenzen des Romans. Zusammengenommen heben sich die vereindeutigenden und die vernebelnden Qualitäten der Assoziationen gegenseitig auf; das Musikalische vertritt keine eindeutige Linie. Wie andere Phänomene des sozialen, politischen und kulturellen Lebens signalisiert die Musik immer wieder die Unerschöpflichkeit, die Widersprüchlichkeit und oft auch Lächerlichkeit menschlichen Sinngebungsbestrebens. Und so trägt dieser Motivkomplex listig ein wenig Irritation in den insgesamt in seinem Vermächtnis- und Versöhnungscharakter doch leicht ins Beschönigend-Utopische abrutschenden letzten Roman Fontanes.

1 Michał Kleofas Ogiński: Les Adieus à la Patrie. 1814.

Zwischen Magdalena und Melusine. Vier (krypto)katholische Frauenfiguren in Werken Theodor Fontanes: Grete Minde, Victoire von Carayon, Franziska Franz, Cécile von St. Arnaud

Stefan Lindinger

Das Katholische bei Fontane

Im vierten Kapitel von Theodor Fontanes *Schach von Wuthenow* brechen Rittmeister von Schach, Frau von Carayon, ihre Tochter Victoire sowie deren Tante Marguerite, „noch eine echte Koloniefranzösin" (SvW, 31), von der Carayonschen Wohnung in der Behrenstraße zu einer Landpartie in das damals noch außerhalb der Stadt gelegene Tempelhof auf. Dort besuchen sie zunächst ein Gasthaus, und danach bringt Schach „einen Abendspaziergang in die Tempelhofer Kirche zur Sprache [...]. Sonnenuntergang sei die schönste Stunde." (SvW, 36) In diesem seinerseits isoliert gelegenen alten Gotteshaus (dem, bezogen auf die ländliche Gegenwelt des – auch von anderen Besuchern aus Berlin – frequentierten locus amoenus Tempelhof, der Stellenwert einer kleineren Heteropie innerhalb der größeren zukommt) gilt die Aufmerksamkeit der Ausflügler vor allem dem Grabmal eines vermeintlichen Tempelritters, zu dem Schach ausdrücklich in Bezug gesetzt wird, als Victoire von Carayon in ihm „einen nachgebornen Templer" zu erkennen vermeint. (SvW, 44) Im Hintergrund aber ereignet sich ein majestätisches Schauspiel:

> [D]er eben sinkende Sonnenball aber, der hinter den nach Abend zu gelegenen Fenstern stand, übergoß die Wände mit einem rötlichen Schimmer und erneuerte, für Augenblicke wenigstens, die längst blind gewordene Vergoldung der alten Altarheiligen, die hier noch, aus der katholischen Zeit her, ihr Dasein fristeten. Es konnte nicht ausbleiben, daß das genferisch reformierte Tantchen aufrichtig erschrak, als sie dieser ‚Götzen' ansichtig wurde[.] (SvW, 41)

Momenthaft, aber mit Macht, wie nicht zuletzt die Reaktion der Tante zeigt, manifestiert sich hinter der Gegenwarts- bzw. Realitätsebene hier an der Schwelle zwischen Tag und Nacht eine ältere, nachgerade mythisch überhöhte Schicht. Diese Schwelle ist nicht nur eine zwischen Gegenwart und Vergangenheit, sondern in gewisser Hinsicht auch zwischen Leben und Tod. Aufgrund des von Fontane in die sprachliche Gestaltung dieses Textausschnittes eingeführten visuellen Tableaus könnte man hier auch von einer Diaphanie sprechen, in dem Sinne, wie sie Hannelore Schlaffer für *Wilhelm Meisters Wanderjahre* postuliert hat: „Den diaphanen Charakter dieser Dichtung erzeugt das Durchscheinen mythologischer Hintergründe durch den oberflächlichen Sachverhalt einer fiktionalen Realität."[1]

Wenngleich sich das dergestalt Poetische hinter dem Realismus in den Werken Fontanes bei weitem nicht auf das Katholische beschränkt, stellt Letzteres doch ein lohnenswertes Untersuchungsfeld dar, denn zunächst einmal wird es ja nicht nur mythisch-poetisch überhöht, sondern ist selbst auch und vor allem Teil der sozialen, geschichtlichen und politischen Realität, ganz abgesehen von allen theologischen Fragestellungen, die damit in Verbindung stehen. Dass der Dichter des Öfteren katholische Figuren einführt, ist überdies keine Selbstverständlichkeit, hat er doch in erster Linie für eine norddeutsche und damit in ihrer großen Mehrheit protestantische Leserschaft geschrieben, für die der „Katholizismus" gerade zur Zeit des Kulturkampfes ein potentielles „Reizthema" darstellte.[2]

Wie schon mehrfach gezeigt worden ist, war Theodor Fontane von den Manifestationen des Katholischen zunächst nicht unbeeindruckt, stand aber den gleichsam theaterhaften Zügen der Gottesdienste skeptisch gegenüber, da er glaubte, sie trügen zur Manipulation der Gläubigen bei. Auch im Frühwerk der vierziger Jahre finden sich vereinzelt Seitenhiebe auf den Katholizismus.[3] Nichts davon geht aber über das im Rahmen des Zeitgeistes in einem protestantisch dominierten Kulturraum Deutschlands erwartbare Maß hinaus. Erst die Begegnung mit den Wangenheims führt zu einer entscheidenden Verschiebung in Fontanes Katholikenbild, und zwar hin zum Positiven. Die Ehefrau des Geheimrats Karl Hermann von Wangenheim, Marie, war katholisch. Der Dichter lernte sie 1852 kennen, als er anfing, den beiden Töchtern der Familie Privatunterricht zu erteilen. Es war der Beginn einer lebenslangen Freundschaft, in deren Zusammenhang er nicht nur bedeutende katholische Persönlichkeiten kennenlernen konnte, sondern an einem entscheidenden Punkt in seinem Leben auch wertvolle Hilfe erfuhr. Als Theodor Fontane am 5. Oktober 1870 während des Deutsch-Französischen Krieges als vermeintlicher preußischer Spion in Domrémy verhaftet wurde – übrigens „zu Füßen der Jungfrau", wie Fontane später selbst schrieb (Tagebuch, 1870, GBA XI, 2, 38), nicht der Jungfrau Maria, aber immerhin zu Füßen einer Statue der Johanna

1 Hannelore Schlaffer: Wilhelm Meister. Das Ende der Kunst und die Wiederkehr des Mythos. Stuttgart 1980, S. 3.

2 Helmuth Nürnberger: Ein fremder Kontinent – Fontane und der Katholizismus. In: Konrad Ehlich (Hg.): Fontane und die Fremde, Fontane und Europa. Würzburg 2002, S. 70-87, hier S. 79. Auch in: Michael Ewert, Christine Hehle (Hg.): Helmuth Nürnberger. „Auf der Treppe von Sanssouci". Studien zu Fontane. Würzburg 2016 (Fontaneana, Bd. 15), S. 263-282, hier S. 274f.

3 Vgl. Nürnberger, Ein fremder Kontinent (wie Anm. 2), S. 73-75 (S. 267-270), sowie Eda Sagarra: „Und die Katholschen seien, bei Licht besehen, auch Christen". Katholiken und Katholischsein bei Fontane. Zur Funktion eines Erzählmotivs. In: FB, H. 59 (1995), S. 38-58, hier S. 43f.

von Orleans, die ja ihrerseits so etwas wie eine katholische Ikone darstellt –, da war es auch Marie von Wangenheim, die für ihn beim katholischen Militärbischof der preußischen Armee intervenierte, welcher wiederum seinen Einfluss beim französischen Klerus geltend machte, was letztlich dazu führte, dass Fontane einer drohenden Hinrichtung als Spion entging und stattdessen einige Wochen auf La Rochelle in Kriegsgefangenschaft verbrachte. An dieselbe Marie von Wangenheim wandte sich Fontane auch dann, wenn es darum ging, Katholisches seinen Werken zutreffend zu schildern, etwa im Falle von *Graf Petöfy* (Vgl. GP, 199 und 241).[4]

Der sogenannte Kulturkampf, den Bismarck ab Anfang 1872 im neu gegründeten Reich gegen die Katholiken und ihre Institutionen führte, ging zwar offiziell 1887 zu Ende, doch das kulturelle Zerwürfnis zwischen ‚national gesinnten' Protestanten und ‚kirchentreuen' Katholiken hatte langfristige Folgen weit darüber hinaus.[5] Auch die deutschsprachige Literatur war entlang dieser konfessionellen Verwerfungslinie in zwei Teile zerfallen, die nebeneinander existierten, in den omnipräsenten protestantischen, der für die deutsche Nationalliteratur stand, und den gleichsam im Verborgenen als regionale Subkultur existierenden katholischen.[6] Diese letztere Literatur wurde von protestantisch-nationaler Seite kaum wahrgenommen, bis ins 20. Jahrhundert hinein galt diesbezüglich: „Catholica non leguntur".[7]

Vor diesem Hintergrund ist Fontanes Verwendung katholischer Figuren gerade in den Werken aus den achtziger Jahren durchaus als Gegenreaktion zur offiziellen Kulturpolitik zu verstehen, und Fontane selbst könnte dann so etwas wie ein Versöhner oder Brückenbauer gelten, entsprechend jenem bekannten Satz, der in *Unterm Birnbaum* fällt, nämlich „die Katholschen seien bei Licht besehen auch Christen" (UB, 79). So ist etwa darauf hingewiesen worden, dass man die Darstellung des Pater Feßler in *Graf Petöfy* durchaus auch als humanen Gegenentwurf zu Wilhelm Buschs antijesuitischem Zerrbild Pater Filucius verstehen kann, und die mitfühlenden Arendseer Klosterfrauen in *Grete Minde* stehen ihrerseits in

---

4 Vgl. dazu Nürnberger, Ein fremder Kontinent (wie Anm. 2), S. 76-79 (S. 271-274); Sagarra, „Und die Katholschen seien, bei Licht besehen, auch Christen" (wie Anm. 3), S. 42f., sowie Iwan-Michelangelo D'Aprile: Fontane. Ein Jahrhundert in Bewegung. Reinbek bei Hamburg 2018, S. 268-274, und Hans Dieter Zimmermann: Theodor Fontane. Der Romancier Preußens. München 2019, S. 239f.

5 Vgl. Jutta Osinski: Katholizismus und deutsche Literatur im 19. Jahrhundert. Paderborn [u. a.] 1993, S. 314-323, sowie Nürnberger, Ein fremder Kontinent (wie Anm. 2), S. 79 (S. 274).

6 Jutta Osinski hat für die Literatur jener Jahre die Bezeichnung ‚Literatur im katholischen Milieu: Klerikale Romantik' gefunden. Vgl. Osinski, Katholizismus und deutsche Literatur im 19. Jahrhundert (wie Anm. 5), S. 253-338.

7 Vgl. dazu Peter J. Brenner: „Catholica non leguntur". Die Literatur im Spannungsverhältnis von Kirche und Wirklichkeit im frühen 20. Jahrhundert. In: LJ N.F., Bd. 48 (2007), S. 287-318, hier S. 291f.

direktem Widerspruch zu den antikatholischen Stereotypen der Zeit.[8] In dieser Hinsicht ist das Katholische also ein „Motiv, das mitunter zur Aufklärung dient, zur Entlarvung von Vorurteil und Intoleranz."[9]

Dass es sich aber bei der Thematisierung des Katholischen um mehr als nur einen (wenn auch verallgemeinerbaren) Kommentar zum Zeitgeschehen handelt, hat man ebenfalls erkannt: „Die katholisierenden Elemente, die es in [Fontanes] Romanen [...] gibt, sind Metaphern. Sie verweisen auf eine ursprüngliche Freiheit und ein älteres Recht."[10] Dies passt etwa auf die eingangs zitierte Passage aus dem *Schach von Wuthenow*. Insbesondere einige der Frauengestalten, die katholisch sind oder waren oder auch eine Affinität zum Katholizismus aufweisen, überschreiten auf diese Weise die zeitgebunden-realistische Sphäre der Darstellung – im oben angedeuteten Sinne – hin zum Poetischen, mythisch Überhöhten. Es handelt sich dabei insbesondere um vier Frauen, die den Gegenstand des vorliegenden Aufsatzes bilden, nämlich um Grete Minde aus der gleichnamigen Novelle (1879/80), Victoire von Carayon aus *Schach von Wuthenow* (1882), Franziska Franz aus *Graf Petöfy* (1883) und Cécile von St. Arnaud aus dem Roman mit ihren Vornamen als Titel, *Cécile* (1886/87).[11]

Die besondere Beziehung zwischen dem Weiblichen und dem Katholischen wird in den folgenden einschlägigen Untersuchungen hervorgehoben. Katholische Frauengestalten würden demnach von Fontane „in ihrer Fehlbarkeit und ihrer liebenswürdigen Menschlichkeit der nüchternen preußisch-protestantischen Männerwelt entgegengesetzt, für die Fortkommen und äußerer Erfolg, Ehre und Ansehen in der Gesellschaft das wichtigste im Leben" seien.[12] In der Tat ist hinsichtlich der hier relevanten Werke ein Gegensatz zwischen der lutheranisch geprägten – und durch Männer repräsentierten – Staatsgesellschaft, in der Regel, Preußens, und den weiblichen katholischen Außenseiterfiguren zu konstatieren, deren Ka-

8 So Sagarra, „Und die Katholschen seien, bei Licht besehen, auch Christen" (wie Anm. 3), S. 45, sowie Dies.: Intertextualität als Zeitkommentar. Theodor Fontane, Gustav Freytag und Thomas Mann oder Juden und Jesuiten. In: Eckhard Heftrich (Hg.): Theodor Fontane und Thomas Mann. Frankfurt a. M. 1998 (Thomas-Mann-Studien, Bd. 18), S. 25-47, hier S. 39f. Zu Pater Filucius vgl. Osinski, Katholizismus und deutsche Literatur im 19. Jahrhundert (wie Anm. 5), S. 322f. Zu Fontane in den Zeiten des Kulturkampfs vgl. Helmuth Nürnberger: „Ein von Borniertheit eingegebener Antikatholizismus [...] etwas ganz besonders Schreckliches". Fontanes Reaktion als Kritiker und Erzähler im Klima des Kulturkampfes. In: Fontane. Religion als Relikt, S. 157-181.

9 Sagarra, „Und die Katholschen seien, bei Licht besehen, auch Christen" (wie Anm. 3), S. 41.

10 Nürnberger, Ein fremder Kontinent (wie Anm. 2), S. 81 (S. 277).

11 Weitere wichtige katholische Frauengestalten bei Fontane sind Ursel Hradschek aus *Unterm Birnbaum* (1885) und Roswitha aus dem *Effi Briest* (1894/95/96). Auch von ihnen soll in der Folge die Rede sein, wenn auch nur en passant.

12 Hans Poser: Katholisierende Elemente bei Theodor Fontane. In: Ulrich Ernst, Bernhard Sowinski (Hg.): Architectura poetica. FS für Johannes Rathofer zum 65. Geburtstag. Köln, Wien 1990, S. 461-469, hier S. 465.

tholizismus diese Staatsgesellschaft transzendiert und auch insofern ein gewisses subversives Potential aufweist, als er Zugang zu gewissermaßen vor-staatlichen bzw. vor-gesellschaftlichen übergeordneten oder absoluten ‚Wahrheiten' zu haben scheint. Die einzige Ausnahme, zumindest hinsichtlich der Außenseiterrolle, stellt der in der katholischen Gesellschaft Wiens und Ungarns angesiedelte *Graf Petöfy* dar, in dem aber auch immer wieder über den Gegensatz zum preußisch-lutheranischen Staatswesen reflektiert wird. Eine weitere Eigenschaft des Katholizismus in Fontanes Texten ist, dass er – auch wenn die betreffenden Frauen zum lutherischen Christentum konvertiert oder zu Beginn der Handlung protestantisch sind – punktuell immer wieder durchbricht, bzw. durchscheint. Die in diesem weiteren Sinne katholischen Frauen stellen auch in Hinblick auf ihre bisweilen ‚exotische' oder ‚periphere' Herkunft eine Gegenwelt dar. Für Fontane sei „[d]as Fremde [...] offenbar das Poetisch-Reizvollere, das seinem Realismus die farbigen Lichter aufsetzt". Für diesen Kontext relevante Beispiele sind Victoire von Carayon, die „von den Lusignans in Südfrankreich ab[stammt]", Cécile, die ihre Ursprünge in Oberschlesien hat, und „selbst Roswitha" aus *Effi Briest*, die, immerhin, „zumindest aus dem katholischen Eisfeld" kommt. Fontane gelinge es „[m]it solchen Figuren [...], der realistischen Gestaltung märkischer Wirklichkeit die poetische Verklärung zu geben, die seiner dichterischen Überzeugung entsprach."[13]

Dieser Gedankenfigur vom ‚poetischen Realismus' Fontanes ist sicherlich zuzustimmen, erscheint hier aber etwas zu sehr fixiert auf bloß geographische Gegebenheiten. Ganz abgesehen davon, dass diese Frauenfiguren immer auch hinorientiert sind auf etwas Ursprüngliches, Vergangenes oder gar Jenseitiges (dazu im Folgenden mehr), also auf gewissermaßen noch ‚fremdere', noch radikalere Gegenwelten, ist der genannte Punkt, dass Victoire von Vorfahren abstammt, die in Südfrankreich beheimatet waren, vielleicht weniger wichtig als die Tatsache, dass es sich bei diesen Vorfahren um die Lusignans handelt, zu deren Geschlecht auf die mythische Meerfrau Melusine gehört.

Dass Fontanes einschlägige Frauenfiguren nach dem Vorbild der paradigmatischen reuigen Sünderin des katholischen Heiligenkalenders gestaltet sind, ist bereits öfter erwähnt worden.[14] Dass sich jene aber auch mit dem für Fontane so bedeutsamen Melusinenmythos verbinden können – und zwar nicht nur Victoire von Carayon – soll im Folgenden genauer gezeigt werden. Bekanntermaßen war Theodor Fontane „zeit seines Lebens fasziniert von der Gestalt der Melusine", sein

---

13 Ebd., S. 469.

14 Vgl. etwa Nürnberger, Ein fremder Kontinent (wie Anm. 2), S. 80 (S. 275), Sagarra, „Und die Katholschen seien, bei Licht besehen, auch Christen" (wie Anm. 3), S. 50f., sowie Margherita Cottone: Fontane und der Katholizismus. Italienische Kunst und Frauengestalten. In: Hubertus Fischer, Domenico Mugnolo (Hg.): Fontane und Italien. Würzburg 2011, S. 75-86, hier S. 81-86.

gesamtes literarisches Werk weist diesbezügliche „Hinweise, intertextuelle Bezüge und Allusionen" auf.[15] „Das ‚Melusinische' an zahlreichen von Fontanes Frauenfiguren lässt sich als eine ganz spezifische, physisch-psychische Disposition, als spezifischer Typus von Weiblichkeit beschreiben."[16] Dessen Hauptmerkmal besteht in einer auf die umgebende Gesellschaft oft rätselhaft und fremd wirkenden Affinität zu einem außer- oder vorgesellschaftlichen Elementaren.[17] Zu den Frauenfiguren, die dieser Gruppe angehören, zählen auch – und auch dies ist bereits erkannt worden – die vier (krypto-)katholischen, denen hier die Aufmerksamkeit gelten soll.[18] Dabei ist festzuhalten, dass diese Parallele von Katholischem und ‚Melusinischem' keine zufällige ist, sondern dass sie sich vielmehr als strukturelle Analogie oder auch als innere Verwandtschaft beschreiben lässt.

Eine der erzählerischen Finessen Fontanes besteht in diesem Zusammenhang darin, die Grenzen zwischen diesen beiden Motivkreisen nicht scharf zu ziehen, sondern sie vielmehr in einer Art oszillierendem Cluster miteinander zu verbinden, in dem Sinne, dass seine Melusinen nicht zwingend katholisch sein müssen, und seine (Krypto-)Katholikinnen nicht zwingend Melusinenfiguren, aber dass zwischen beiden Bereichen eben eine besonders enge Affinität besteht. Auch andere Motivkreise wie Aberglauben und Hexerei können sich leicht anlagern und dann zu einer elementarhaft-vorgesellschaftlichen Gegenwelt mit den oben angedeuteten Aspekten verbinden.

Grete Minde

Dass eine katholisch geprägte Frauenfigur eine bedeutende Rolle in einem Werk Fontanes spielt, ist zum ersten Mal in der 1879 erstmals erschienenen *Grete Minde* der Fall. Grete wird von Beginn an als Außenseiterin gekennzeichnet, es heißt, sie sei „sehr zart gebaut, und ihre feinen Linien, noch mehr das Oval und die Farbe ihres Gesichts, deuteten auf eine Fremde." (GM, 6) Schnell wird dies in Verbindung gebracht mit ihrem Katholizismus, denn ihre verstorbene Mutter war eine „Kathol'sche" (GM, 8), eine Eigenschaft, die in der Stadtgesellschaft Tangermündes am Anfang des 17. Jahrhunderts auf wenig Gegenliebe stößt. Diese wird unter anderem verkörpert durch die Gestalt des Präzeptors Gigas, der zwar im

---

15 Claudia Steinkämper: Melusine – vom Schlangenweib zur „Beauté mit dem Fischschwanz". Geschichte einer literarischen Aneignung. Göttingen 2007, S. 343.

16 Ebd., S. 345.

17 Vgl. etwa Hubert Ohl: Melusine als Mythologem bei Theodor Fontane, in: FB, H. 42 (1986), S. 426-440, hier S. 426f., S. 430.

18 Vgl. den Forschungsüberblick in: Steinkämper, Melusine – vom Schlangenweib zur „Beauté mit dem Fischschwanz" (wie Anm. 15), S. 346-355.

Prinzip „gut" ist, aber mit der Einschränkung: „Es muß nur kein Calvin'scher sein oder kein Kathol'scher. Da wird er gleich bös, und Feuer und Flamme." (GM, 8)

Als Grete zum Religionsunterricht bei Gigas soll, fürchtet sie sich: „Er sieht einen so durch und durch, und mir ist immer, als mein' er, ich verstecke 'was in meinem Herzen und sei noch katholisch von der Mutter her." (GM, 26) Von der alten Magd Regine wird sie getröstet: „O nicht doch, Gret'. Er hat Dich ja selber getauft. Und jeden Sonntag bist du zur Kirch' und singst Doktor Lutheri Lieder und singst sie, wie sie Gigas nicht singen kann." (GM, 26) Und trotzdem: Sobald Grete vor Gigas steht und aufgefordert wird, Gebete aufzusagen, setzt sich das Ältere, Ursprüngliche durch. Ihr rutscht, um es so zu formulieren, ein Lied heraus, das auf die Lehre von den guten Werken anspielt und somit dezidiert katholisch geprägt ist. Und damit nicht genug, es erweist sich, dass sie eine mit einem Marienbildnis geschmückte Reliquienkapsel mit einem Splitter vom Kreuz Christi mit sich führt (GM, 30). Hier ist einer jener Momente bei Fontane, in denen das Katholische momenthaft durchbricht. Und nicht nur bei Grete, sondern im ganzen Haus scheint der Einfluss der katholischen Mutter noch deutlich spürbar zu sein. Deren Gegenspielerin im Buch, Gretes hartherzige Schwägerin Trud, wirft der Verstorbenen vor, diese habe durch ihre Schönheit „unser Haus behext und in den alten Aberglauben zurückfallen lassen." (GM, 31) Trud stellt hier somit Katholizismus, Aberglaube und Hexerei, aber auch weibliche Schönheit, in eine Reihe, eine Verbindung, die sich auch in anderen Werken konstatieren lässt. Immer wieder geistern, sozusagen, katholische Details durch den Text. Im darauffolgenden Mai etwa findet ein Frühlingsfest in einem Wald statt, an den eine alte Sage geknüpft ist, in der sich ein Mädchen im Wald verirrt und zur „Mutter Gottes" betet, woraufhin sie von einem Hirsch gerettet wird. (GM, 33) Eine derartige Interzession Marias war schon vorher in dem von fahrendem Volk aufgeführten Puppenspiel ‚Das jüngste Gericht' vorgekommen, dem Grete beigewohnt hatte. (GM, 19) Wie am Anfang erwähnt, hatte Fontane ja auch und vor allem den ästhetischen, den Schauspielcharakter des Katholizismus wahrgenommen.

Das jüngste Gericht aber hat nicht nur einen derartigen Schauspielcharakter, sondern ist auch untrennbar verbunden mit dem Themenbereich des Todes. Auch dabei leisten, so die Logik der oben erwähnten Szene, Maria bzw. der katholische Glaube wertvollen Beistand. Nachdem Grete Minde und ihr Freund Valtin im weiteren Ablauf der Handlung aus Tangermünde geflohen sind, haben sie ein gemeinsames uneheliches Kind (ein Sündenfall, der Grete in die Nähe der Magdalenenfiguren rückt, wenngleich hier das Merkmal einer späteren Reue fehlt) und befinden sich – drei Jahre sind vergangen – bei derselben Schauspieltruppe, die damals das Puppenspiel vorgeführt hatte und gerade im altmärkischen Arendsee ihr Lager aufgeschlagen hat. Dort liegt ein, dem ersten Augenschein nach, katholisches Nonnenkloster, das allerdings im Zuge der Reformation aufgelöst worden ist (GM, 83f.). Dieses ehemalige Kloster mitsamt seinen Bewohnerinnen rückt in den Blickpunkt, als Valtin stirbt und die evangelische Pfarrgemeinde keinen von diesen „fahrende[n] Leute[n]" (GM, 89) auf ihrem Kirchhof begraben wissen will. Man verweist Grete an die Domina des Klosters (GM, 90). Anders als im Falle von Adelheid, Schwester des Dubslav von Stechlin und ihrerseits Domina eines Klosters, des Klosters Wutz, einer radikalen und nahezu bigotten Protestantin, hat die 95jährige Domina von Arendsee ihren Katholizismus bewahrt: „[I]ch habe viele Zeiten gesehen, und sie waren nicht schlechter als unsre Zeiten sind" (GM, 93).[19] Sie erkennt sofort den katholischen Kern Gretes und, mehr noch, sie bietet, im Gegensatz zur Dorfgemeinschaft und deren protestantischem Pfarrer, dem Leichnam Valtins Asyl auf dem Friedhof des Klosters:

> Er [also der Dorfpastor] hat *seinen* Kirchhof und wir haben den *unsren*. Und auf unsrem, denk'ich, schläft sich's besser. [...] Und morgen um die neunte Stunde, da komm nur herauf mit Deinem Todten, und da soll er sein Grab haben. Ein Grab bei *uns*. Und nicht an schlechter Stell' und unter Unkraut; nein, wir wollen ihn unter einem Birnbaum begraben, oder, so Du's lieber hast, unter einem Fliederbusch. Hörst Du. [...] Und wir wollen die Klosterglocke läuten lassen [...]. (GM, 93)

Nicht nur in *Grete Minde* kommt das Katholische auch und vor allem dann ins Spiel, wenn es um die letzten Dinge geht, wenn das Zeitliche ins Ewige transzendiert wird.

Grete ist dabei nicht nur dem Katholischen zugeordnet, sondern - und das kann hier nur angedeutet werden - auch immer wieder dem Märchenhaften, sie ist den Elementen zugetan, und zwar nicht nur dem Feuer in Gestalt des abschließenden Brandes von Tangermünde (GM, 114-117), der von einem Feuerunglück bei der Aufführung von ‚Das Jüngste Gericht' am Anfang präfiguriert wird (GM, 21-23) und der Luft (angefangen mit den Vögeln, die bereits auf der ersten Seite des einleitenden Kapitels, *Das Hänfling-Nest*, thematisiert werden [GM, 5f.], bis hin zu ihrem letzten Aufstieg in die luftigen Höhen des Turmes der Stephanskirche [GM, 116f.]),[20] sondern auch dem Wasser. Als sie mit Valtin am Tag des Maienfestes durch den Wald streifte, „glühte [es] schon in den Wipfeln, da flog eine Libelle vor ihnen her und Grete sagte: ‚Sieh, eine Seejungfer. Wo *die* sind, da muss auch Wasser sein. Ein Sumpf oder ein Teich. Ob schon die Teichrosen blühn? Ich liebe sie so."' (GM, 36) Das Wort ‚Seejungfer' mag auf der ersten Ebene ein poetisches Synonym für Libelle sein, auf jeden Fall aber erfolgt durch diese

19 Das Kloster Arendsee war 1541 aufgelöst und in ein Stift umgewandelt worden. GM, 198 (Anmerkungen). Aufgrund ihres hohen Alters kann sich die Domina also persönlich an die alte, katholische Zeit erinnern.

20 Zum Motivkomplex Fliegen und Flucht vgl. GM, 125-131 (Anhang).

Ausdrucksweise eine Anspielung an den Melusinenmythos, in den Grete Minde auf diese Weise intertextuell einbezogen wird. Hier und in anderen Werken steht für Fontane im Zusammenhang mit der Meerfrau Melusine weniger deren (an sich von der Stoffgeschichte vorgegebene) Eigenschaft im Vordergrund, eine ‚Urmutter' (des Geschlechtes der Lusignan) zu sein, als vielmehr diejenige einer Nachgeborenen, eines immerwährenden Elementarwesens sozusagen, was mit der Bezeichnung „Seejungfer" prägnanter zum Ausdruck kommt.[21] Dementsprechend ist Grete Minde gesellschaftlichen Bindungen und Verpflichtungen gegenüber, auch auf familiärer Ebene, gänzlich abgeneigt: statt Kinderhüten – das von Trud und letztlich auch ihr eigenes – will sie, wie sie mehrfach sagt, „Liebe" (vgl. etwa GM, 47, 51).

Victoire von Carayon

Schon die ‚Katholikin' Grete Minde ist auf diese Weise auch eine Melusinenfigur, und dieser Zusammenhang wird in *Schach von Wuthenow*, erschienen 1882, noch deutlicher, wenngleich fast bis zum Schluss nur Lutheraner und Calvinisten im Text auftreten. Es ist daher sinnvoll, die katholische Thematik in diesem Werk von seinem Ende her zu betrachten. Das Schlusskapitel nämlich stellt den italienisch-katholischen Kontrapunkt zur bis dahin vorherrschenden preußisch-lutheranischen Atmosphäre her. Wieder geht es hier, wenn man so will, um die letzten Dinge, jenseits der Normen der Gesellschaft. Bei diesem, dem 21. Kapitel handelt es sich um einen Brief der jetzigen Victoire von Schach an ihre Freundin Lisette von Perbandt. Er ist datiert auf den 18. August 1807, also *nach* der Epochenschwelle von Jena und Auerstedt, nämlich der Niederlage gegen Napoleon, die das Ende des ‚alten Preußens' besiegelte, aber auch nach der Heirat mit Schach, nach dessen Selbstmord und nach der Geburt des gemeinsamen Kindes, der Frucht von Schachs schicksalhaftem abendlichen Besuch in der Wohnung der Carayons, der den tragischen Ablauf der Dinge in Gang gesetzt hatte. Victoire hat sich nach dem Selbstmord Schachs in die Gegenwelt zum preußischen Protestantismus geflüchtet, ins katholische Rom, eine Welt der Wunder. Als ihr kleiner Sohn, ihr „Kleine[s]" – bei dem es sich, wie auch sprachlich zum Ausdruck kommt, selbst um ein veritables Christkind handelt – „krank bis auf den Tod" ist, fleht Victoire den Bambino (also die Darstellung des Christusknaben) in der Kirche Santa Maria in Aracoeli um Rettung an, und ihr Kleines wird geheilt – ein „Wunder": „Denn nicht nur *alt* ist Araceli, sondern auch trostreich und labevoll, und kühl

21 Vgl. unter Bezugnahme auf *Frau Jenny Treibel* und *Schach von Wuthenow* Steinkämper, Melusine – vom Schlangenweib zur „Beauté mit dem Fischschwanz (wie Anm. 15), S. 343.

und schön. Sein Schönstes aber ist sein Name, der ‚*Altar des Himmels*' bedeutet. Und auf diesem Altar steigt tagtäglich das Opfer meines Dankes auf." (SvW, 159) Die weiblich-italienisch-katholische Bilderwelt, auf die hier angespielt wird,[22] findet ihr männlich-preußisch-protestantisches Pendant am Anfang des Werkes, wo ebenfalls von einem Gotteshaus erzählt wird. Im Kontext einer der Causerien im Carayonschen Salon hatte Alvensleben, einer der Gesprächsteilnehmer, von den Kirchenbesuchen in seiner Kindheit erzählt: „Es sind meine frühesten Erinnerungen, daß ich in unserer Dorfkirche saß, und mein alter Vater neben mir, der alle Gesangbuchverse mitsang." Mit dabei ist der geistige Übervater von Preußens Staat und Gesellschaft: „Und links neben dem Altar, da hing unser Martin Luther in ganzer Figur, die Bibel im Arm, die Rechte darauf gelegt, ein lebensvolles Bild, und sah zu mir herüber" (SvW, 14). Der Vergleich dieser beiden Stellen macht Victoires Hinwendung (wenngleich es sich um keine eigentliche Konversion handelt) zum Katholizismus augenfällig, wie auch das halbdunkle Zwielicht in dieser römischen Kirche der eingangs erwähnten Szene in der Tempelhofer Landkirche entspricht. Diese Atmosphäre des Zwielichts erscheint besonders geeignet, um für einen Augenblick die Grenze zwischen Geschichtlichkeit und Mythos durchlässig zu machen.[23]

Dieser gefühlten Konversion Victoires zum katholischen Glauben am Ende des Buches geht nicht nur eine Parallelisierung mit Maria Magdalena voraus: Als Frau von Carayon darauf wartet, zum alten General von Köckritz vorgelassen zu werden, hängt im Empfangszimmer neben anderen Bildern „eine büßende Magdalena", vielleicht „die von Correggio", die jener besonders ins Auge sticht (SvW, 135). Vielmehr wird sie von Anfang an konsequent als gesellschaftliche Außenseiterin charakterisiert, angefangen mit ihrem pockennarbigen Gesicht, das sie – in den Worten von Prinz Louis – zu einer „beauté du diable" macht (SvW, 67), was sich erneut auf die Sünderin Maria Magdalena, aber darüber hinaus durchaus auf eine Hexengestalt beziehen lässt. Dies geschieht immer wieder auch durch die Raumregie Fontanes: Schon bei der ersten Szene im carayonschen Salon ist sie wie eine Art Satellit losgelöst von der festen Sitzordnung der anderen (vgl. SvW,

22 Zu Fontanes eigenem Erleben der katholischen Kunst Italiens vgl. u. a. Bernhard Böschenstein: Religiosität in Fontanes Verhältnis zur bildenden Kunst? In: Fontane. Religion als Relikt, S. 15-27, hier S. 16-21, sowie Cottone, Fontane und der Katholizismus (wie Anm. 14), S. 75-81.

23 Ein weiterer magischer Moment in der Dämmerung, wenn auch ohne direkten Bezug zum hier behandelten Thema, ist der Abend bei Prinz Louis, wo (nachdem zuvor schon über das Thema Schönheit gesprochen worden war) eine prachtvoll schöne Abenddämmerung zu sehen ist, vor deren Hintergrund Schwäne vorbeifliegen (vgl. SvW, 70), Symbol für Reinheit, aber auch für Sterben (über den sprichwörtlichen Schwanengesang durchaus auch auf den Opfertod Christi am Kreuz zu beziehen), und nicht zuletzt Martin Luther selbst, den Schwan, der Hus (tschechisch für Gans) nachfolgen sollte.

6-8), auch beim Weg zur und von der Tempelhofer Kirche führt Schach sie nur in einiger Entfernung vom Dorf am Arm, in der Nähe der Gesellschaft verändert er die räumliche Anordnung zwischen sich selbst, Victoire, deren Mutter und der Tante, indem er nun Frau von Carayon seinen Arm anbietet (vgl. SvW, 45).

Von zentraler Bedeutung ist hier aber die folgende Szene: Ihre eigene Mutter stellt Victoire in den Kontext des Melusinenmythos, als sie, wütend über Schachs anfängliche Weigerung, die schwangere Victoire zu ehelichen, auf die traditionsreichen Vorfahren ihrer Familie verweist, und darunter befindet sich eben auch und vor allem die unprosaische und damit poetische Melusine:

> [I]ch will von alten Zeiten sprechen [...]. [D]amals zogen die Carayons [...] mit vor Jerusalem und eroberten es und befreiten es. Und als sie heimkamen, da kamen Sänger an ihren Hof, und sie sangen selbst, und als Victoire de Carayon (ja sie hieß auch Victoire) sich dem großen Grafen von Lusignan vermählte, [...] da waren wir mit einem Königshause versippt und verschwägert, mit den Lusignans, aus deren großem Hause die schöne Melusine kam, unglücklichen aber Gott sei Dank unprosaischen Angedenkens (SvW, 125).

Franziska Franz

Graf Petöfy erschien 1884, also nicht allzu lange Zeit nach *Schach von Wuthenow*, und nicht nur deswegen können die beiden Werke in gewissem Sinne als komplementär angesehen werden. Beide kulminieren im Selbstmord – aus einem missverstandenen Ehrgefühl heraus – der männlichen Titelfigur, während die überlebenden Ehefrauen am Ende eine Wendung hin zum Katholizismus vornehmen. Anders als in *Schach von Wuthenow* ist es in *Graf Petöfy* das katholische Milieu Wiens und später Ungarns, in das die Handlung eingebettet ist. Und stärker noch als im *Schach* rücken die Themen Kunst und Kirche in den Vordergrund, die auch den ‚doppelten Salon' der Petöfys charakterisieren: Der Junggeselle Graf Adam ist ein alternder Theaterschwärmer, während sich seine Schwester Judith gerne mit katholischen Klerikern umgibt, allen voran der markantesten katholischen Männerfigur in Fontanes Œuvre, dem toleranten und weltmännischen Pater Feßler. Etwas später im Werk tritt als Nebenfigur auch noch ein ungarischer Landgeistlicher auf. Der Ablauf der Handlung führt die kulturellen Welten von Katholizismus und Protestantismus insofern zusammen, als sich Graf Adam in die nicht nur wesentlich jüngere, sondern eben auch norddeutsch-protestantische Schauspielerin Franziska verliebt und sie, trotz der anfänglichen Bedenken seiner Schwester aufgrund dieser vermeintlichen Mésalliance, letztlich heiratet. In Ungarn, im Umfeld des Familienschlosses Arpa, kommen sich Franziska und Graf Adams Neffe Egon kurzzeitig näher, eine Entwicklung, die letztlich im Selbstmord des Grafen kulminiert. Durch Franziska und ihre Jugendfreundin und ständige Begleiterin Hannah, die aus derselben Stadt an der Odermündung stammt, kommt die lutheranische Konfession immer wieder ins Spiel und wird in den Gesprächen von Franziska mit Hannah, die auch am Ende des Werkes nicht von ihrem „lutherischen Katechismus" lassen will (GP, 223), mit Pater Feßler oder mit der Gräfin immer wieder thematisiert, so gibt es etwa auch eine neuerliche Anspielung auf das Lutherbild, das in vielen solcher Kirchen hängt (vgl. GP, 73). Im gräflichen Salon in Wien wiederum, in dem anfänglich die meisten dieser Causerien stattfinden, hängt „die büßende Magdalena von Carlo Dolci" (GP, 17) und präfiguriert auf diese Weise das weitere Schicksal Franziskas.

Zwei Frauenfiguren sind im Kontext dieser Untersuchung von besonderem Interesse. Zunächst handelt es sich um die Gräfin Judith, die (nicht unähnlich der Domina aus *Grete Minde*) im Katholizismus fest verortet erscheint und daher anders als ihr Bruder gegenüber allen Unbilden eines an die gesellschaftliche Realität gebundenen Schicksals gewappnet ist. An einer Stelle bemerkt Graf Adam gegenüber seiner Schwester:

> Du hast es gut gehabt und hast unter Feßler's Assistenz dein Lebensmanna in der Kirche gefunden, und etwas von wirklicher Himmelsfreude hat dein irdisch Dasein durchleuchtet. Ich weiß wohl und weiß es allen Ernstes, daß dergleichen ein Glück ist; aber ich habe nicht das Talent dafür und muß mich mit etwas Irdischerem und Alltäglicherem behelfen. (GP, 83)

Auch hier lässt sich die sakrale Aura, die in der Wortwahl ‚durchleuchten' zum Ausdruck kommt, leicht mit dem Begriff der Diaphanie in Verbindung bringen. Trotz der Bedenken der Gräfin Judith hinsichtlich der Heirat fühlt sich diese Franziska, der weiblichen Hauptfigur dieses Romans, einer „Protestantin und Pastorstochter" (GP, 105), als Person innerlich stark verbunden, als würde auch sie (wie die Domina), den ‚katholischen Kern' der Frau erahnen, die ihr gegenübersitzt, ein Gefühl, das im Übrigen auf Gegenseitigkeit beruht. Sinnfällig wird dies an einem „Muttergottesbild" (GP, 101f.), Gipfelpunkt einer Reihe bildlicher Darstellungen katholischer Heiliger (ab GP, 17) in *Graf Petöfy*. Dieses Muttergottesbild findet Franziska in dem ihr zugewiesenen Gemach auf Schloss Arpa vor, wo es früher Gräfin Judith gehört hatte. Die erste Begegnung mit dem Bild jagt ihr noch Befremden ein (GP, 102). Schon wenig später aber entwickelt sie eine regelrechte Sehnsucht nach diesem Zufluchtsort: „[I]ch wollte, ich säß' erst wieder an diesem Tisch hier und hätte nichts um mich und nichts über mir als die Mutter Gottes und den kleinen Christus, der mir den Rosenkranz entgegenhält" (GP, 125). Über dieses Muttergottesbild verstärkt sich auch die Bindung zwischen Judith, der es aus den „Tagen ihrer Kindheit" wohlvertraut ist, und Franziska, für die es das Allererste ist, „von dem sie hier auf Schloß Arpa begrüßt worden sei": „[S]o sehr sie sich im ersten Augenblick als Protestantin über diesen Gruß verwundert und beinahe erschreckt habe, so sei's ihr doch am andern Tage schon gewesen, als wüchse das kleine Nischendach und nehme sie unter seinen Schutz" (GP, 173f.). Als Franziska nach dem Selbstmord ihres Gatten beschlossen hat, Egon nie wieder zu sehen, als verwitwete Gräfin auf Schloss Arpa zu leben und den katholischen Glauben anzunehmen, schließt der Roman mit dem folgenden Dialog zwischen Judith und Franziska: Judith fragt: „'Und wer soll Dich schützen?'" Die Antwort Franziskas lautet: „'Ich denke, *sie*, die schon so viele Gräfinnen Petöfy beschützt hat.' Und sie wies auf die Nische, daraus das Bild der Maria niederblickte" (GP, 224).

Diese Konversion zum Katholizismus ist auch hier wieder an die ‚Letzten Dinge' gebunden, und der Selbstmord des Grafen, an dem sie sich mitschuldig fühlt, gibt letztendlich den Ausschlag. Doch diese Entwicklung hatte sich schon lange zuvor angebahnt. So entdeckt Franziska auf Arpa eine Kapelle, die der Tempelhofer Landkirche mit ihren Heiligen in *Schach von Wuthenow* ähnelt, eine „Kapelle [...], vielleicht nicht mehr im Gebrauch, aber doch in alter Zeit gewesen, viele hundert Jahre zurück. Versteht sich, da sind ja die zwei Nischen, wo die Heiligen gestanden haben [...]" (GP, 115). Eine Schlüsselrolle bei der Konversion spielt aber der Besuch in der „Gruftkapelle" der Petöfys:

> [D]er unausgesetzt aufsteigende Qualm der ewigen Lampe hatte das steife byzantinische Marienbild, das an der Wand dahinter aufragte, halb überblakt. Die strengen Züge schienen noch strenger geworden, und nur das Christkind, das nach der Weltkugel griff, lächelte. Franziska konnte sich von dem Bilde nicht trennen und sah andächtig und bewegt hinauf [...]. [...] Endlich trat [der alte Graf] in die Lücke, die noch zwischen dem letzten Sarg und dem Wandpfeiler war, und sagte: „Sieh, Judith, zwei Plätze noch, für dich und für mich. Kommt noch wer, so müssen wir zusammenrücken. Die Petöfys haben es an Politesse nie fehlen lassen." (GP, 177)

Das Bildnis der Gottesmutter mit dem Christuskind aus dem Schloss kehrt hier wieder, aber auch eine Assoziation mit der Schlussszene von *Schach von Wuthenow*, mit dem ‚Bambino' in Aracoeli, ist möglich. Der erste Teil von Franziskas mutmaßlichem Erweckungserlebnis besteht in der Unmittelbarkeit, mit der diese katholische Darstellung sie anspricht, der zweite Teil in einer plötzlichen Leere, die sie aufgrund der Bemerkung des Grafen empfindet:

> Franziska gab es einen Stich, als er so sprach. Gehörte sie nicht hieher? Ueberkam ihn plötzlich eine Standes- und Hochmuthslaune? Nein, unmöglich. Wenn er sich eben halb scherzhaft seiner Politesse berühmt hatte, so wußte sie, daß er Eines besaß, das ungleich höher stand: Edelsinn und ein innerstes Widerstreben, Anderer Gefühle zu verletzen. Aber wenn es nicht Hochmuthslaune war,

> was war es dann? War es, daß er sie zart und rücksichtsvoll in ihrer Eigenschaft als Protestantin nicht ohne Weiteres an die katholische Stelle hin einladen wollte? Sie kam zu keinem Abschluß und ging ernst und sinnend neben der alten Gräfin her, die [...] all diesem Ernst und Sinnen eine andere Deutung gab und an die Möglichkeit dachte, daß der Moment vor dem verblakten Marienbilde doch vielleicht ein Erweckungsmoment gewesen sein könne. (GP, 177)

In Bezug auf die Atmosphäre in Wien äußert Franziska einen Satz, der auch als Indiz für das Melusinenhafte ihres inneren Lebens gewertet werden kann: „Eine Sehnsucht nach dem Einfacheren, Natürlicheren regt sich beständig in uns, und diese Sehnsucht ist vielleicht unser Bestes" (GP, 20). Diese Natürlichkeit führt sie in Wien auf den Einfluss der katholischen Kirche zurück (vgl. GP, 20). Weiterhin teilt sie etwa Grete Mindes Faszination für das außerhalb der Gesellschaft stehende, fahrende Volk, als sie von einem Kindheitserlebnis in ihrer norddeutschen Heimatstadt erzählt, wo der Auftritt von „allerlei Bänkelsänger[n] und Leiermänner[n]" vor theaterhafter Leinwandkulisse erstmals ihre romantische Liebe zu Ungarn ausgelöst hatte (GP, 24f.), und vielleicht auch ihren Entschluss, Schauspielerin zu werden, mitbegründet hat, denn sie konstatiert eine gewisse Nähe zwischen ihrem eigenen Beruf und den Gauklern (vgl. GP, 55f.). Die Eigenschaft, Schauspielerin zu sein, führt nicht nur dazu, dass auch sie selbst außerhalb bzw. zumindest am Rande der Gesellschaft steht, sondern dass für diese (wie auch letztlich für sie selbst) schwer einzuschätzen ist, was an ihr Rolle ist und was Persönlichkeit:

> Die junge Schauspielerin aber warf einen Blick auf Egon, dessen Gegenwart sie befangen zu machen schien, und sagte dann, während sie den leichten Ton ihres voraufgegangenen Geplauders wieder zu gewinnen trachtete: „Fast muß ich fürchten, mich mit meinen Confessions in's Komische gestellt zu haben. Aber mein Rollenfach, das das Naive wenigstens streift, mag mich entschuldigen. Unser Beruf gibt uns schließlich unsern Ton und unsere Haltung." „Und wenn nun das Naive vielleicht Ihre Naturanlage wäre?" scherzte der alte Graf. „Das ist es leider nicht. Ich bilde mir wenigstens ein, überlegend und beinahe berechnend zu sein, eine nüchterne norddeutsche Natur. Und wenn sich mir meine Wünsche erfüllen, so werd' ich eine Kaufmannsfrau." „Das werden Sie nie", warf Egon kurz und mit großer Bestimmtheit ein. (GP, 21)

Dieses melusinenhafte Oszillieren setzt sich dann in ihrer Beziehung zu Graf Petöfy fort. Sie ist zwar davon überzeugt, mit dieser Verbindung, in der Tat gleichsam wie eine Kaufmannsfrau, ihr kalkuliertes Glück gefunden haben, und sie bemüht sich auch redlich, aber der Seitensprung mit Egon zeigt, dass sie sich verschätzt hat. Letztlich kommt die Konversion am Ende ihrer inneren Befindlichkeit am nächsten und verbindet die auseinanderstrebenden Kräfte ihrer Persönlichkeit in entsagender Harmonie.

Cécile von St. Arnaud

Anders als Franziska Franz ist Cécile, die ehemalige Fürstengeliebte und Gattin des duellfreudigen Obersten außer Dienst, St. Arnaud, im gleichnamigen Roman von 1886 bzw. 1887, katholischer Herkunft und erst später evangelisch geworden. Als Sachinformation wird dies erst spät in der Handlung bestätigt (C, 173), doch das Katholische in ihr ist – wie bei Grete Minde – immer noch zu spüren. Der von ihr nachgerade besessene Ingenieur Gordon vermutet dies von Anfang an und kommt auch in seinen inneren Monologen immer wieder darauf zurück: „Uebrigens wirkt sie katholisch, und wenn sie nicht aus Brüssel ist, ist sie wenigstens aus Aachen. Nein, auch das nicht. Jetzt hab' ich es: Polin oder wenigstens polnisches Halbblut. Und in einem festen Kloster erzogen, Sacré coeur oder Zum guten Hirten" (C, 15). Dementsprechend erscheint ihm ihr „Protestantismus", wie er ihr selbst gegenüber bemerkt, „einigen kleinen Anzeichen nach einigermaßen zweifelhaft" (C, 43). Nach dem gemeinsamen Besuch eines ehemaligen Klosters kommt sie ihm beinahe vor wie eine der „Fürst-Abbatissinen", die im 18. Jahrhundert dort gelebt hatten: „Er malte sich das alles noch weiter aus, bis sich ihm plötzlich vor eben diese groteske Gestaltenreihe die graziöse Gestalt Céciles stellte, wechselnd in Stimmung und Erscheinung, genau so wie sie der vorhergehende Tag ihm gezeigt hatte" (C, 56). Und vor allem erinnert sie ihn an „ein Bild von Queen Mary", von dem er nicht mehr genau weiß, auch welchem schottischen Schloss er es gesehen hat, aber: „Gleichviel, es war die schottischen Königin, meine arme Landsmännin. Etwas Katholisches, etwas Gluth und Frömmigkeit, und etwas Schuldbewußtsein. Und zugleich ein Etwas im Blick, wie wenn die Schuld noch nicht zu Ende wäre" (C, 127f.). Dieses Bild von Mary, einer anderen Maria, entspricht den oben erwähnten Bezugnahmen auf die heilige Maria Magdalena in anderen Werken.

Und in der Tat: Nachdem ihr Ehemann, der Oberst, ihren obsessiven Verehrer Gordon im Duell getötet hat, und als sie ihren Leiden schließlich durch Gift ein Ende setzt, stirbt Cécile als Katholikin. In ihrem an den protestantischen Hofprediger Dörffel gerichteten Abschiedsbrief trifft sie ihre letzten Verfügungen, in denen sie auch bestimmt, dass „das Opalkreuz", das ihr „beistehen soll bis zuletzt", an diesen ihren „väterliche[n] Freund" fallen solle:

> Ihre hundertfach erprobte Milde wird nicht Anstoß daran nehmen, daß es ein katholisches Kreuz ist, und auch daran nicht, daß ich, eine Convertitin, meine letzten Gebete an eben dies Kreuz, und aus einem katholischen Herzen heraus

> gerichtet habe. Jede Kirche hat reiche Gaben, und auch der Ihrigen verdank' ich viel; *die* aber, darin ich geboren und großgezogen wurde, macht uns das Sterben leichter und bettet uns sanfter (C, 215).

Ähnlich lauteten, dies zur Erinnerung, die Worte der Domina in *Grete Minde*. Die Frauenfiguren Cécile und Grete Minde verbindet überdies – über ihren ‚verdeckten' Katholizismus hinaus –, dass sich auch das Außenseitertum jener von Anfang an und immer wieder in einer gewissen Nähe zu Hexerei und Aberglauben manifestiert. Schauplatz des ersten Teils der Handlung ist nicht zufällig der Harz, in dem der Hexenberg Brocken beheimatet ist (vgl. C, 11f.). Auf den dortigen Hexentanz erfolgen im Roman immer wieder Anspielungen (vgl. etwa C, 33-36), und eine Nebenfigur trägt gar den Namen Rosa Hexel. Darüber hinaus wird Céciles Charakter als junges Mädchen beschrieben als „träumerisch und märchenhaft", als wäre sie „eine Fee in Trauer" (C, 175). Vom Anfang des Buches an ist sie gekennzeichnet durch ein „apathisches Träumen" (C, 9), und „um sie her" ist stets „etwas Bestrickendes", ein „Zauber", der dazu führt, dass Gordon nicht von ihr loskommt (C, 186). Dies alles deutet auf Céciles Melusinenhaftigkeit hin, ein Eindruck, der durch das Charakterbild, das Gordon in einem Brief an seine Schwester Clothilde von jener zeichnet, noch bestätigt wird:

> Ihre Augen stehen scharf nach innen, wie wenn sie sich suchten und lieber sich selbst als die Außenwelt sähen [...]. [Dies gibt ihr] entschieden etwas Apartes und wenn ihre beauté wirklich Einbuße dadurch erfahren sollte, was ich nicht zugeben kann, so doch sicherlich nicht ihr Reiz. Sie verzieht mich ein wenig und zwar in einer ganz eigenthümlichen Weise, der ich Coquetterie nicht zuschreiben und auch nicht ganz absprechen kann. Ich stehe vor einem Räthsel, oder doch mindestens vor etwas Unbestimmtem und Unklarem [...]. (C, 59)

Was Gordon – über diese entfernte Spielart der ‚beauté du diable' hinaus – weiter auffällt, ist ein erstaunlicher Mangel an einer für die gute Gesellschaft erforderlichen Bildung, verbunden allerdings mit natürlicher Grazie und einer Affinität zum Elementaren:

> Ja, sie hat Capricen, was an einer schönen Frau nicht sonderlich überraschen darf, aber was durchaus frappiren muß, ist das naive Minimalmaß ihrer Bildung. [...] Und so giebt sie sich Blößen über Blößen. Aber sie besitzt dafür ein Anderes, was alle diese Mängel wieder aufwiegt: eine vornehme Haltung und ein feines Gefühl, will sagen ein Herz. Denn ein feines Gefühl läßt sich sowenig lernen wie ein ächtes. Man hat es, oder hat es nicht. Dazu gesellt sich jener freiere Blick oder doch mindestens jenes unbefangene, allem Schwerfälligen abgewandte Wesen, jenes je ne sais quoi [...], das sie Gebildeteren und selbst Klügeren überlegen macht. Sie weiß, daß sie nichts weiß und behandelt dies

> Manko mit einer entwaffnenden Offenheit. Trotz einer hautainen Miene, die sie, wenn sie will, sehr wohl aufzusetzen versteht, ist sie bescheiden bis zur Demuth. [...] Ueberhaupt voller Gegensätze: Dame von Welt und dann wieder voll Kindersinn. Sie lacht wenig, aber wenn sie lacht, ist es entzückend, weil man herausfühlt, wie dieses Lachen sie selber beglückt. Sie war wohl eigentlich, ihrer ganzen Natur nach, auf Reifenwerfen und Federballspiel gestellt und dazu angetan, so leicht und graziös in die Luft zu steigen, wie selber ein Federball (C, 59-62)

Die Nähe zu den letzten Dingen, zum Jenseitigen, gilt im Übrigen auch im Falle zweier Nebenfiguren, von denen bisher nur andeutungsweise die Rede war, nämlich Ursel Hradscheck aus *Unterm Birnbaum*, die vor ihrer Heirat mit Abel vom Katholizismus zum Luthertum konvertiert war. Als letzten Wunsch vor ihrem Tode äußert sie, dass für den ermordeten polnischen Handelsvertreter katholische Seelenmessen gelesen werden sollen (UB, 94). Roswitha schließlich, dem katholischen künftigen Kindermädchen der Innstettens, schreibt Effi Briest gleichsam apotropäische Kraft in einem magischen Kontext zu, wenn sie der festen Überzeugung ist, jene sei schon aufgrund ihrer Konfession ein potentielles Schutzmittel gegen den ominösen ‚Spuk' im Kessiner Haus: „Effi war fest protestantisch erzogen und würde sehr erschrocken gewesen sein, wenn man an und in ihr 'was Katholisches entdeckt hätte; trotzdem glaubte sie, daß der Katholizismus uns gegen solche Dinge ‚wie da oben' besser schütze; ja, diese Betrachtung hatte bei dem Plane, Roswitha ins Haus zu nehmen, ganz erheblich mitgewirkt" (UB, 134).

Schluss

Zusammenfassend lässt sich festhalten, dass dem Katholischen in der Konstruktion von Fontanes literarischen Werken ein Doppelcharakter anhaftet: Über die ‚realistische' Ebene einer sozialgeschichtlichen bzw. regionalen Zuordnung hinaus gehört das Katholische *auch* einer Sphäre der ‚Verklärung' an, analog in etwa der bei Fontane so bedeutsamen, mythisch eingefärbten Melusinenwelt, was sich insbesondere an den hier vorgestellten Frauengestalten manifestiert. Durch einschlägige Zitate war es möglich zu zeigen, wie die infrage kommenden katholischen bzw. zwischen Katholizismus und Protestantismus oszillierenden weiblichen Außenseiterfiguren oft auch der Sphäre des Zauberhaften, Märchenhaften oder Abergläubischen zugeordnet werden können. In diesem Zusammenhang scheint dem Katholischen eine besondere Wirkmächtigkeit in allen Dingen zuzukommen, die mit dem Tod des Menschen in Verbindung stehen, als wäre der Übergang von der Zeitlichkeit in die (hier auf besondere Weise durch dieselbe hindurchschimmernde) Ewigkeit nur durch diese Religion gewährleistet.

Das Hauptsächliche in den Nebensachen

Beobachtungen zum politischen Gehalt von Theodor Fontanes Roman *Der Stechlin*

Klaus-Peter Möller

Erstmals erwähnt hat Fontane seinen letzten Roman am 21. Dezember 1895. In einem Brief an Paul Schlenther schrieb er: „Ich bin bei zwei letzten Kapiteln eines kleinen *politischen* (!) Romans, den ich noch vor Weihnachten beenden möchte" (HFA, IV,4, 512). Am 8. Juni 1896 informierte er Carl Robert Lessing, den Eigentümer der *Vossischen Zeitung*, von dem neuen Projekt: „Im Winter habe ich einen politischen Roman geschrieben (Gegenüberstellung von Adel, wie er bei uns sein *sollte* und wie er *ist*). Dieser Roman heißt: ‚*Der Stechlin*.'" (ebd., 562). Ernst Heilborn teilte er am 12. Mai 1897 mit: „Ich stecke so drin im Abschluß eines großen, noch dazu politischen (!!) und natürlich märkischen Romans, daß ich gar keine andern Gedanken habe [...]." (ebd., 648)

Obwohl diese Selbstaussagen Fontanes seit 1910 bzw. 1920 bekannt sind, wurde der politische Gehalt des Romans lange übersehen. Erst Hans-Heinrich Reuter gelangte 1968 zu der grundsätzlichen These: „Die politische Thematik bestimmt den ‚Stechlin'",[1] die politische Ausrichtung des Werkes sei sogar exklusiv: „Das Denken, Sprechen und Handeln ausnahmslos aller Personen wird [...] von diesem einzigen Thema bestimmt".[2] Klaus R. Scherpe bestätigte diesen Ansatz 1980 im Rahmen seiner Interpretation: „Das Politische, gleichbedeutend mit dem Revolutionären, bleibt von der ersten bis zur letzten Seite das beherrschende Thema des Romans".[3] In ihrer 1986 erschienenen Analyse der erzähltechnischen Verfahrensweisen Fontanes hat Gudrun Loster-Schneider die konkreten politischen Dimensionen auch in seinem epischen Werk nachgewiesen.[4] Gisela Brude-Firnau beschrieb 1996 Fontanes Darstellung des Kaisers als „nichtverbalisierte Obrigkeitskritik",[5] die sich

1 Hans-Heinrich Reuter: Fontane. Berlin 1968, Bd. 2, 853.

2 Ebd., S. 844.

3 Klaus R. Scherpe: Die Rettung der Kunst im Widerspruch von bürgerlicher Humanität und bourgeoiser Wirklichkeit: Theodor Fontanes vierfacher Roman *Der Stechlin*. In: Ders.: Poesie der Demokratie. Köln 1980, S. 227-267, hier S. 242.

4 Gudrun Loster-Schneider: Der Erzähler Fontane. Seine politischen Positionen in den Jahren 1864–1898 und ihre ästhetische Vermittlung. Tübingen 1976.

5 Gisela Brude-Firnau: Die literarische Deutung Kaiser Wilhelms II. zwischen 1889 und 1989. Heidelberg 1997, S. 51-63.

in „beziehungsreichem Schweigen"[6] äußere. Die Vielfalt der politischen Bezüge hat Zuberbühler (2016)[7] herausgearbeitet. Aber bis heute finden sich zahlreiche Arbeiten, die das politische Thema des Romans ignorieren.

Das hat mit der Ambivalenz[8] des Autors zu tun und damit, dass politische Thematik in seinem Roman nur vermittelt dargestellt ist. Fontanes Techniken, politisch brisante Themen zur Sprache zu bringen, sind nicht nur im *Stechlin* zu beobachten, sondern überall, wo es geraten schien, seine kritische Meinung nicht direkt zu äußern. In dem Exposé, das Fontane an die Redaktion von *Ueber Land und Meer* schickte, der er den Roman zum Abdruck offerierte, vermied er, explizit auf den politischen Charakter des Werkes hinzuweisen. Hier sprach der Autor gemeinhin von einer „Idee, die sich einkleidet".[9] Was für eine Idee das war, hielt er verständlicherweise zurück. Im Kaiserreich der 1890er Jahre war es unmöglich, sich offen kritisch über den Staat, den Kaiser und die Säulen seiner Macht zu äußern: Adel, Militär und Kirche. Allerdings steht Fontanes Offerte in einem Kommunikationszusammenhang, in dem alle Beteiligten geübt waren, sich in politischen Fragen diplomatisch auszudrücken. Die bemerkenswerte Bezeichnung „Zeitroman", die er hier verwendete, die Hinweise auf die „rätselhafte Verbindung" des kleinen Waldwinkelsees mit „der weiten Welt draussen", der „die grosse Weltbewegung" mitvollziehe, die Gegenüberstellung von „Agrariertum" und „echte[m] Adel" waren offenbar hinreichend, dieses Werk zur Annahme zu empfehlen, das der Autor mit einem solchen demonstrativen Understatement ankündigte. 500 Seiten „Plauderei". Die Antwort der Redaktion ist nicht überliefert, aber sie lief zweifellos darauf hinaus: Das wollen wir haben. Als das Manuskript später vorlag, äußerte sich die Redaktion begeistert, in einem Telegramm, trotz der Spöttelei des Autors über dieses moderne Medium.

Parallele – Parallelenschlüssel

Fontanes ausgeprägte Vorliebe für geschichtliche Themen und Gegenstände führte dazu, dass er häufig mit Vergleichen und historischen Parallelen arbeitete. In der politisch erregten Zeit nach der Märzrevolution schrieb er sein Gedicht *Der*

6 Ebd., S. 51.

7 Rolf Zuberbühler: Theodor Fontane: *Der Stechlin.* Fontanes politischer Altersroman im Lichte der *Vossischen Zeitung* und weiterer zeitgenössischer Publizistik. Berlin 2012; Ders.: „Ich habe einen ganz freien Sinn, bin aber freilich nicht ‚freisinnig'". Fontanes politischer Altersroman *Der Stechlin.* In: FB, H. 102 (2016), S. 74-114.

8 Vgl. Grevel, Liselotte: Das Alte und das Neue. Ambivalenz und Eindeutigkeit in Theodor Fontanes Roman „Der Stechlin". In: ZFdPh, Bd. 127 (2008), H. 4, S. 517-533.

9 Theodor Fontane an Verlag oder Redaktion von *Über Land und Meer*, undat. Briefentwurf (DS, S. 495f.).

Tag von Hemmingstedt. Eine Abschrift sandte er am 19. März 1851 seinem Freund Friedrich Witte, nicht ohne in den begleitenden Briefzeilen einen Parallelenschlüssel zum Gedicht und eine Gebrauchsanleitung für den Brief selbst mitzuschicken, in dem Politisches demonstrativ vermieden wird, der aber dennoch durch und durch Statement der Enttäuschung und Ernüchterung der Nachmärzzeit ist.[10]

Im 22. Kapitel des Romans *Der Stechlin* legt Melusine dem sich auf eine Reise nach London vorbereitenden Woldemar die Besichtigung von Traitors Gate besonders ans Herz, des „Verrätertors" zum Tower. „Und nun rechnen Sie dreihundert Jahre zurück. Wem sich die Pforte damals aufthat, um sich hinter ihm wieder zu schließen, der hatte vom Leben Abschied genommen ..." (DS, 259). Namentlich nennt sie Lord Essex, Sir Walter Raleigh, Thomas Morus und die Clanhäuptlinge, die für Prince Charlie gefochten hatten. Das liege zwar alles lange zurück. „Aber es kann wiederkommen. Und gerade *das* war es, was immer, wenn ich da so stand, den größten Eindruck auf mich machte. Diese Möglichkeit, daß es wiederkehre." (DS 259) Diesen Hinweis wendet sie direkt auf den Prince Consort Albert von Sachsen-Coburg und Gotha (1819 – 1861) an. Lord Palmerston habe dem Prinzen während des Krimkriegs (1853 – 1856) mit Traitors Gate gedroht. Es sei zwar schon lange her, dass „Könige da die glibbrige Treppe hinaufgestiegen sind", aber doch noch nicht so lange, „daß wir uns dessen nicht mehr entsinnen könnten. Und ein Prince-Consort ist noch lange nicht ein König." (ebd.) Dies ist der Schlüssel zu der Parallele, der Traitors Gate aufschließt. Melusines Hinweis ist ein deutlicher Wink an die zeitgenössischen deutschen Leser, aus den historischen Ereignissen in England die Konsequenzen zu ziehen, die das eigene Land betreffen.

Tatsächlich hat das Henkerbeil in London auch vor königlichen Häuptern keinen Halt gemacht. 1587 wurde Maria Stuart hingerichtet, 1649 Karl I., König in Großbritannien, Frankreich und Irland. In seinen Auseinandersetzungen mit dem englischen Parlament berief sich Karl I. auf sein Gottesgnadentum und löste, als das Parlament ihm die gewünschte Unterstützung für seine Gesetzesvorlagen verweigerte, das Unterhaus auf. In den von ihm entfesselten Bürgerkriegen verlor der König gegen die von Cromwell geführte Armee des Parlaments. Karl I. wurde gefangengesetzt, zum Tode verurteilt und 1649 vor der Residenz Whitehall hingerichtet. Das also war es, was wiederkommen konnte. Die Hinrichtung eines Königs, der sich dem Parlament widersetzte, eine Drohung, die Ende der 1890er Jahre, als das Buch geschrieben wurde und erschien, gegen alle absolut regierenden Monarchen richtete, in erster Linie gegen Wilhelm II., den König von Preußen und Kaiser des neuen Deutschen Reiches von 1871, der ein absolutes Regime führte und sich in einen Machtkampf mit dem Reichstag verstrickt hatte.

10 Klaus-Peter Möller: Politischer Schlingerkurs – poetische Konstanz. Fontane im Freistaat der Kunst und Wissenschaft. In: Christiane Barz (Hg.): Fontane in Brandenburg – Bilder und Geschichten. Berlin 2019, S. 101-108.

Wenn der Rote Hahn vom Stechlinsee krähend die Revolution verkündete, ging es um seinen Kopf. Die Empfehlungen, die Melusine Woldemar mit auf die Reise gibt, sind nicht touristisch, sondern politisch motiviert.

Herabspielen – Figuren mit eingeschränkter Respektabilität

Im *Stechlin*-Roman finden sich mehrfach historische Parallelen. Nicht immer steckt der Parallelenschlüssel so offensichtlich im Schlüsselloch wie bei Traitors Gate. Im 13. Kapitel wird Woldemar in einem Teegespräch bei den Barbys aufgefordert, über seine Heimat zu berichten. Er erzählt von Rheinsberg, wo der Prinz Heinrich die Fronde gegen seinen Bruder, den König Friedrich II., um sich versammelt hatte. Armgard spricht sich gegen das Frondieren aus, der als aufbrausender Wirrkopf eingeführte Musiker Niels Wrschowitz entgegnet:

> Frondeur ist Krittikk, und wo Guttes sein will, muß sein Krittikk. Deutsche Kunst viel Krittikk. Erst muß sein Kunst, gewiß, gewiß, aber gleich danach muß sein Krittikk. Krittikk ist wie große Revolution. Kopf ab aus Prinzipp. Kunst muß haben ein Prinzipp. Und wo Prinzipp is, is Kopf ab. (DS, 155)

Diese verschroben formulierten Sätze einer komischen Figur, die niemand ernst nimmt, verlagern das Gespräch von der politischen Ebene auf die der Kunstkritik, wo sie allenfalls kurios wirken. Sie sind oft zitiert worden, wobei in der Regel das gefährliche Potential übersehen wurde, das sich aus der Gedankenkette „Kritik – Revolution – Kopf ab“ und durch den Zusammenhang mit dem Gesprächsthema ergibt, das ursprünglich nicht auf dem Gebiet der Kunstkritik angesiedelt war, sondern auf dem der politischen Opposition. In Rheinsberg versammelte sich die Fronde gegen König Friedrich II. In der Gegenwart der Erzählung stand Wilhelm II. im Zentrum der Unzufriedenheit im Staat. Die Parallelen sind unschwer zu ziehen.

An diesem Beispiel ist eine weitere Technik zu erkennen, die Fontane wiederholt angewendet hat. Politische Aussagen werden an unscheinbare, komische, lächerliche Figuren delegiert oder durch die Verlagerung in einen unpolitischen Kontext entschärft. Wrschowitz kann solche gefährlichen Wahrheiten sagen, weil er eine gewisse Narrenfreiheit genießt. Als lächerlich formuliertes Bonmot über Kunstkritik geht durch, was im politischen Bereich tabuisiert war. Schon bevor Melusine im 22. Kapitel durch die historische Parallele aus der englischen Geschichte auf die Gefährlichkeit der revolutionären Situation für königliche Häupter hinwies, klang das Dekapitierungsmotiv in dieser Passage unmissverständlich an. Und es fand Fortsetzung in der von Gundermann im 20. Kapitel vorgetragenen Anekdote von der Hinrichtung der Klempnermadam und in den im 27. Kapitel beiläufig eingestreuten Bemerkungen Adelheids über Heinrich VIII. und die Rosenkriege (1455–1485), in denen sich die englischen Adligen „umschichtig enthaupteten" (DS, 302).

Adelheid und Gundermann sind wie Wrschowitz Figuren mit eingeschränkter bzw. ohne Respektabilität. Ihre Äußerungen werden zusätzlich im Kontext abgewertet. Das geschieht im 20. Kapitel durch die Kommentare der Zuhörer, die an Einwürfe in Parlamentsdebatten erinnern. Molchow bewertet Gundermann als „Esel", dessen Forderung nach Abschaffung des Reichstags als „Ungeheure Dämelei." (DS, 229) Erzähltechnisch ist die fatale Ansprache Gundermanns genauso konstruiert und kontextualisiert wie Wrschowitz' Diktum über „Krittikk" und „Kopf ab". Auch hier fällt die befremdliche Äußerung einer lächerlichen Figur in einem exponierten politischen Zusammenhang. Mit der bizarren Anekdote über eine ungewöhnliche Hinrichtung schmückt Gundermann seinen Toast auf Dubslav von Stechlin, den Kandidaten der konservativen Partei, nach dessen historischer Niederlage bei der Reichstagsersatzwahl im Wahlkreis Rheinsberg-Wutz, die erstmals ein Kandidat der Sozialdemokratischen Partei für sich entscheiden konnte. Auch hier wird das gefährliche politische Motiv in einen unpolitischen Bereich übertragen. Das mit dem Todesurteil bestrafte Kapitalverbrechen erfolgte aus dem Motiv erotischer Passion. Dabei ist der unmittelbare Bezug des Fallbeils zum herrschaftlichen Haupt hier durch den Kontext nicht weniger direkt als im Tischgespräch über die Fronde. Dass es nicht einfach um das Haupt eines Junkers geht und eine Wahlschlappe, die bei nächster Gelegenheit wieder ausgewetzt werden kann, wird durch das Stechlin-Symbol vermittelt. Die Gutsherrschaft an diesem See ist von erstrangiger Bedeutung. Auch die Fronde, die im Tischgespräch erneut zum Thema wird, bekommt hier einen historischen Namen: Sozialdemokratie. Die Adligen feiern ihren Untergang, und der Erzähler bringt dies durch Gundermanns rhetorisches Kabinettstück zum Ausdruck. Die Äußerungen von Tante Adelheid werden durch eine ähnliche Kontextualisierung abgewertet, obwohl auch sie interessante Ansatzpunkte enthalten zu historischen Parallelbetrachtungen.

Die von Thormeyer im anschließenden Tischgespräch beigesteuerte Anekdote über eine Reinheitswiederherstellung durch ein Blutbad aus dem Königreich Siam (DS, 232-236) knüpft ebenfalls an das Enthauptungsmotiv an, das im 30. Kapitel nochmals anklingt, als Lorenzen Melusine Dubslavs Museum beschreibt. Zunächst wird die gesamte Kollektion wie überall, wo im Roman davon die Rede ist, als eine Laune des Scherzes abgetan, bevor Lorenzen die berühmtesten Personen aufzählt, die während der Französischen Revolution gouillotiniert wurden: Ludwig XVI., Danton und Robespierre. Schließlich nennt er das Exponat, mit dem die Sammlung des Museums begründet wurde: das Schlossfenster von Küstrin, „an dem Kronprinz Friedrich stand, als Katte zur Enthauptung vorübergeführt wurde" (DS, 325). Es mag Ironie mitklingen wie bei Fontanes 1841 entstandenem Gedicht *Shakespeares Strumpf*, aber für die Geschichte Preußens ist dieses museale Stück von kaum zu überschätzender symbolischer Bedeutung, wie man an dem *Wanderungen*-Kapitel über *Die Katte-Tragödie* sehen kann.

Auch diese Technik findet sich in anderen Werken Fontanes wieder, etwa im Toast Vogelsangs auf den Kommerzienrat Treibel oder in Melanie van der Straatens Aperçu über die Treue. Die Idee von der „Royaldemokratie" wird nicht dadurch entwertet, dass sich eine lächerliche Figur zu ihrem Protagonisten aufwirft, sondern mitteilbar. Melanies Ausspruch fällt im Kontext ihrer Trennung von ihrem Ehemann. Aber es ist das Potsdamer Glockenspiel, das sie dazu anregt, weshalb man es in Zusammenhang sehen muss mit dem Diskurs über die Treue zum König in *Vor dem Sturm*.

Gesprächsabbruch – Themenwechsel

Charakteristisch ist auch, dass die Konversation über extreme Äußerungen wie die von Wrschowitz rasch hinweggeht und sich anderen Gegenständen zuwendet. An der bezeichneten Stelle lenkt Armgard das Gespräch zurück zum Prinzen Heinrich und fragt nach dessen „Misogynität" (DS, 156), wodurch Woldemar Gelegenheit erhält, von der merkwürdigen „Vorliebe" des Prinzen „für jungfräuliche Tote" zu berichten (ebd.). Homosexualität und Nekrophilie sind Themen, die durch ein Tischgespräch im 19. Jahrhundert kaum zu bewältigen waren, obwohl sich seit der antiken Literatur Hinweise auf vielfältige sexuelle Praktiken finden lassen und die zeitgenössische Wissenschaft durch Sexualforschung und Psychoanalyse das nötige Vokabular erarbeitete und popularisierte. Jedenfalls wird die Aufmerksamkeit der Leser sofort von Wrschowitz' Tabubruch wieder abgelenkt und durch das neue sensationelle Thema in Anspruch genommen. Das skurrile Bonmot bleibt unkommentiert im Raum stehen.

Auch dieser neue Gegenstand wird in der Runde bei den Barbys nicht ausführlich erörtert. Homosexualität war damals nicht einfach nur ein Tabu, sondern galt als Perversion und Krankheit und wurde strafrechtlich als Verbrechen verfolgt.[11] Mit dem Regierungsantritt des jungen Kaisers wurde sie zu einem Reizthema, dessen Eruptivkraft deutlich wurde, als Maximilian Harden einige Jahre später durch seine Enthüllungen über die Tafelrunde von Liebenberg die Eulenburg-Affäre auslöste, die den Staat bis in seine höchste Führungsspitze erschütterte. Auch das Ansehen des Kaisers war betroffen. In Fontanes Roman wird das brisante Thema

11 Vgl. u. a. Kai Sommer: Die Strafbarkeit der Homosexualität von der Kaiserzeit bis zum Nationalsozialismus. Eine Analyse der Straftatbestände im Strafgesetzbuch und in den Reformentwürfen (1871–1945). Frankfurt a. M. [u. a.] 1998; Rüdiger Lautmann: Das Verbrechen der widernatürlichen Unzucht. Seine Grundlegung in der preußischen Gesetzesrevision des 19. Jahrhunderts. In: Kritische Justiz, Jg. 25 (1992), S. 294-314 <https://www.kj.nomos.de/filead min/kj/doc/1992/19923Lautmann_S_294.pdf> (letzter Zugriff 26.3.2022).

der sexuellen Auffälligkeiten des Prinzen Heinrich auf demonstrative Weise abgebrochen. Es klingelt: „An bester Stelle wird ein Gespräch immer unterbrochen." (DS, 157)

Tatsächlich gab es noch einige pikante Details, die bei der Fortsetzung dieser Konversation zur Sprache kommen mussten. Auch in Rheinsberg herrscht eine skandalöse Günstlingswirtschaft. Prinz Heinrich verschwendete ein Vermögen an seinen „Mignon"[12] Christian Ludwig von Kaphengst, dem er u. a. Meseberg schenkte. Fontane hatte dieses Verhältnis in seinen *Wanderungen* unmissverständlich dargestellt.[13] Einige der Anekdoten, die ihm bekannt waren, hätten sich kaum für die Tischgesellschaft bei den Barbys geeignet, etwa die mit der „unanständigen Inschrift"[14] des Deckengemäldes auf Meseberg, die er allerdings in den *Wanderungen* anstandslos zitierte. Als „frauenfeindlich" galt schließlich nicht nur Prinz Heinrich, sondern auch dessen Bruder, König Friedrich II.[15]

Ein vergleichbares Ablenkungsmanöver findet sich an einer Stelle, an der ein Gespräch ebenfalls ein politisches Tabuthema streift. Im 5. Kapitel des Romans plaudern Dubslav, Rex und Czako, also ein Major a. D. und zwei einjährig freiwillige junge Offiziere, beiläufig über das Märtyrertum. Der gesinnungslose Karrierist Rex hält Märtyrer für bloße Renommisten. Czako wendet ein:

---

12 Fontanes Notizbuch A 3, Bl. 57v <https://fontane-nb.dariah.eu> (letzter Zugriff 30.03.2022).

13 Eva Ziebura hat einige der im *Wanderungen*-Kapitel Rheinsberg von Fontane wiedergegebenen Anekdoten über den Prinzen Heinrich und Christian Ludwig von Kaphengst angezweifelt, da sie sich nicht durch die überlieferte Korrespondenz zwischen Friedrich II. und seinem Bruder beweisen ließen. Eva Ziebura: Prinz Heinrich von Preußen und sein Rheinsberger Hof im Werk Theodor Fontanes. In: Bernd Heidenreich, Frank-Lothar Kroll (Hg.): Theodor Fontane – Dichter der Deutschen Einheit. Berlin 2003, S. 165-179. Maßgeblich für die vorliegende Darstellung ist der Wissenshorizont des Autors. Allerdings bleibt die umfassende Aufarbeitung der Quellen Fontanes ein Desiderat der Forschung. Fontane stützte sich nicht nur auf Memoirenliteratur, sondern auch auf mündliche Überlieferung, wie die Briefe an seine Schwester Elise Fontane vom 10. und 17. Juli 1861 beweisen. Seinem Verleger schrieb am 24. November 1861 selbstbewusst, dass die Feuilletons seines *Wanderungen*-Bandes „*absolut Neues bringen*" und „unsre Spezial-Geschichte in der That bereichern". Seine Arbeiten seien „[...] das Beste was über die betreffenden Dinge und Personen existirt, weil eben nichts existirt als das was ich darüber gesagt habe. Hierher rechne ich vor allem: ‚der Hof des Prinzen Heinrich von 1786-1802' [...]." Kurt Schreinert (Hg.), vollendet m. e. Einf. v. Gerhard Hay: Theodor Fontane. Briefe an Wilhelm und Hans Hertz 1859–1898. Stuttgart 1972, S. 60. Hinzu kommt, dass für Fontane stets die poetische Wahrheit von Anekdoten ausschlaggebend war, nicht die historische.

14 An Martha Fontane, 13. Mai 1889. In: Regina Dieterle (Hg.): Theodor Fontane und Martha Fontane. Ein Familienbriefnetz. Berlin, New York 2002 (Schriften der Theodor Fontane Gesellschaft, Bd. 4), S. 343.

15 Christian Mühling: Homosoziale Liebe am preußischen Hof des 18. Jahrhunderts. In: Norman Domeier, Christian Mühling (Hg.): Homosexualität am Hof. Praktiken und Diskurse vom Mittelalter bis heute. Frankfurt a. M. 2020, S. 281-302.

> Da hab' ich doch noch diese letzten Tage von einem armen russischen Lehrer gelesen, der unter die Soldaten gesteckt wurde (sie haben da jetzt auch so was wie allgemeine Dienstpflicht), und dieser Mensch, der Lehrer, hat sich geweigert, eine Flinte loszuschießen, weil das bloß Vorschule sei zu Mord und Totschlag, also ganz und gar gegen das fünfte Gebot. Und dieser Mensch ist sehr gequält worden, und zuletzt ist er gestorben. Wollen Sie das auch Renommisterei nennen? (DS, 60f.)

Rex erwidert: „Gewiß will ich das." Dubslav weist ihn zurecht: „[...] sollten Sie dabei nicht zu weit gehen? Wenn sich's ums Sterben handelt, da hört das Renommieren auf." Er habe auch davon gehört, sehe die Sache aber anders. Das liege nicht an der „allgemein gewordenen Renommisterei", sondern am „Lehrertum": „Alle Lehrer sind nämlich verrückt." Und mit dieser gewagte Volte wendet sich die Konversation rasch von dem verfänglichen Thema ab und dem kuriosen Lehrer Krippenstapel zu, einem Original, über das es allerhand zu erzählen gibt.

Der russische Lehrer, dessen Schicksal hier erwähnt wird, hieß Evdokim Nikitič Drožžin.[16] Er wurde am 30. Juli 1866 in einem Dorf im Regierungsbezirk Kursk als Sohn eines Bauern geboren. Die Bekanntschaft mit den religiös-ethischen Schriften Tolstois führte 1889 zu einer Wende in seinem Leben. Als er 1891 zum Militärdienst einberufen wurde, verweigerte er unter Berufung auf das fünfte Gebot den Eid und den Waffendienst und ließ sich durch nichts davon abbringen. Er wurde inhaftiert und starb 1894 erschöpft nach einer qualvollen Odyssee durch Strafbataillone und Gefängnisse in einem Lazarett an einer Lungenentzündung. Evgenij Ivanovič Popov verfasste seine Biographie.[17] Das Manuskript wurde beschlagnahmt, aufgrund der Quellen erneut geschrieben und erschien mit einem Vorwort von Tolstoi in Berlin im Verlag von Friedrich Gottheiner, gleichzeitig mit einer deutschen Übersetzung. Tolstoi geißelte in seinem Vorwort die Verlogenheit des modernen Christentums und erklärte, Soldaten seien Totschläger und Mörder, Armeen haben keinen anderen Zweck als das Töten, und jeder Mensch dürfe sich gegen eine Obrigkeit auflehnen, die von ihm verlangt, das Töten zu lernen, denn das sei unvereinbar mit den Geboten des Christentums.

Friedrich Spielhagen griff Tolstoi daraufhin in einem offenen Brief[18] an und warf ihm vor, Drožžin sei durch seine Irrlehren verführt worden. Der Militarismus

16 Der Abschnitt über Drožžin ausführlich bei Klaus-Peter Möller: Im Zeichen von Tolstoi. In: Miteilungen der Theodor Fontane Gesellschaft, Bd. 60 (2021), S. 32-38.

17 Evgenij Ivanovič Popov: Žizn' i smert' Evdokima Nikitiča Drožina. Berlin 1895. Ders.: Das Leben und Sterben E. N. Droschin's 1866–1894. M. e. Vorw. v. Leo Tolstoi. Ins Deutsche übertr. v. A. v. H. Berlin 1895. Ders.: Leben und Tod von Jewdokim Nikititsch Droschin 1866–1894. M. e. Vorw. v. Graf L. N. Tolstoi. Übers. v. L. A. Hauff. Berlin [1895].

18 Friedrich Spielhagen: Mußte es sein? Ein offener Brief an den Grafen Leo Tolstoi. In: Neues Wiener Tagblatt, 29. Jg. (1895), Nr. 354 v. 25.12., S. 1-3.

könne nicht durch Verweigerung des Kriegsdienstes bekämpft werden. Paul v. Gizycki berichtete am 23. Februar 1896 ausführlich in der *Vossischen Zeitung* über Drožžin und diese Kontroverse,[19] und gerade diesen Artikel wird Fontane gelesen haben, als er seinen Roman schrieb. Er nennt weder den Namen Drožžins noch den seines Biographen. Auch Tolstoi wird hier nicht erwähnt, genauso wenig wie Spielhagen. Dennoch: Die Szene ist eindeutig: Der Pazifismus ist da! Aber das Thema, für das es damals noch keinen populären Begriff gab, ist so vorsichtig angesprochen, dass die Forschung den Zusammenhang bis heute nicht hergestellt hat. Dabei hatte Julius Petersen den Namen Droschin bereits 1929 in einer Entwurfsnotiz gelesen.[20] Und seine Exzerpte aus dem Manuskript Fontanes wurden mehrfach in der Forschungsliteratur reproduziert.[21] Allerdings hatte Petersen erklärt: „Welche Bewandtnis es mit dem Gesprächsgegenstand Droschin hatte, bleibt ein Rätsel."[22] Erst vor kurzem hat die Forschung dieses Rätsel gelöst. Rolf Zuberbühler hat den Artikel von Gizycki in der *Vossischen Zeitung* entdeckt und in seinem 2012 erschienenen Buch darauf hingewiesen.[23]

Das Hauptsächliche in den Nebensachen und -figuren – innere Struktur

Im Roman wird der Übergang vom Alten zum Neuen am Generationswechsel in einer märkischen Adelsfamilie dargestellt. Die Handlung ist so banal, dass Fontane sie in seinem Exposé für die Redaktion von *Über Land und Meer,* der er den Roman zum Abdruck anbot, in einem einzigen Satz zusammenfasste: „Zum Schluss stirbt ein Alter und zwei Junge heiraten sich; – das ist so ziemlich alles, was auf 500 Seiten geschieht." (in DS, 495) Der alte Gutsherr Dubslav von Stechlin lebt einsam auf dem verschuldeten märkischen Gut Stechlin, seine Schwester Adelheid als Domina in dem nahe gelegenen Klosters Wutz. Beide drängen Woldemar, den einzigen Nachkommen der Adelsfamilie, zu heiraten, die Gutsherrschaft zu übernehmen und so die Zukunft der Gutsherrschaft abzusichern.

Rezipiert man den Roman von dieser einfachen Handlungsstruktur her, erscheint vieles unnötig, unverständlich, widersprüchlich. Und gerade das wurde dem Spätwerk Fontanes vorgeworfen, es lasse ein „Versagen der Gestaltungs-

---

19 Paul v. Gizycki: Droschins Tod. In: Sonntagsbeilage Nr. 8 zur Vossischen Zeitung, Nr. 91 v. 23.2.1896.

20 Julius Petersen: Fontanes Altersroman. In: Euphorion, Bd. 29 (1928), H. 1-2, S. 1-74, hier S. 47.

21 Hugo Aust: Theodor Fontane. Der Stechlin. Erläuterungen und Dokumente. Stuttgart 1978, S. 71; HFA, Abt. I, Bd. 5, S. 435; Theodor Fontane: Der Stechlin. Roman. Mit e. Nachw. hg. v. Helmuth Nürnberger. 2. Aufl. München 1997, S. 425 [u. a.].

22 Ebd., S. 48.

23 Rolf Zuberbühler: Theodor Fontane. Der Stechlin. Berlin 2012, S. 201.

kraft“[24] des Autors erkennen, Fontanes Gesprächstechnik habe sich verselbständigt und sei zum „Selbstzweck“[25] geworden, der Roman sei keine „künstlerische Höchstleistung“,[26] weshalb Petersen ihn mit einer gewissen Nachsichtigkeit als „Altersroman“ bezeichnete, was oft wiederholt wurde, obwohl das kein geeigneter Begriff zu einer literaturwissenschaftlichen Klassifizierung des Romans ist.

Zu den Herausforderungen für die Interpretation gehört die Erklärung von Woldemars Brautwahl. Seine konservative Tante gibt ihm eine einfache Regel an die Hand: „heirate heimisch und heirate lutherisch“(DS, 190). Die preußische Geschichte zeige, dass sich alles auf „unsere alte, liebe Grafschaft“ zurückführen lasse: „da liegen die Wurzeln unserer Kraft“. Und sie fügt hinzu: „Und nicht nach Geld (Geld erniedrigt)“ (ebd.). Liebe ist für sie kein Kriterium, worauf der Autor durch die sich unmittelbar anschließende Briefschluss-Formel hinweist. Dubslav hingegen vermisst an Woldemars Bericht gerade die Leidenschaftlichkeit und wirft ihm vor, er betrachte diese Dinge „zu prosaisch“ (DS, 57). Er wünscht sich, dass „die Stechline weiterleben, wenn es sein kann, in aeternum.“ (DS, 58) Als er die beiden Schwestern kennenlernt, zwischen denen Woldemar seine Wahl getroffen hat, ist er von Melusine begeistert: „Das ist eine Dame und ein Frauenzimmer dazu“ (DS, 299). Auch die anderen Figuren des Romans äußern kontroverse Standpunkte in Fragen Liebe, Sexualität und Ehe, grundsätzlichen Themen, mit denen Fontane sich immer wieder auseinandersetzte. Wie sein Roman *Frau Jenny Treibel* durch Otto Franz Gensichens Komödie *Die Märchentante* angeregt zu sein scheint, deren Fehler Fontane in seiner Version der Geschichte richtigstellt, lässt sich auch für den *Stechlin* eine literarische Vorlage erkennen. Die Grundkonstellation und viele Details erinnern an Ernst von Wolzogens Roman *Ecce Ego,* den Fontane unmittelbar vor der Niederschrift der ersten Entwürfe für seinen letzten Roman gelesen hat und über den er sich mehrfach brieflich äußerte.

Auch in Fontanes Roman sind es zwei Schwestern, zwischen denen Woldemar seine Brautwahl trifft. Es geht also um eine Entscheidung zwischen den unterschiedlichen Konzepten der beiden Heiratskandidatinnen. Melusine trägt den Namen einer mythologischen Sagengestalt, die als Elementarwesen und Stammmutter des Geschlechts Lusignan eine große Rolle in der Literaturgeschichte spielte, besonders wegen ihrer übernatürlichen Kräfte und ihres besonderen Tabus. Zu ihrer Mitgift gehören Klugheit, Schönheit und Caprice. In den mittelalterlichen Melusinen-Romanen wurden die Abenteuer ihrer Nachkommen erzählt, die sich jeweils durch besondere Gaben und ein absonderliches äußeres Merkmal auszeichnen. Der Name Armgard erinnert an die Bauernfrau aus Friedrich Schillers *Wilhelm Tell,* die dem Reichsvogt Geßler in Küssnacht beherzt in die Zügel fällt,

24 Conrad Wanderey: Theodor Fontane. München 1919, S. 300.
25 Ebd., S. 301.
26 Petersen, Fontanes Altersroman (wie Anm. 20), S. 4.

ihn durch die Gnadenbitte für ihren Mann zum Stehen bringt und aufhält und so zu einer Zielscheibe für Tells Geschoss werden lässt. Schon auf dieser Ebene zeigt sich, dass Woldemars Entscheidung seiner familiären und gesellschaftlichen Mission als Angehöriger des Adels widerspricht. Er wählt Armgard zu seiner Braut, worin man einen weiteren Hinweis auf das Motiv der Revolutionsgefahr sehen kann, das mit dem Enthauptungsmotiv zusammenhängt. Auch die weitere Profilierung dieser beiden Frauengestalten erfolgt in Übereinstimmung mit dieser bereits auf der Ebene der Namen erfolgten Charakteristik.

Melusine wird durch Woldemars Wahl zur Nebenfigur für die gutsherrschaftliche Dynastie wie für die Romanhandlung. Betrachtet man die Motivik des Romans und die Entwicklung der Gesprächsthemen als innere Struktur des Werkes, dann ist sie eine der wichtigsten Figuren. Sie ist es, die die entscheidenden, immer wieder zitierten Sätze spricht. Sie verhindert das Aufhacken der Eisfläche, die den See überdeckt hat, als einen unheilvollen Eingriff ins Elementare, Naturgesetzliche. Durch ihren Namen steht sie mit dem See ohnehin in einer geheimnisvollen, mythischen Beziehung. Auch das letzte Wort im Roman behält Melusine: „es ist nicht nötig, daß die Stechline weiterleben, aber es lebe *der Stechlin*." (DS, 462) Das steht zur Romanhandlung, die gerade auf die Fortsetzung des Geschlechts und der Herrschaft *der* Stechline abzielt, in eklatantem Widerspruch.

Gerichtet ist der Brief, der mit dieser Wendung schließt, an den Pastor Lorenzen, den Melusine während ihres Anstandsbesuchs in den Weihnachtstagen kennengelernt hatte. Auch Lorenzen ist eine Nebenfigur, die im Roman eine zentrale Bedeutung bekommt. In dem Gespräch, das diese beiden bedeutenden Nebenfiguren im 29. Kapitel führen, sind die zentralen Themen des Romans präsent: Geschichte und Zukunft, gesellschaftlicher Wandel, politisches System, Adel, Revolution, Herrschaft.

> Sie sprachen von ›Regime‹. Wer ist dies Regime? Mensch oder Ding? Ist es die von alter Zeit her übernommene Maschine, deren Räderwerk tot weiterklappert, oder ist es Der, der an der Maschine steht? Oder endlich ist es eine bestimmte abgegrenzte Vielheit, die die Hand des Mannes an der Maschine zu bestimmen, zu richten trachtet? (DS, 323)

Die Frage „gegen wen richtet sich's" (DS, 323) wird nicht beantwortet, aber sie wird gestellt. Dubslav weiß zwar, „es geht auch ohne uns" (DS, 58), gesteht allerdings ein, dass sein „egoistisches Gefühl" dieser Einsicht widerspricht. Czako kennt die Illusion des Adels, „mit dem Fortbestande der göttlichen Weltordnung aufs engste"(DS, 122) zusammenzuhängen, aber auch er stellt nüchtern fest, „dass wir sämtlich abkommen können" (ebd.). Vor dem Namen Rex macht er jedoch ostentativ Halt:

„Ohne die Czakos geht es nun schon gewiß, wofür sozusagen historisch-symbolisch der Beweis erbracht ist."

„Und die Rex?" fragt sein Begleiter.

„Vor diesem Namen mach ich halt."

„Wer's Ihnen glaubt. [...]" (ebd.)

Der Name Rex für eine Nebenfigur lässt aufhorchen. Das ist nicht nur die althergebrachte lateinische Bezeichnung für den Alleinherrscher und König, sondern auch die Signatarformel des deutschen Kaisers Wilhelms II. Die Metapher „König und Kronprinz" (DA, 436) deutet auf eine weitere Parallele hin. Das Geschehen im Weltwinkel am Stechlinsee ist gleichnishaft für das Geschehen in ganz Preußen. Lorenzen versucht, Dubslavs Zweifel an seinem Nachfolger zu zerstreuen. Ein Kronprinz halte nie, was man von ihm erwarte. Er trete zwar oft als „Neugestalter" (DS, 439) auf, der ein „Volksbeglückungsprogramm auch wirklich aus der Tasche" hole, werde aber erfahrungsgemäß bald wieder „in alte Bahnen und Geleise" (ebd.) einlenken. Damit gerät Lorenzen in Widerspruch zu seinen eigenen Anschauungen, die er Melusine gegenüber im 29. Kapitel geäußert hatte und die Dubslav schon zum Beginn des Romans bekannt sind: die „aristokratische Welt habe abgewirtschaftet, und nun komme die demokratische" (DS, 60).

Am Schluss des Romans, als die Übernahme der Herrschaft im Gut Stechlin durch den „Kronprinzen" Woldemar unmittelbar bevorsteht und durch seine Hochzeit mit Armgard auch die notwendigen Voraussetzungen für Fortpflanzung des Familienstammbaums erfüllt sind, erklärt Melusine, es sei nicht nötig sei, daß *die* Stechline weiterleben. Fontanes „politischer Roman", sein „Zeitroman" lässt die zukünftige Entwicklung zwar offen, endet aber mit einem abschließenden Urteil über Adelsherrschaft und Monarchie. Nicht das herkömmliche „le roi est mort, vive le roi" wird wiederholt. Durch die Gegenüberstellung von *die* Stechline und *der* Stechlin wird das Augenmerk auf poetische Weise von der Regierungsform auf die Inhalte einer zukünftigen Regiments gelenkt: „es ist nicht nötig, daß die Stechline weiterleben, aber es lebe *der Stechlin*." Das ist die preußische Version des späten 19. Jahrhunderts für die tröstliche Überzeugung, mit der Schillers Figur Attinghausen vom Leben Abschied nimmt:

Es lebt *nach* uns – durch andre Kräfte will
Das Herrliche der Menschheit sich erhalten.[27]

27 Friedrich Schiller: Wilhelm Tell (4. Aufzug, 2. Szene). In: Ders.: Sämtliche Werke in 5 Bänden. Auf der Grundlage der Textedition v. Herbert G. Göpfert hg. v. Peter-André Alt, Albert Meier, Wolfgang Riedel. München 2004, Bd. 2, S. 998.

Wer diese „anderen Kräfte“ sind und was dieses „Herrliche der Menschheit“ ist, beantwortet Fontane ganz ähnlich wie Schiller. Aber es ist nicht mehr der Adel selbst, der sterbend die Zukunftsvision formuliert, sondern Melusine, deren Mutter nicht zufällig aus einem Schweizer Adelsgeschlecht stammt. Auf diese Weise knüpft Fontane an die literarische Tradition an.

Die strukturelle Bewertungskonkurrenz zwischen Haupt- und Nebensächlichem, äußerer und innerer Struktur scheint charakteristisch für Fontanes erzählerische Werke zu sein. Es lassen sich weitere Techniken des Autors feststellen, gesellschaftliche Tabus zur Sprache zu bringen. Liselotte Grevel beschrieb semantische Proliferation, Relativierung und Kontrastierung von Konversation, defizitäre Kommunikation und komplexe ambivalente Parallelisierung und Kontrastierung von Motiven in der Epik Fontanes.[28] Die vorliegende Studie bestätigt diese Beobachtungen, wenn die Begrifflichkeit hier auch etwas vereinfacht ist. Zu Fontanes erzählerischen Finessen gehörte es, Hauptsachen beiläufig zu präsentieren, als Nebendinge, in Äußerungen komischer, lächerlicher oder von Neben-Figuren, in hintergründigen Anspielungen und historischen Parallelen, auf die die Leser aber mehr oder weniger deutliche Hinweise erhalten – durch Parallelenschlüssel, Gesprächsabbruch und demonstrative Themenwechsel sowie durch die Diskrepanz zwischen innerer (Themen-) und äußerer (Handlungs-)Struktur.

28 Grevel, Das Alte und das Neue (wie Anm. 8).

Prätexte mit poetischem Mehrwert?

Theodor Fontanes Rezeption zweier Boulevardstücke von Ernst Wichert[1]

Rolf Parr

1.

Das Theater war nicht nur für den Kritiker Theodor Fontane und – als Gegenstand der Konversation – für den Briefschreiber von Interesse,[2] sondern auch für den Romancier; sind Theatermotive in Fontanes Erzähltexten doch, wie Frances M. Subiotto gezeigt hat, sowohl was ihre Funktion als auch ihre Form angeht, in enormer Breite anzutreffen.[3] Rolf Selbmann hat dies im Schlusskapitel seiner Studie zum Theater im Bildungsroman prägnant resümiert: „Kaum ein Roman Fontanes wird zu finden sein, in dem nicht vom Theater die Rede ist."[4] Für den Erzähler, so Selbmann weiter, sei es „ein Mittel zur Darstellung sozialer Verhaltensweisen und Denkformen in einer repräsentativen Situation, für die Figuren selbst" seien „die Theaterstücke und -aufführungen verdichtete Spiegelungen ihrer augenblicklichen Lebenslage".[5] Ausführlich und im Detail aufgearbeitet hat diesen Befund Beatrix Müller-Kampel in ihrer inhaltsanalytisch angelegten Dissertation, die nach den beiden großen Themenbereichen „Das Theater im epischen Werk Fontanes" („Theaterbesuche und Theaterbesucher", „Laienspiel und Laiengesang", „Die Theaterromane") und „Die Schauspieler in der Erzählprosa Fontanes" differenziert.[6]

---

1 Dieser Beitrag wurde zuerst abgedruckt in: FB, H. 113 (2022), S. 66–85.

2 Siehe dazu Debora Helmer: „Kritik ist Kritik und mir wird auch nichts geschenkt." – Theodor Fontanes Briefe und Theaterkritiken im Wechselspiel zwischen Reflexion und Rechtfertigung. In: Hanna Delf von Wolzogen, Andreas Köstler (Hg.): Fontanes Briefe im Kontext. Würzburg 2019 (Fontanea, Bd. 16), S. 213-224.

3 Frances M. Subiotto: Aspects of the Theatre in Fontane's Novels. In: Forum for Modern Language Studies, Vol. 6 (1970), Issue 2, p. 149-168.

4 Rolf Selbmann: Theater im Roman. Studien zum Strukturwandel des deutschen Bildungsromans. München 1981 (Münchner Universitäts-Schriften. Reihe der Philosophischen Fakultät, Bd. 23), S. 197.

5 Ebd., S. 198.

6 Beatrix Müller-Kampel: Theater-Leben. Theater und Schauspiel in der Erzählprosa Theodor Fontanes. Frankfurt a. M. 1989 (athenäums monografien. Literaturwissenschaft, Bd. 93). Eine Analyse der dramenanalogen Struktur von *Grete Minde* hat Michael Scheffel vorgelegt: Drama und Theater im Erzählwerk Theodor Fontanes. In: Horst Turk, Jean-Marie Valentin (Hg.): Aspekte des politischen Theaters und Dramas von Calderón bis Georg Seidel. Deutsch-fran-

Ausgehend von diesen Arbeiten, aber spezifischer, als es dort geschehen ist, werden im Folgenden zwei Richtungen des Rekurrierens auf Stücke des Boulevardtheaters bei Fontane als eines der Konstruktionsprinzipien seiner Texte herausgearbeitet. Erstens wird am Beispiel von *Effi Briest* und Ernst Wicherts Lustspiel *Ein Schritt vom Wege*[7] nach den Funktionen gefragt, die Bezüge zu Boulevardstücken in Fontanes Romanen und Erzählungen haben, insbesondere danach, welchen ästhetischen ‚Zugewinn' er durch solche Bezüge erzielen kann. Ausgangsthese ist dabei, dass Fontane im Rückgriff auf das Boulevardtheater populäre Elemente in sein eigenes Schreiben ebenso integrieren kann, wie punktuell auch darin nicht thematisierbare Wissensbestände und Darstellungsweisen, und zwar ohne sich damit hinsichtlich des Stellenwertes seines eigenen Schreibens als Kunst und hinsichtlich seiner distinkten Position im literarischen Feld des letzten Drittels des 19. Jahrhunderts selbst allzu populär zu machen.

In Umkehr der Perspektive geht es dann in einem zweiten Teil darum, aufzuzeigen, was verändert werden muss, wenn Elemente eines Boulevardstücks in einen Roman Fontanes transformiert werden, konkret die Konfiguration von Wicherts Lustspiel *Die Realisten*[8] in Fontanes *Frau Jenny Treibel.*[9]

2.

Damit genauer aufgezeigt werden kann, was der Romancier Fontane durch die Rekurse auf Boulevardstücke gewinnen kann, müssen zunächst noch einmal die Basisoptionen des poetischen Realismus rekapituliert werden, über die mittels der Zitate aus und der Anspielungen auf Boulevardstücke punktuell hinausgegangen wird. Dazu wird im Folgenden auf eine Reihe von Analysen zurückgegriffen, in

---

zösische Perspektiven. Bern [u. a.] 1996 (Jahrbuch für Internationale Germanistik. Reihe A. Kongressberichte, Bd. 40), S. 201-227.

7 Ernst Wichert: Ein Schritt vom Wege. Lustspiel. Leipzig 1873.

8 Ernst Wichert: Die Realisten. Lustspiel in vier Aufzügen. Leipzig 1874.

9 Hingewiesen sei darauf, dass Fontanes Roman seinerseits charakterisiert wurde als „Komödie in Romanform" (Fritz Martini: Deutsche Literatur im bürgerlichen Realismus. 1848–1898. Stuttgart 1962, S. 788; Walter Müller-Seidel: Theodor Fontane: Soziale Romankunst in Deutschland. 2. Aufl., Stuttgart 1980, S. 316f.; Andreas Poltermann: „Frau Jenny Treibel" oder die Profanierung der hohen Poesie. In: Text + Kritik Sonderband Theodor Fontane. München 1989, S. 131-147, hier S. 142) und als „Lustspiel über die Sprache" (Ingrid Mittenzwei: Die Sprache als Thema. Untersuchungen zu Fontanes Gesellschaftsromanen. Bad Homburg 1970, S. 147). Christian Grawe hat zudem darauf hingewiesen, dass von den Figuren des Romans und auf die Handlung bezogen von ‚Komödie', ‚Gastspiel', ‚Tragikomödie' und ‚Lustspiel' die Rede ist. Ders.: Frau Jenny Treibel, oder „Wo sich Herz zum Herzen find't". Roman. In: Fontane Handbuch 2000, S. 614-627, hier S. 616.

denen Marianne Wünsch die Charakteristika des Literatursystems ‚Realismus' in Abgrenzung zur Frühen Moderne herausgearbeitet hat.[10]

Dominant im Realismus ist für Wünsch zunächst die Darstellung solcher Einstellungen und Verhaltensweisen von Figuren, „die im kulturellen Wissen als normal gelten dürfen und infolgedessen scheinbar nicht erklärungsbedürftig sind".[11] Sie sind „Applikationen ideologischer Einstellungen" und motivieren „sich nicht aus *Psychologie*, sondern aus" eben der „Logik der Wert- und Normensysteme".[12] Damit geht es „dieser Literatur *nicht* um die Integration" eines „denkbaren Unbewussten, sondern vielmehr um dessen *Ausgrenzung*".[13] Sollen innerhalb der Konzeption des poetischen Realismus dennoch psychologische Elemente thematisiert werden, so bedarf es eines literarischen Verfahrens, das dieses Psychologische integrieren, es aber zugleich auch als etwas vom realistischen Schreiben Unterschiedenes markieren kann. Im Detail zeigt Wünsch in ihrer Abgrenzung des späten Realismus von der Frühen Moderne Gruppen von Transformationen auf, die den Übergang zwischen diesen beiden Literatursystemen charakterisieren.[14]

Eine dieser Gruppen von „Transformationen betrifft den Komplex der *Werte* und *Normen*" selbst.[15] Im Realismus ziehen Normverstöße Sanktionen nach sich, während sie für die Literatur der Moderne geradezu konstitutiv sind und die literarischen Figuren überhaupt erst interessant machen. Sichtbar wird dies etwa in der Neukonzeption eines Lebensbereichs wie dem der Erotik und Sexualität sowie der mit beiden wiederum verbundenen Normen. Weiter findet eine Transformation der Einstellungen zu und der Bewertungen von Sterben und Tod statt. Denn wird im Realismus mit dem Tod Vergangenheit thematisiert und tangiert das Sterben die Werte und Normen nicht, so werden in der Frühen Moderne mit dem Sterben Werte und Normen infrage gestellt; der Tod selbst dient dort der Thematisierung von Zukunftsperspektiven.[16]

---

10 Wenn im Folgenden von ‚Realismus' und ‚Früher Moderne' gesprochen wird, dann steht dies abkürzend für ‚das Literatursystem des Realismus' bzw. ‚das Literatursystem der Frühen Moderne'.

11 Marianne Wünsch: Realismus (1850–1890). Zugänge zu einer literarischen Epoche. Mit Beiträgen von Jan-Oliver Decker, Peter Klimczak, Hans Krah u. Martin Nies. Kiel 2007 (LIMES – Literatur- und Medienwissenschaftliche Studien – Kiel, Bd. 7), S. 148.

12 Ebd., S. 149.

13 Ebd., S. 151.

14 Ich fasse im Folgenden die Befunde von Wünsch: Realismus (wie Anm. 11), insbesondere die Kapitel II und XII zusammen. Punktuell zitiere ich die Vorfassung von Kap. XII. Marianne Wünsch: Vom späten „Realismus" zur „Frühen Moderne": Versuch eines Modells des literarischen Strukturwandels. In: Michael Titzmann (Hg.): Modelle des literarischen Strukturwandels. Tübingen 1991 (Studien zur Sozialgeschichte der Literatur, Bd. 33), S. 187-203. Vgl. auch Rolf Parr: Realismus – Marianne Wünschs Bestimmung einer Epoche. In: kultuRRevolution. zeitschrift für angewandte diskurstheorie, Nr. 54 (September 2008), S. 27-29.

15 Wünsch, Vom späten ‚Realismus' (wie Anm. 14), S. 193.

16 Vgl. ebd., S. 193-197.

Eine weitere Gruppe schließlich umfasst Transformationen der dem realistischen und frühmodernen Schreiben jeweils zugrundeliegenden Konzeptionen von ‚Realität'. Hier favorisiert der poetische Realismus konsensfähige, sozial objektivierbare Realitätskonzepte, während diese im Literatursystem der Frühen Moderne aus einer subjektiven Perspektive erfolgen. Daher wird Realität im Literatursystem des poetischen Realismus in solchen Redeakten hergestellt, die sich als *Re*konstruktionen von Realität verstehen. Dagegen wiederum erzählt die Literatur der Frühen Moderne Realität als Akt ihrer *Konstruktion*, wird also allererst im Erzählprozess hergestellt. Daraus wiederum ergeben sich auch Unterschiede hinsichtlich der Prozesshaftigkeit. Im Realismus ist die Rekonstruktion von Realität ein Prozess, der immer schon zu Ende geht, in der Frühen Moderne ist die Konstruktion von Realität(en) ein Prozess, der neue Möglichkeiten schafft. Daher eröffnen Sterben und Tod im Literatursystem der Frühen Moderne Zukunftspotenziale, während das Literatursystem des Realismus das Sterben bzw. den Tod als Verluste ansieht. Dementsprechend werden mit dem Thema ‚Tod' rückblickend Möglichkeiten aufgezeigt, die der Tote im Leben gehabt hätte.[17]

Alle diese Strukturelemente, mit denen sich analytisch auf konkrete Texte zugreifen lässt, führen – so Wünsch – für die Moderne nichts ein, was von vornherein außerhalb der Denkhorizonte des Realismus gelegen hätte.[18] Zu fragen ist im Folgenden daher, ob und wie Fontanes Rekurse auf Ernst Wicherts Boulevardstücke dazu dienen können, einzelne Strukturen – wie sie Wünsch als typisch für die Frühe Moderne charakterisiert hat – innerhalb der Literatur des Realismus verfügbar zu machen. Damit wird das Genre des Boulevardstücks zu einem Medium, dessen sich die avancierte Kunst-Literatur des Realismus bedient.[19]

3.

Als Nachfolger des klassischen Charakter-Interaktionsdramas sind die Stücke des Boulevardtheaters darauf angelegt, Handlungen plausibel aus einem Set von Merkmalen wie ‚treu/nicht treu', ‚ehrlich/nicht-ehrlich', ‚Herz/kein Herz', ‚Kalkül/kein Kalkül' zu generieren, wobei Ver- und Entlarvungen für Spannung und zugleich komische Effekte sorgen. Diese Qui pro quo-Struktur bringt es mit sich, dass sowohl einzelne Figuren über ihre eigene Psyche und das daraus resultierende

17 Vgl. ebd., S. 197-201.

18 Vgl. Parr, Realismus (wie Anm. 14), S. 27f.

19 Moritz Baßlers Feststellung, dass es „keine fließenden Übergänge vom Poetischen Realismus in die literarische Moderne" gibt, ist dadurch nicht tangiert. Ders.: Zeichen auf der Kippe. Aporien des Spätrealismus und die Routines der Frühen Moderne. In: Ders. (Hg.): Entsagung und Routines. Aporien des Spätrealismus und Verfahren der frühen Moderne. Berlin, Boston 2013 (linguae & litterae, Bd. 23), S. 3-21, hier S. 5.

Handeln reflektieren müssen als auch, dass die jeweils anderen Figuren ebenfalls solche Überlegungen anstellen und sie auf dem Weg über wiederum psychische Kalküle in Handlungen umsetzen. Genau das ist – im und mit dem Ansatz von Marianne Wünsch weitergedacht – diejenige Psychologisierung der Figuren, die der an Werten und Normen orientierte poetische Realismus zwar kennt, sie aber nicht so direkt wie Boulevardstücke ins Spiel bringen kann.

Weiter kommen die für das Literatursystem des Realismus so wichtigen Normen und Werte zwar auch in den Stücken Ernst Wicherts vor, aber nicht als historisch festgelegte und damit extrinsisch motivierte wie zumeist im realistischen Roman. Sie sind vielfach insofern eher intrinsischer Art, als dass sie als Prüfsteine für den eigentlichen Charakter der Figuren fungieren, der durch die Verstellungs- und Verkennungsdynamiken nur temporär überlagert wird. Dadurch jedoch, *dass* sie vorkommen, ist eine Schnittstelle zum realistischen Schreiben gegeben.

Am Ende von Wicherts Boulevardstücken stehen häufig Zukunftsaussichten, wie sie der poetische Realismus in dieser Deutlichkeit kaum kennt, und manchmal sogar so etwas wie Visionen, etwa in Ernst Wicherts Lustspiel *Die Realisten* diejenige einer emphatischen Assoziation aller Figuren mit Bismarcks Reichsgründung[20] und in *Ein Schritt vom Wege* die in die Zukunft weisende Verlobung von Kurt und Bertha.[21] Der poetische Realismus entwickelt Gegenwart demgegenüber anders als Wicherts Stücke eher aus Rückblicken in die Vergangenheit. Symptomatisch dafür ist bereits der erste Satz in *Effi Briest* („In Front des schon seit Kurfürst Georg Wilhelm von der Familie Briest bewohnten Herrenhauses fiel heller Sonnenschein auf die mittagsstille Dorfstraße […]." [EB, 5]) und ebenso die Verlängerung der familiären Beziehung der Briests zu Innstetten zurück in die Generation der Mutter. Man könnte nun einwenden, dass doch auch bei Fontane, etwa in *Frau Jenny Treibel* und auch im *Stechlin* Verlobungen stattfinden, doch eben nicht ganz am Ende des Romans und nicht in der Funktion einer Zukunftsperspektive, sondern bei Fontane (fast) immer auch als eine Form von Entsagung. So steht die Verlobung von Corinna Schmidt in *Frau Jenny Treibel* mit ihrem Cousin Marcell Wedderkopp im Schatten des Verzichts auf die Heirat mit Leopold Treibel; die Verlobung und dann Heirat von Woldemar und Armgard im *Stechlin* werden zum einen überlagert durch den Tod des alten Dubslav von Stechlin und sind zum anderen nicht so angelegt, dass daraus weiterreichende Zukunftsperspektiven entwickelt werden könnten.

---

20 „'Kinder – in diesem erhabenen Moment – können wir denn nicht etwas Außerordentliches thun? Was meint Ihr: Telegrafische Depesche an Fürst Bismarck – ‚Fünf deutsche Männer und drei deutsche Jungfrauen reichen sich so eben die Hand ...' […] ‚Laßt nur! er glaubt's uns auch ohne das. – Hüte Jeder für sich *das deutsche Haus* und das deutsche Reich wird uns nicht verloren gehen'". Wichert, Die Realisten (wie Anm. 8), S. 93.

21 Wichert, Ein Schritt vom Wege (wie Anm. 7), S. 94.

4.

Deutlich wird bereits an diesen wenigen Beispielen, dass die Boulevardstücke Wicherts geeignet sind, für den realistischen Roman solche Themen und Strukturen zugänglich zu machen, über die er selbst nicht so ohne weiteres verfügen kann, da diese der Tendenz nach außerhalb seiner Poetik liegen. Ein ‚Import' ist aber auch nur dann denkbar, wenn die eigene Poetik dadurch nicht infrage gestellt wird. Wenn Fontane 1872 über Wicherts Lustspiel *Ein Schritt vom Wege* schreibt, es greife ein „altes Thema, aber gefällig variiert" (GBA, Das kritische Werk, Bd. 1, 233) auf, dann könnte das auch für seinen Roman *Effi Briest* gelten. Bei partiell ähnlichem Plot müsste *Effi Briest* dann nach Fontanes eigenen Kriterien die künstlerische Vertiefung des in Wicherts Stück bloß Abgebildeten sein.[22]

Wie wichtig es für Fontane ist, diese Differenz zwischen seinem eigenen, als Kunst verstandenen Schreiben auf der einen und den auf Unterhaltung eines breiten Publikums abzielenden Boulevardstücken auf der anderen Seite aufrechtzuerhalten, zeigt seine Besprechung einer Aufführung von Wicherts *Ein Schritt vom Wege* in der *Vossischen Zeitung* vom 1. November 1872. Das Programm des poetischen Realismus auf engstem Raum rekapitulierend und es zugleich von allem ‚bloßen Realismus' abhebend heißt es darin über die Darstellerin der weiblichen Hauptrolle und indirekt auch über das Stück:

> Fräulein Keßler ist in solchen Rollen unbestritten sehr anmuthig; sie giebt das Leben wie es ist, indem sie sich selbst giebt. Die *Kunst* erheischt freilich noch ein Weniges mehr, nicht Copie, sondern Spiegelbild, nicht Abschreibung, sondern Vertiefung oder Verschönung des Daseins. (GBA-K, 1, 236)

„Spiegelbild", „Vertiefung" und „Verschönung" stehen hier an derjenigen Stelle, an der in Fontanes Aufsatz *Unsere lyrische und epische Poesie seit 1848* die Formulierung von der „Widerspiegelung alles wirklichen Lebens, aller wahren Kräfte und Interessen im Elemente der Kunst" zu finden ist.[23] Die deutlich herausgestellte Opposition von ‚bloßer Realität' versus ‚verschönernder Kunst' wird am Ende der

22 Vgl. dazu Stefan Neuhaus: Einleitung. In: Ders. (Hg.): Effi Briest-Handbuch. Stuttgart 2019, S. VII-XI, hier S. IX. Neuhaus sieht mit *Effi Briest* Vertiefung, aber nicht Verschönung realisiert. Deutlich wird das unter anderem daran, dass Wicherts Stück in der von Crampas organisierten Inszenierung seinen Lustspiel-Charakter verliert. Vgl. dazu Rolf Selbmann: Literatur. In: Ebd., S. 207-212, hier S. 207.

23 Vgl. Theodor Fontane: Unsere lyrische und epische Poesie seit 1848. In: NFA XXI, 1, S. 7-33, hier S. 13: „Er [der Realismus, R. P.] ist die Widerspiegelung alles wirklichen Lebens, aller wahren Kräfte und Interessen im Elemente der Kunst [...]. Der Realismus will nicht die bloße Sinnenwelt und nichts als diese; er will am allerwenigsten das bloß Handgreifliche, aber er will das *Wahre*." Vgl. dazu kritisch Klaus Lindemann: Realismus als ästhetisierte Wirklichkeit. Fontanes frühes Realismusprogramm in seiner Schrift ‚Unsere lyrische und epische Poesie seit 1848'. In: Aurora. Jahrbuch der Eichendorff-Gesellschaft, Bd. 36 (1976), S. 151-164.

Theaterkritik Fontanes am Beispiel einer weiteren Schauspielerin noch einmal aufgenommen, diesmal jedoch um die Kategorie der ‚Naivität' zu einer Trias von ‚bloßem Realismus', ‚Naivität/Idealität' und ‚wirklicher Kunst' erweitert:

> Fräulein *Schratt* (Bertha) führte uns aufs Neue den Beweis, mit wie wenig Kunst man das Richtige treffen, oder, wenn dies zu viel gesagt ist, wenigstens Herz und Sinne angenehm berühren kann. Irgend ein Innerliches, das man als Naivität oder Idealität bezeichnen mag, befangene Unbefangenheit, scheue Keckheit, sie üben einen Reiz, der uns höher steht als der bloße Realismus und unter Umständen selbst als ein mühevoll erzieltes Gebilde wirklicher Kunst. (HFA, 1, 236)

Die Aufführung des Lustspiels bietet anscheinend einen ästhetischen Reiz, der zwischen ‚bloß naivem Realismus' und ‚wirklicher Kunst' (Fontanes eigenem Schreiben) angesiedelt ist. Wie aber lässt sich dieser Reiz ohne Schaden für die ‚wirkliche Kunst' in das eigene Werk integrieren? Es bedarf dazu einer Rahmung, die es erlaubt, Boulevardstücke wie das von Ernst Wichert gleichsam zu nutzen, sie mit Blick auf das eigene Schreiben aber zugleich auf Distanz zu halten. Das wiederum kann dann gelingen, wenn die in die Romane Fontanes integrierten Elemente aus Boulevardstücken als Proben auf das letztlich dominante Konzept des poetischen Realismus einschließlich seiner Normen und Werte hin angelegt sind.[24]

Genau das scheint Fontane im Kleinen in vielen seiner Theaterkritiken (und insbesondere solchen von Boulevardstücken) zu tun, was allein schon die beiden angeführten Zitate belegen. Auf andere Weise geschieht dies bei Fontane aber auch durch das Thematisieren, Zitieren und Beschreiben von Boulevardstücken und ihren Aufführungen innerhalb seiner Romane. Die in diese gleichsam importierten Elemente aus Boulevardstücken – hier mit Jürgen Link und Ursula Link-Heer[25] als „Applikationen"[26] verstanden – stellen so etwas wie kleine Bühnen innerhalb der übergeordneten Rahmung des Romans dar, was die nötige Distanz

---

24 Darauf, dass die „Erzählliteratur des bürgerlichen Realismus", den Status von Realität" immer wieder „auf den Prüfstand" stellt, „indem sie deren Bedingungen und Regeln erprobt und reflektiert" hat auch Claudia Öhlschläger hingewiesen. Dies.: „Das Maß der Dinge". Zur Poetologie anekdotischer Rahmung in Theodor Fontanes „Chronique scandaleuse" *Unwiederbringlich*. In: Sabine Schneider, Barbara Hunfeld (Hg.): Die Dinge und die Zeichen. Dimensionen des Realistischen in der Erzählliteratur des 19. Jahrhunderts. Für Helmut Pfotenhauer. Würzburg 2008, S. 59-72, hier S. 59.

25 Vgl. Jürgen Link, Ursula Link-Heer: Literatursoziologisches Propädeutikum. München 1980, bes. Lektion 5: Elementare Bestimmungen der literarischen Rezeption, S. 165-175. Siehe auch Rolf Parr: Faust-Applikationen. Journalistische „Bruchstücke" aus dem Faust entdecken. In: Praxis Deutsch, Nr. 250 (2015), S. 25-27; Ders.: Von ‚Gruppenbildern mit Damen', dem ‚Ende von Dienstfahrten' und ‚wahnsinnigen Methoden'. Applikationen von Literatur im Journalismus. In: andererseits. Yearbook of Transatlantic German Studies, Vol. 7/8 (2018/19), S. 107-119.

zwischen beiden schafft. Auf diese Weise wird es allererst möglich, Inhalt und Form der Bezugnahmen auf das Theater mit der Poetik des Realismus nicht nur zu konfrontieren, sondern auch zu kombinieren. Insofern hat man es mit einer Rahmung auf zwei Ebenen zu tun, einer gattungsspezifischen (Roman versus Lustspiel) und zugleich einer poetologischen (‚poetischer Realismus' versus – mit der hier abgewandelten Formulierung aus der Theaterkritik – ‚naiver Idealismus').

5.

Was die pure Textmenge betrifft, ist das, was Fontane in *Effi Briest* aus Wicherts *Ein Schritt vom Wege* appliziert, nicht viel. Zunächst ist es nämlich nur der bloße Titel des Stücks, der ins Spiel gebracht wird, damit aber für die das Stück kennenden zeitgenössischen Leserinnen und Leser Fontanes durchaus bereits schon sein ganzer Inhalt. Hinzu kommt die Besetzung der Rolle der „Ella" mit Effi:

> Nach einem Crampas'schen Plane nämlich sollte noch vor Weihnachten „Ein Schritt vom Wege" aufgeführt werden, und als man vor dem dritten italienischen Abend stand, nahm Gieshübler die Gelegenheit wahr, mit Effi, die die Rolle der Ella spielen sollte, darüber zu sprechen. (EB, 168)

Die „Ella" aus Wicherts Stück wird damit auf die „Effi"-Figur in Fontanes Roman appliziert, was nichts anderes heißt, als dass mit der bloßen Nennung des Namens „Ella" ein komplexes Charakterbild aufgerufen und zum Vergleich mit Effi angeboten wird. Möglich wird dies durch eine Reihe von Gemeinsamkeiten, die beide Figuren haben.[27] Ella von Schmettwitz ist eine junge, von ihrem Verlobten gern mit

26 Dem Begriff „Applikation" wird hier vor ‚Anspielung', ‚Allusion' oder ‚Zitat' der Vorzug gegeben, da er noch ein wenig weiter angelegt ist und etwa auch ideologische Strukturen umfasst. Appliziert, d. h. bruchstückhaft weiterverwendet werden kann prinzipiell jedes inhaltliche und ästhetische Element eines Textes, also stofflich-inhaltliche Aspekte, ästhetische Verfahren und Strukturen (z. B. eine bestimmte Redeweise oder Tonlage), ideologische Aspekte, mit deren Applikation die Perspektive, Anschauung oder ideologische Position eines Textes oder auch nur einer Figur übernommen wird, sowie Mischformen aus diesen dreien. Macht man sich zudem klar, dass bereits mit der bloßen Erwähnung eines Boulevardstücks in einem Fontane-Roman und erst recht mit der Applikation des Namens einer Figur Inhalte, Konflikte, Charakterbilder und Semantiken im Umfang von eigentlich mehreren Dutzend Seiten aufgerufen werden, dann ist der Rückgriff auf solche Applikationen ein probates literarisches Verfahren zur Maximierung von Semantik (und damit von Bedeutung) bei zugleich Minimierung bzw. Begrenzung der dazu nötigen Textmenge. Dies aber sichert wiederum die für den poetischen Realismus nötige ‚ferne Nähe'.

27 Vgl. Christian Grawe: *Effi Briest*: Crampas und sein Lieblingsdichter Heine. In: Ders.: „Der Zauber steckt immer im Detail". Studien zu Theodor Fontane und seinem Werk 1976–2002. Dunedin, New Zealand: Dept. of German, University of Otago 2002, S. 363-384, hier S. 365-368.

„Kind“ angesprochene Frau, die der zusammen unternommenen Bildungsreise auf ausgetretenen touristischen Pfaden überdrüssig geworden ist und stattdessen „voll poetisch-abenteuerlichem Verlangen nach einem ‚Schritt vom Wege‘“ (GBA-K, 1, 234) ein romantisches Abenteuer sucht:

> Arthur: Das flotte Leben muss doch einmal aufhören.
>
> Ella: Und bei mir soll's gar nicht anfangen. Aus dem kindischen Mädchen hat gleich eine verständige Frau werden sollen. Wie anders hab' ich mir's gedacht! Auf dieser Reise schon. Und immer so spießbürgerlich fort auf der großen langweiligen Heerstraße aller Reisenden mit dem Bädeker in der Hand, immer dieselben blasirten Reisegesichter heute und morgen; und rechts und links ist's so schön, überall wo man *nicht* sein kann. Und nun morgen zu Hause und eigentlich nichts erlebt – ![28]

Auf der einen Seite also eine lebenslustige junge Frau, die etwas Romantisches erleben will, auf der anderen Seite ein deutlich älterer Mann, der auch auf der gemeinsamen Reise an die Bewirtschaftung seiner Güter denkt und ein touristisches Highlight nach dem anderen abarbeitet. Damit ist über die Ella-Rolle nicht nur Effis eigene Hochzeitsreise und ihre zu diesem Zeitpunkt aktuelle Situation konnotiert, sondern – worauf Müller-Kampel hingewiesen hat – auch der Ton der Briefe, die Effi von der Italienreise an ihre Eltern schreibt.[29] Anders formuliert: Fontane nutzt für Effi ziemlich genau diejenige Tonlage, die in Wicherts Stück für die Figur der „Ella“ zu finden ist. Und gleichsam en passant wird auch für Arthur von Schmettwitz ein Charakterbild gezeichnet, das dem Innstettens in einzelnen Zügen verblüffend ähnlich ist.

Bestätigt werden die Korrespondenzen zwischen dem Charakter der Figur „Ella“ und den Wünschen von „Effi“ in Fontanes Roman, gleich nachdem Gieshübler mit Effi über die Ella-Rolle gesprochen hat, denn auch Effi hat wenig Lust, die für sie an sich schon langweilige Italien-Kunstreise an den langen Winterabenden noch einmal zu rekapitulieren: „Effi war wie elektrisiert; was wollten Padua, Vicenza daneben bedeuten! Effi war nicht für Aufgewärmtheiten; Frisches war es, wonach sie sich sehnte, Wechsel der Dinge.“ (EB, 168) Genau dazu stellt „die Rolle der unzufriedenen und abenteuerlustigen Kindfrau Ella der sie verkörpernden Effi ein reichhaltiges Reservoir an Identifikationsmustern“ bereit.[30]

Sind damit die Parallelen zwischen Ellas und Effis Wunschvorstellungen eines ‚frischen‘ Lebens in vielerlei Hinsicht etabliert,[31] so wird der Titel von Wicherts

---

28 Wichert, Ein Schritt vom Wege (wie Anm. 7), S. 10.

29 Müller-Kampel, Theater-Leben (wie Anm. 6), S. 65.

30 Ebd., S. 66.

31 Anja Haberer: Zeitbilder. Krankheit und Gesellschaft in Theodor Fontanes Romanen *Cécile* (1886) und *Effi Briest* (1894). Würzburg 2012 (Reihe Literaturwissenschaft, Bd. 757), S. 228,

Stück in der Folge als Vorausdeutung auf die weitere Entwicklung der Ereignisse genutzt, wenn es heißt: „Der ‚Schritt vom Wege‘ kam wirklich zu stande [...].“ (EB, 169).[32] Auf diese Weise wird über das Boulevardstück etwas in den Roman eingebracht, was der poetische Realismus nicht so ohne weiteres leisten kann, nämlich eine zukunftsbezogene Prognose. Doch da die Formulierung ‚zu Stande kommen‘ ambivalent auch ‚nur‘ auf die geplante Aufführung des Stücks bezogen werden kann, ist das realistische Schreiben nicht gefährdet und die nötige Distanz zu Boulevardstücken auch hier gewahrt.

Die Vorausdeutung wiederum macht in der Folge ein psychologisches Agieren und Reflektieren recht einfach. So folgt auf Effis spontane Begeisterung für das Vorhaben der Theateraufführung in der Ressource ein komplexer Prozess der Reflexion, innerhalb dessen Effi über die Psyche von Crampas nachdenkt, aber ansatzweise auch die eigene reflektiert:

> Aber als ob eine Stimme ihr zugerufen hätte: „sieh’ Dich vor!“ so fragte sie doch, inmitten ihrer freudigen Erregung: „Ist es der Major, der den Plan aufgebracht hat?“
>
> „Ja. Sie wissen, gnädige Frau, daß er einstimmig in das Vergnügungskommitee gewählt wurde. [...].“
>
> „Und wird er auch mitspielen?“
>
> „Nein, das hat er abgelehnt. Ich muss sagen, leider. Denn er kann ja alles und würde den Arthur von Schmettwitz ganz vorzüglich geben. Er hat nur die Regie übernommen.“
>
> „Desto schlimmer.“
>
> „Desto schlimmer?“ wiederholte Gieshübler.
>
> „O, Sie dürfen das nicht so feierlich nehmen; das ist nur so eine Redensart, die eigentlich das Gegenteil bedeutet. Auf der anderen Seite freilich, der Major hat so ’was Gewaltsames, er nimmt einem die Dinge gern über den Kopf fort. Und man muß dann spielen, wie er will, und nicht, wie man selber will.“

---

hat darauf hingewiesen, dass Ella „in vieler Hinsicht wie ein Gegenbild zu Effi“ erscheint, tritt sie doch „als emanzipierte, selbstbewußte Frau auf, die sich gegen jede Bevormundung zur Wehr setzt“. Stellt man Ella jedoch Effis Wünschen und – wenn man so will – Effis eigentlicher Natur gegenüber, dann rücken beide Figuren auf das Engste zusammen.

32 Vgl. dazu bereits Lieselotte Voss: Literarische Präfigurationen dargestellter Wirklichkeit bei Fontane. Zur Zitatstruktur seines Romanwerks. München 1985, die von einem „Rollenzitat“ (S. 249) spricht, den Parallelen zwischen Effi und Ella aber nur wenig Bedeutung beimisst (vgl. S. 263); Bettina Plett: Die Kunst der Allusion. Formen literarischer Anspielungen in den Romanen Theodor Fontanes. Köln, Wien 1986 (Kölner germanistische Studien, Bd. 23), bes. S. 295-301; sowie Grawe, Effi Briest (wie Anm. 27), S. 364-369.

Sie sprach noch so weiter und verwickelte sich immer mehr in Widersprüche. (EB, 168f.)

‚Regie zu führen' grenzt in den von Effi entwickelten Ängsten an psychologische Einflussnahme, wenn nicht sogar Manipulation, vor der sie sich dann konsequenterweise fürchtet. „Auf der Flucht vor einem Erzieher", so resümiert Müller-Kampel, „ist sie in die Hände eines Regisseurs geraten, der sich auf die Inszenierung von Liebesdramen aller Art versteht".[33]

Insgesamt wird man vor diesem Hintergrund für einen Roman wie *Effi Briest* sagen können, dass ein nicht geringer Teil an ‚Psychologischem' über die Applikationen aus Wicherts Lustspiel eingebracht bzw. ermöglicht wird.

Alle diese Applikationen setzen jedoch voraus, dass die Leserinnen und Leser über ein grundlegendes Wissen um die applizierten Texte verfügen. Im Falle von Wicherts *Ein Schritt vom Wege* konnte Fontane davon ausgehen, wurde das Stück nach der Premiere doch allein im Königlichen Schauspielhaus in Berlin noch 92 Mal aufgeführt;[34] eine Popularität, auf die Fontane auch schon 1892 bauen konnte, als er Wicherts *Ein Schritt vom Wege* in seinem Roman *Frau Jenny Treibel oder ‚Wo sich Herz zum Herzen find't'* verwendete. Präsent war Wicherts Stück auch noch sehr viel später, konnte doch der Titel der filmischen Adaption von *Effi Briest* unter der Regie von Gustav Gründgens von 1938/39 *Der Schritt vom Wege* heißen.

6.

Moritz Baßler hat herausgearbeitet,[35] dass dem realistischen Erzählen eine Kippfigur zugrunde liegt, bei der ein zunächst einmal metonymisches Element der Diegese metaphorisiert – in der Terminologie des poetischen Realismus: ‚verklärt' – wird, dies aber den Pol des ‚Realistischen' gefährdet, sodass re-metonymisiert werden muss. Diese Aporie entspringt nach Baßler aus der Verbindung von Realismus und Idealismus in der ›realistischen‹ Poetik, die gegeneinanderstehende Konzepte einbringen: „Auf der einen Seite (der syntagmatisch-metonymischen Achse) wollen" realistische Erzähltexte „realistische Details plausibel verknüpfen; auf der anderen Seite (der paradigmatisch-metaphorischen Achse) wollen sie diese Arbeit am Detailrealismus und am lebensweltlich plausiblen Plotting mit einem übergeordneten Metacode verbinden, der für den Sinn des Ganzen und die nötige poetische ›Verklärung‹ sorgen soll". Daraus wiederum entspringt eine permanente

33 Müller-Kampel, Theater-Leben (wie Anm. 6), S. 67.
34 Haberer, Zeitbilder (wie Anm. 31), S. 227.
35 Baßler, Zeichen auf der Kippe (wie Anm. 19), S. 8-10.

Kippbewegung: „Gegen das drohende Übergewicht des Realistischen muss immer wieder neu aus [...] Metacodes [...] Sinn“ gewonnen werden. Und „umgekehrt muss der Text immer wieder auf die metonymische Achse der Realismusproduktion kippen, wenn die metaphorischen Sinnaufladungen allzu allegorisch und künstlich, also unrealistisch, zu werden drohen“[36] – ein unabschließbarer Prozess, der „eigentlich nicht enden“[37] kann.

Durch die Applikation von Elementen eines Boulevardstücks in einen Roman wie *Effi Briest* wird diese Kippfigur nun noch einmal komplexer, bringt für Fontanes Schreiben aber auch einen Vorteil mit sich. Im Boulevardstück ist der ‚Schritt vom Wege‘ nämlich zunächst metonymischer Art (es wird tatsächlich ein anderer Wanderweg gewählt). Die Formulierung erhält dann aber im Handlungsverlauf des Stücks bis hin zum Rückblick auf den Ausgangspunkt vom Ende her einen zunehmend metaphorischen Charakter. Da zugleich das komplexe Geflecht der Ver-Stellungen und Ver-Kennungen aufgelöst wird, entsteht ein Realismuseffekt: jede Figur landet mit ihrem unverstellten Charakter am Ende des Stücks auf ihrer ‚realen‘, das heißt ‚richtigen‘ Position. Damit steht das Lustspiel von Wichert nicht vor der Schwierigkeit des realistischen Romans, bei dem jede Metaphorisierung – wie Baßler betont – den realistischen Charakter gefährdet, sodass wieder in Richtung Metonymisierung umgesteuert werden muss, was dann wieder neue Metaphorisierung erfordert, da capo ad infinitum.

Die Applikation von Wicherts Stück, das die Kippfigur also schon selbst enthält, macht es Fontanes Schreiben nun möglich, die von Baßler skizzierte Aporie realistischen Schreibens eine Zeitlang in der Schwebe zu halten, bietet die Formulierung vom ‚Schritt vom Wege‘ doch zugleich eine metonymische Lesart (Titel des Lustspiels von Wichert) und eine metaphorische (in der Vorausdeutung auf die Handlung im Roman) an. Die Applikation aus dem Boulevardstück leistet also für den Moment eine Synthese aus den beiden Polen von Metonymisierung und Metaphorisierung. Im Verlauf des Fontane'schen Romans wird die Formulierung dann zunächst re-metaphorisiert, um schließlich in Effis ganz realistischen ‚Schritt vom Wege‘ zu münden.

7.

Zeigt das Beispiel *Effi Briest*, wie Boulevardstücke genutzt werden, um über die Grenzen des realistischen Romans hinaus durch Applikation des Titels, einiger

36 Sascha Michel: Gegen die Wand fahren und verrückt spielen. Moritz Baßler legt einen beeindruckenden Sammelband über Realismus und Moderne vor. In: literarurkritik.de, Nr. 5 (Mai 2014). <https://literaturkritik.de/id/19193> (letzter Zugriff, 2.2.2023).

37 Baßler, Zeichen auf der Kippe (wie Anm. 19), S. 9.

Charaktere sowie einzelner Handlungselemente zu gewinnen, so ist Fontanes Weiterverarbeitung von Wicherts Lustspiel *Die Realisten* ein Beispiel dafür, was an einem Boulevardstück verändert werden muss, um einzelne Elemente etwa der Konfiguration in einen Roman Fontanes überführen zu können.[38]

Den Plot von Wicherts Stück bildet ein gleichsam unter Laborbedingungen durchgeführtes Experiment: Roderich Werwein, der als Kämpfer für die Ideale von 1848 nach Amerika fliehen musste, kehrt nach der Reichsgründung – und damit auch nach Erfüllung des alten Einheits-Ideals – als immer noch idealistisch gesinnter Deutscher in die Familie seines Bruders, des Fabrikanten Franz Werwein, zurück, um dort als ‚1870/71er' in einer Zeit zu fungieren, in der die ideal-nationale Begeisterung bereits deutlich abgeflaut ist. Was er jedoch statt des erwarteten romantisch-idealen Deutschlands vorfindet, ist ein realpolitisch-realistisches. Robert, Sohn des Fabrikanten Werwein, strebt eine preußische Beamtenkarriere an, ist aber finanziell nicht in der Lage, den dafür nötigen gesellschaftlichen Aufwand zu betreiben. Er löst daher das bestehende Verlöbnis mit der Tochter eines Gymnasiallehrers, um eine gewinnbringendere Liaison eingehen zu können: „Ich *will* nun einmal nicht", ruft er ganz realistisch aus, „der deutsche Philister sein, den die Liebe aus mir formen soll."[39]

Sein Vater Franz ist unter dem Einfluss des mit deutlich jüdischen Konnotationen versehenen Bankiers Löwenberg kurz davor, die bisher in Familienbesitz befindliche Fabrik in eine maßlos überbewertete Aktiengesellschaft umzuwandeln und so die Aktionäre gleich mit der Neuemission zu betrügen; seine Tochter Julie schließlich gibt dem sie verehrenden, aber mittellosen Maler Edmund Wastl unmissverständlich zu verstehen, dass sie ihre modernen Ansprüche auf Kleidung, Reisen und Gesellschaft unter keinen Umständen einzuschränken gewillt ist: „Wissen Sie noch immer nicht, daß ich eine realistische Natur bin und mir etwas darauf einbilde? [...] mir ist alles deutsch-sentimentale Wesen verhaßt."[40]

Der amerikanische Onkel unterwirft nun alle Figuren des Stücks einer Charakterprobe, indem er sie zunächst regelrecht dazu verführt, sich auf eine noch extremere Realismus-Position einzulassen; dies aber nur, um die gesamte Familie auf diese Weise letztlich wieder für den alten deutschen Idealismus zurückzugewinnen:

---

38 Die folgenden Abschnitte folgen Rolf Parr: Real-Idealismus. Zur Diskursposition des deutschen Nationalstereotyps um 1870 am Beispiel von Ernst Wichert und Theodor Fontane. In: Klaus Amann, Karl Wagner (Hg.): Literatur und Nation. Die Gründung des Deutschen Reiches in der deutschsprachigen Literatur. Mit einer Auswahlbibliographie. Wien, Köln, Weimar 1996 (Literatur in der Geschichte. Geschichte in der Literatur, Bd. 36), S. 107-126, hier S. 108-112 und 116f.

39 Wichert, Die Realisten (wie Anm. 8), S. 9.

40 Ebd., S. 6.

> Bei meinen lieben Deutschen finde ich Herz und Kopf nicht mehr ganz auf der richtigen Stelle; sie haben ihrer Natur einmal einen Stoß gegeben, um große Dinge zu erreichen, und sind darüber ein wenig aus dem Gleichgewicht gekommen. Was sie sich sonst als Tugend anrechneten und was sie so liebenswürdig machte, das meinen sie nun verstecken zu müssen, damit man sie für ächte Realisten halte, denen die Welt gehört. Pah! Noch fühlen sie sich sehr unbehaglich in dem neuen Rock, der ihnen gar nicht auf den Leib passen will – aber wer weiß, was mit der Zeit ...? Gut denn! Versuchen wir's erst einmal in nächster Nähe, den bösen Geist mit Beelzebub auszutreiben. Meine Realisten sollen zeigen, ob sie wirklich die Leute sind, für die sie gelten wollen. Und wenn sie die Probe bestehen, dann – ade Deutschland! Mit dem nächsten Dampfer kehre ich zurück nach Amerika! –[41]

Diese Verschiebung der Charaktere zu Realisten beginnt damit, dass Onkel Roderich seinem Neffen Robert die Vermittlung einer nicht mehr ganz jungen, aber finanziell potenten Witwe in Aussicht stellt. An Robert ist es nun, sich als echter Realist zu erweisen, indem er einwilligt und dem Onkel bekräftigend versichert: „Du sollst die Deutschen nicht mehr Schwärmer und Träumer nennen –!“[42] Dem Maler Wastl bietet Roderich im Auftrage eines amerikanischen Museums an, gegen eine Summe von „zehn- bis zwölftausend Thaler jährlich“[43] italienische Meister zu kopieren, allerdings mit der Auflage, „in aller Form zwanzig Jahre lang auf jede eigene Kunstthätigkeit zu verzichten“;[44] Charlottes Vater, dem Gymnasialprofessor und Altphilologen Emanuel Knorr („so bin ich alt geworden und doch zu nichts Reellem gekommen“[45]), kauft er für 1 Mark pro Band die in Jahrzehnten zusammengetragene Bibliothek ab; seinem Bruder Franz schließlich vertraut Roderich das Geheimnis einer im Garten vergrabenen Volkskasse aus der 1848er Zeit an, mit der Franz seine angeschlagene Firma sanieren könnte.

Auf die eine oder andere Art wird so jede Figur des Stücks durch die „*kluge* Berechnung“,[46] also das kalkülhaft-realistische Handeln des eigentlich idealistisch gesinnten Onkels auf eine extrem realistische Position hin verschoben, wie sie sonst nur vom stets mit *kalter* Berechnung handelnden Bankier Löwenberg[47] eingenommen wird. Was dann folgt, ist eine Reihe von Charakterproben auf

---

41 Ebd., S. 25.
42 Ebd., S. 33.
43 Ebd., S. 42.
44 Ebd., S. 43.
45 Ebd., S. 17.
46 Ebd., S. 91 (Hervorhebung von mir, R. P.).
47 „Ja – ich sage mit meinem Schiller: am Golde hängt, nach Golde drängt und so weiter. Ist doch eine solide Basis. Wenn *ich* einmal heirathen sollte, müßte ich überzeugt sein, daß meine Frau mich meines Geldes wegen nähme“ (ebd., S. 12). – In ihrem Kalkül unterscheiden sich Roderich und Löwenberg durch ‚kluge‘ vs. ‚kalte‘ Berechnung.

die Ernsthaftigkeit der eingenommenen Positionen. Denn kaum sind sämtliche Figuren im Feld des Realismus platziert, so werden sie in Situationen versetzt, die sie zwingen, ihre Entscheidung gegen die aufgegebenen ‚idealen' Werte noch einmal zu überdenken. Als Resultat rücken alle Figuren – Szene für Szene – von ihrem vermeintlichen Realismus wieder ab: Knorr will seine Bibliothek zurück, weil er den Auftrag erhält, einen Goedeke der klassischen Literatur zu verfassen, was ohne die Bibliothek nicht möglich ist. Wastl wählt die Kunst, zieht es also vor, seine Julie zu malen anstatt zu heiraten, und gewinnt damit ihr zuvor noch den modisch-materiellen Dingen sichtlich zugetanes Herz;[48] Robert entscheidet sich in dem Moment für Charlotte, als ihr Onkel Roderich selbst einen ausdrücklich realistischen Heiratsantrag unter explizitem Ausschluss von Gefühlen macht; bei Franz Werwein obsiegen die moralischen Skrupel, und er meldet – preußisch-ordnungsgemäß – den Fund der Geldkassette in seinem Garten der Polizei.

Sind also am Schluss wieder alle Idealisten? Keineswegs! Schaut man genauer hin, so entpuppt sich die Positivfigur des Onkels Roderich wie auch die Position seiner komplementär angelegten Immer-noch-Jugendliebe Friederike als die von real-idealistischen Mischcharakteren. Denn gerade der Onkel bedient sich ja ausgesprochen realistischer Kalküle zur Durchsetzung seiner Ziele. Mit seinem Charakterbild favorisiert das Stück also eine Position des Real-Idealismus und hätte vielleicht besser ‚Die Real-Idealisten' geheißen.

Strukturell kommt dies dadurch zustande, dass das dominante Oppositionspaar von ‚Verstand versus Gefühl' zwar die Bereiche Realismus und Idealismus voneinander trennt, beide aber jeweils noch einmal in einen positiven und negativen Bereich unterschieden sind, sodass sich eine mittlere Zone von positivem Realismus und ebenso positivem Idealismus ergibt, ein Juste Milieu, in dem am Ende des Stücks die gesamte Familie Werwein/Knorr – mit nur geringen Abstufungen untereinander – platziert ist und so die real-idealistische deutsche Diskursposition nach 1866 einnimmt. Allein Löwenberg steht als harter, kalter, praktischer, rücksichtsloser Kalkül-Charakter weiterhin für ein jüdisches Stereotyp, das konnotativ mit einem nur an wenigen Stellen thematisierten amerikanischen zusammenfällt. Unbesetzt schließlich bleibt die alte, romantisch-deutsche Diskursposition, wenn seine philologische Schwärmerei den Professor Knorr auch bedenklich nah an sie heranrücken lässt.

Eine Aufführung des Stücks im Königlichen Schauspielhaus in Berlin fand am Sonnabend, dem 7. März 1874 statt und wurde drei Tage später vom Rezensenten der *Vossischen Zeitung* besprochen. Dieser begrüßte zunächst die Idee des Stücks. Der „amerikanische Onkel" sei zwar „nicht neu auf der deutschen Bühne", neu

48 Die vorangehenden Tests auf Wastls Idealismus sind ambivalent, da er sich zwischen zwei Idealen – Liebe und Malerei – zu entscheiden hat. Als Maler besteht Wastl den Test zuerst nicht, wohl aber als Liebhaber; dann, im zweiten Durchlauf, auch als Maler (vgl. ebd., S. 44).

aber sei „*dieser* Onkel, der, deutsch-idealistisch wie er hingegangen, auch deutsch-idealistisch" wiederkehre, um das „mittlerweile *realistisch* gewordene Völkchen [...] zum Idealismus zurückzubekehren". „Dies ist neu und, was mehr werth ist, auch *gut* dazu." (GBA-K, 1, 404f.)

Der Kritiker konstatiert für die Aufführung selbst dennoch eine gewisse Missstimmung im Publikum. Seine Antwort auf die Frage nach den Gründen lautet: Das Stück sei als „*Charakter*-Lustspiel" angelegt, sodass eigentlich alle Handlungen konsequent aus den Charaktermerkmalen der Personen motiviert sein müssten, es sei aber als bloßes „Scherzspiel[]" durchgeführt worden. „Der Herr Verfasser" habe sich, „darin der Mode nachgebend, viel viel häufiger die Frage vorgelegt: ‚wirkt es komisch?' als die Frage: ‚ist es wahr?'." (GBA-K, 1, 405) Man erwarte – so Fontane – eine Figur, die „ihrerseits den Idealismus repräsentiren soll", bekommt aber „eine Gestalt", die „nicht Fisch nicht Vogel ist". „Er spielt den Gemüthlichen, aber mit einer Verwegenheit der Mittel, um die ihn ein New-Yorker Rowdie beneiden könnte" (GBA-K, 1, 407). Entsprechend positiv empfindet Fontane nur die beiden als ‚wirkliche Idealisten' platzierten Figuren: den Maler Edmund Wastl, der zwar zunächst „Kunst Kunst sein läßt, bis diese" sich gegenüber Geld und Heirat „doch wiederum als die mächtigere erweist", und den Gymnasial-Oberlehrer Emanuel Knorr, „bei dem die wie ein Fieber über ihn gekommene Liebe zum Gelde, der alten Leidenschaft zu Büchern und Grammatikschreiben am Ende doch wieder unterliegt" (GBA-K, 1, 408).

Stehen in Wicherts Stück ‚Realismus' und ‚Idealismus' als diskursive Positionen, welche handelnde Figuren einnehmen können, also in Opposition zueinander und liegt die Auflösung des Gegensatzes tendenziell in einem synthetisierenden ‚Real-Idealismus', so trennt Fontane in *Frau Jenny Treibel* – ganz in Fortführung seiner Theaterkritik von 1874 – beides auch zu Beginn der 1890er Jahre zunächst noch, und zwar auf zweifache Weise. Erstens wird zu Beginn des Romans die synchrone Personenkonfiguration von Wicherts „Realisten" auf die diachrone Abfolge zweier Generationen verteilt: die ‚ideale, poetische' Jugendzeit der Krämerstochter Jenny Bürstenbinder und des Kandidaten der Philologie Wilibald Schmidt um 1850 auf der einen Seite und die ‚realistische' Jetztzeit der kaum vorhandenen Romanhandlung zu Beginn der 1890er Jahre auf der anderen. Damit kann Fontane eines der wichtigsten Elemente realistischen Schreibens einlösen, nämlich das Erklären des Geschehens in der Gegenwart aus Zusammenhängen der Vergangenheit.

Zweitens gibt es in der Generation von Jenny und Wilibald keine Figur mehr, die im Sinne einer umfassenden Synthese ‚real-idealistisch' zu nennen wäre. Jenny Treibel kann zwar ebenso lustvoll in ‚idealen' Jugenderinnerungen mit Rezitation gefühlsbetonter Goethe-Verse schwelgen wie auch mit hart durchgezogenem Realismus die Frage der Verheiratung ihres Sohnes regeln,[49] aber – und dies ist der wichtige Unterschied zu Wicherts Onkel Roderich – sie nimmt diese Positionen stets nur alternierend ein, integriert sie aber nicht. Soeben noch das poetische, lyrische und musikalische Ideal lobend, führt sie im nächsten Moment die realistischsten Kalküle gegen Corinna durch, die ihrerseits bei den Konversationsessen im Hause Treibel als Repräsentantin bürgerlich-idealer Bildungswerte fungieren soll, sich dann aber ganz als der schon zu Beginn des Romans konnotierte Kalkül-Charakter[50] entpuppt. Was den Pol des ‚Realismus' angeht, markiert Corinnas ‚Modernität'[51] dabei einen graduellen Unterschied gegenüber Jenny. Darin ist sie – noch einmal mit Rückblick auf die Konfiguration des Wichert'schen Stücks betrachtet – eine schwesterliche Nachfolgerin von Julie Werwein zu Beginn von dessen Stück,[52] eben eine ‚moderne Realistin'.

Im Verlauf des Fontane'schen Textes kommt für Corinna dann aber der ‚Idealismus-Pol' durch die Heirat mit Marcel wieder stärker ins Spiel, sodass sie die einzige Figur ist, die gegen Ende des Romans eine tendenziell integrierende real-idealistische Position einnehmen kann: bürgerliche Heirat mit ‚Herz' innerhalb der eigenen sozialen Schicht, aber erst in dem Moment, in dem Marcel eine Anstellung gefunden hat.[53] Aus der Typologie von ‚negativ gewertetem (überzogenem) Realismus'/'positiv gewertetem (gutem) Realismus'/'positiv gewertetem (gutem) Idealismus'/'negativ gewertetem (nicht wahrem) Idealismus' wird mit Corinna die gleich doppelt positiv konnotierte Position der beiden mittleren Glieder besetzt. Unterstrichen wird das dadurch, dass Marcel, die Schmolke und durchaus auch Corinna selbst ihre Verlobung als letztendlichen Sieg des Herzens und damit des Idealismus wahrnehmen und Wilibald Schmidt von einer Rückkehr zur Vernunft

49 Vgl. dazu ausführlich Gerhard Plumpe: Roman. In: Edward McInnes, Ders. (Hg.): Bürgerlicher Realismus und Gründerzeit 1848–1890. München 1996 (Hansers Sozialgeschichte der deutschen Literatur, Bd. 6), S. 529-689, hier S. 666-689.

50 Vgl. FJT, 9: „'Ja', lachte Corinna, ‚die Jugend ist gut. Aber ‚Commerzienräthin' ist auch gut und eigentlich noch besser.'".

51 Es ist Jenny Treibel selbst, die gegenüber Corinnas Vater diesen graduellen Unterschied markiert: „Aber mit Corinna bin ich nicht zufrieden. Sie spricht so modern und verleugnet ihren Vater, der immer nur in einer schönen Gedankenwelt lebte ..." [...] „'Aber ich denke, sie wird sich noch wieder zurückfinden. Freilich, einen Stich ins Moderne wird sie wohl behalten'" (FJT, 14). – Ähnlich dann zu Wilibald Schmidt auch Marcell Wedderkopp: „'Alles, was klug und tüchtig und, vor Allem, was espritvoll an ihr ist, das siehst Du mit beiden Augen, aber was äußerlich und modern an ihr ist, das siehst Du nicht'" (FJT, 87f.).

52 So trennt z.B. Corinna – ebenso wie Roderich und Julie Werwein – Liebe und Heirat strikt voneinander. Auf die Frage von Marcell Wedderkopp, ob Corinna Leopold Treibel ernsthaft geliebt habe, antwortet sie: „„Nein. Aber ich wollte ihn ganz ernsthaft heirathen."" Und ebenfalls in Parallele zu Julie heißt es weiter: „Ich hätte Malstunden genommen [...]" (FJT, 214). Eine weitere Parallele zu Wichert besteht darin, dass auch in Fontanes Roman gerade die ‚realistischen' Figuren mit Vorliebe in Schiller-Sentenzen sprechen.

53 Ich danke Sophia Wege (Halle/S.) für den Hinweis darauf.

spricht, die aus dem Herzen käme. Alle diese Charakterverschiebungen von Corinna, die Verkennungen und das letztendliche Ankommen auf dem ‚richtigen' Platz sind strukturelle Anleihen, die Fontane bei der Qui pro quo-Struktur des populären Lustspiels macht und die – ein solches Lustspiel applizierend – am Ende des Romans noch einmal explizit thematisiert wird. „Diese Treibelei", so Wilibald Schmidt,

> war ein Irrthum, ein ‚Schritt vom Wege', wie jetzt, wie Du wissen wirst, auch ein Lustspiel heißt, noch dazu von einem Kammergerichtsrath. Das Kammergericht, Gott sei Dank, war immer literarisch. Das Literarische macht frei ... Jetzt hast Du das Richtige wiedergefunden und dich selbst dazu ... (FJT, 212)

Eine vermittelnde Position von ‚idealem' und ‚kalkülhaft-realistischem' Handeln wie für Corinna gibt es dagegen für die Generation von Jenny Treibel und Wilibald Schmidt nicht. Im Gegenteil. Fontane macht diese Position unmöglich, indem er den vermeintlichen Idealismus von Jenny ironisch entlarvt, sodass ‚echter' (Wilibald Schmidt, Marcel und zum Teil Corinna) und ‚falscher Idealismus' einander gegenüberstehen. Dazu bedient Fontane sich unter anderem der zunächst einmal metaphorischen Rede vom ‚Höheren' als eines semantischen Tricksters, der zum einen tendenziell metonymisch im Sinne von ideal-ästhetisch verwendet wird, zum anderen ebenso metonymisch, ganz realistisch sozialen Aufstieg und Geld meint und gerade dann benutzt wird, wenn diese Ambivalenz zwischen beiden offengehalten werden soll. Zwei Beispiele: Zu Beginn des Romans verkennt Jenny Treibel Corinna noch als ‚reine Idealistin' und ermahnt sie: „Nein, Corinna, gib den Sinn, der sich nach oben richtet, nicht auf, jenen Sinn, der von dorther allein das Heil erwartet." (FJT, 12) In Bezug auf Jennys Sohn Leopold vergisst Corinna diesen Blick nach ‚oben' dann aber keinen Moment, nur hat dies nicht mehr nur mit der von Jenny gemeinten ‚Höhe' idealer Bildung zu tun. Und beim ‚Männergespräch' im Anschluss an das Diner in seinem Hause bekennt Treibel:

> „[...] Sehen Sie, Goldammer, jede Kunstrichtung ist gut, weil jede das Ideal im Auge hat. Und das Ideal ist die Hauptsache, soviel weiß ich nach gerade von meiner Frau. Aber das Idealste bleibt doch immer eine Soubrette." [...]
>
> „Und Protegé von wem?"
>
> Goldammer schwieg.
>
> „Ah, ich verstehe. Obersphäre. Je höher hinauf, je näher am Ideal. [...]" (FJT, 49)

Die ambivalente, einerseits idealistische, andererseits ökonomisch-realistische Metonymisierung der ‚Höhe' übernimmt in Fontanes Roman die Funktion der von Baßler beschriebenen Kippfigur, nur dass hier das metaphorische Element am

Anfang steht und im Verlauf des Romans immer wieder sowohl in Richtung ökonomische und gesellschaftlich-hierarchische ‚Höhe' als auch in Richtung ‚ideale Bildung und Kunst' re-metonymisiert wird. Das führt zu dem Effekt, dass die Kippfigur immer wieder aufs Neue durchgespielt wird.

8.

Fontane nutzt – so lässt sich resümieren – die ihm als Rezensent wohlbekannten Boulevardstücke von Ernst Wichert in vielfältiger Weise als Möglichkeit, das Spektrum seines realistischen Schreibens punktuell zu überschreiten, und ebenso punktuell als Rohmaterial, das in seinen Romanen so weiterverarbeitet wird, dass es seiner eigenen Poetik entspricht. Beide Male wird das, was Baßler als die Kippfigur des Realismus herausgearbeitet hat, komplexer durchgespielt, als es ohne die Bezüge auf die populären Stücke Wicherts möglich wäre.

„Und vor allem viel Theater“ – Fontanes *Graf Petöfy* als erzähltes Stück von der (Ent-)Theatralisierung des Lebens

Michael Scheffel

„Etwas politisch, etwas kirchlich, / Etwas Dichtung, etwas wirklich, / Etwas Ungarn, etwas Prater, / Und vor allem viel Theater“[1] – so hat Theodor Fontane im Blick auf sein Werk *Graf Petöfy* (1884) einstmals gereimt. Seine launigen Verse seien hier probehalber ernst genommen und zugleich der Anlass für eine Neu-Lektüre dieses vergleichsweise wenig beachteten und immer noch gern als „Nebenwerk“[2] abgetanen kleinen Romans.[3] Dabei soll die letzte Verszeile als Ansatzpunkt dienen. In ihrem Sinne sei davon ausgegangen, dass Fontane in *Graf Petöfy* nicht nur eine Form des theaternahen Erzählens umsetzt, die sich in all seinen Erzähltexten findet und die seine Sonderstellung im Kontext des deutschsprachigen Realismus begründet.[4] Hinzu kommt im vorliegenden Fall, dass das Theater auch als Thema[5] allgegenwärtig ist und die Idee einer Theatralisierung des Lebens den gesamten Verlauf der erzählten Geschichte bestimmt. In welchem Sinne und mit welchen Folgen, das sei im Folgenden ermittelt.

---

1 Vgl. sein Widmungsgedicht von 1891. Zit. nach Fontane. Der Dichter über sein Werk, Bd. 2, S. 335.

2 So schon das Urteil in der ersten größeren Monographie zum Gesamtwerk des Autors. Vgl. Conrad Wandrey: Theodor Fontane. München 1919, S. 312.

3 Mit einem Schwerpunkt auf der zeitgenössischen Rezeption vgl. das Kapitel „Wirkung“ in *Graf Petöfy*; GP S. 250-260; für einen knappen Überblick über die ältere Forschung vgl. Christian Grawe: Graf Petöfy. Roman. In: Fontane Handbuch 2000, S. 546-554, hier: S. 548f.; zur weiteren Rezeption auch Detlef Haberland: Theodor Fontanes Roman ‚Graf Petöfy‘ – ein ‚ungarisches‘ Drama? In: ZMG, 4. Jg. (2014), H. 2, S. 107-125, hier: S. 108-110.

4 Dazu und zu Fontanes Erzählweise im Allgemeinen vgl. Michael Scheffel: Erzähler. In: Fontane-Handbuch 2023, S. 930-936. Allgemein zur Bedeutung von Drama und Theater für Fontanes Form des Erzählens vgl. Ders.: Drama und Theater im Erzählwerk Theodor Fontanes. In: Horst Turk, Jean-Marie Valentin in Verb. m. Peter Langemeyer (Hg.): Aspekte des politischen Theaters und Dramas von Caldéron bis Georg Seidel. Deutsch-französische Perspektiven. Bern [u. a.] 1996, S. 201-227.

5 Zur besonderen thematischen Bedeutung des Theaters im Erzählwerk Fontanes immer noch grundlegend Beatrice Müller-Kampel: Theater-Leben. Theater und Schauspiel in der Erzählprosa Theodor Fontanes. Frankfurt a. M 1989; zu *Schach von Wuthenow* und *Die Poggenpuhls* als ‚Theaterromanen‘ ebd., S. 77-102 (*Graf Petöfy* wird von Müller-Kampel nur knapp und unter dem Oberthema „Die Schauspieler in der Erzählprosa Fontanes“ behandelt; vgl. ebd., S. 111-116).

Voraussetzungen

Graf Petöfy ist, nach ersten Vorarbeiten im Sommer 1880, im Wesentlichen zwischen 1881 und 1883 entstanden und 1884 in der „Deutschen Romanbibliothek" des in Stuttgart verlegten populären illustrierten Wochenblatts *Über Land und Meer* erschienen.[6] Chronologisch betrachtet folgt der Roman auf die Berliner Gesellschaftsromane *L'Adultera* (1882) und *Schach von Wuthenow* (1883) und zählt selbst noch zum Frühwerk des sich soeben zum „Romancier Preußens"[7] entwickelnden Erzählers Fontane. Dabei unterscheidet der schon mit dem titelgebenden Namen ‚Petöfy' signalisierte Bezugsraum des Erzählten dieses Werk erkennbar von den vorhergehenden und allen folgenden Erzähltexten des Autors. Tatsächlich ist die Handlung in, wie Robert Musil es später nennt, „Kakanien"[8], und also einem – von Fontanes Wohnort Berlin und wohl auch der Herkunft einer Mehrzahl seiner Leserinnen und Leser aus gesehen – fremden sozio-kulturellen Umfeld lokalisiert. Sie spielt damit in einem kulturellen Kontext, der, nimmt man die frühe Erzählung *Tuch und Locke* (1854) einmal aus, in den erzählten Welten Fontanes sonst kein Schauplatz ist und der dort, wenn überhaupt, nur als Gegenstand der Rede von Figuren vorkommt. Bedenkt man die realen historischen Verhältnisse, so scheint die Absenz des benachbarten Vielvölkerstaats als literarischer Gegenstand auch wenig überraschend und nicht allein durch die Herkunft und persönlichen Vorlieben des Autors begründet. Denn die schon ihrem offiziellen Namen nach transnational angelegte „Österreichisch-Ungarische Monarchie" und ihr heterogenes, von Musil so trefflich als teils „kaiserlich-königlich", teils „kaiserlich und königlich"[9] beschriebenes Staatsgebilde bilden offensichtlich einen Gegenpol zum vergleichsweise homogenen Nationalstaat und der bundesstaatlich organisierten konstitutionellen Monarchie des von Preußen dominierten ‚Deutschen Reiches'.

Die Konflikte beider Monarchien und den historischen Weg zu einem schroffen Gegensatz von zwei unterschiedlichen Gesellschaftsmodellen innerhalb des deutschsprachigen Raums hat Fontane aufmerksam begleitet und in unterschiedlichen Formen kommentiert. Vor allem die ersten beiden seiner drei großen Kriegs-

6 Der Bucherstdruck folgte kurz darauf, d. h. ebenfalls 1884 im Dresdner Verlag F. W. Steffens. Zu „Entstehung" und „Überlieferung" (d. h. auch Druckgeschichte) im Detail, vgl. GP, S. 246-250 u. 260-283.

7 Vgl. Hans-Dieter Zimmermann: Theodor Fontane. Romancier Preußens. München 2019.

8 Vgl. dazu das berühmte 8. Kapitel „Kakanien" in: Robert Musil: Der Mann ohne Eigenschaften. Erstes und Zweites Buch. Hg. v. Adolf Frisé. Reinbek bei Hamburg 1978, S. 31-35.

9 Vgl. ebd., S. 33: „Überhaupt, wie vieles Merkwürdige ließe sich über dieses versunkene Kakanien sagen! Es war zum Beispiel kaiserlich-königlich und war kaiserlich und königlich; eines der beiden Zeichen k.k. oder k.u.k. trug dort jede Sache und Person, aber es bedurfte trotzdem einer Geheimwissenschaft, um sicher unterscheiden zu können, welche Einrichtungen und Menschen k.k. und welche k.u.k. zu rufen waren."

bücher aus den 1860er und 1870er-Jahren legen davon Zeugnis ab. Ohne hier auf diese als „nationales Epos“[10] angelegten Bücher und ihre teleologisch angelegte Geschichte vom Aufstieg Preußens und der Gründung eines ‚Deutschen Reiches‘ unter Ausschluss Österreichs näher eingehen zu können, sei doch ein grundlegender Aspekt angesprochen: Aufschlussreich ist, wie Fontane den österreichisch-preußischen Dualismus im Detail interpretiert, d. h. wie er das soziokulturelle Verhältnis von Preußen und Österreich dort charakterisiert und welche Gründe er für den sogenannten „Deutsche[n] Krieg von 1866“[11] und Österreichs historische Niederlage in der Schlacht bei Königgrätz am 3. Juli 1866[12] benennt. Fontane interpretiert den Verlauf und den Ausgang dieser Schlacht im Sinne einer Form von Auseinandersetzung, die sich nicht auf den Bereich des Militärischen begrenzen lässt. Für ihn haben der Krieg selbst und die vorausgehenden Konflikte vielmehr zwei unterschiedlich leistungsfähige gesellschaftliche Systeme und entsprechende Lebenshaltungen miteinander konfrontiert, wobei er hier zum Teil landläufigen Denkschemata entspricht, in den konkreten Einzelheiten seiner Beobachtungen aber durchaus eigene Akzente setzt. Sehr verkürzt gesagt, spricht er dem einen System eine gewisse Einheit und Identifikation von Volk, Land und König zu, aus der wiederum ein gewisses Pflichtgefühl, d. h., so Fontane, eine „dienstbegeisterte Freudigkeit“[13] und vor allem auch Gemeinschaftssinn resultieren, – was aus seiner Sicht wiederum die Voraussetzung dafür ist, dass sich ein moderner militärstrategischer Grundsatz wie das von Helmuth von Moltke als Chef des preußischen Generalstabs formulierte Prinzip vom ‚getrennt (auf-)marschieren, aber vereint schlagen‘ sowohl in der Schlacht selbst als auch bei ihren umfang-

---

10 Vgl. John Osborne: Die Kriegsbücher. In: Fontane Handbuch 2000, S. 850-865, hier S. 850. Zur im Ansatz immer noch geltenden Vernachlässigung der Kriegsbücher innerhalb der literaturwissenschaftlichen Forschung vgl. Christian Grawe: Von Krieg und Kriegsgeschrei. Fontanes Kriegsdarstellungen im Kontext. In: Friedhilde Krause (Hg.): Theodor Fontane im literarischen Leben seiner Zeit. Beiträge zur Fontane Konferenz vom 17. bis 20. Juni 1986 in Potsdam. Berlin 1987, S. 67-107, S. 68ff.

11 So auch der Titel des von Rudolf von Decker in Auftrag gegebenen und in seinem Verlag publizierten zweibändigen Werkes: Theodor Fontane: *Der Deutsche Krieg von 1866*. Mit Ill. v. Ludwig Burger. Berlin 1871. Bd. I: *Der Feldzug in Böhmen und Mähren*; Bd. II *Der Feldzug in West- und Mitteldeutschland*. (Nachdruck München 1971). Zum „Deutschen Krieg“ und seinen Hintergründen vgl. Michael Scheffel: Theodor Fontane und der ‚Deutsche Krieg von 1866‘ – ein Beitrag aus germanistischer Sicht. In: R. Sabelleck (Hg.): Hannovers Übergang vom Königreich zur preußischen Provinz: 1866. Hannover 1995, S. 245-264 sowie Jan Pacholski: Beobachtungen zum Herstellen eines Kriegsbuches. Der preußisch-österreichische Krieg von 1866 bei Theodor Fontane. Orbis Linguarum 53 (2019), S. 133-144.

12 Zur Bedeutung der Schlacht aus historiographischer Sicht vgl. etwa Cordon A. Craig: „[...] die Tatsache ist nicht zu leugnen, daß die Entscheidung über die Gestalt eines geeinten Deutschlands nicht auf dem Felde der Wirtschafts- oder Handelspolitik fiel, sondern am 3. Juli 1866 auf dem Schlachtfeld von Königgrätz [...].“ Vgl. Ders.: Deutsche Geschichte 1866-1945. Vom Norddeutschen Bund bis zum Ende des Dritten Reichs. München 1980, S. 13.

13 Vgl. Fontane, Der Deutsche Krieg von 1866 (wie Anm. 11), S. 65.

reichen logistischen Vorbereitungen verwirklichen ließ. Im anderen System sieht er dagegen einen starken Eigensinn, einen aus entsprechenden Verhältnissen resultierenden Widerstreit der Interessen und damit letztlich eine Nachlässigkeit, die sich auf allen Ebenen bemerkbar macht. Vor allem diese, auf ein bestimmtes ‚Gesamtsystem' zurückzuführenden Schwächen haben für Fontane zur Niederlage von Königgrätz geführt, sie sind aus seiner Sicht wesentlich verantwortlich dafür, dass die konkrete Umsetzung der ‚Zangenstrategie', d. h. des vielfach kritisierten, von ihm selbst als solchem aber durchaus positiv beurteilten strategischen Plans des österreichischen Feldzugmeisters, Ludwig von Benedek, am Ende gescheitert ist.[14]

Hält man sich Fontanes hier nur grob skizzierte Gegenüberstellung zweier Systeme und Einstellungen vor Augen, so scheint es umso bemerkenswerter, dass er etwa zehn Jahre nach der für beide Seiten verlustreichen Entscheidungsschlacht von Königgrätz die gesamte Handlung eines Romans in dem, wie er es im *Deutschen Krieg* nennt, „‚fidelen' Wien"[15] und in der infolge des Österreichisch-Ungarischen Ausgleichs von 1867 gebildeten ‚Realunion' Österreich-Ungarn lokalisiert – wobei er die erzählte Geschichte, so lässt sich aus wenigen Details[16] erschließen, auf die Zeit kurz nach der Reichsgründung, nämlich zwischen Januar und Anfang Dezember des Jahres 1874 datiert.

Roman und (Vor)Geschichte

Im Blick auf den Roman und seine Geschichte hat Fontane bemerkt: „(...) wer auf plot's und große Geschehnisse wartet, ist verloren. Für solche Leute schreib' ich nicht. (...)."[17] Ungeachtet einer solchen, gemeinhin erst für seine späten Werke in Anspruch genommenen Abwertung von Spannung und Handlung hat der Roman aber doch einen Plot, der sich knapp skizzieren lässt. Angeregt ist er von einem gesellschaftlichen Ereignis in Wien, das die Berliner *National-Zeitung* am 21. Mai 1880 vermeldete: Die am Tag zuvor, am 20. Mai 1880, erfolgte Hochzeit des angesehenen, knapp siebzigjährigen ungarischen Grafen und Generalmajors Miklós Kázmér Török de Szendrö mit der fast vierzig Jahre jüngeren Burgschauspielerin und Opernsängerin Johanna Buska, die zuvor in Berlin engagiert war und die

---

14 Vgl. ebd., S. 111: „Das gut Angelegte, kühn und klar Gedachte, [...] es litt Schiffbruch eben am ‚System', an Geheimniskrämerei und Wichtigthuerei, an Rivalität und falscher Rücksichtnahme, an Mißtrauen und Eigensucht."

15 Vgl. ebd., S. 293.

16 Dazu zählt wesentlich der im dritten Kapitel von Egon mitgeteilte Selbstmord des Generals Ludwig Freiherr von Gablenz, d. h. ein historisches Faktum, das auf den 28.1.1874 zu datieren ist. GP, 12f.

17 So in einem Brief an seine Frau Emilie v. 30. August 1883; zit. nach GP, 234.

Fontane als regelmäßiger Theatergänger und -kritiker aus dieser Zeit noch gut kannte. Unmittelbar nach dieser Meldung beginnt der Autor im fiktionalen Modus des ‚als ob‘ seine literarische Version, wie es zu einer solchen Art von Eheschließung würde kommen und wie es nach ihr würde weitergehen können, wobei sich seine Version der über einen Zeitraum von rund drei Jahren hinweg geschriebenen Geschichte einer Mesalliance im Ergebnis gewissermaßen in Konkurrenz zur zeitgenössischen Realität entfaltet. Offensichtlich ist, dass Fontane letztlich eine andere Entwicklung modelliert, als sie dann in der historischen Wirklichkeit erfolgt. Denn dort verläuft die Geschichte nach einem ebenso banalen wie im Wesentlichen erwartbaren Muster: Nach kurzer Ehe und dem natürlichen Tod ihres mehr als doppelt so altem Gatten im Jahr 1884 heiratet Johanna Buska noch im selben Jahr den Theaterintendanten und Opernsänger Angelo Neumann und kehrt auf die Theaterbühne und in das ihr bestens vertraute Theatermilieu zurück.[18]

Warum sieht Fontane für den Verlauf seiner, historisch überdies rückdatierten Geschichte eine Entwicklung vor, die geradezu im Gegensatz zu dem – Fontane zum Zeitpunkt seines Schreibens naturgemäß noch nicht bekannten, aber doch absehbaren[19] – realen Gang der Dinge steht? Warum lässt er seinen Grafen kurz vor dem Ende des erzählten Geschehens den Freitod wählen und die weibliche Hauptfigur nach dem Tod ihres Mannes eine grundlegend andere Entscheidung treffen, d. h. für immer dem Theater und ihrer Heimat entsagen?

Figurenhandeln im Zeichen von Drama und Theater

Die Nachricht der in einer katholischen Metropole und inmitten einer Theaterkultur par excellence erfolgenden Heirat einer noch jungen, aus dem preußischen Königsberg stammenden Schauspielerin mit einem alten ungarischen Grafen war für den Autor offensichtlich Anlass, sich in das Thema des Theaters zu vertiefen und eine Geschichte zu dessen Bedeutung für das soziale Miteinander zu imaginieren. Damit wendet sich Fontane einem Gegenstand zu, der ihn zeit seines Lebens faszinierte und der seinen Blick auf die Welt überhaupt prägte. In einem Brief an Georg Friedländer erläutert er so z. B. im Sommer 1886 in einer viel zitierten

18 Zu den Details der historischen Vorlage vgl. ebd., bes. S. 227-233. Zu diesen Details gehört auch, dass Johanna Buska zuvor eine Affäre mit dem jungen Kronprinzen Rudolf nachgesagt wurde. Ausführlicher zur Stoffgeschichte Helmuth Nürnberger: Zur Stoffgeschichte von Theodor Fontanes Roman ‚Graf Petöfy‘. In: FB, H. 4 (1981), S. 728-732.

19 Als der Tod des Grafen am 4.6.1884 in der *National-Zeitung* angezeigt wurde, schickte Fontane die Anzeige seiner Frau mit dem Kommentar „Török ist Petöfy und die Buska ist Franzisca – sie wird aber wohl weniger geistreich sein und gewiß irgendeinen Egon heirathen.“ Brief an Emilie v. 11.6.1884, zit. nach Fontane. Der Dichter über sein Werk, Bd. 2, S. 330.

Passage: „Ich betrachte das Leben, und ganz besonders das Gesellschaftliche darin wie ein Theaterstück und folge jeder Szene mit einem künstlerischen Interesse wie von meinem Parkettplatz Nr. 23 aus."[20] Ein solcher, am Modell des Theaters geschulter Blick bestimmt offensichtlich nicht nur die Wahrnehmung, sondern auch die literarische Darstellung dessen, was Fontane „das Gesellschaftliche" nennt. Das gilt, so habe ich an anderer Stelle ausgeführt, für sein Erzählwerk im Allgemeinen, und es trifft, so lässt sich hier ergänzen, für *Graf Petöfy* im Besonderen zu.

Tatsächlich handelt die in diesem Roman erzählte Geschichte nicht nur von einer Theaterstadt und der Welt des Theaters, von theaterspielenden und theaterbegeisterten Figuren, sondern sie ist selbst als Theaterspiel[21] inszeniert. Formal zeigt sich das darin, dass der Roman, wie nahezu alle Erzählwerke Fontanes, nicht dem Prinzip der ‚eigentlichen', sondern dem der ‚szenischen Erzählung' im Sinne Otto Ludwigs folgt. Die Präsenz des Erzählers entspricht gewiss nicht dem in der zeitgenössischen Romantheorie etwa von Friedrich Spielhagen formulierten Ideal einer „objektiven Darstellungsweise"[22], ist aber doch vergleichsweise eingeschränkt. Längere Rückblenden, Vorgriffe oder erläuternde Exkurse eines allmächtigen Erzählers fehlen ebenso wie jeder Hinweis auf die Vermitteltheit oder gar Fiktionalität des Erzählten. Der Schöpfungs-, Erzähl-, Schreib- oder Leseprozess wird nirgends direkt angesprochen, d. h. in der Tradition der Guckkastenbühne ist alles auf die Illusionierung von Leserinnen und Lesern angelegt. „Kein Zweifel, der alte Graf gab heute sein Winterfest" (GP, 7) – mit diesem Resümee etwa beschließt eine mit nur sehr beschränkter Übersicht ausgestattete narrative Instanz die wie eine Bühnenanweisung angelegte Beschreibung des Treibens vor dem petöfyschen Palais zu Beginn des zweiten Kapitels, wobei der Gebrauch des Zeitadverbs ‚heute' das epische Präteritum schwächt und den Eindruck einer unmittelbaren Gegenwart des Erzählten befördert. Wie auf einer Bühne wird das Geschehen in einer Folge von Szenen geradlinig in seinem zeitlichen Zusammenhang vergegenwärtigt. Und ganz im Sinne der Regeln des zeitgenössischen Konversati-

---

20 Vgl. Theodor Fontane: Briefe an Georg Friedlaender. In: Kurt Schreinert (Hg.): Briefe an Georg Friedlaender. Heidelberg 1954, Brief v. 5. Juli 1886., S. 40. Ähnlich in einem Brief v. 9. Dezember 1890; ebd., S. 140.

21 Zur Bedeutung theatraler Textverfahren als „Erzählprinzip" in *Graf Petöfy* vgl. Ulrike Vedder: Ringe, Glocken, Tränen. Theatralität und Diskretion in Theodor Fontanes Roman ‚Graf Petöfy'. In: Peter Uwe Hohendahl, Ulrike Vedder (Hg.): Herausforderungen des Realismus. Theodor Fontanes Gesellschaftsromane. Freiburg/Br. 2018, S. 85-105, hier S. 87. Vedder akzentuiert in ihrem Beitrag in erster Linie die von mir hier nicht weiter verfolgte Frage der poetologischen Selbstreflexion, d. h. den Zusammenhang von ‚Theatralität' und einem „Nachdenken über die Kohärenzstiftung im Realismus" (ebd. S. 107).

22 Vgl. Friedrich Spielhagen: Beiträge zur Theorie und Technik des Romans. Leipzig 1883, z. B. S. 134. Zu Fontanes Weg von einer „schroffe[n] Ablehnung" der „Theorie des ‚objektiven' Erzählens" hin zu einer „differenzierten Annahme unter gewissen Vorbehalten" immer noch informativ Heinz Eugen Greter: Fontanes Poetik. Bern [u. a.] 1973, S. 74-78, hier S. 74.

onstheaters dominiert dabei Szene für Szene der in direkter Rede dargestellte und in Rede und Gegenrede oft ohne Sprecherhinweise oder verba dicendi aneinandergefügte, in gehobenem Plauderton geführte Dialog der Figuren - wobei ein weitgehend an den Raum und die Zeit ihres Sprechens gebundener Standort des Erzählers, dessen leibliche Gegenwart innerhalb der erzählten Welt suggeriert und damit auch uns als Leser:innen das Gefühl verschafft, das doch eigentlich bereits vergangene und im epischen Präteritum erzählte Geschehen im Akt des Lesens gewissermaßen in actu vor Augen und Ohren geführt zu bekommen und insofern unmittelbar mitzuerleben.

Aber nicht nur die Art und Weise der Darstellung des Geschehens ist dem Vorbild des Theaters verpflichtet. Bei aller Freude an geistreichen Dialogen, die einen gewissen Selbstzweck haben und die nicht unmittelbar der Entfaltung einer Handlung dienen, gibt es eben doch auch einen, wie man mit Aristoteles sagen könnte, ‚Mythos‘, eine Geschichte, die Anfang, Mitte und Ende hat und die zumindest im Ansatz dem poetologischen Prinzip eines Dramas der nach Volker Klotz ‚geschlossenen Form‘[23] folgt. Zu diesem gehört im vorliegenden Fall auch der von Gustav Freytag im Rückgriff auf Aristoteles geforderte sogenannte „pyramidale Bau“[24] mit steigender und fallender Handlung. Im Einzelnen gewiss nicht immer trennscharf, aber doch der Tendenz nach lassen sich die 35 Kapitel und die vielen Szenen des Romans in diesem Sinne nach fünf Akten gliedern. Dieser Versuch einer Gliederung sei zugleich genutzt, um das entworfene Handlungsgerüst noch einmal knapp zu vergegenwärtigen.

Im Wesentlichen ist Fontanes Text demnach wie folgt im Sinne von Freytags Dramenmodell gebaut:

Exposition (Kap. 1–4): Es ist Winter, die handelnden Personen werden eingeführt, hier also ein Graf Adam und seine verwitwete Schwester Judith, eine verwitwete Gräfin von Gundolskirchen; beide Geschwister, so erfahren wir, bewohnen in getrennter Wirtschaftsführung ein Stadthaus in Wien und haben sich jeweils der Förderung des Theaters bzw. der Kirche verschrieben.

Die eigentliche Handlung beginnt mit den Vorbereitungen für das bereits erwähnte „Winterfest“ und dem Auftritt der im vorbereitenden Gespräch zwischen Graf Adam und seinem Neffen Egon als „Königin unseres Festes“ (GP, 9) angekündigten jungen Schauspielerin Franziska Franz.

Steigerung (Kap. 5210): Der Graf geht nach Paris, die erkrankte Franziska Franz mit einer Kollegin und Freundin in Kur; im Frühling sieht man sich wieder;

23 Vgl. Volker Klotz: Geschlossene und offene Form im Drama. 14. Aufl. München 1999.

24 Vgl. Gustav Freytag *Die Technik des Dramas* (1863), hier zit. nach der leichter zugänglichen Ausgabe (der Text folgt der überarb. 5. Aufl. 1886) von Klaus Jeziorkowski (Hg.): Gustav Freytag. Die Technik des Dramas. Stuttgart 1983, S. 100; im Folgenden wird die Begrifflichkeit Freytags verwendet; vgl. ebd., S. 100ff.

durch Gespräche über die Gegensätze von Norddeutschland auf der einen und Österreich und Ungarn auf der anderen Seite, von Protestantismus und Katholizismus, kommen sich sowohl Franziska und die Gräfin als auch Franziska und der Graf soweit näher, dass Graf Adam jegliche Zurückhaltung aufgibt und seiner Schwester Judith gegenüber seine Heiratsabsicht erklärt.

Höhenpunkt (Kap. 11–18): Judith hat unterdessen in Adams Namen um Franziskas Hand geworben und wir erleben mit, wie Graf Adam ein entscheidendes Gespräch mit der Schauspielerin führt und wie diese seinem Werben trotz gewissem Bedenkens jedenfalls nicht widerspricht; wenige Wochen später findet die Doppeltrauung in einer katholischen und einer protestantischen Wiener Kirche statt, und nach einer Hochzeitsreise durch Oberitalien trifft das Brautpaar im Sommer auf Schloss Arpa in Ungarn ein, wobei das Springen einer der beiden Schlossglocken beim Willkommensgeläut nichts Gutes verheißt, auch wenn sich der Aufenthalt für alle Beteiligten zunächst erfreulich gestaltet.

Fall oder Umkehr (Kap. 19–25) Es ist Herbst und das Verhalten zumindest des weiblichen Teils der sogenannten guten Gesellschaft zeigt, dass man das ungleiche Ehepaar offensichtlich zu schneiden gedenkt. Ein Unglück auf dem See mit elf Toten, darunter ein Kaplan mit dem Allerheiligsten, verschlechtert Franziskas Stimmung. Draußen regnet es, der Graf erkrankt, ein Brief kündigt das Kommen der Gräfin und von Egon an.

Katastrophe und Katharsis (Kap. 26–35): Dank gemeinsamer Ausflüge zu Pferde lernen sich Egon und Franziska „recht eigentlich erst kennen" und finden „Gefallen an einander" (GP, 172). Auch zu Judith wird Franziskas Verhältnis enger. Das Verschwinden eines Mädchens aus dem Umfeld der Schlossgemeinschaft löst die eigentliche ‚Katastrophe' aus. Das Mädchen wird gefunden, aber die Suche nach ihm hat zur Folge, dass Franziska und Egon die Fähre für ihre Rückfahrt über den See versäumen, in einem kleinen Segelboot in einen Sturm geraten, knapp ihr Leben retten und auf einer Insel schließlich eine gemeinsame Nacht verbringen. Die beiden meiden sich fortan, aber der Graf fühlt doch deutlich den Eintritt des „natürlichen Gang(s) der Dinge" (GP, 210) und er erkennt die Wahrheit eines Ehebruchs, den ihm die Handlung einer in Wien besuchten Gesellschaftskomödie[25] spiegelt und den ihm der Blick auf einen verborgenen Ring

25 Dazu, dass es sich hier offenbar um das Schauspiel *Ein Duell unterm Herzog von Richelieu* von Joseph-Philippe Simon, genannt ‚Lockroy', und Edmond Badon handelt, und den entsprechenden intertextuellen Bezügen vgl. Erzsébet Szabó: Die Kontrastfolie des Populären. Zu Theodor Fontanes Monarchie-Roman ‚Graf Petöfy'. In: Amália Kerekes [u. a.] (Hg.): Pop in Prosa. Erzählte Populärkultur in der deutsch- und ungarischsprachigen Moderne. Frankfurt a. M. [u. a.] 2007, S. 28-44, bes. S. 39. Tatsächlich hat Fontane zu Beginn der Entstehung von *Graf Petöfy*, am 2. Februar 1881, eine deutsche Bearbeitung des ‚Schauspiels in drei Akten' von Eugen Zabel (nach Lockroy und Badon) im Friedrich-Wilhelmstädtischen Theater gesehen; vgl. Roland Berbig: Theodor Fontane Chronik. Berlin 2010, S. 2315.

an Egons Hand endgültig offenbart. Nach dem Selbstmord des Grafen, der seine junge Frau auf diesem Weg wieder frei geben möchte, entscheidet sich die auf Schloss Arpa zurückgekehrte Franziska am Ende jedoch nicht so, wie es der Graf erwartet hätte; sie beschließt vielmehr, ihr Leben im Geiste ihres Mannes, aber auch seiner Schwester fortzusetzen, d. h. Witwe zu bleiben, sich Land und Leuten ernsthaft anzuverwandeln, zum katholischen Glauben zu konvertieren und sich in den Schutz der Jungfrau Maria zu begeben, auf deren wohltuende Kraft sie im letzten Satz des Textes verweist.[26]

Betrachtet man die Handlung des Romans in so knapp resümierter Form, so ist die Frage nach der Bedeutung des Theaters und einem möglichen Zusammenhang zum Verlauf der erzählten Geschichte allerdings noch offen. Drama und Theater, so viel ist gewiss, liefern das Vorbild für die Gestaltung von Form und Aufbau der erzählten Geschichte, und, so ließe sich ergänzen, sie bilden den zentralen Gegenstand vieler Figurengespräche. Bei näherem Hinsehen dienen sie aber auch dazu, einer auf den ersten Blick wohl wirklich etwas schlichten Handlung eine gewisse Tiefe zu geben. Um das nachzuvollziehen, seien die Motivierung und die Gelenkstellen der erzählten Handlung nun im Detail betrachtet.

Wie begründet der Autor die grundlegenden Entscheidungen seiner Figuren, d. h. welchen Zweck verfolgt Graf Petöfy mit seiner Heirat und warum stimmt Franziska Franz seinem Antrag letztlich zu? Auch in dieser Hinsicht ist das Beispiel des Theaters von Bedeutung, denn beide Figuren orientieren ihr Handeln maßgeblich, wenn auch auf jeweils unterschiedliche Weise, an der Idee des theatralen Spiels.

Graf Petöfy möchte das Theater gewissermaßen entgrenzen und ein Leben ganz in seinem Zeichen führen. Sein Wunsch ist es, das Spiel von seinem eigentlichen Ort auf der Theaterbühne zu lösen und dauerhaft ins eigene Leben zu integrieren. Seine Sympathie gehört denn neben Wien auch ganz der Weltstadt Paris und dem „Theatervolk“ der Franzosen, einem „Phantasievolk, dem der Schein der Dinge vollständig das Wesen der Dinge bedeutet, ein Vorstellungs- und Schaustellungsvolk“, zu dessen Eigenschaften der Graf zählt, dass „der Franzose“ sich im Theater nicht – wie „der Wiener“ – „zu Gast“, sondern „zu Hause“ fühlt, weil er, so führt er gegenüber Franziska und ihrer Schauspielerkollegin aus, „die Hälfte seines Daseins mit Fiktionen aus[füllt], und wie die Stücke sein Leben bestimmen, so bestimmt das Leben seine Stücke (...) und als letztes Resultat haben wir dann auch selbstverständlich ein mit Theater gesättigtes Leben und ein mit Leben gesättigtes Theater.“ (GP, 63f.) Vor diesem Hintergrund sehnt er sich, wie er seiner Schwester

26 GP, 224. Zur Bedeutung des Katholizismus in *Graf Petöfy* vgl. Marcus Birkenkrahe: Theodor Fontane und der Katholizismus am Beispiel des Romans ‚Graf Petöfy‘. In: Bernhard Stasiewski (Hg.): Wichmann-Jahrbuch des Diözesangeschichtsvereins Berlin, N.F. Bd. 16 (2018/2019), S. 221-237.

erläutert, nach ein „paar heidnischen Gottheiten dritten Ranges", die ihm sein Leben erleichtern, nämlich, so der Graf, „Erst die Göttin der Zerstreuung, dann die der Beschwichtigung und Einlullung und endlich die der Plauderei" (GP, 83f.). In der Person von Franziska Franz scheinen ihm diese drei Göttinnen auf bestmögliche Weise vereint, denn, so sagt er, „Sie hat den guten Verstand der Norddeutschen und übt die Kunst der Erzählung und Causerie wie keine zweite." (GP, 84) Dabei meint ‚Erzählung' für ihn ebenso die Unterhaltung wie auch die Kunst und den Schein des schönen Spiels. So erläutert er im Blick auf die vor kurzem von Franziska erzählte Kindheitsgeschichte aus ihrer Heimatstadt an der norddeutschen Küste:

> „War es nicht gestern erst, als gingen wir mit ihr an dem Bollwerk entlang und sähen die Giebel und Mastspitzen und die hereinbrechende Flut! Und dazu welche Stimme! Mein Ohr horcht auf jedes Wort, das sie spricht, und du mußt Dir's vorstellen, als hätt' ich eine beständige Sehnsucht nach einer Melodie". (GP, 84)

Alles in allem wünscht der Graf sich eine Verbindung im Geiste des Spiels, die wieder Leben auf Schloss Arpa bringt, indem sie es zum „Minnehof à la Wartburg" (GP, 86) erhebt, wobei er konsequenterweise auf eine Ehe setzt, die auf „vollkommener Freiheit" aufbaut und die statt der „Verklausulirungsparagraphen ein einziges weißes Blatt hat. Carte blanche." (GP, 85) In diesem Sinne schwelgt er in Bildern, in denen sich Schein und Sein untrennbar vermischen und die sein Schloss in eine Kulisse für große Theaterspiele verwandeln: „Ich höre schon den Marsch aus dem Tannhäuser", so malt er sich und seiner Schwester aus, „und sehe Perczel oder gar den alten Szabô sich als Wolfram von Eschenbach vor ihr verbeugen. Ein heiteres Leben will ich um mich haben, ein Leben voll Kunst, voll Huldigung und Liebesfreude." Und auch alles Andere, das nicht zum eigentlichen Spiel gehört oder doch zumindest dessen Grenzen zu überschreiten droht, möchte er im Sinne des Theaters behandeln. „Was daneben zu wahren bleibt", so sagt er, „das heißt Decorum. Nichts weiter. Anstoß geben oder geben sehen ist mir gleich unerträglich; mais c'est tout. Diskretion also, Decorum, Dehors." (GP, 86)

Im Unterschied zu dem katholischen, wie es heißt, „ungrisch-wienerisch[en]" Grafen ist die „preußisch-pommerisch[e]" (GP, 93) Franziska Franz eine erklärte Protestantin, die im Blick auf Charakter und Lebensweise gerade nicht dem liederlichen Bild entspricht, das sich – zumal in dieser Epoche – mit dem Typus der Schauspielerin verbindet. Im Raum der erzählten Welt wird sie in dieser Hinsicht explizit von einer Art Gegenfigur, der Tragödin Fräulein Phemi mitsamt unehelichem Kind,[27] unterschieden, und es wird ausdrücklich festgehalten, dass sie anders als andere Schauspielerinnen, inmitten einer „norddeutsche[n] Schlichtheit und Ordnung" und „beinahe holländische[n] Sauberkeit" (GP, 89) lebt. Was Franziska über die konfessionellen und kulturellen Grenzen hinweg mit dem Grafen verbindet, ist, dass auch ihr Blick in die Zukunft sich am Modell des Theaters orientiert. So sieht sie sich der Ehe mit dem älteren Grafen gewachsen, weil auch sie in gewisser Weise – wenn auch in einem etwas anderen Sinne als es der Graf sich erhofft – das Spiel auf der Bühne im Alltag des Lebens fortsetzen zu können glaubt. Im Gespräch mit ihrer Vertrauten Hannah zerstreut sie deren Bedenken so z.B. mit den Worten

> „Im Allgemeinen, darin hast du ja Recht, gehört zu einem Grafen eine Gräfin; wer wollte das bestreiten? Aber wenn es keine Gräfin sein kann, so kommt nach der Gräfin gleich die Schauspielerin, weil sie, Dir darf ich das sagen, der Gräfin am nächsten steht. Denn worauf kommt es in der sogenannten Oberschicht an? Doch immer nur darauf, daß man eine Schleppe tragen und einen Handschuh mit einigem Chik aus- und anziehen kann. Und sieh', das gerade lernen wir aus dem Grunde. So Vieles im Leben ist ohnehin nur Komödienspiel, und wer dieß Spiel mit all' seinen großen und kleinen Künsten schon von Metier wegen kennt, der hat einen Pas vor den Anderen voraus und überträgt es leicht von der Bühne her in's Leben." (GP, 94)

Warum nun scheitern beide Beteiligte bei ihrem Vorhaben, d. h. warum geht das Projekt einer von beiden Partnern durchaus ernsthaft im Geiste von Spiel und Theater geschlossenen Ehe schließlich schief? Dafür gibt es in der erzählten Welt des Romans durchaus verschiedene Gründe, aber der wohl entscheidende Punkt ist, dass Fontane eine Konstruktion ersinnt, der zufolge beide Partner dem erwarteten Miteinander im Zeichen des Spiels nicht gewachsen sind, weil sie sich auf unterschiedliche Weise in sich selbst und in dem anderen täuschen. Die wesentliche Ursache dafür wiederum ist das in *Graf Petöfy* entworfene und in späteren Romanen des Autors denn doch noch komplexer ausgearbeitete Bild einer eben nicht schematisch zu beurteilenden, sondern bei näherem Hinsehen äußerst vertrackten Psyche. Diesem Bild entspricht, wie Franziska gegenüber Hannah erläutert, dass „unser Herz ein komplizirtes Ding ist, ein Ding mit vielen und oft widerstreitenden Wünschen" (GP, 96) – was wiederum dazu führt, dass man, wie die Gräfin vor dem Heiratsantrag ihres Bruders zu Bedenken gibt, „weder [s]eines Herzens, noch [s]einer Meinungen sicher" sein kann, denn „was Dir heut ein Nichts bedeutet, kann Dir morgen eine Welt bedeuten." (GP, 87)

27 Zu dieser Figur und dem zeitgenössischen Typus der als „beliebig verwendbarer Lebensverschönerin" dienenden Schauspielerin vgl. Müller-Kampel, Theater-Leben, (wie Anm. 5) S. 114-116, hier S. 116.

Zur besonderen Gestalt der Romanhandlung gehört, dass der Graf, der auf Unterhaltung und im Übrigen auf die Wahrung des guten Scheins gesetzt hat, es letztlich doch nicht erträgt, dass er – auch wenn die Dehors nicht verletzt werden und in dieser Hinsicht keinerlei Skandal oder auch nur sozialer Affront zu entstehen droht –, Franziskas „leidenschaftliche[r] Natur" (GP, 196), d. h. ihrer Sehnsucht nach Leben und Sinnlichkeit, im Wege zu stehen glaubt. Die in den Komödien des Boulevardtheaters vorgesehene „Rolle" des „Störenfrieds" mag er „in Leben und Gesellschaft" am Ende denn doch nicht spielen (GP, 212). „Mein Kalkül war falsch, und Judith hatte recht", so resümiert er am Ende, „es thut nie gut, sich in künstliche Situationen hineinzubegeben und sich auszurechnen, wie's kommen müsse. Die Rechnung stimmt nie." (GP, 215)

Letztlich hat sich der Graf also in sich selbst getäuscht, vor allem aber irrt er, das erschließt sich allerdings nur uns als Leser:innen des Romans, im Blick auf Franziska und deren Bedürfnisse, denn die war und ist keineswegs, wie der Graf glaubt, darauf aus, ‚unter Menschen zu sein' und „Verehrer und Anbeter um [s]ich [zu] haben." (GP, 214)

Und Franziska wiederum täuscht sich weniger in ihrem Partner, dem Grafen, als in erster Linie in sich selbst. Denn anders als der Graf glaubt sie ernsthaft, ihre Entscheidung auf einer belastbaren persönlichen Grundlage getroffen zu haben. „Ich glaube, meiner sicher zu sein", so sagt sie in dem Gespräch, das sie mit Hannah über ihre Heiratsabsichten führt, und ergänzt

> „Du darfst mir nicht immer mit Betrachtungen und einer Angst und Sorge kommen, als ob ich sechzehn wäre (...). Ein- für allemal also, ich habe keine großen Passionen, ganz gewiß nicht, und wenn ich sie vor Jahr und Tag vielleicht hatte – vielleicht sag' ich, denn ich habe nicht Lust und Muth, jedes Bagatellgefühl für eine große Passion auszugeben – so liegen sie hinter mir." (GP, 94f.)

Franziska aber, so führt die weitere Entwicklung vor, überschätzt ihr Alter, und ihre Abgeklärtheit oder anders gewendet: Sie unterschätzt ihre Jugend, die Kraft der Sinnlichkeit und letztlich schlicht ihr Bedürfnis nach Vitalität und Lebenslust; ein Bedürfnis, das sich eben nicht in allgemeiner Tändelei und Sehnsucht nach Bewunderung, sondern ganz unmittelbar körperlich in ihrem Verhältnis zu Egon Ausdruck verschafft. Der Kontrollverlust, der sich damit verbindet, der Verlust an Distanz gegenüber dem eigenen Tun und Handeln, das Überwältigtwerden durch die eigene Sinnlichkeit und Natur – all das ist in dem auf die Herrschaft von Vernunft und souverän kalkulierendem Spiel angelegten Selbstbild Franziskas nicht vorgesehen und löst dementsprechend eine tiefe Krise in ihr aus.

Coda

Vor dem skizzierten Hintergrund muss man den wiederholt kritisierten Schluss des Romans durchaus nicht so lesen, dass sein Autor hier – wie Christian Grawe es formuliert – „dem sentimentalisierenden Zeitgeschmack zum Opfer"[28] fällt. Im Gegenteil. In der Figur der Franziska und ihrem Verhalten verhandelt Fontane vielmehr ein Problem, das angesichts einer sich immer schneller wandelnden zeitgenössischen Welt und im Rahmen einer säkularen, nicht mehr auf die Sicherheit überlieferter Verhaltensmuster zurückgreifen könnenden Moderne bald an Schärfe gewinnt. In einer Zeit des Übergangs von einer ‚alten' zu einer ‚neuen' Welt mit anderem und offenerem Horizont betrifft dieses Problem das Verhältnis von dynamischem Leben und statischer Form, von Alt und Neu sowie die Spannung zwischen Kontinuität und Wandel. „Verwandlung", so schreibt nach der Wende zum zwanzigsten Jahrhundert Hugo von Hofmannsthal an Richard Strauß,

> Verwandlung ist Leben des Lebens, ist das eigentliche Mysterium der schöpfenden Natur; Beharren ist Erstarren und Tod. Wer leben will, der muß über sich selber hinwegkommen, muß sich verwandeln: er muß vergessen. Und dennoch ist ans Beharren, ans Nichtvergessen, an die Treue alle menschliche Würde geknüpft.[29]

Was Hofmannsthal in diesen ebenso knappen wie zentralen Zeilen als elementaren Widerspruch des menschlichen Daseins charakterisiert, das bezeichnet eine Spannung, die auch Fontane in seiner Figur der am Ende Witwe bleiben und nicht mehr heiraten wollenden Franziska Franz gestaltet. Dabei dienen ihm ein „fiktiver Kunstraum"[30] und die sozio-kulturelle Kulisse Österreich-Ungarns dazu, eine Lösung zu entwerfen, die Verwandlung und Beharren auf ganz eigene Weise verbindet und die eine besondere Art von Humanität und ‚menschlicher Würde' zum Ausdruck bringt: Die erklärte Protestantin und „preußisch-pommerische" Franziska Franz nimmt endgültig Abschied von allem Theater[31], von Spiel, Fassade und Dekorum. Sie verwandelt sich nunmehr ernsthaft, indem sie sich am

---

28 Vgl. Grawe, Graf Petöfy (wie Anm. 3), S. 550; allgemein zum Verhältnis zwischen ‚Graf Petöfy' und zeitgenössischer Populärliteratur (einschließlich zahlreicher intertextueller Bezüge) vgl. Szabó: Die Kontrastfolie des Populären (wie Anm. 25).

29 Vgl. Hugo von Hofmannsthal: Ariadne. Aus einem Brief an Richard Strauß. In: Rudolf Hirsch [u. a.] (Hg.): Sämtliche Werke. Bd. XXIV. Frankfurt a. M. 1985. S. 204-207, hier: S. 205. Zu Hofmannsthal als literarisch produktivem Fontane-Leser und -Rezipienten vgl. Katharina Mommsen: Hofmannsthal und Fontane. Bern, Frankfurt a. M., Las Vegas 1978 (zu konkreten Bezügen zwischen Graf Petöfy, Arabella und Rosenkavalier, ebd., S. 55-99).

30 Vgl. Grawe, Graf Petöfy (wie Anm. 3), S. 553.

31 In genauem Gegensatz zu der hier entwickelten Lesart steht eine verbreitete Interpretation des Endes der Erzählung im Sinne des ‚Weiterspielens' und letztlich der Resignation, wie sie etwa John Osborne formuliert: „Nach dem Selbstmord des Grafen muss Franziska weiterspielen

Ende in aller Freiheit für ein Leben im kulturell und sozial Fremden und im Zeichen einer besonderen Art von ‚Beharrung' in der Tradition eines ungarisch-wienerischen Grafen und seines Volkes entscheidet – und indem sie überdies ihre Haltung gegenüber der Welt und zu sich selbst grundlegend verändert und zu einem Glauben konvertiert, der weniger auf Verstand und Selbstkontrolle, als auf das rational nicht zu begründende Vertrauen in den Schutz einer Mutter Gottes setzt.

Am Beispiel der Geschichte von Franziska Franz reflektiert Fontane also auch die Frage nach einem ‚humanen Leben' und einer möglichen Heimat für den modernen, alle möglichen Arten von sozialen Rollen spielenden Menschen – und er nutzt das Thema von Drama und Theater nicht zuletzt, um die Grenze von Sein und Schein einmal probehalber zu überwinden, d. h. im Medium der narrativen Fiktion auf spielerische Weise ein Ende allen Spiels zu inszenieren und im Zeichen einer Poetik der Mitte[32], einer Position des Ausgleichs und der Mäßigung, eine Art – aus seiner Sicht – durchaus ernst zu nehmender Utopie zu gestalten, einen Raum des für immer beendeten „zweilebige[n] Lebens" (GP, 151), der überwundenen Entfremdung, in dem sich die Protagonistin des Romans am Ende eine ‚grenzenlose' Weltbeziehung im Sinne der, mit Hartmut Rosa formuliert, „Resonanz" erhofft, d. h. eine Beziehung, in der sie zu den seltenen Subjekten gehört, die „mit etwas in der Welt in Berührung kommen, das für sie eine unabhängige Wertquelle darstellt, das ihnen als *schlechthin* wichtig und wertvoll entgegentritt und *sie etwas angeht.*"[33] So gesehen, lässt sich Fontanes kleines Werk tatsächlich „als Roman gewordene Analyse der Moderne"[34] lesen. Inwieweit für die hier am Ende vorgeführte Art höherer Einheit von Schein und Sein, von Form und Leben und zugleich Aufhebung von religiösen, kulturellen und sozialen Gegensätzen auch eine politische Lesart möglich ist, die das Verhältnis der Antagonisten Preußen und Österreich-Ungarn nach der Reichsgründung und die Idee eines ‚Ausgleichs' in einem umfassend ‚transnational' konzipierten Sinne betrifft[35] – oder ob man

(...)". Vgl. John Osborne: Graf Petöfy: Eine Separatvorstellung. In: FB, H. 80 (2005), S. 70-85, hier S. 84.

32 Zu einer Geschichte der Ideen von ‚Mitte' und ‚Maß' sowie einer Intensivierung der Frage nach dem rechten Mittelmaß im 19. Jahrhundert vgl. Herfried Münkler: Mitte und Maß. Der Kampf um die richtige Ordnung. Berlin 2010. Zur Vorstellung einer ‚normalen Mitte' im 19. Jahrhundert im Kontext einer Neuorganisation des literarischen Markts nach 1848 grundlegend Christof Hamann: Zwischen Normativität und Normalität. Zur diskursiven Position der ‚Mitte' in populären Zeitschriften nach 1848. Heidelberg 2014; zum Begriff des ‚Normalismus' vgl. Jürgen Link: Versuch über den Normalismus. Wie Normalität produziert wird. 3. Aufl. Göttingen 2013.

33 Hartmut Rosa: Resonanz. Eine Soziologie der Weltbeziehung. Berlin 2018, S. 306.

34 Haberland, ‚Graf Petöfy' – ein ‚ungarisches' Drama? (wie Anm. 3), S. 123.

35 Vgl. in diesem Zusammenhang auch den durch „Einlage" geschickten Brief, den die verwitwete, ja ihrerseits mit einem Deutschen verheiratete Schwester des Grafen an Franziska

den Roman etwa auch als Fontanes Antwort auf den gerade abgeschlossenen Kulturkampf lesen kann, und außerdem, inwieweit Fontane hier in den 1880er Jahren und gegen Ende eines dem poetologischen Prinzip der ‚Verklärung' verpflichteten ‚poetischen Realismus' im Blick auf das Verhältnis von Individuum, Trieb und Gesellschaft auf seine Weise Spannungen zu lösen versucht, die zur Klassischen Moderne gehören und die dann zum eigentlichen Thema jüngerer Autoren wie z. B. Eduard von Keyserling, Arthur Schnitzler oder Stefan Zweig werden – all das sind Fragen, die wohl noch weiterer Untersuchungen bedürfen.

---

schreibt und in dem sie die Frage der jeweiligen (Selbst-) Zuordnung und Identität vor dem Hintergrund eines Spannungsverhältnisses von grenzübergreifender Kirche und Grenzen betonender Nation reflektiert. GP, 162-164; zum utopischen Entwurf am Ende der erzählten Geschichte gehört schließlich auch die Idee einer Gemeinschaft im Geiste der ‚Verschwisterung': Franziska Franz verwirft die Möglichkeit der Wiederverheiratung in Gestalt einer neuen Ehe mit Egon, und die beiden unterschiedlichen sozialen Ständen und Nationen entstammenden Witwen treten in ein enges, geradezu symbiotisches Verhältnis, bei dem, wie Judith hervorhebt, „jede Scheidewand zwischen uns [...] gefallen [ist], und unser Fühlen und Denken [...] einander [gehört]." GP, 224. Allgemein zu *Graf Petöfy* als „interkulturelle[m] Roman" vgl. Julia-Karin Patrut, Franziska Schößler: Labor Österreich-Ungarn: Nation und imaginäre Fremdheit in Fontanes Roman ‚Graf Petöfy'. In: Fontane. Berlin, Europa und die Welt, S. 255-244, hier S. 226.

Poetische Gerechtigkeit in Theodor Fontanes Kriminalerzählung *Unterm Birnbaum*

Erzsébet Szabó

1. Poetische Gerechtigkeit

Theodor Fontane begann im Februar 1883 mit der Arbeit an seiner Kriminalerzählung *Unterm Birnbaum* und beendete sie „nach 6monatlicher unausgesetzter Novellenarbeit"[1] im April 1885. Der Vorabdruck erschien einige Monate später, im August und September 1885 in der auflagenstärksten Zeitschrift der zweiten Hälfte des 19. Jahrhunderts, der *Gartenlaube,* in neun Fortsetzungen (Hefte 33-41). Der Autor hat während der Entstehung des Werkes und in der Zeit nach der Veröffentlichung nur wenige und sehr knappe Anmerkungen über das Werk gemacht, in denen er meist die Arbeitsphasen benannte.[2] Eine der seltenen Ausnahmen bildet sein Brief vom 16. November 1885 an den Schmideberger Amtsgerichtsrat und Freund Georg Friedländer. In diesem Brief, der das Begleitschreiben zu der an den Freund verschickten neu erschienenen Erzählung bildet, hob Fontane zwei Merkmale des Werkes hervor. Erstens, dass es eine trostlose Handlung darstellt. Zweitens, dass es dem Leser trotz dieser Trostlosigkeit etwas Erhebendes, nämlich das Walten von Gottes Gerechtigkeit in der geschaffenen Welt vermittelt:

> Anbei nun der »Birnbaum« in bequem lesbarer Gestalt. Daß keine schöne, herzerquickliche Gestalt darin ist, wer dies auch gesagt haben mag, ist richtig und keine üble Bemerkung, das Schöne, Trostreiche, Erhebende schreitet aber gestaltlos durch die Geschichte hin und ist einfach das gepredigte Evangelium von der Gerechtigkeit Gottes, von der Ordnung in seiner Welt.[3]

Es ist leicht zu erkennen, dass Fontane hier in wenigen Worten ein altes Konstruktionsprinzip, in Erinnerung ruft, das in der Literaturwissenschaft das ‚Prinzip der poetischen Gerechtigkeit' genannt wird. Es bezieht sich darauf, wie ein Autor in einem literarischen Werk seine Helden belohnt oder bestraft, d. h. wie er die im Werk herrschende moralische Weltordnung zur Geltung bringt. Das Prinzip

---

1 Brief an Georg Friedländer vom 24. April 1885. In: Kurt Schreinert (Hg.): Theodor Fontane. Briefe an Georg Friedländer. Heidelberg 1954, S. 6.

2 Zu Fontanes Selbstäußerungen über *Unterm Birnbaum* vgl. Fontane. Der Dichter über sein Werk, Bd. 2, S. 335-341.

3 Ebd., S. 339.

verlangt, dass die Handlung des Werks der Gerechtigkeit unterliegt: moralisch fragwürdige Charaktere und lasterhafte Taten sollen angemessen bestraft, moralisch tadellose Charaktere und sittsame Taten angemessen belohnt werden. Das Werk soll eine Welt vor Augen führen, in der moralische Ordnung und kosmische Wahrheit herrschen.[4] In neuerer Zeit haben Theoretiker der kognitiven Literaturwissenschaft und Psychologie wie William Flesch, Karl Eibl und Margrethe Bruun Vaage, darauf hingewiesen, dass diesem Konstruktionsprinzip eine universale Lesererwartung zugrunde liegt, die auf unserem angeborenen Gerechtigkeitsgefühl beruhe.[5] Das Gerechtigkeitsgefühl ist nach diesem Ansatz eine evolvierte mentale „Grundausstattung" des Menschen zur Unterscheidung von Recht und Unrecht. Es entstand in der durch emotional gefärbte persönliche Beziehungen organisierten Kleingruppenwelt der Steinzeit zur Belohnung oder Bestrafung gruppenfreundlichen bzw. gruppenfeindlichen Verhaltens. Gruppenfeindliches, den Zusammenhalt innerhalb der Kleingruppe und ihr Überleben gefährdendes Verhalten (Betrug, Verrat, Mord, Ehrverletzung usw.) wurde bestraft, das Überleben und den Erfolg der Gruppe förderndes altruistisches Verhalten (Güterteilung, Selbstaufopferung usw.) hingegen belohnt. Empirische Experimente haben gezeigt, dass wir beim Lesen literarischer Texte das Verhalten fiktiver Gestalten überwiegend aufgrund unseres Gerechtigkeitsgefühls – und nicht aufgrund der das menschliche Verhalten typisierenden, allgemein geltenden Gesetze der Gesellschaft – bewerten. Das liegt daran, dass literarische Werke die handelnden Figuren typischerweise in Nahverhältnissen (Familie, Freundschaft, Allianzen usw.) darstellen und es uns ermöglichen, „persönliche Beziehungen" (Sympathie, Antipathie, Empathie) ihnen gegenüber zu entwickeln.[6] Das veranlasst uns, dass wir die fiktionale Welt intuitiv aufgrund unseres Gerechtigkeitsgefühls vermessen. Wir erwarten, dass die Guten belohnt und die Bösen bestraft werden, und wenn die Bestrafung ausbleibt oder auf sich warten lässt, empfinden wir Spannung, Ärger, Unzufriedenheit oder Enttäuschung, während das „Beobachten" der gerechten Strafe mit Zufriedenheit einhergeht.[7]

---

4 Hartmut Reinhardt: Poetische Gerechtigkeit. In: Jan-Dirk Müller [u. a.] (Hg.): Reallexikon der deutschen Literaturwissenschaft. Bd. 3. Berlin, New York 2003, S. 106-108.

5 Vgl. William Flesch: Comeuppance: Costly Signaling, Altruistic Punishment, and Other Biological Components of Fiction. Cambridge/Mass., London 2007. Karl Eibl: Poetische Gerechtigkeit als Sinngenerator. In: Sebastian Donat [u. a.] (Hg.): Poetische Gerechtigkeit. Düsseldorf 2012; Margrethe Bruun Vaage: On the Repulsive Rapist and the Difference between Morality and Real Life. In: Lisa Zunshine (Hg.): Oxford Handbook of Cognitive Literary Studies. Oxford 2015, S. 421-439.

6 Vgl. Márta Horváth: A történetmondás eredete [Ursprung der Narration]. Budapest 2020, S. 111-113.

7 In der Literaturgeschichte gibt es zahlreiche Beispiele dafür, dass die Nichterfüllung der Gerechtigkeitserwartung zur Empörung des Publikums oder zu korrigierenden Fortsetzungen des Werkes geführt hat, siehe z. B. Goethes *Stella* oder *Faust*.

Angesichts dessen ist es auf den ersten Blick nicht verwunderlich, dass Fontane die Handlung seines, für eine populäre Familienzeitschrift verfassten Werks *Unterm Birnbaum* so konstruiert, dass sie dieser universalen Lesererwartung entgegenkommt. Betrachtet man jedoch die Befolgung des Konstruktionsprinzips der poetischen Gerechtigkeit im Kontext der Entstehungszeit des Werks und des Œuvres Fontanes, so ist seine Entscheidung, bzw. die Art und Weise seiner Handhabung des Prinzips aus zwei Gründen überraschend. Zum einen, weil das Prinzip als Konstruktionsprinzip belletristischer Werke zu dieser Zeit schon lange negativ bewertet wurde.[8] Es war seit der Antike ein bekanntes poetologisches Konzept und wurde im 17. Jahrhundert in ganz Europa zum normativen Prinzip für Dramen und Romane erhoben. Im späten 18. Jahrhundert büßte es jedoch u. a. infolge der vernichtenden Kritiken von Goethe und Schiller seine normative Kraft ein, und verlor dann bis zum Ende des 19. Jahrhunderts nach und nach seine Bedeutung. Unterschlupf fand es in der sich in der zweiten Hälfte des 19. Jahrhunderts herausbildenden und die Gerechtigkeitserwartungen des Massenpublikums bedienenden populären Literatur. Nach der Ansicht der Literaturwissenschaftlerin Susanne Kaul zeichnen sich belletristische Werke seit dieser Zeit gerade dadurch aus, dass sie sich dieser Lesererwartung widersetzen, und die Ungerechtigkeit des Lebens, das Versagen der moralischen Ordnung darstellen. Sie stellen widersprüchliche, kontrovers beurteilbare, komplexe Charaktere dar und führen moralische Dilemmata vor Augen, Situationen, in denen unterschiedliche Wert- und Rechtssysteme aufeinanderprallen. Dadurch stellen sie das moralische Urteilvermögen ihrer Leser auf die Probe.[9] Auch Fontane, zu dessen Selbstverständnis es gehörte, für die Bildungselite zu schreiben,[10] experimentiert in den meisten seiner epischen Werke mit Gestalten, die im Laufe der Handlung zwischen ihrem individuellen Glück („der Poesie ihres Herzens") und den sozialen Normen und

8 Die ausführlichste Darstellung zur Geschichte des Konzepts der poetischen Gerechtigkeit liefert Wolfgang Zach in: Ders.: Poetic Justice. Theorie und Geschichte einer literarischen Doktrin. Tübingen 1986 (Buchreihe der Anglia, Bd. 26).

9 Susanne Kaul: Poetik der Gerechtigkeit: Shakespeare, Kleist. Paderborn, München 2008, S. 295. Ähnlich auch Martha Nussbaum. Sie schreibt schöner Literatur eine eminent moralphilosophische Funktion zu, indem sie behauptet, dass diese dazu diene, durch die Darstellung partikularer Fälle auf die Probleme allgemeiner realweltlicher Gesetze, Normen und Prinzipien hinzuweisen. Dies.: Poetic Justice: The Literary Imagination and Public Life. Boston Mass. 1999.

10 Vgl. Karl S. Guthke: Fontanes „Finessen". „Kunst" oder „Künstelei"? In: Jahrbuch der Deutschen Schiller-Gesellschaft, Bd. 26. (1982), S. 235-261; Erzsébet Szabó: Die Kontrastfolie des Populären. Zu Theodor Fontanes Monarchie-Roman „Graf Petöfy". In: Amália Kerekes [u. a.] (Hg.): Pop in Prosa. Erzählte Populärkultur in der deutsch- und ungarischsprachigen Moderne. Frankfurt a. M. [u. a.] 2007. S. 28-44.

Gesetzen der bürgerlichen Gesellschaft („der Prosa der Verhältnisse“)[11] hin- und hergerissen sind und sowohl durch die Infragestellung als auch durch die Befolgung gesellschaftlicher Norm- und Wertkonzepte ihr privates Glück zerstören. Dennoch greift er in *Unterm Birnbaum* auf das Konstruktionsprinzip der poetischen Gerechtigkeit zurück und baut das gesamte Werk gar mit Stolz darauf auf. Diese Tatsache darf meines Erachtens weder als Schwäche des Werks noch als Fehler oder als Zugeständnis an das Massenpublikum angesehen werden, wie es viele Fontane-Forscher seit Conrad Wandrey getan haben.[12] Vielmehr ist sie als eine bewusste Autorenentscheidung zu verstehen, die eine genau bestimmbare textinterne Funktion hat.

Der andere Grund, warum die Heraufbeschwörung des Konstruktionsprinzips der poetischen Gerechtigkeit von Fontane gegen Ende des 19. Jahrhunderts überraschend ist, hängt mit der Art und Weise zusammen, wie Gerechtigkeit im *Unterm Birnbaum* zur Geltung gebracht wird. Obwohl Kriminalerzählungen bekanntermaßen das Genre bilden, in dem das Prinzip der poetischen Gerechtigkeit das zentrale Organisationsprinzip der Handlung ist – Verbrechen werden aufgeklärt, Verbrecher überführt und für ihre Tat bestraft –, ändert sich innerhalb der Gattung gerade im Laufe der zweiten Hälfte des 19. Jahrhunderts das Konzept der Strafe wesentlich. Die Veränderungen im Rechtssystem, v. a. die Entstehung des nach rationalen Prinzipien geordneten positiven Rechts und die Aufwertung von Beweisen und Indizien, ferner das Aufkommen moderner kriminalistischer Ermittlungsmethoden, die Institutionalisierung der Ermittlungsorgane usw. führen in Deutschland zur langsamen Ausdifferenzierung von Kriminalerzählungen, in denen statt der Verbrechensgeschichte die Untersuchungsgeschichte erzählt wird, und gesellschaftliche Ordnungsstörungen nicht mehr durch göttliche Vorsehung, sondern durch die intellektuelle Ermittlungsarbeit eines Vertreters der rationalen Rechtsordnung der Gesellschaft – eines Untersuchungsrichters, Rechtsmediziners, Polizisten, Gendarmen oder Detektivs – aufgedeckt und bestraft werden.[13] Diese zentrale detektorische Instanz, die als Repräsentantin der indizien- und beweis-

---

11 Die Ausdrücke „Poesie des Herzens“ und „Prosa der Verhältnisse“ wurden von Hegel für die Beschreibung der Leistungsfähigkeit des modernen Romans geprägt. Sie wurden von Gerhard Plumpe zur Beschreibung des Grundkonflikts realistischer Romane, u. a. der Romane von Fontane verwendet. Vgl. Gerhard Plumpe: Roman. In: Ders., Edward McInnes (Hg.): Bürgerlicher Realismus und Gründerzeit 1848-1890. München 1996 (Hansers Sozialgeschichte der deutschen Literatur Bd. 6), S. 529-689, Hier: S. 532-534.

12 Conrad Wandrey: Theodor Fontane. München 1919. Zum Forschungsüberblick siehe z. B. Eda Sagarra: Unterm Birnbaum. In: Fontane Handbuch 2000, S. 554-563; Wilhelm Bocherding: Rezeption. In: Ders.: Theodor Fontane: Unterm Birnbaum. Lektüreschlüssel. Stuttgart 2021, S. 108-113.

13 Zur Geschichte der deutschen Kriminalliteratur im 19. Jahrhundert siehe die einschlägigen Artikel im *Handbuch Kriminalliteratur*: Carsten Zelle: Unkanonische Kriminalerzählungen des 19. Jahrhunderts. In: Susanne Düwell [u. a.] (Hg.): Handbuch Kriminalliteratur. Theorien –

zentrierten rationalen Rechtsordnung agiert und sich dementsprechend durch ihre feine Beobachtungsgabe und ihren Scharfsinn auszeichnet, kann durch das Aufspüren und Würdigen der hinterlassenen Spuren und Indizien die Verbrechergeschichte rekonstruieren und den Täter auf säkular-rationale Weise überführen. Die illustrierte Familienzeitschrift *Gartenlaube*, in der wie erwähnt auch *Unterm Birnbaum* erschien, galt als wichtigstes Veröffentlichungsorgan für innovative Kriminalgeschichten unterschiedlichster Art.[14] In der Zeitschrift wurden von 1853 bis 1880 weit über 100 Kriminalgeschichten veröffentlicht,[15] die nahezu die komplette Bandbreite des Genres in der zweiten Hälfte des 19. Jahrhunderts abdecken, verschiedene Strukturelemente des Genres erproben und wichtige Stationen oder eben Sackgassen auf dem Weg zur modernen Detektivgeschichte markieren.[16] Daher kann angenommen werden, dass es kein Zufall ist, dass Fontane seinen *Birnbaum*-Stoff (zusammen mit drei weiteren Stoffideen), gerade der *Gartenlaube* vorgeschlagen hat.[17] Ebenso wenig kann es ein Zufall sein, dass sich seine Erzählung von den typischen Werken der Zeitschrift und der Zeit gerade in Bezug auf die Strafe wesentlich unterscheidet: Vor der Kontrastfolie der üblichen Zeitschriftenkrimis greift er bewusst auf das Konzept der poetischen Gerechtigkeit zurück und lässt das Verbrechen außerhalb der rational-säkularen Rechtsordnung durch das Wirken des ewigen Gesetzes bestrafen.

Im Folgenden werde ich – entgegen der vorherrschenden Auffassung innerhalb der Fontane-Forschung – die vorgenannten Abweichungen nicht als Fehler behandeln,[18] sondern das Werk in seinem eigenen historischen Kontext betrachten und es als Produkt von Fontanes bewusstem Experimentieren mit der aufkommenden Gattung Kriminalgeschichte auffassen – als seine eigene, höchst innovative und sehr anspruchsvolle Gattungsversion, in der das Prinzip der poetischen Ge-

---

Geschichte – Medien. Stuttgart 2018, S. 274-284. Susanne Düwell: Kanonische Kriminalliteratur des 19. Jahrhunderts. In: Ebd., S. 285-293.

14 Die andere Zeitschrift, die in dieser Zeit regelmäßig Kriminalerzählungen veröffentlicht, war *Die Illustrierte Welt*. Vgl. Julia Menzel: Periodische Presse und Kriminalliteratur im 19. Jahrhundert. In: Ebd., S. 294-296, hier S. 295.

15 Zeitweise waren bis zu 60 % aller fiktionalen Texte, die in der *Gartenlaube* in Fortsetzungen veröffentlicht wurden, Kriminalgeschichten. Vgl. Dies.: Was sichtbar war, war gerade genug ... Theodor Fontanes Kriminalnovelle *Unterm Birnbaum* im Lektürekontext der Familienzeitschrift *Die Gartenlaube* (1885). In: Euphorion, Bd. 107 (2013), H. 1, S. 105-124, hier S. 107.

16 Vgl. Friderike Meyer: Zur Relation juristischer und moralischer Deutungsmuster von Kriminalität in den Kriminalgeschichten der *Gartenlaube* 1855 bis 1870. In: IASL Bd. 12 (1987), S. 156-189, sowie Jörg Schönert: Zur Ausdifferenzierung des Genres „Kriminalgeschichten" in der deutschen Literatur vom Ende des 18. bis zum Beginn des 20. Jahrhunderts. In: Ders. (Hg.): Literatur und Kriminalität. Die gesellschaftliche Erfahrung von Verbrechen und Strafverfolgung als Gegenstand des Erzählens. Deutschland, England und Frankreich 1850 – 1880. Tübingen 1983 (Juristische Zeitschichte, Abt. 6, Bd. 42), S. 96-125.

17 Christine Hehle: Anhang. In: UB, S. 131-155, hier S. 141.

18 Ebd. S. 145-149.

rechtigkeit eine klar definierbare Funktion hat. Ich werde zunächst die Struktur der Erzählung skizzieren und dann kurz die erste Handlungseinheit, die Verbrechensgeschichte behandeln. Im Anschluss daran wende ich mich der zweiten Handlungseinheit des Werks, der Bestrafungsgeschichte, zu. Ich gebe eine umfassende Interpretation dieses Abschnitts und zeige, wie, mit welchen besonderen erzähltechnischen Mitteln („Finessen") und warum Fontane hier der göttlichen Gerechtigkeit zum Sieg verhilft.

2. Struktur

Die Erzählung *Unterm Birnbaum* spielt in Tschechin im Oderbruch in der Zeit zwischen Herbst 1831 und Oktober 1833. Die Handlung setzt sich aus zwei klar voneinander unterscheidbaren Handlungseinheiten – einer Verbrechensgeschichte und einer Bestrafungsgeschichte – zusammen.

Die Verbrechensgeschichte (Kapitel 1-8) erzählt die Geschichte eines Raubmordes. Sie beginnt im Herbst 1831 mit der Schilderung der schlechten wirtschaftlichen und psychischen Lage des unmittelbar vor dem Bankrott stehenden Gasthofbesitzers Abel Hradscheck, setzt sich fort mit den Vorbereitungen des Mordes in der Zeit zwischen Mitte Oktober und Ende November (Entwicklung des Mordplans, Überredung der Ehefrau, Inszenierung der Erbschaft, Verteilung der Rollen für den Mord) und endet mit dem Verbrechen, der Ermordung des Weinhandlungsreisenden Szulski Ende November.

Die Bestrafungsgeschichte (Kapitel 9-20) erzählt die Geschichte der Bestrafung des kriminellen Ehepaars. Sie beginnt Mitte Dezember und präsentiert im ersten Abschnitt das erfolglose gerichtliche Strafverfahren zwischen Mitte Dezember 1831 und Ende Januar 1832 (Kapitel 9-12, Vernehmung des Dienstpersonals, Verhaftung Hradschecks aufgrund der vorliegenden Indizien, weitere Untersuchungen, Freilassung des Gastwirts und Einstellung des Verfahrens), geht im zweiten Abschnitt weiter mit der poetisch-göttlichen Bestrafung von Ursel Hradscheck im September 1832 und endet gut ein Jahr später, am 1. Oktober 1833, mit der poetisch-göttlichen Bestrafung von Abel Hradscheck und seiner Beerdigung am darauffolgenden Tag (Kapitel 13-20). Um diese schrittweise erfolgende Bestrafung der Eheleute zu verstehen, muss zunächst kurz auf die Verbrechensgeschichte und das erfolglose Strafverfahren eingegangen werden.

3. Die Verbrechensgeschichte (Kapitel 1-8)

Autoren von Kriminalerzählungen erkannten im Laufe der zweiten Hälfte des 19. Jahrhunderts zunehmend, dass Werke, die eine Geschichte erzähltechnisch so präsentierten, dass auch die Rezipienten in die Ermittlungen einbezogen wurden, beim Publikum mehr Erfolg hatten.[19] Die Menschen lasen nicht nur gerne Kriminalerzählungen, welche die Lösung eines rätselhaften Falles und die Überführung eines Verbrechers schilderten und damit ihren „Hunger" nach Rätsel und ihr intuitives Gerechtigkeitsgefühl befriedigten. Sie liebten es auch, als eigenständige Instanz in Konkurrenz zu den Ermittlungsinstanzen (Untersuchungsrichter, Gerichtsmediziner, Polizisten, Gendarmen oder Detektive) selbst ermitteln zu können.[20] Dies wird am besten dadurch ermöglicht, dass der Erzähler die Geschichte so präsentiert, dass er die Indizien, d. h. die für die Aufklärung des Verbrechens relevanten, unmittelbar wahrnehmbaren Tatsachen (hinterlassene Gegenstände, wie beiläufig gemachte Aussagen, Versprecher, Selbstwidersprüche, kleine Gesten, flüchtige Gesichtsausdrücke, unwillkürliche Verhaltensweisen), zum Teil auch für den Leser identifizierbar macht und ihm damit das Gefühl vermittelt, den Fall lösen zu können.[21] Diese indizienzentrierte Narrationstechnik hat das Potential, die Neugier des Lesers zu wecken und aufrechtzuerhalten.[22] Der Leser wird angeregt, permanent nach Spuren zu suchen, die Spuren mit möglichen Tätern in Verbindung zu bringen, hinter Lügen die wahren Motive zu entdecken, das äußere Verhalten der Charaktere auf unterschiedliche mentale Zustände - Gefühle, Wünsche, Pläne, Absichten, Emotionen, Intentionen - zurückzuführen, kurz,

---

19 Hier wird auf die einschlägigen Arbeiten von Franco Moretti und Richard Alewyn verwiesen. Franco Moretti: Stammbäume. In: Ders.: Kurven, Karten, Stammbäume. Abstrakte Modelle für die Literaturgeschichte. Übers. v. Florian Kessler. Frankfurt a. M. 2009, S. 82-110, hier v. a. S. 86-89; Richard Alewyn: Anfänge des Detektivromans. In: Viktor Žmegač (Hg.): Der wohltemperierte Mord. Zur Theorie und Geschichte des Detektivromans. Frankfurt a. M. 1971, S. 185-202.

20 Der Leser ist also weder Polizist noch Gendarm noch Detektiv oder irgendein außertextueller Repräsentant dieser Instanzen, sondern eine eigenständige, von ihnen unterschiedene detektorische Größe mit eigenen Funktionen.

21 Dieses Charakteristikum der Kriminalerzählungen wurde bereits 1928 von Dorothy L. Sayers auch als Forderung an die Autoren formuliert. Dies.: Einleitung zu „Great Stories of Detection, Mystery and Horror". In: Paul Gerhard Buchloh, Jens Peter Becker (Hg.): Der Detektiverzählung auf der Spur. Essays zur Form und Wertung der englischen Detektivliteratur. Darmstadt 1977 (Wege der Forschung, Bd. 387), S. 142-191.

22 Laut Scheffel und Martínez entsteht Neugier, wenn dem Leser suggeriert wird, dass er nur die Konsequenzen (in diesem Fall: Spuren) eines Ereignisses kennt, hinter dem es ein wichtiges Geheimnis gibt. Vgl. Michael Scheffel, Matías Martínez: Einführung in die Erzähltheorie. München 2005, S. 152f.

die Bedeutung der Indizien zu erschließen, was einen hohen kognitiven Unterhaltungseffekt hat.[23]

Auch Fontane bedient sich dieser Narration bereits in der ersten Handlungseinheit seines Werks, der Darstellung der Verbrechensgeschichte.[24] Er lässt das Verbrechen von einem am Geschehen unbeteiligten heterodiegetischen Erzähler präsentieren, der die Geschehnisse – mal aus der Außensicht, mal aus der beschränkten Perspektive bestimmter Figuren, mal auf das Bewusstsein Hradschecks fokalisiert – auf die unmittelbar wahrnehmbaren, deutungsbedürftigen Indizien reduziert erzählt und damit sehr stark auf die Neugier und konstruktive Deutungsarbeit der Leser rechnet. Im Gegensatz zu den späteren Anwendern dieser Technik versetzt er jedoch seine Leser vermittels der Kohärenz und der relativ leichten Entzifferbarkeit der Indizien bewusst in die Lage, die Hradschecks als Täter zu identifizieren, ihre unterschiedlichen individuellen Motive für den Raubmord zu bestimmen, ihr öffentliches Verhalten als *pretend play,* als ein zur Täuschung der Dorföffentlichkeit inszeniertes und mit verschiedenen Mitteln in die Aufmerksamkeit der Öffentlichkeit gerücktes Theaterspiel zu entlarven und aufgrund dieses öffentlichen Theaterspiels auf das tatsächliche Geschehen zu schließen.[25] Wenn in der zweiten Handlungseinheit die offiziellen Ermittlungen einsetzen, haben die meisten Leser daher bereits die Täter identifiziert, den Tathergang rekonstruiert und den Fall Szulski aufgeklärt.

4. Die Bestrafungsgeschichte (Kapitel 9-20)

Dieses Arrangement der narrativen Informationen, die Enthüllung der Täter, ihrer Motive und ihrer Täuschungsmanöver im ersten Teil der Geschichte, hat eine klare Funktion. Es hat das Potential, Spannung aufzubauen und die Aufmerksamkeit

---

23 Peter Nusser: Unterhaltung und Aufklärung. Studien zur Theorie, Geschichte und Didaktik der populären Lesestoffe. Frankfurt a. M. [u. a.] 2000.

24 Hier wird lediglich darauf hingewiesen, dass diese Technik für das gesamte epische Œuvre Fontanes charakteristisch ist: Vgl. z. B. Erzsébet Szabó: Fontane: *Effi Briest.* In: Éva Ambrus (Hg.): Huszonöt fontos német regény [25 wichtige deutsche Romane]. Budapest 1996, S. 96-107.

25 Bezüglich des Theatermotivs und der damit verbundenen und im Werk in vielen Formen wiederkehrenden Motive des Spiels (Glücksspiel, Kegelspiel, Schauspiel) bzw. der Motivik der zur Täuschung verwendeten Beleuchtung wird hier auf die einschlägige Forschungsliteratur hingewiesen: Hehle (wie Anm. 16), S. 136-139; Dies.: Nachwort. In: Theodor Fontane. Unterm Birnbaum. Stuttgart 2019, S. 153-167, hier S. 165f. Christine Elisabeth Strowick: „Schließlich ist alles bloß Verdacht". Zur Kunst des Findens in Fontanes *Unterm Birnbaum.* In: Stephan Bräse, Anne-Kathrin Reulecke (Hg.): Realien des Realismus. Wissenschaft-Technik-Medien in Theodor Fontanes Erzählprosa. Berlin 2010; Michael Niehaus: Eine zwielichtige Angelegenheit: Fontanes „Unterm Birnbaum". In: FB, H. 73 (2002), S. 44-70.

der Leser auf die zweite Handlungseinheit, die Bestrafungsgeschichte zu lenken. Nach den deutschen Erzähltheoretikern Michael Scheffel und Matías Martínez wird Spannung erzeugt, wenn die Handlung eines Textes ein Anfangsereignis enthält, „dessen Folgen sich für die Protagonisten besonders gut oder besonders schädlich auswirken können."[26] Dieses Anfangsereignis muss von vornherein bekannt sein, „um im Leser die spannende Frage zu erzeugen [...], ob, wann und wie die erwarteten Folgen denn nun eintreten werden."[27] Da der Leser die Antwort auf die Frage erst mit Verzögerung erhält, generieren die offenen Fragen und der Informationsmangel ein anhaltendes Warten und Ungewissheit, d. h. Spannung in ihm.

Genau dies geschieht in Fontanes Kriminalerzählung. Aufgrund der Anordnung der narrativen Informationen werden die Folgen des Anfangsereignisses in den thematischen Vordergrund der erzählten Welt gestellt und in den Mittelpunkt der kognitiven Achtsamkeit des Lesers gerückt. Da der Leser die Tat, den Tathergang, die Identität der Täter und ihre Motive bereits kennt, braucht er im Gegensatz zu den fiktiven Charakteren in der Sache nicht mehr zu ermitteln. Vielmehr konzentriert er sich auf das, worauf die Textstruktur und die Informationsanordnung des Textes seine Aufmerksamkeit lenken: auf die einsetzenden offiziellen Ermittlungen auf der einen Seite und auf das parallel laufende, fortgesetzte Theaterspiel der Hradschecks, auf ihre Verhüllung- und Täuschungsstrategien auf der anderen. Als Beobachter dieser Prozesse ist er mit der Frage beschäftigt, ob, wann und wie die beiden Mörder von den offiziellen Ermittlungsinstanzen überführt und bestraft werden.[28] In dieser Frage liegt der dominante kognitive und emotionale Akzent und das Hauptspannungsmoment der ersten strukturellen Einheit der Bestrafungsgeschichte.

4.1. Das erfolglose gerichtliche Strafverfahren (Kapitel 9-12)

Der erste Teil der Bestrafungsgeschichte stellt, wie oben bereits erwähnt, das Scheitern des gerichtlichen Strafverfahrens in Sachen Szulski dar und unterminiert somit die Erwartungshaltung des Lesers auf den von ihm präferierten moralischen Ausgang der Geschichte. Die Ermittlungen werden von zwei sich gegenseitig unterstützenden aber in vieler Hinsicht gegensätzlich charakterisierten Ermittlergruppen geführt. Beide Gruppen bestehen aus einem oder mehreren Ver-

26 Scheffel/Martínez (wie Anm. 22), S. 152.
27 Ebd.
28 Ich bin der Ansicht, dass Fontane in diesem Werk meisterhaft und sehr modern Spannung auf- und abbaut und Emotionen darstellt.

tretern der irdischen Rechtsordnung und einem ihnen als Helfer untergeordneten Vertreter der „Transzendenz".

Die eine Ermittlergruppe wird vom Vorsitzenden des Küstriner Gerichts, Justizrat Vowinkel geführt. Er bezeichnet sich selbst als „Kriminalist" (59)[29] und geht auch entsprechend sachlich vor, kongruent mit der Kriminalistik der zweiten Hälfte des 19. Jahrhunderts: Er zieht Erkundigungen über das Vorleben der Angeschuldigten ein und sammelt Indizien (52);[30] nachdem sich die Indizien gegen die Angeschuldigten „gemehrt haben" (53)[31], führt er im Kreis ihres Dienstpersonals Vernehmungen durch (55-58)[32]; als sich bei den Befragungen die Verdachtsgründe erhärten(59),[33] leitet er das Verfahren ein (59)[34] und ordnet die Verhaftung Hradschecks an (59).[35] Auf Geelhaars Hinweis, Hradscheck habe in der Mordnacht bei schlechtem Wetter in seinem Garten neben dem Birnbaum ein Loch gegraben (67),[36] führt er einen Lokaltermin in Hradschecks Garten durch (74) und entlässt Hradscheck schließlich aus der Haft, als dieser im Schlussverhör alle Unklarheiten „ohne Lücken und Widersprüche" (72)[37] aufklären kann. Ihm steht als Helfer der evangelische Dorfpastor Eccelius als Vertreter der Institution Kirche zur Seite. Die beiden sind die Hauptermittler.

Die andere (lokale) Ermittlergruppe wird von dem Tschechiner Dorfrichter Woytasch und dem Gendarm Geelhaar angeführt. Während Vowinkel Hradscheck zugeneigt ist, stehen ihm die beiden Tschechiner neutral (Woytasch) bzw. feindlich (Geelhaar) gegenüber. Ihnen steht als Helferin die als „Hexe" verschriene (85, 87, 121) und durch ihr ständiges „Lauern" (85) und ihren detektorischen „Hang zu[m] Spionieren" (42) ausgezeichnete alte Jeschke, die Vertreterin des Aberglaubens, zur Seite. Diese Gruppe, namentlich Woytasch sorgt dafür, dass in Küstrin die offiziellen Ermittlungen eingeleitet werden. (54) Als die Ermittlungen

29 „Vowinkel lachte. Man sieht, Eccelius, daß du kein Kriminalist bist." (UB 59).

30 „[S]o sah sich der Vorsitzende des Gerichts, Justizrat Vowinkel, doch veranlaßt, an seinen Duz- und Logenbruder Eccelius einige Fragen zu richten und dabei Erkundigungen über das Vorleben der Hradschecks einzuziehen." (UB 52).

31 „[D]a waren die Verdachtsgründe gegen Hradscheck und seine Frau doch wieder so gewachsen"; „ja, die Verdachtsgründe haben sich gemehrt." (UB 53).

32 „[W]eshalb ich vorhabe, die Hradscheck'schen Dienstleute, die doch schließlich alles am besten wissen müssen, zu vernehmen und von *ihrer* Aussage mein weiteres Thun oder Nichtthun abhängig zu machen." (UB 55).

33 „Jedenfalls haben sich die Verdachtsgründe durch das, was ich eben gehört habe, mehr gemehrt als gemindert." (UB 59).

34 „[U]nd ein Verfahren gegen den so mannigfach Belasteten kann nicht länger mehr hinausgeschoben werden". (UB 59).

35 „Die Verhaftung Hradschecks erfolgte zehn Tage vor Weihnachten." (UB 59).

36 „(...) auf die Meldung hin, die Geelhaar (...) bei der Behörde gemacht hatte (...) (UB67).

37 „Hradscheck, nachdem er noch ein Küstriner Schlußverhör durchgemacht hatte, war wieder da. Schlicht und unbefangen, ohne Lücken und Widersprüche, waren die Unklarheiten aufgeklärt worden". (UB 72).

ins Stocken zu geraten scheinen, sorgt ebenfalls diese Gruppe dafür, namentlich Geelhaar, dass sie wieder aufgenommen werden, indem er die von Jeschke in der Tatnacht gemachten Beobachtungen dem Küstriner Gericht meldet.

Die offiziellen Ermittlungen laufen also dem Stand der Kriminalistik in der zweiten Hälfte des 19. Jahrhunderts entsprechend nach dem Prinzip des rationalen Beweisrechts.[38] Den Ermittlern stehen alle Indizien zur Verfügung, die Untersuchungen führen dennoch zu keinem Ergebnis. Die Rationalität der Ermittler reicht nicht an die Verstandeskraft des kriminalistischen Masterminds Hradscheck heran. Ihr Urteilsvermögen ist einerseits durch ihre Interessen und ihre persönliche und emotionale Befangenheit gegenüber den Verdächtigen[39] und andererseits durch ihre negativen Vorurteile gegenüber den Zeugen und den von Neid, Arglist, Aberglauben, Fremdenfeindlichkeit und Klatschsucht beherrschten Dorfbewohnern stark getrübt.[40] Sie fallen unweigerlich auf das von Hradscheck geplante, auf sie und auf die leicht manipulierbare Dorföffentlichkeit zugeschnittene, auch Geelhaar und Jeschke instrumentalisierende und auf rationalem Kalkül beruhende Theaterspiel des Ehepaars, auf ihr Blendwerk herein. Wenn das Ende dieses Handlungsabschnitts erreicht ist, ist die Frage danach, ob, wann und wie die Täter überführt werden, nach wie vor offen. Da die Chancen auf einen moralischen Ausgang der Geschichte durch das Versagen der auf rationalen Prinzipien beruhenden säkularen Gerichtsbarkeit radikal verringert wurden, und die Geschichte auf ein Ende zuzusteuern scheint, das mit dem Gerechtigkeitsgefühl und den moralischen Präferenzen der Leser im Widerspruch steht, stellt sich die Frage in verschärfter Form, was die Spannung weiter erhöht.[41]

---

38 Mehr dazu: Gideon Haut: Eine Frage der Intuition. Ermittlungspraktiken und Spureninterpretation in Kriminalnovellen von Fontane, Storm und Raabe. Freiburg i. Br. u. a. 2017.

39 Vowinkel ist seinem Logenbruder Hradscheck, Eccelius Ursel gegenüber voreingenommen.

40 Auf die Rolle des Dorfes bei den Ermittlungen und die Bewertung des Werks als Antidorfgeschichte, wird an dieser Stelle nur verwiesen. Vgl. hierzu v. a. Hans-Heinrich Reuter: Fontane. Bd. 2. München 1968. Christiane Arndt: „Es ist nicht so fein gesponnen, es kommt doch alles an die Sonnen" – Über das produktive Scheitern von Referenzialität in Theodor Fontanes Novelle *Unterm Birnbaum*. In: FB, H. 77 (2004), S. 48-75. Gerhard Friedrich: *Unterm Birnbaum*. Der Mord des Abel Hradscheck. In: Christian Grawe (Hg.): Interpretationen. Stuttgart 1991, S. 113-135. Dieser Teil der Geschichte ist eher als Anti-Detektivgeschichte aufzufassen, die die Gründe für das Scheitern einer Untersuchung aufzeigt.

41 Laut Noël Carroll wird Spannung nicht nur durch Informationsdefizit erzeugt, sondern auch dadurch, dass der Text den vom Leser moralisch präferierten Ausgang blockiert. Vgl. Noël Carroll: The Philosophy of Horror or the Paradoxes of the Heart. New York, London 1999, S. 137. Ähnlich auch Aaron Smuts: The Desire-Frustration Theory of Suspense. In. The Journal of Aesthetics and Art Criticism, Vol. 66 (2008), H. 3, S. 281-290.

4.2. Poetische Gerechtigkeit (Kapitel 13-20)

Es ist jedoch zu erkennen, dass der Erzähler den Mord von Anfang an nicht nur als Verletzung der irdischen, sondern ausdrücklich auch als Verletzung der göttlichen Ordnung darstellt, indem er Hradscheck auf symbolischer Ebene als den Bösen (den Teufel) und seine Frau als seine Gehilfin identifizierbar macht und ihre Tat damit ins Metaphysische erhöht.

Der Böse tritt gleichzeitig mit der Ankunft des Opfers in Tschechin Ende November in Erscheinung. Sein Erscheinen ist motivisch mit einem Wetterumschwung verbunden. Als Szulski in Tschechin ankommt, herrschen starker Regen, Dunkelheit und lebensbedrohliche Kälte (er kommt wegen des Unwetters schon „halb erstarrt" und „wie todt", quasi seinen baldigen Zustand vorwegnehmend an[42]). Regen, Dunkelheit und Kälte nehmen im Laufe der Mordnacht, mit dem Beginn des Wirkens und dem Erstarken des Bösen, an Intensität zu. Nach Mitternacht, als Szulski sich in seine Stube zurückzieht und die Bauern nach Hause gehen, hebt sich auch der Wind. Seine „Heftigkeit nimmt von Minute zu Minute [zu]" (40) und wächst zu einem zerstörerischen – motivisch das grausame Wüten der russischen Truppen in Warschau wiederholenden (34) – Sturm an, so dass die alte Jeschke, die durch die zerstörerische Kraft und das Heulen des Sturms aus dem Schlaf geweckt wird (41), auch konstatiert: „Dat's joa groad', als ob de Bös kümmt" (41). Dieses lebensbedrohende, mit dem Wirken des Bösen in Tschechin verbundene Unwetter, zu dem ab dem Tag nach dem Mord noch die „scharfe Luft" (67)[43] und die „blendend stechende Sonne" (als Attribut Luzifers) hinzukommen (46, 67), setzt sich in den folgenden Tagen fort und dauert bis zum Abschluss des gerichtlichen Strafverfahrens und der Freilassung Hradschecks an. Gefährlich ist es allerdings nur für andere, nicht für die Täter: Ursel Hradscheck wird „um die Zeit, wo das Wetter am tollsten war" (54) draußen zwischen den Pappeln bei der Mühle gesehen. Hradscheck genießt den heftigen Wind geradezu (45),[44] und während andere dicke Stiefel und Pelzmäntel tragen (47) und den Kopf „bis an Nas' und Ohren in den Pelzkragen ziehen" (68), um sich vor dem schneidenden Wind und der stechenden Sonne zu schützen, knöpft er seinen Mantel auf, und saugt begierig Luft und Licht ein (68). Die Mörder können das schlechte Wetter gut ertragen und werden von ihm bei der Ausführung des Mordes und der Inszenierung ihres Täuschungsmanövers unterstützt: Jeschke wird durch den Sturm geweckt und wird erst so Zeugin von Hradschecks mitternächtlicher „Gartenarbeit" und zum instrumentalisierbaren Teil seines Plans; die Suche nach der Leiche

42 Er kletterte „halb erstarrt" (32) aus der Kutsche, seine Füße waren „wie todt". (32) Diese und ähnliche Vorzeichen von Szulskis Tod bestimmen die Struktur dieses Handlungsabschnitts.

43 „Die Luft ging scharf". (UB 67).

44 „[S]ein Kopf war unbedeckt [...]. Es war aber, als ob die Kühlung ihn erquickte." (UB 45).

Szulskis wird wegen des „immer schneidenden und kälteren Windes“ (50), der die Ermittler krank zu machen droht und ihnen den Mut zum Weitermachen nimmt (50),[45] unterbrochen.

Dass in der Welt von *Unterm Birnbaum* nicht nur der Böse (der Teufel), sondern auch Gott am Werk ist, lässt sich am besten an der Zeitstruktur der Geschichte zeigen. Alle wesentlichen Ereignisse sind um Michaeli, den 29. September angesiedelt.[46] Um Michaeli des Jahres 1831 beginnt die Geschichte; auf die Nacht nach Michaeli fällt Ursels Tod: Sie stirbt ein Jahr später in der Nacht vom 30. September auf den 1. Oktober 1832; Hradscheck kommt ebenfalls um Michaeli, in der Nacht zum 2. Oktober 1833 ums Leben. Michaeli oder Michaelis ist im Christentum der Gedenktag an den Erzengel Michael. Er gilt als Vertreter von Gottes Gerechtigkeit, und all seine Aufgaben sind mit dem Schutz der göttlichen Ordnung verbunden. Im Neuen Testament tritt er im eschatologischen Kontext des Buches der Offenbarung in der Vision des Johannes als Krieger auf. Er führt die himmlischen Heerscharen gegen die Mächte des Bösen und stürzt den Teufel und seine Engel in den Abgrund. Außerdem wird er ikonografisch auch als Seelenwäger und Richter dargestellt, der am Tag des Jüngsten Gerichts mit einer Waage in der Hand die guten und bösen Taten der Menschen abwägt und die Verdammten in die Hölle schickt. In manchen Darstellungen bewacht er auch das Tor zum Paradies.[47] Durch die Verortung der Geschichte von Michaeli bis Michaeli wird die Handlung auch in den Rahmen und Sinnzusammenhang des ewigen Kampfes zwischen Gut und Böse gestellt und der Tod der Täter als eine mit dem Mord im Kausalzusammenhang stehende, vom himmlischen Richter gefällte Strafe, als Verwirklichung von Gottes Gerechtigkeit interpretierbar. In einer hoffnungslos erscheinenden Welt, in der das irdische Rechtssystem versagt, sorgt sie für die Wiederherstellung der Ordnung und damit für Gerechtigkeit. Der kognitive und emotionale Spannungsbogen des zweiten Abschnitts des Textes führt den Leser auf diese Erkenntnis zu.

Ursel Hradscheck

Als Hradscheck gegen Ende Januar 1832 aus dem Gefängnis entlassen wird, hat die Strafe für Ursel Hradscheck bereits begonnen. Dies wird im Text nicht explizit mitgeteilt, sondern indirekt durch Indizien vermittelt. Der Erzähler schildert die

---

45 „Kunicke, der […] Rheumatismus hatte, [verspürte] keine Lust mehr zur Fortsetzung […]. Schulze Woytasch auch nicht.“ (UB 50).

46 Vgl. auch UB, Hehle, Nachwort, S. 160.

47 Darrell D. Hannah: Michael and Christ: Michael Tradition and Angel Christology. Eugene Or. 2011.

Frau lediglich aus der Außensicht durch unterschiedliche Veränderungen in ihrem Verhalten – sie lebt nun völlig zurückgezogen, verlässt das Haus nur noch für den sonntäglichen Kirchgang,[48] leidet an Schlaflosigkeit, irrt im Hof und im Garten umher, geht im Haus von innerer Unruhe getrieben treppauf und treppab,[49] redet Unsinn,[50] wird geizig[51] –, sowie in ihrem Aussehen und in ihrer Gesundheit – sie wirkt gealtert, ihre Augen sind tief eingesunken, ihre Haut ist wie Pergament,[52] sie hat Gewicht verloren und jeder sieht, dass sie todkrank ist[53].

Pastor Eccelius deutet diese Veränderungen später in seiner Trauerrede innerhalb des von Hradscheck vorgegebenen Interpretationsrahmens als Ursels Antwort auf die üblen Verleumdungen und Lästereien der Dorfbewohner gegen sie und ihren Mann. Der Leser hingegen, der das Hradscheck'sche Blendwerk durchschaut, bezieht sie aufgrund seines Mehrwissens von vornherein auf das Verbrechen und stellt sie mit diesem in einen Kausalzusammenhang, indem er vermutet, dass sie Ursels Reaktion auf ihre Tat darstellen und auf ihre Schuldgefühle zurückgeführt werden können. Schuld wird in der Psychologie als eine moralische Emotion betrachtet. Sie entsteht, wenn eine Person eine sozial unerwünschte Handlung begeht, z. B. gegen die moralischen Normen der Gemeinschaft verstößt oder eine sittliche Pflicht verletzt. Voraussetzung für ihr Auftreten ist die Einsicht der Person in ihren Fehler und in ihre Verantwortung für die Tat. Sie wird von innerer Qual und innerer Unruhe sowie von der ständigen gedanklichen Beschäftigung mit dem Fehlverhalten begleitet[54], von Merkmalen also, die auch Ursel Hradschecks verändertes Verhalten kennzeichnen. Diese vom Text suggerierte Deutung wird durch Ursels Worte auf dem Sterbebett explizit bestätigt. Die inzwischen schwerkranke Frau führt unmittelbar vor ihrem Tod ein kurzes, vom Erzähler in direkter Rede zitiertes Gespräch mit ihrem Mann, das einen unmittelbaren Einblick in die Motive ihres Verhaltens gibt. Wir erfahren, dass sie sich ihrer Schuld bewusst ist und sich ängstlich fragt, ob sie dafür in die

---

48 „[L]ebte vielmehr eingezogener denn je und begnügte sich damit, sonntags in die Kirche zu gehn." (UB 88).

49 „[D]ie Hradscheck hat schon lange keinen Schlaf mehr und ist immer treppauf und treppab." (UB 65); „Keinen ordentlichen Schlaf also, (...) nich bei Tag und auch nich bei Nacht, und wankt immer so 'rum, und is mal im Hof und mal im Garten."(UB 65); „Wenn ich nur erst oben bin. Oben werd ich auch wieder Schlaf haben." (UB 90).

50 „[W]ie sie dann und wann ganz wunderliche Dinge redete". (UB 88).

51 „[F]and alles unnöthig oder zu theuer". (UB 89).

52 „Denn gealtert, die Augen tief eingesunken und die Haut wie Pergament, so war ihm Ursel unter der Tür entgegengetreten." (UB 75).

53 „Um Johanni wußte ganz Tschechin, daß die Hradscheck es nicht mehr lange machen werde". (UB 89).

54 Vgl. Jonathan Haidt: The Moral Emotions. In: Richard J. Davidson, Klaus Scherer, H. Hill Goldsmith (eds.): Handbook of Affective Sciences. Oxford, New York 2003, S. 852-870.

Hölle kommt.[55] Aus dem Gespräch geht auch hervor, dass sie ihre Tat wiedergutmachen will, was ebenfalls ein wichtiges Merkmal von Schuld ist. Schuld drängt uns dazu, Wiedergutmachung zu leisten und uns zu entschuldigen.[56] Und genau das tut Ursel: Sie gesteht ihrem Mann, dass sie monatelang für den Seelenfrieden des Ermordeten gespart hat: Hradscheck solle an den Bischof von Krakau oder an seinen Vikar schreiben und für Szulski Seelenmessen lesen lassen.

Ursel Hradschecks verändertes Verhalten und ihre Worte zeugen also von Schuld und damit von einer inneren Beschäftigung mit ihrer Tat und einer inneren Distanzierung davon. Dies wird symbolisch durch ihre schrittweise Bewegung nach oben ausgedrückt: Anfangs irrt sie noch unten im Hof und Garten herum, dann geht sie im Haus – wie zwischen zwei Sphären – ruhelos die Treppen auf und ab, vor ihrem Tod ist ihr Platz ganz oben, im obersten Stockwerk unter dem Dach in der Giebelstube. Das Motiv der Bewegung von unten nach oben wurde in Szulskis Erzählung über die Erstürmung eines Hauses in Krakau durch russische Truppen eingeführt und mit der Bedeutung „Flucht vor dem Bösen" verknüpft.[57] Diese Bedeutung wird bei Ursel wiederholt und dadurch verstärkt, dass sie sich ihr Zimmer oben selbst aussucht und am Ende das obere Stockwerk gar nicht mehr verlässt bzw. verlassen kann.[58] Auch die Lage des Zimmers – die Giebelstube befindet sich wie spiegelbildlich gegenüber der Stube, in der Szulski untergebracht und vermutlich ermordet wurde – weist darauf hin, dass sie ihre Schuld immer vor Augen hat. Sie kommt nicht davon los und muss sich ständig damit auseinandersetzen.

In diesem Zusammenhang lassen sich Ursels Krankheit und Tod nicht als Antwort auf die Verleumdungen und Lästereien der Dorfbewohner, sondern als eine von ihr selbst herbeigeführte innere Strafe für ihre Tat deuten. Die poetische Gerechtigkeit verwirklicht sich also psychologisch, durch ihre inneren Qualen und Ängste, kurz: durch ihre auf moralischer Reflexion beruhende Selbstbestrafung. Diese wird auf symbolischer Ebene durch die moralische Art der Strafe und durch das Datum ihres Todes – sie stirbt, wie bereits erwähnt, um Michaeli – mit der Strafe Gottes und seiner Gerechtigkeit verbunden. Diese Bedeutung wird auch durch die Symbolik der Verzierung ihres Grabkreuzes unterstrichen. Auf der Vorderseite des Kreuzes ist ein Engel dargestellt, der die Fackel senkt und damit symbolisch Ursels Lebenslicht auslöscht. Dieses Motiv beschwört visuell den himmlischen Richter Michael im Augenblick seines Gerichts herauf. Er ist es, der im Namen der Gerechtigkeit das Urteil über Ursel spricht. Auf der Rückseite

55 „All die kommen in Abraham's Schoß. Aber wohin kommen *wir*?"(UB 93) (Hervorhebung im Original, E. Sz.).

56 Ebd.

57 UB 34f. Dieses Motiv kehrt in vielen Variationen im Text wieder.

58 „[D]aß die Kranke die Treppe kaum noch hinunter konnte. Sie blieb deßhalb oben." (UB 92).

ist ein vom Pastor Eccelius herrührender Grabspruch zu lesen: „Wir wandelten in Finsterniß, bis wir das Licht sahen. Aber die Finsterniß blieb" (102). Der Spruch, mit dem der Pastor eigentlich nur seine Enttäuschung über Ursels „katholische Rückfälle" (100) zum Ausdruck bringen wollte, führt – von ihm unbeabsichtigt – die Lichtmetaphorik der erloschenen Fackel fort und kann als Deutung von Ursels Leben als einem Leben in ewiger Finsternis interpretiert und auf diese Weise ebenfalls mit dem himmlischen Gericht in Verbindung gebracht werden.

Abel Hradscheck

Während im Fall von Ursel die Erwartung des Lesers auf einen gerechten Ausgang der Geschichte erfüllt und die Spannung abgebaut wird, erhöht sich die Spannung im Fall ihres Mannes noch dadurch, dass hier der erwartete moralische Ausgang durch zahlreiche retardierende Momente weiter hinausgezögert wird und sich die Handlung sogar in eine dem vom Leser präferierten „Handlungsziel" entgegengesetzte Richtung zu entwickeln scheint.[59]

Hradschecks Leben verläuft nach der Entlassung aus der Untersuchungshaft in jeder Hinsicht (sozial, wirtschaftlich, gesundheitlich, privat) konträr zu dem seiner Frau und nimmt eine Reihe positiver Wendungen: Mit Hilfe des toten französischen Soldaten, den er als Mahnmal der eigenen Unschuld in seinem Garten behält, und der Grabrede des Pastors[60] gelingt es ihm, sein Ansehen im Dorf nicht einfach nur wiederherzustellen, sondern glänzend zu verbessern,[61] selbst der Dorfrichter Woytasch schließt sich seinem Freundeskreis an.[62] Wirtschaftlich geht es ihm besser denn je: Sein Laden ist nie leer, die Kundschaft wächst, sein Acker wirft gute Erträge ab.[63] Auch privat hat er keinen Grund zur Klage: Schuldgefühle kennt er nicht. Er führt ein geselliges und ausgelassenes Leben, reist regelmäßig nach Frankfurt und Berlin, besucht Berliner Theater und Kabarettlokale, veranstaltet Lieder- und Arienabende in der Weinstube und hegt schon bald

59 Siehe Fn. 41.

60 „Es war unausbleiblich, daß diese Rechtfertigungsrede zugleich zur Anklage (...) wurde." (UB 75).

61 „[D]aß er denselben »Franzosen unterm Birnbaum« nicht bloß zur Wiederherstellung, sondern sogar zu glänzender Aufbesserung seiner Reputation zu benutzen verstand." (UB 78); „Der Franzose sei sozusagen sein Schutzpatron geworden, und kein Tag ginge hin, ohne daß er desselben in Dankbarkeit und Liebe gedenke." (UB 79).

62 „[S]o gab er den Freunden und Stammgästen in der Weinstube, zu denen jetzt auch Schulze Woytasch gehörte". (UB 105).

63 „Der Laden war nie leer, die Kundschaft wuchs, und das dem Grundstück zugehörige, draußen an der Neu-Lewiner Straße gelegene Stück Ackerland gab in diesem Sommer einen besonders guten Ertrag. Dasselbe galt auch von dem Garten hinterm Haus; alles gedieh darin." (UB 87).

nach dem Tod seiner Frau neue Heiratspläne.[64] Statt einer gerechten Strafe wird ihm ein besseres Leben zuteil. Statt entlarvt zu werden, gelingt es ihm, sein auf die Täuschung der Dorfbewohner ausgerichtetes Theaterspiel fortzusetzen, den Schein aufrechtzuerhalten, die Mordgeschichte durch neue Erzählstoffe vergessen zu machen und die Früchte seines Verbrechens sorglos zu genießen.

Zu erkennen ist jedoch, dass dieses glückliche Leben immer wieder bedroht wird, und zwar nicht nur durch Mutter Jeschke allein, sondern durch eine Reihe unvorhersehbarer Situationen, die sich Hradschecks rationaler Kontrolle entziehen:[65] Buggenhagens wohlwollender Vorschlag nach der Vertiefung des Kellers (82), Edes zufälliger Fund von Szulskis Mantelknopf und dessen Präsentation in der Wirtsstube (84), Mutter Jeschkes hämisch-berechnende Anspielung auf das von ihr in der Tatnacht beobachtete Licht, das auch aus dem Keller des Hauses gekommen sein könnte (86) und die durch Jeschkes geschickte emotionale Manipulation[66] ausgelöste panische Angst und öffentliche Dienstverweigerung des Personals wegen eines angeblichen Spukgeistes im Keller (111-112) sind Situationen, die geeignet sind, die Vergangenheit (motivisch verbunden mit der Raummetaphorik „begraben sein", „verdeckt sein", „unter der Erde liegen") und die verborgene Wahrheit (semantisiert mit der Lichtmetaphorik „verdunkelt", „überschattet") an den Tag zu fördern (metaphorisch: „ausgraben", „ans Licht bringen") und Hradscheck zu entlarven, was in ihm Angst auslöst.

Angst ist keine moralische Emotion wie Schuld. Nach dem amerikanischen Psychologen Paul Ekman gehört sie zu den universalen Basisemotionen.[67] Der schwedische Psychologe und Neurowissenschaftler Arne Öhmann definiert sie als Reaktion auf eine reale oder imaginierte Gefahrensituation in der Gegenwart, oder auf eine Gefahrensituation, die das Individuum für die Zukunft antizipiert.[68] Wenn das Individuum glaubt, in Gefahr zu sein, oder wenn es sich von einer zukünftigen Gefahr bedroht fühlt, wird bei ihm unwillkürlich und unkontrolliert Angst ausgelöst. Angst hat die adaptive Funktion, das Individuum auf die Abwen-

64 „[E]r hatte […] die Bekanntschaft einer jungen Dame gemacht, die sich seiner Person wie seinen Heiratsplänen geneigt gezeigt hatte." (UB 108).

65 Im Gegensatz zur Sekundärliteratur sehe ich daher Mutter Jeschke nicht als alleinige Gegenspielerin Hradscheks an. Seine Gegenspieler sind das Irrationale, das rational Unberechenbare und das Zufällige.

66 An dieser Stelle verweise ich nur auf eine Studie, die Jeschkes Rolle als Ermittlerin behandelt: Begemann, Christian: Gespenster des Realismus: Poetologie, Epistemologie, Psychologie in Fontanes *Unterm Birnbaum*. In: Dirk Göttsche, Nicholas Saul (Hg.): Realism and Romanticism in German Literature. Bielefeld 2013, S. 229-259.

67 Basisemotionen gelten als kulturunabhängig und äußern sich durch die gleichen Merkmale. Vgl. Paul Ekman: Basis emotions. In: Tim Dalgleish, J. Mick Power (Hg.): Handbook of Cognition and Emotion. Chichester, New York 1999, S. 45-60.

68 Arne Öhmann: Fear and Anxiety. Overlaps and Dissociations. In: Michael Lewis, Janette M. Haviland-Jones (Hg.): Handbook of Emotions. New York, London 2008, S. 709-729.

dung der Gefahr vorzubereiten. Alle Merkmale, die man mit Angst assoziiert, hängen mit diesem Handlungsprogramm zusammen: Die Pupillen weiten sich, um die Elemente der bedrohlichen Situation besser wahrnehmen zu können, physische Veränderungen finden statt, die Nebennieren schütten mehr Adrenalin und Noradrenalin aus, die die Energiebereitstellung des Körpers beschleunigen, das Herz schlägt schneller, der Blutdruck steigt, Blut strömt in die Muskeln, um den Körper auf eine schnelle Flucht- oder Verteidigungsreaktion vorzubereiten, oder umgekehrt, man gerät in Panik, das Blut weicht einem aus dem Gesicht, man zittert, wird nervös und wie gelähmt usw.[69] Genau diese Merkmale weisen Hradschecks Reaktionen auf die oben genannten Situationen auf. Der Erzähler widmet ihnen große Aufmerksamkeit. Er stellt Hradschecks Verhalten sowohl aus der Außensicht dar – durch leicht erkennbare äußere Angstsignale wie „hatte die Farbe gewechselt" (82), „war kreideweiß geworden und stotterte" (84), „hielt sich dabei nur mit Müh' auf den Beinen, denn ihn schwindelte" (112) einerseits und durch explizite Benennungen wie „[Ä]ngstigungen (...) kamen dann und wann vor" (87), „von Angst und Unruhe getrieben" (117) andererseits – als auch durch interne Fokussierung, aus Hradschecks Wahrnehmungshorizont.[70] Dies hat die Funktion, seine Gewissens- und Morallosigkeit zu unterstreichen. Darüber hinaus sollen dadurch seine auf die jeweiligen Entdeckungsgefahren folgenden Abwendungshandlungen und damit auch sein letzter Abwendungsversuch – die Quelle des vermeintlichen Spuks (Szulskis Leiche) auszugraben und aus dem Haus zu schaffen, um dem Spuk und so auch der panischen Angst des Personals ein Ende zu bereiten –, psychologisch-emotional motiviert werden.[71]

Hradschecks Tod wird jedoch nicht unmittelbar als Folge dieser wiederholt ausgelösten Angstzustände dargestellt. Er stirbt im letzten Kapitel beim Ausgraben von Szulskis Leiche im Keller seines Hauses. Als er – bereits im Keller – bemerkt, dass die für die Kellerarbeit umgebaute Laterne immer noch so viel Licht spendet, dass Mutter Jeschke sie vielleicht sehen kann, steigt er die Kellertreppe wieder hinauf, bleibt aber auf halber Höhe stehen und greift „nach einem ihm in aller Bequemlichkeit zur Hand liegenden Brett, das hier an das nächstliegende Oelfaß herangeschoben war, um die ganze Reihe der Fässer am Rollen zu verhindern." (122) Dann schließt er die Falltür und steigt die Stufen hinunter, um sein Vorhaben auszuführen. Am nächsten Tag, als seine Leiche gefunden wird, erfährt der Leser, dass er, bevor er starb, aus irgendeinem Grund (vielleicht wegen des Lärms des

69 Leda Cosmides, John Tooby: Evolutionary Psychology and the Emotions. In: Ebd., S. 91-115.

70 „Aufpassen, Hradscheck, aufpassen. Und das verdammte Zusammenfahren und sich Verfärben! Kalt Blut, oder es giebt ein Unglück." (UB 85) „Er sah deutlich die ganze Geschichte wieder lebendig werden, und ein Schwindel ergriff ihn". (UB 116).

71 Dieser Handlungsteil ist nach dem sich wiederholenden Muster: Wahrnehmung der Gefahr – Angst – Abwendung der Gefahr strukturiert.

großen Ölfasses, das bis zur Falltür rollte) das Ausgraben von Szulskis Leiche, die im hinteren Teil des Kellers lag,[72] unterbrach, zur Falltür kroch, aber nicht mehr zur Tür hinauskam. Vielleicht ist er auf den schmalen Kellerstufen ausgerutscht[73] und hat sich den Kopf an der Wölbung gestoßen[74] – Näheres erfahren wir nicht. Sein Tod wird auf der Textoberfläche mit dem Nachlassen seiner kognitiven Aufmerksamkeit und dem Zufall, mit dem zufällig entfernten Keil und dem zufällig ins Rollen geratenen Ölfass verbunden.

Dennoch gibt es wahrscheinlich kaum einen Leser, der – geleitet von seiner Gerechtigkeitserwartung – den Tod Hradschecks nicht automatisch mit dem Mord kausal verbinden und als gerechte Strafe für den von ihm begangenen Mord interpretieren würde. Die Umstände seines Todes bestätigen und verstärken diesen Kausalzusammenhang. Auf symbolischer Ebene wird Hradschecks Tod mehrfach mit dem Tod seiner Frau und mit Gottes Gerechtigkeit in Verbindung gebracht. Er stirbt, wie seine Frau, am Grab des Opfers[75] und zwar um Michaeli, den Tag des himmlischen Gerichts. Darüber hinaus verweisen auch die weiteren Umstände seines Todes auf eine himmlische Strafe. Die zerbrochene und erloschene Laterne neben seinem Leichnam lässt sich mit der von einem Engel gehaltenen erloschenen Fackel auf der Vorderseite des Grabkreuzes seiner Frau verbinden,[76] die Dunkelheit des Kellers und die dunkle Stunde seines Begräbnisses können als die durch Eccelius' Grabspruch heraufbeschworene metaphorische Finsternis, als Zeichen seines sündhaften Lebens interpretiert werden.[77] Schließlich wird der Sturz Hradschecks von der Treppe mit dem Sturz des Teufels, mit seiner Verbannung aus dem Himmel, mit seiner Hinabstoßung in die Hölle durch den Erzengel Michael, bzw. „durch Gottes Hand" (127) in Verbindung gebracht.

72 Am nächsten Tag findet Kunicke Szulskis Leiche hinten: „und kroch, unten angekommen, in Gemeinschaft mit Geelhaar und Woytasch auf die Stelle zu, wo hinter einem Lattenverschlage der Weinkeller war. Die Tür stand auf, etwas Erde war aufgegraben, und man sah Arm und Hand eines hier Verscharrten." (UB 124).

73 In einem Gespräch mit der Jeschke beklagt sich Hradscheck über die Kellerstufen: „Und dann die Plackerei treppauf, treppab, und die schmalen Kellerstufen halb abgerutscht. Es ist zum Halsbrechen." (UB 86).

74 Im gleichen Gespräch mit der Witwe sagt Hradscheck: „Denn der Keller ist eigentlich gar kein richtiger Keller; is bloß ein Loch, wo man sich den Kopf stößt." (UB 86).

75 Ursel Hradscheck starb gegenüber dem Sterbeort des Opfers, Hradscheck gegenüber dessen Grab. Beide sterben ähnlich wie Friedrich Mergel, die Hauptfigur in Anette von Droste-Hülshoffs Novelle *Die Judenbuche* aus dem Jahr 1842.

76 „Unten lag Hradscheck, [...] ein Grabscheit in der Hand, die zerbrochene Laterne daneben." (UB 124) Diese symbolisiert natürlich auch das Ende des Blendwerks, des täuschenden Schauspiels der Hradschecks.

77 Er wurde vor Tagesanbruch ins Grab gelegt. (UB 127).

5. Fazit

Zusammenfassend lassen sich folgende Ergebnisse der Arbeit festhalten. Fontanes Werk *Unterm Birnbaum* stellt meines Erachtens eine eigenständige Version der Kriminalgeschichte dar, die sich vom Grundschema der zeitgenössischen und späteren Kriminalerzählungen unterscheidet. Während die meisten seiner Zeitgenossen und Nachfolger in ihren Werken die Aufklärung der Identität des Täters darstellten und den Sieg der weltlichen Gerichtsbarkeit und der rationalen, auf Indizien gestützten Beweisführung feierten, setzt Fontane ganz andere Akzente. Er macht die Täter für die Leser von vornherein identifizierbar, um ihnen – sich ihren Gerechtigkeitserwartungen widersetzend – das Versagen des weltlichen Rechtssystems und die Manipulierbarkeit von Indizien und Menschen vor Augen zu führen. Dabei geht es ihm nur zum Teil um eine Kritik an der preußischen Dorfgesellschaft der ersten Hälfte des 19. Jahrhunderts. Die Kritik dient dazu, den Lesern – ganz im Sinne der Verklärungsästhetik des Realismus – zu zeigen, dass es in einer Welt, in der die rationale Ordnung durch Eigennutz, negative Vorurteile, Aberglauben, Engstirnigkeit, Klatschsucht, Korruption und emotionale Manipulierbarkeit unterminiert wird und die säkulare Gerichtsbarkeit zum Scheitern verurteilt ist, immer noch eine moralische Kraft gibt, die für Gerechtigkeit sorgt und auf die der Mensch vertrauen kann. Zu sehen ist auch, dass Fontane dieses inhaltliche Konzept durch eine geniale Spannungsführung unterstützt: Er lässt die Gerechtigkeitserwartung seines Publikums lange Zeit unbefriedigt und erfüllt sie erst nach mehrmaliger, psychologisch sehr bedrückender Steigerung der Spannung in zufriedenstellender Weise.[78] Schließlich ist hervorzuheben, dass Fontane mit dieser Erzählung meines Erachtens auch einen wichtigen Schritt in die Moderne getan hat, indem er seine Figuren überwiegend und auch wissenschaftlich sehr präzise psychologisch-emotional motiviert und der Darstellung von psychischen Vorgängen und Emotionen breiten Raum widmet.

78 Um mit Lugowski zu sprechen: Fontane hat eine Geschichte konstruiert, die nicht von der den Tenor der zeitgenössischen Novellen charakterisierenden „Wie-Spannung" (wie und warum ist das Verbrechen geschehen, wer sind die Täter), sondern von der „Ob-überhaupt-Spannung" (ob die Täter überhaupt bestraft werden) getragen wird. Zu den beiden Termini siehe Clemens Lugowski: Die Form der Individualität im Roman. Studien zur inneren Struktur der frühen deutschen Prosaerzählung. Frankfurt am Main 1994, S. 43.

Zu Fontanes Geschichtspoetik – narrative Formen der Geschichtswiedergabe im Roman *Vor dem Sturm*

László V. Szabó

Vorüberlegungen zu einer Geschichtspoetik Fontanes

Geschichtspoetik: Der Begriff ist nicht allzu neu, er wurde bereits etwa mit Bezug auf Adam Mickiewicz, Heimito von Doderer oder W. G. Sebald im Sinne ihrer Gestaltung der Geschichte[1] als deren Poetisierung verwendet. In den Diskursen über die Poetik(en) des literarischen Realismus scheint er sich jedoch (noch) nicht etabliert zu haben; selbst verlässliche Monographien wie die von Hugo Aust über den Realismus im Allgemeinen[2] oder von Hartmut Steinecke über die Poetik des historischen Romans[3] meiden dieses Kompositum.[4] Dabei sollte klar sein, dass der historische Roman eine Geschichtspoetik nicht entbehren kann. Denn gerade die seit Walter Scotts Romanen gängigen Diskurse über die Abgrenzung des historischen Romans von der romantischen Romantradition, um den Anspruch des historischen Romans auf historische Wahrheit und Wirklichkeitstreue zu sichern, ließen sich als Grundsteine einer Geschichtspoetik des historischen Romans begreifen.

Der Begriff ‚Geschichtspoetik' zeigt sich zudem als Bindeglied zwischen Geschichte und ihrer poetisierten Erzählung, objektiver und subjektiver Darstellung, sogar, allgemein gesprochen, zwischen Wirklichkeit und Fiktion. Man denke nur an die Feststellung Wolfgang Isers, wonach die dichotome Einteilung in Wirkliches und Fiktives für die Bestimmung literarischer Textproduktion inadäquat sei, insofern in einem literarischen Text „Reales" und Erfundenes *ab ovo* vermischt und somit in Beziehung zueinander gesetzt werden.[5] Die Beziehungen zwischen Reellem (in vorliegenden Fall: dem Geschichtlichen) und Erfundenem (dem Poetischen)

1 Geschichte verstanden hier allerdings als Historie, und nicht als *histoire* (Fabel).

2 Aust spricht allgemein von einer „Poetik des Realismus" oder „realistischen Poetik". Hugo Aust: Realismus. Lehrbuch Germanistik. Stuttgart 2006, S. 25, 32 u. 62.

3 Vgl. Hartmut Steinecke: Romanpoetik von Goethe bis Thomas Mann. Entwicklungen und Probleme der „demokratischen Kunstform" in Deutschland. München 1987.

4 Göttsche gebraucht ihn hingegen für die Prosa der Restaurationszeit. Vgl. Dirk Göttsche: Erinnerungsarbeit und Geschichtspolitik. Die Modellierung der Befreiungskriege in der Erzählprosa zwischen Restauration und Vormärz (1815–1848). In: ZfdPh, Bd. 132 (2013), Nr. 4. S. 543-561.

5 Wolfgang Iser: Das Fiktive und das Imaginäre. Perspektiven literarischer Anthropologie. Frankfurt a. M. 1991, S. 18.

werden im grenzüberschreitenden „Akt des Fingierens“[6] konstituiert. Das Reale fasst Iser als die gesamte gegebene „außertextuelle Welt“ auf, die verschiedene reale Elemente – nicht nur Gegenstände, sondern auch gesellschaftliche Systeme, Diskurse, Strukturen und Weltsichten – impliziert, die dann aus ihrer Welt selegiert und im fiktionalen Werk auf neuartige Weise kombiniert und ergänzt werden. Desgleichen betont Iser zu Recht das Wechselspiel, das in einem literarischen Text zwischen Realem und Erfundenem als Folge des Akts des Fingierens stattfindet. In einem historischen Roman wird somit die Geschichte nicht nur poetisiert, sondern überhaupt fingiert; der Begriff ‚Geschichtspoetik‘ umfasst daher nicht nur eine poetisierte Geschichte, sondern eine Verflechtung von Geschichte, Poesie, Fiktion und Narration. Die Finessen Fontane'scher Romankunst ließen sich daher in diesem poetisch-narrativem Spiel zwischen dem Anspruch objektiv-geschichtlicher Darstellung und der Fingierung einer Geschichte qua Fabel vermöge dichterischer Einbildungskraft verstehen.

Mit dem Roman *Vor dem Sturm* (1878) hat Fontane bekanntlich debütiert, wenngleich er zur Zeit der Veröffentlichung bereits über ein gewisses Renommee als Autor von (kultur)geschichtlichen Texten und Reisebeschreibungen verfügte. Wie u. a. von Zuberbühler betont, handelt es sich bei *Vor dem Sturm* nicht primär um einen Gesellschaftsroman, sondern vielmehr um einen historischen oder gar „vaterländischen“,[7] ob in einem preußisch-konservativem oder (in Anbetracht der Entstehungszeit des Romans) in einem gesamtdeutsch-patriotischen Sinne. Die großen Gesellschaftsromane standen Fontane zu dieser Zeit noch bevor. Dennoch ist nicht ganz von der Hand zu weisen, dass das Werk auch Elemente eines Gesellschaftsromans enthält, wenn man den Umstand mit bedenkt, dass kein Autor von der Zeit gänzlich abzusehen imstande ist, in der er lebt. So kann man z. B. in den Figurenreden in *Vor dem Sturm* durchaus Diskursformen und -inhalte der Gründerzeit entdecken, die an Fontanes spätere Gesellschaftsromane erinnern, sie gleichsam „vorwegnehmen“. Wohl kann kein historischer Roman in „reiner“ Form ohne die kreative Zugabe eines Autors aus einer späteren Zeit existieren, so dass „historische Romane“ keine Vergangenheit „an sich“, sondern vielmehr ihre nachträgliche Sicht darstellen.

Historischer Detailrealismus

Für die Authentizität und Veridizität seines Romans wollte der Erzähler bereits mit dem Untertitel bürgen: „Roman aus dem Winter 1812 auf 13“. Doch gerade darin

6 Ebd., S. 22.
7 Rolf Zuberbühler: Fontane und Hölderlin: Romantik-Auffassung und Hölderlin-Bild in „Vor dem Sturm“. Tübingen 1997, S. 3.

scheint eine *contradictio in adiecto* auf: Deuten die genauen Jahreszahlen auf den konkreten, „reellen" Zeitrahmen, so wird ihre Faktizität eben mit der expliziten Gattungsbezeichnung relativiert, war sich doch der Leser der Gründerzeit durchaus bewusst, dass kein Roman mit einem historischen Bericht gleichzusetzen ist. Fontane aber, versiert in historischen Beschreibungen, beharrte offenbar auf der Präzisierung der erzählten Zeit: „Es war Weihnachten 1812, heiliger Abend." (VdS, 1, 7) Gleich darauf folgen genaue, „realistische" Schilderungen von Details, Orten und Gegenständen: die Klosterstraße, ein Gasthof, ein Schlitten, ein Korbwagen, dazu ein Kutscher bzw. der Protagonist Lewin von Vitzewitz treten der Reihe nach in Escheinung. Um den Eindruck der Historizität zu verstärken, wird die Jahreszahl „1812" anschließend an acht, 1813 an drei weiteren Stellen genannt, während anderweitige Jahreszahlen die Erzählung um weitere Zeitdimensionen der Vergangenheit ergänzen. Die Temporalangabe „heute, am Weihnachtstage 1812" will nicht nur eine winterlich-feierliche Atmosphäre schaffen, sondern den Leser in die Zeit Napoleons bzw. der französischen Herrschaft in Preußen, genauer ins Jahr des Russlandfeldzugs der napoleonischen Truppen versetzen, der mit einer Katastrophe für die Grande Armée endete. Angesichts der Verluste und der schwächelnden Macht der Franzosen begann sich Preußen zu mobilisieren und einen Befreiungskrieg zu planen. Diese Ereignisse dürften jedem gebildeten Leser des Romans bekannt gewesen sein, auch wenn sie bereits mehrere Jahrzehnte zurücklagen und das kollektive Gedächtnis inzwischen von dem deutsch-französischen Krieg von 1870/71 (dem Fontane 1873 und 1876 zwei Bände gewidmet hatte) „überlagert" wurde.

Fontane hat zeit seines Lebens viel dafür getan, um das kulturelle bzw. Geschichtsgedächtnis seiner Leser frisch zu halten. Vor allem zeigte er ein nie nachlassendes Interesse für die Geschichte überhaupt und insbesondere die Kriegsgeschehnisse seiner weiteren Heimat Brandenburg-Preußen. Dieser Umstand veranlasste die Forschung, ihn gar einen Kriegschronisten zu bezeichnen, in dessen Œuvre das Gesamtvolumen der Kriegsdarstellungen jenes der belletristischen Werke übersteigt.[8] Von den vier Bänden seines Geschichtsbuches *Der Krieg gegen Frankreich 1870-1871* bis hin zu seinem Bericht über seine französische Gefangenschaft hat er geschichtliche Themen und Kriegsgeschehen immer wieder aufgegriffen, wobei auch seine *Wanderungen durch die Mark Brandenburg* und seine Romane (nicht nur *Vor dem Sturm*) von seinen überwältigenden (kultur-)geschichtlichen Kenntnissen zeugen. Wenn auch kein Historiker von Beruf, trat er noch vor seinem Romanerstling als ein verlässlicher Chronist vor die Augen seiner Leser.

8 Vgl. Jörn Sack: Fontane als Kriegschronist. Berlin 2019.

Dass aber einen Roman zu schreiben völlig andere Prämissen und Fähigkeiten erfordert, dessen war er sich um 1870, als er am Plan eines Romans zu arbeiten anfing,[9] durchaus bewusst. Der „Sprung“ von einer historischen Chronik selbst zu einem *historischen* Roman erwies sich allerdings alles andere als leicht; zahlreiche Briefe aus dieser Zeit belegen die Schwierigkeiten des Schreibprozesses, die Zweifel des Autors an Qualität und Erfolg seines Werkes. Dass *Vor dem Sturm* ein „Schmerzenskind“ war, betonte Fontane mehrfach, so etwa in einem Brief an Mathilde von Rohr vom 1. November 1876:

> Ja, der Roman! Er ist in dieser für mich trostlosen Zeit mein einziges Glück, meine einzige Erholung. In der Beschäftigung mit ihm vergesse ich, was mich drückt. Aber wenn er überhaupt noch zur Welt kommt, so werde ich, im Rückblick auf die Zeit in der er entstand, sagen dürfen: ein Schmerzenskind. Er trägt aber keine Züge davon; er ist an vielen Stellen heiter und nirgends von der Misere angekränkelt.[10]

Es war offenbar keine selbstverständliche Aufgabe, den Schritt von historischen Schriften zu einem fiktiven Text zu wagen. Dieser Schritt kostete viel Zeit, wie das nicht zuletzt auch Fontanes Briefen zu entnehmen ist; gemäß einem Brief an seinen Verleger, beschäftigte ihn der Gedanke an einen Roman bereits in den fünfziger Jahren, also etwa zu seiner Londoner Zeit. Der Roman musste aber warten, solange etwa die *Wanderungen* im Entstehen waren, die ihrerseits Jahrzehnte in Fontanes Leben „ausfüllten“. Ohne nennenswerte Versuche auf dem Terrain der Fiktion war *Vor dem Sturm* – bildlich gesprochen – ein Sprung ins tiefe Wasser, das Betreten eines Neulandes der schriftlichen Ausdrucksform. Der Entschluss, einen Roman zu schreiben, gärte lange, doch konnte Fontane mit den *Wanderungen* „trainieren“, die bei genauerem Hinsehen bereits entfernt waren von der mehr oder weniger trockenen Wissenschaftlichkeit eines rein historischen Schreibens und augenfällige narrative Züge trugen, die im Roman „wiederkehrten“. In der Tat bezeugen bereits die *Wanderungen* Fontanes erzählerisches Können; sie sind eine Mischung aus historischem Bericht, Reiseliteratur, Memoirenliteratur und narrativen Finessen. Auffällig sind der subjektive Ton, der sich durch die Berichte einer Art Ich-Erzählers äußert, die detailfreudigen Beschreibungen von Orten, Personen und Ereignissen, die Neigung zum anekdotenhaften Erzählen, die *couleur locale.* All diese narrativen Merkmale treten auch in Fontanes Romanen in Erscheinung – so gesehen war der Schritt von Geschichtsschreibung zur Fiktion wohl doch nicht so radikal, wie man es auf den ersten Blick annehmen könnte.

---

9 Allerdings notierte Fontane bereits in einem Brief vom August 1866 an seinen Verleger Wilhelm Hertz, er trage sich schon seit zehn Jahren mit dem Romanstoff (St, 743).

10 In: Fontane. Der Dichter über sein Werk, Bd. 2, S. 200f.

Dieser Übergang von der Geschichte zum Roman ließe sich auch wie folgt formulieren: Insofern sich bereits die *Wanderungen* mehr oder weniger als ein narrativer Text betrachten lassen, war Fontanes historischer Roman kein Wurf ins Ungewisse, kein tollkühner Versuch ohne jedwede Erfolgsgarantie. Es war ein Versprechen, das er sowohl für sich als auch für seinen (ziemlich geduldigen) Verleger hielt. Dass indessen die Dimension „Geschichte" die gemeinsame Grundlage der *Wanderungen* und des *Vor dem Sturm* war, liegt auf der Hand; Fontane musste aber beweisen, dass er auch im Bereich der Fiktion standhalten kann. Dies umso mehr, als dass er bereits vor dem Schreiben des eigenen Romans die Feder ergriffen hatte, um Rezensionen und Kritiken über Romane seiner Zeit zu verfassen. So war z. B. seine Rezension von Gustav Freytags *Soll und Haben* ein wirkungsreicher Beitrag zu den zeitgenössischen Diskursen über den Realismus im Roman, oder er setzte sich mit Paul Heyses Vielheits- und Einheitsroman auseinander usw.[11] Außerdem zeugen seine Briefe aus der Entstehungszeit des „märkischen Roman[s]"[12] von weiteren Lektüren von weniger bekannten Romanen, die mit Selbstreflexionen und sogar Selbstzweifel hinsichtlich des eigenen Schreibens und Erfolgs ergänzt wurden. So macht er etwa nach dem Lesen von Ludolf Parisius' *Pflicht und Schuldigkeit* (erschienen 1873) in einem Brief an die Tochter die ziemlich bescheiden anmutende Bemerkung, „ich wollte, der meinige würde nicht schlechter", und ergänzt sie noch mit dem überraschenden Bekenntnis, er „habe an vielen Stellen vor Bewegung und vor Vergnügen geweint."[13] Über die emotionale Ergriffenheit hinaus musste aber Fontane gleich einsehen, dass der „Pariusssche Roman" (die eine märkische Geschichte aus der unmittelbaren Vergangenheit erzählt) keinen Erfolg auf Dauer garantieren kann:

> Betrüblich hat mich nur das eine gestimmt: solch' Buch kommt und geht und lebt nicht viel länger als ein Leitartikel oder eine Theaterrezension. Die Frage *muß* sich einem aufdrängen: verlohnt es sich dergleichen zu schreiben? [...] Was gibt mir ein Recht anzunehmen, daß ich es besser machen oder mehr Glück haben werde![14]

Während die *Wanderungen*, nach Fontanes eigenem Urteil, „etwas relativ Originelles" enthielten, das für eine längerfristige Wirkung des Buches bürgte, drohten Romane wie jener von Parisius neben anderen Dutzenden nach ihrem Strohhalm-Erfolg bald in Vergessenheit zu geraten. Überhaupt ist der Anteil der kanonisierten Romane des bürgerlichen Realismus im Vergleich zur immensen Romanproduktion der Zeit eher gering, und selbst *Vor dem Sturm* scheint, geht man von seiner

11 Vgl. Steinecke, Romanpoetik (wie Anm. 3), S. 166.
12 Brief an Ernst Heilborn v. 12.5.1897. In: Fontane. Der Dichter über sein Werk, Bd. 2, S. 474.
13 Brief von Fontane an seine Frau v. 22.8.1874. In: Ebd., S. 195.
14 Ebd.

Rezeptionsgeschichte aus, ein weniger kanonisierter Text eines kanonisierten Autors zu sein.

Dabei war es zweifelsohne das Anliegen Fontanes, einen Roman zu schaffen, der seine ästhetische Gültigkeit über die eigene Zeit hinaus zu behalten hatte. Es musste also keine bloße Wiedergabe wie auch immer einer Geschichte aus der Zeit Napoleons entstehen, sondern ein originelles Kunstwerk mit hohen ästhetisch-poetischen Ansprüchen, das nicht nur den Geschmack und die Erwartungen der Zeit traf, sondern auch das Interesse der späteren Generationen erwecken konnte. Fontane hat offenbar geahnt, dass der nachhaltige ästhetische Wert des Romans nicht so sehr an der Wahl des erzählten Zeitraumes als der Art und Weise der Darstellung, also mehr am (poetischem) *discours* denn an der *histoire* liegt. Beim Lesen der Briefe Fontanes aus dieser Zeit fällt zudem auf, dass er weniger die Handhabung des geschichtlichen Stoffes für das größte Verdienst des Romans hielt, sondern vielmehr die dargestellten Anschauungen oder die moralisch-ästhetischen Werte desselben, und zwar trotz oder eben wegen seiner „Unmodernität":

> [Das Buch] ist ganz unmodern, etwas fromm, etwas kirchlich, immer wird gepredigt und Gott sei Dank noch häufiger zu Mittag gegessen. Dazu literarische Gespräche und dann und wann eine Eruption im Stil „Mit Gott und König für Vaterland".[15]

Etwas fromme Religiosität oder gar Patriotismus, auf den die preußische Losung hindeutet, mag im Roman in der Tat vorhanden sein, dennoch lassen sich Fontanes eigene Worte damit ergänzen, dass solche Ansichten erst in den häufigen Figurenreden zum Vorschein kommen, da sich der Erzähler hier, wie übrigens auch in den späteren Romanen, zumeist im Hintergrund „befindet", indem er die Objektivität der Darstellung anstrebt. Der Roman ist durchflochten mit Diskursen, hinter denen sich unterschiedliche Ansichten verbergen, während der Erzähler von jedwedem Moralisieren oder Ideologisieren Abstand hält. Wenn im Roman „gepredigt wird", so hört man nicht etwa die Kantorenstimme des Erzählers, sondern diejenige der Figuren, allen voran des Predigers Seidentopf, in dessen Predigten sich Mahn- und Trostworte des Evangeliums – „Fürchtet euch nicht, siehe, ich verkündige euch große Freude" (Lk. 2,10) – mit preußischem Vaterlandspathos vermengen, oder man liest die Geschichten der Herrnhuterin Brigitte Schorlemmer etwa über Kajarnak, den „ersten Getauften" Grönlands usw. Der Erzähler hält dabei eine spürbare Distanz zum Erzählten, lässt sich vom Pathos oder Glauben der Figuren nicht „anstecken", sondern lässt sie zumeist sprechen, Dialoge führen und dadurch sich selbst charakterisieren. Die Erzähldistanz, die an manchen Stellen des Romans auch eine leichte Ironie zu erkennen gibt,

15 Brief an Hermann Kletke vom 6.11.1878. In: Ebd., S. 220.

wird grundsätzlich durch eine Er-Erzählhaltung, z. T. durch indirekte Rede (Konjunktiv Präsens oder Perfekt) gewährleistet; so z. B. bei der Darstellung desselben Seidentopf (dessen Name an sich ironisch anmutet), der, nachdem er die biblische Geschichte des vom Wasser bedeckten Pharaos als des Prototyps eines Feindbildes beschwört, „unter der Wucht der Vorstellung, daß eine richtige Predigt auch eine richtige Länge haben müsse" einen „Vergleich zwischen dem alten und dem neuen Pharao [Napoleon, L. V. Sz.] bis in die kleinsten Züge hinein durchzuführen" gedenkt, aber wegen Mangels „an Kraft des Ausdrucks und Charakters" an dieser Aufgabe scheitert, weshalb die Aufmerksamkeit der Gemeinde schließlich „einem todten Horchen" weicht (VdS, 1, 48f.).

Will man dem Roman ein Weltbild Fontanes entnehmen, so ist es mitnichten radikal christlich, und noch weniger nationalistisch-patriotisch geprägt, sondern entlarvt sich als eine Art Gegenbild zum „Abfall" der Zeit, das, will man Fontane selbst Glauben schenken, der eigenen Natur des Autors selbst entsprang:

> Der große Zug der Zeit ist *Abfall*; aber man hat es nach gerade satt. Die Welt sehnt sich aus dem Häckelismus wieder heraus, sie dürstet nach Wiederherstellung des Idealen. Jeder kann es jeden Tag hören. Und es ist ernst gemeint. Da kommt nun *dieses* Buch [*Vor dem Sturm*, L. V. Sz.], das dem in tausend Herzen lebendigen Gefühl Ausdruck leiht. Hätt' ich es gewollt, hätt' ich auch nur einen Tropfen ‚fromme *Tendenz*' hineingetan, so wär es todt, wie alles zurechtgemachte. Aber es steckt in dem Buche ganz gegen mein Wissen und Willen. Ich *finde* es jetzt zu meiner Ueberraschung darin und doch liegt eigentlich kein Grund zur Ueberraschung vor, denn alles, was ich gegeben habe, ist nichts als der Ausdruck meiner Natur.[16]

Nicht in feurigen Predigten sah Fontane das Wesen des Christentums, auch nicht in einer demonstrativen Frömmigkeit oder impulsiven Zurschaustellung des Glaubens, sondern vielmehr, wie ehemals die Pietisten, im „lebendigen Gefühl" tief im Herzen des Menschen.[17] Gleichsam Nietzsche konterkarierend, der lediglich vier Jahre später in der *Fröhlichen Wissenschaft* den Tod Gottes verkünden sollte, seine Zukunftshoffnung auf dieses innerlich schlummernde aber lebendig wirkende Christentum bauend, legt er fest: „Das Christentum ist nicht tot. Es steckt uns unvertilgbar im Geblüt, und wir haben uns nur darauf zu besinnen. Jeder der sich prüft, wird einen Rest davon in sich entdecken. Und diese Reste müssen Keime zu neuen Leben werden."[18] In mehreren Briefen betonte Fontane das, was

16 Brief an Wilhelm Hertz v. 5.11.1878. In: Ebd., S. 216.

17 Zuberbühler spricht diesbezüglich von einer „anima naturaliter Christina" bei Fontane. Ders.: „Ja, Luise, die Kreatur": Zur Bedeutung der Neufundländer in Fontanes Romanen. Tübingen 1991, S. 7.

18 Brief an Wilhelm Hertz v. 5.11.1878. In: Fontane. Der Dichter über sein Werk, Bd. 2, S.

er als die größten Werte des Romans empfand, die darin ausgedrückte „Welt- und Lebensanschauung", seine Absicht, für „Religion, Sitte, Vaterland" einzutreten,[19] offensichtlich irritiert über Kritiker, die gerade diese Aspekte seines Werkes übersahen und bei Einzelheiten steckenblieben: „Kritiken, die den Lebenspunkt eines Dinges treffen, scheint gar nicht mehr geschrieben zu werden. Keiner mehr geht aufs Ganze; immer Details, immer Einzelheiten; man sieht, es wird geblättert, nicht gelesen."[20]

Die christlich-vaterländische Gesinnung als „die Seele des Ganzen"[21] scheint also in den Augen Fontanes der größte Wert seines Romans gewesen zu sein, dennoch ließe sich aus heutiger Sicht die Frage stellen, ob das darin vermittelte Weltbild den Roman in erster Linie les- und schätzbar macht. Nach Weltsichten oder Ideologien in einem Roman zu suchen, kann durchaus zu wackligen Schlüssen führen und die Wertschätzung desselben an zeitliche Prämissen des Lesens binden. Dadurch kann aber ein Roman gerade jene Gefahr laufen, die Fontane unbedingt vermeiden wollte, nämlich ein (Dutzend)Produkt der Zeit zu werden, dessen Echo rasch verhallt. Will man aber weniger auf das Totalitätsbild des Romans achten, kann es schlichtweg vorkommen, dass gerade jene Einzelheiten oder Einzelteile nachhaltige ästhetisch-poetisch Werte offenbaren, deren kritische Betrachtung Fontane in manchen Briefen von der Hand wies. Denn eben andere Stellen seiner Briefe belegen, dass er sich der poetischen Werte seines Romans durchaus bewusst war, ja, er machte gelegentlich seine Briefpartner(innen) auf einzelne Teile, Szenen oder Kapitel des Romans aufmerksam, die sein schriftstellerisches Können besonders an den Tag legten. Dabei verwies er auf die durchdachte, zielgerichtete Konstruktion des Romans, etwa auf die lange Exposition bzw. die Bedeutung des vierzehnten Kapitels im zweiten (!) Band mit der Überschrift „Es geschieht etwas": „Von da ab beginnt allmälig der eigentliche Roman; alles andre war Exposition. Vorführung der Puppen behufs respektvoller Verbeugung vor einem hohen Publikum."[22] Der Schriftstellerin Ludovica Hesekiel gegenüber, die nicht nur eine treue und einfühlsame Leserin seiner Bücher, sondern auch die Rezensentin des Romans war, bemerkt er im Dezember 1878, das Kapitel „Durch zwei Thore" sei „lange nicht das beste, aber gewiß das poetischste des Buches."[23]

19 Brief an Wilhelm Hertz vom 24.11.1878. In: Ebd., S. 222. Dabei ging für Fontane die Vaterlandsliebe „über die bloße mehr oder weniger geschraubte ‚Loyalität' hinaus", der er wohl in der damaligen Berliner Gesellschaft auf Schritt und Tritt begegnete.

20 Brief an Wilhelm Hertz vom 15.1.1879. In: Ebd., S. 232. Zur zeitgenössischen Kritik über Fontanes *Vor dem Sturm* s. Helen Chambers: Theodor Fontanes Erzählwerk im Spiegel der Kritik: 120 Jahre Fontane-Rezeption. A. d. Engl. übers. v. Verena Jung. Würzburg 2003, S. 12f.

21 Brief an Wilhelm Hertz vom 8.1.1879. In: Fontane. Der Dichter über sein Werk, Bd. 2, S. 231.

22 Brief an Ludovica Hesekiel vom 19.2.1878. In: Ebd., S. 210.

23 Brief v. 11.12.1878. In: Ebd., S. 228.

Fasst man gerade dieses Romankapitel ins Auge, so kann man einen Einblick darin gewinnen, was Fontane unter „Poesie“ des Romans verstanden haben mag. Es geht um das Kapitel 12 im dritten Band mit Blick auf die Figur Lewin von Vitzewitz, der sich im vorangehenden Kapitel in einer „Kastaliasitzung“ eine Vorlesung des Herrn von Meerheimb[24] über die Schlacht bei Borodino, die ein paar Monate vor der Erzählgegenwart stattgefunden hatte, anhörte. Entsprechen die Einzelheiten der Schlachtschilderung der geschichtlichen Wahrheit, so „rutscht“ der Erzählfaden gleich in Fiktion und Poesie über, als Lewin, mit Gedanken noch an die einprägsamen Geschichtsvorlesung, „die nicht als Schlachtbeschreibung, wohl aber als Schilderung überhaupt einen großen Eindruck auf ihn gemacht hatte“ (Kap III/12 St, 429), in seiner Wohnung angekommen, einen Band mit französischen Volksliedern auf dem Tisch vorfindet. Entzückt von der Schönheit der *Chants et Chansons*, reißt er sich sogar zu ihrer Übersetzung ins Deutsche hin, die er dann auch seiner Zimmerwirtin vorzeigt. Die Episode bietet Fontane zum einen Anlass, seine Prosa mit französischen und deutschen Verszeilen zu schmücken (dies geschieht im Roman immer wieder), zum anderen mitten in einer Kriegssituation auf den Wert einer kulturübergreifenden (man wäre heute geneigt zu sagen: transkulturellen) Ästhetik hinzudeuten. Dass sich die Poesie über geschichtliche Antagonismen erheben kann, wird auch in der Folgeszene artikuliert, als Lewin, seine Wohnung wieder verlassend, einen Aufmarsch der aus Russland zurückkehrenden französischen Soldaten beobachtet. Weit davon entfernt, in ihnen nichts mehr als die Repräsentanten einer unterdrückenden feindlichen Macht zu erblicken, wird er angesichts von geschlagenen Soldaten und ihrem zerschlissenen Uniformen von Mitleid ergriffen. Damit positioniert er sich gleichzeitig gegenüber seinem Vater Berndt von Vitzewitz, der gegen marodierende Soldaten und die französische Herrschaft das preußische Volk organisieren will. Das Poetische des genannten Kapitels liegt also nicht nur in den lyrischen Passagen des Textes, sondern auch im Prozess der Fiktionalisierung, im Übergang von geschichtlicher Wahrhaftigkeit zu einer Charakterdarstellung, die die zutiefst menschliche Eigenschaft der Empathie selbst (und erst recht) mit dem Feind in Erscheinung treten lässt. So wird die Poesie wiederum zu keinem ästhetischen Selbstzweck, sondern zum Mittel des Ausdrucks jener oben erwähnten „Gesinnung“, die sich auch in den Einzelheiten zeigen will.

24 Die Figur dürfte nach dem preußischen Generalmajor Ferdinand von Meerheimb (geb. 1823) gemodelt worden sein, der aber, im Unterschied zur Romanfigur, die als Augenzeuge stilisiert wird, als Zeitgenosse Fontanes an der Schlacht bei Borodino nicht teilnehmen konnte. Zu Fontanes Quellen zur Borodino-Schlacht s. Regina Dieterle: Fontanes Methode des Überschreibens. Wenn einer kommt und mit Texten spielt. In: Andrew Cusack; Michael White (Hg.): Der Fontane-Ton. Stil im Werk Theodor Fontanes. Berlin, New York 2021, S. 47-66, hier S. 61-64.

Vielheitsroman

Der christliche Blick Fontanes verrät indessen keine radikale oder konfessionelle Strenge, sondern zeigt sich sehr duldsam gegenüber der Vielfalt der Ansichten und Charaktere einer selbst im „Abfall" begriffenen Welt des 19. Jahrhunderts. Den Begriff des Vielheitsromans hat Fontane, in Anlehnung an Karl Gutzkow, als einen Romantypus verstanden, der „mit all seinen Breiten und Hindernissen, mit seinen Porträtmassen und Episoden"[25] dem von Paul Heyse geforderten „Einheitsroman" (in dessen Mittepunkt das Individuum steht) ebenbürtig sei. Will der Vielheitsroman „einen vielgestaltigen Zeitabschnitt unter die Loupe [!] nehmen",[26] so nähert er sich allerdings dem Zeit- bzw. Gesellschaftsroman, deren Merkmale, wie anfangs angedeutet, auch in *Vor dem Sturm* bemerkbar sind. Der Begriff der Geschichtspoetik kann das Dilemma historischer Roman oder Gesellschaftsroman insofern umgehen, als sie eine Narrativik der Geschichte ins Blickfeld nimmt, die nicht nur und ausschließlich in einem historischen Roman in engerem Sinn vorkommen kann. Denn erstens lässt sich die Perspektive der eigenen Zeit des Autors in einem historischen Roman nicht gänzlich ausschalten, zweitens können diese selbst mehrere Zeitschichten bzw. Zeitsprünge (zwischen Erzählgegenwart und vorangehenden Geschehen) enthalten, drittens können auch Gesellschaftsromane Rückgriffe auf Vergangenes, auf geschichtliche Personen, Ereignisse usw. aufweisen. In allen drei Fällen kann Geschichtspoetik dem Interpreten zu Hilfe kommen.

Fontanes *Vor dem Sturm* enthält eine ganze Reihe geschichtspoetischer Mittel, die nicht einfach nur die Erzählkunst des späteren Romanciers vorwegnehmen, sondern den ästhetischen Wert dieses Romanerstlings erhöhen. Dazu gehören narrative, diskursive, poetische und unterschiedliche narrative Formen der Geschichtswiedergabe wie Figurenrede (Gespräche, Dialoge), Binnengeschichten, Anekdoten, Erinnerungen (Rückgriffe), Gedichte und ihre Deutung (in den Sitzungen des Dichterklubs „Kastalia"), Bildbeschreibungen, Ausführungen (um nicht zu sagen: Belehrungen) über (nicht nur preußische oder deutsche)[27] Geschichte, Kunst (Literatur, Baukunst), Philosophie, intertextuelle Hinweise auf

25 Brief an Paul Heyse vom 9.12.1878. In: Fontane. Der Dichter über sein Werk, Bd. 2, S. 227.

26 Ebd.

27 So erzählt etwa die Polin Kathinka eine anekdotenhafte Binnengeschichte über den polnischen Volkshelden Tadeusz Kosciuszko, Anführer des polnischen Aufstandes gegen Russland und Preußen 1794, der „im letzten Treffen, das über Polen entschied, am Saume eines Tannenwäldchens lag, das er drei Stunden lang gegen Übermacht verteidigt hatte. [Da] stand ein Fahnenjunker, ein halbes Kind noch, neben ihm und deckte den von Blutverlust ohnmächtig Gewordenen mit seinem jungen Leben. Er hätte sich retten können, aber er verschmähte es. Endlich überwältigt, bat er um eines nur: seinen gefangenen General pflegen und dieselbe Zelle mit ihm teilen zu dürfen."

historische Quellen, auf die Bibel, auf literarische Texte der Gegenwart oder der literarischen Tradition (z. B. auf Hölderlin, Schiller, Shakespeare oder Molière). Selbst eine (romanpoetische) Form der Metanarration wird in den Roman eingeflochten: Die Figuren, die häufig als – um ein Lieblingswort Fontanes zu gebrauchen – Causeure auftreten, diskutieren, kommentieren, argumentieren, reflektieren, belehren, nicht zuletzt in Bezug auf geschichtlich Erlebtes, wodurch sich ein Diskurgeflecht entfaltet, das in den späteren Romanen Fontanes (etwa im *Stechlin*) noch prägnantere Züge gewinnt.

Aus roman- bzw. geschichtspoetischer Sicht ist zudem die Relation zwischen Topographie und (Kultur)Geschichte im Roman besonders aufschlussreich. Topographische Orte aus Fontanes engerer oder breiterer Heimat werden zu Handlungsorten, indem sie poetisch transformiert werden, d. h. etwa einen fiktiven Namen annehmen, mit fiktiven Personen oder Geschehen „gefüllt" werden, oder bestimmte prägnante, teils wirklichkeitsgetreue, teils imaginierte Züge erhalten. So lässt sich etwa hinter dem zentralen Handlungsort Hohen-Vietz, einem Dorf, das sich „in seinem Innentheil auf eine einzige langgestreckte Straße [beschränkt], die, dem Fuße des Hügels folgend, nach Norden hin mit dem Vitzewitzeschen Rittergute, nach Süden hin mit einem großen Mühlengehöft abschloß" (VdS, 1, 62) möglicherweise der reelle Ort namens Reitwein (am Oderbruch) vermuten,[28] wo sich einmal auch Friedrich der Große, nach der verlorenen Schlacht von Kunersdorf (1759), aufhielt. Gleichfalls „tarnt sich" das Schloss Gusow, ausführlich beschrieben in den *Wanderungen* unter dem Titel „Gusow jetzt" samt Park, Kirche und Geschichte, im Roman als Schloss Guse, das als weiterer Handlungsort den zweiten Band gleichsam eröffnet, während die Geschichte des Dorfes Guse samt jener des Gutsherrn, des Generals Georg von Derfflinger den Lesern des Romans ebenso wenig erspart bleibt wie denen der *Wanderungen* (textuelle Entsprechungen mit den *Wanderungen* sind auch in *Vor dem Sturm* häufig).

Der General Derfflinger ist indessen nur eine unter den zahlreichen der mehr oder weniger fiktionalisierten geschichtlichen Figuren im Roman. Allerdings bleiben Figuren wie jene Derfflingers lediglich Gestalten der Vergangenheit, werden also eigentlich zu keinen Akteuren des Romans, während etwa Berndt von Vitzewitz, alias Friedrich August Ludwig von der Marwitz, Major und Gutsherr auf Friedersdorf, eine Hauptrolle in der Handlung des Romans erhielt, die ihrerseits manch Geschichtliches widerhallt, um immer wieder für die Fiktion das Erzähl-Feld zu räumen. Große historische Persönlichkeiten, wie vor allem, aber nicht nur[29] Herrscher wie Friedrich der Große oder König Friedrich Wilhelm I. wurden

28 Auf diese Entsprechung hat die Forschung bereits früh hingewiesen; vgl. Wolfgang E. Rost: Örtlichkeit und Schauplatz in Fontanes Werken. Berlin, Leipzig 1931, S. 88.

29 So hat Fontane beispielsweise auch dem Volkshelden Ferdinand von Schill sein eigenes literarisches Denkmal errichtet.

hingegen ohne Namensveränderung übernommen, sind aber zumeist nur Requisiten der geschichtlichen Kulisse oder Subjekte von eingeflochtenen Anekdoten. Der Name Napoleons als der wichtigsten historischen Person der erzählten Zeit taucht im Roman, von indirekten (impliziten) Hinweisen oder Anspielungen abgesehen, neunmal auf; mal ist er auch nur der Protagonist einer Anekdote, mal wird er als Gegner anvisiert, mal erscheint sein Name in einem ziemlich trivial anklingenden Gedichteinschub:

> Warte
> Bonaparte;
> Warte nur, warte, Napoleon,
> Warte, warte, wir kriegen dich schon. (VdS 3, 23)

Das Gedicht gehört zu den Stellen mit nationalpatriotischer Rhetorik im Roman, die aber an Figurenreden gebunden sind und der Meinungsäußerungen des Erzählers entbehren, dessen Ironie das Pathos seiner Figuren entschärft, wenn nicht auslöscht.

Fazit

Die Beschäftigung mit Theodor Fontanes historischen und/oder Gesellschaftsromanen ist häufig. Der vorliegende Betrag wollte sie selbstverständlich nicht ausklammern, sondern vielmehr an die Finessen Fontane'schen Schreibens mittels eines weniger häufig angewandten Begriffs der Geschichtspoetik herangehen. Dieser deckt jene vielfältigen poetischen Mittel, deren sich der Erzähler Fontane in seinem ersten Roman beim Umgang mit der Geschichte (als Historie) bediente. Ausgehend von eigenen Urteilen Fontanes über den Roman wurde sein Weg von Geschichtsschreibung zur Fiktion verfolgt, um dann seine Poetik des „Vielheitsromans" als eine Verflechtung von geschichtlichen Diskursen und narrativen „Finessen" zu betrachten. Schließlich wurden kurz seine geschichtspoetischen bzw. narrativen Mittel wie etwa die Fiktionalisierung von Personen oder Topoi angeführt. Der Beitrag wollte nicht zuletzt den hohen ästhetischen Wert eines Romans betonen, der in der Fontane-Forschung bis dato eher stiefmütterlich behandelt wurde.

Abkürzungen

FB	Fontane-Blätter. Hg. v. Theodor-Fontane-Archiv, H. 1 (1965) ff.
GBA	Theodor Fontane. Große Brandenburger Ausgabe. Begr. u. hg. v. Gotthard Erler, fortgef. v. Gabriele Radecke u. Heinrich Detering. Berlin: Aufbau-Verlag 1994ff.
GBA-Ehe	Theodor Fontane. Große Brandenburger Ausgabe. Emilie und Theodor Fontane. Der Ehebriefwechsel. 3 Bde. Hg. v. Gotthard Erler unter Mitarb. v. Therese Erler. Berlin: Aufbau-Verlag 1998.
GBA-K	Theodor Fontane. Große Brandenburger Ausgabe. Das kritische Werk. Hg. v. Gabriele Radecke u. Heinrich Detering in Zusammenarb. m. der Theodor Fontane-Arbeitsstelle, Universität Göttingen. Berlin: Aufbau-Verlag 2018.
GBA-W	Theodor Fontane. Große Brandenburger Ausgabe. Wanderungen durch die Mark Brandenburg. Hg. v. Gotthard Erler und Rudolf Mingau, unter Mitarb. v. Therese Erler. Berlin: Aufbau-Verlag 1994.
HFA	Theodor Fontane: Werke, Schriften und Briefe. Abt. 1: Sämtliche Romane, Erzählungen, Gedichte, Nachgelassenes. Hg. v. Walter Keitel u. Helmuth Nürnberger. München: Hanser 1969-1997.
HFA-K	Theodor Fontane. Werke, Schriften und Briefe. Abt. 3: Erinnerungen, ausgewählte Schriften und Kritiken. München: Hanser Verlag 1975-1986.
NFA	Theodor Fontane. Sämtliche Werke. Hg. v. Edgar Groß. München: Nymphenburger Verlagsanstalt 1959-1975.

In den Texten zitierte Einzelbände aus GBA und HFA

C	Cécile. Hg. v. Hans Joachim Funke u Christine Hehle. Berlin 2000.
DS	Der Stechlin. Hg. v. Klaus-Peter Möller. Berlin 2001.
EB	Effi Briest. Hg. v. Christine Hehle. Berlin 1998.
FJT	Frau Jenny Treibel. Hg. v. Tobias Witt. Berlin 2005.
GM	Grete Minde. Bearb. v. Claudia Schmitz. Berlin 1997.
GP	Graf Petöfy. Hg. v. Petra Kabus. Berlin 1999.

MK	Theodor Fontane. Sämtliche Werke. Abt. 3, 4. Bd.: Autobiographisches. Hg. v. Walter Keitel. München: Hanser Verlag 1973.
P	Die Poggenpuhls. Hg. v. Gabriele Radecke. Berlin 2006.
SvW	Schach von Wuthenow. Bearb. v. Katrin Seebacher. Berlin 1997.
TB	Theodor Fontane. Erinnerungen, ausgewählte Schriften und Kritiken. 3. Bd.: Reiseberichte und Tagebücher. 2. Teilbd.: Tagebücher. München, Wien: Hanser 1997.
U	Unwiederbringlich. Hg. v. Christine Hehle. Berlin 2003.
UB	Unterm Birnbaum. Bearb. v. Christine Hehle. Berlin 1997.
VdS	Vor dem Sturm. Roman aus dem Winter 1812 auf 13. Hg. v. Christine Hehle. 2 Bde. 2. Aufl. Berlin 2018.
FF	Theodor Fontane. Fragmente. Erzählungen, Impressionen, Essays. Im Auftrag des Theodor-Fontane-Archivs hg. v. Christine Hehle u. Hanna Delf von Wolzogen. Bd. 1: Texte. Berlin, Boston 2016.

Sammelwerke, Handbücher und Monographien

Fontane. Der Dichter über sein Werk
Theodor Fontane. Der Dichter über sein Werk. Hg. v. Richard Brinkmann. Für die Taschenbuchausg. durchges. u. erw. Fassung. 2 Bde. München 1977.

Fontane Handbuch 2000
Christian Grawe, Helmuth Nürnberger (Hg.): Fontane Handbuch. Stuttgart 2000.

Fontane-Handbuch 2023
Rolf Parr, Gabriele Radecke, Peer Trilcke, Julia Bertschik (Hg.): Theodor-Fontane-Handbuch. Berlin 2023.

Fontane. Am Ende des Jahrhunderts
Theodor Fontane. Am Ende des Jahrhunderts. Internationales Symposium des Theodor-Fontane-Archivs zum 10. Todestag Theodor Fontanes 13.–17. September 1998 in Potsdam. Hg. v. Hanna Delf von Wolzogen u. Helmuth Nürnberger. 3 Bde. Würzburg 2000.

Fontanes „Wanderungen“
„Geschichte und Geschichten aus Mark Brandenburg“. Fontanes „Wanderungen durch die Mark Brandenburg" im Kontext der europäischen Reiseliteratur. Internationales Symposium des Theodor-Fontane-Archivs in Zusammenarbeit mit der Theodor Fontane Gesellschaft 18.–22. September 2002 in Potsdam: Fontanes *Wanderungen durch die Mark Brandenburg* im Kontext der europäischen Reiseliteratur. Hg. v. Hanna Delf von Wolzogen. Würzburg 2003 (Fontaneana, Bd. 1).

Fontane. Religion als Relikt
Religion als Relikt? Christliche Traditionen im Werk Fontanes. Internationales Symposium veranstaltet vom Theodor-Fontane-Archiv und der Theodor Fontane Gesellschaft e.V. zum 70-jährigen Bestehen des Theodor-Fontane-Archivs. Potsdam, 21.–25. September 2005. Hg. v. Hanna Delf von Wolzogen u. Hubertus Fischer. Würzburg 2006 (Fontaneana, Bd. 5).

Fontane. Dichter des Übergangs
Theodor Fontane. Dichter des Übergangs. Beiträge zur Frühjahrstagung der Theodor Fontane Gesellschaft 2010. Hg. v. Patricia Howe. Würzburg 2013 (Fontaneana, Bd. 10).

Fontane. Berlin, Europa und die Welt
Theodor Fontane. Berlin, Brandenburg, Preußen, Deutschland, Europa und die Welt. Hg. v. Hanna Delf von Wolzogen, Richard Faber, Helmut Peitsch. Würzburg 2014 (Fontaneana, Bd. 13).

DVjS	Deutsche Vierteljahresschrift für Literaturwissenschaft und Geistesgeschichte
EM	Enzyklopädie des Märchens. Handwörterbuch zur historischen und vergleichenden Erzählforschung. Hg. v. Kurt Ranke, Rolf Wilhelm Brednich, Albert Gier [u. a.]. 15 Bde. Berlin, New York 1977-2015
Euphorion	Euphorion. Zeitschrift für Literaturgeschichte
FS	Festschrift
GRM	Germanisch-Romanische Monatsschrift
HWdA	Handwörterbuch des deutschen Aberglaubens. Hg. v. Hanns Bächthold-Stäubli [u. a.]. Berlin, Leipzig 1927-1936/37 (Unveränd. photomechan. Nachdr. Berlin, New York 1987)
IASL	Internationales Archiv für Sozialgeschichte der deutschen Literatur
JDS	Jahrbuch der Deutschen Schillergesellschaft
LJ	Literaturwissenschaftliches Jahrbuch
MGG	Ludwig Finscher (Hg.): Die Musik in Geschichte und Gegenwart. 2. Aufl., 29 Bde. Kassel, Stuttgart, Weimar 1994-2008
ÜLM	Über Land und Meer

VL	Die deutsche Literatur des Mittelalters. Verfasserlexikon. 2. völlig neu bearb. Aufl. Hg. v. Kurt Ruh mit Gundolf Keil, Werner Schröder, Burghart Wachinger [u. a.]. 14 Bde. Berlin, New York 1978-2008
ZfdPh	Zeitschrift für deutsche Philologie
ZMG	Zeitschrift für Mitteleuropäische Germanistik

Autorinnen und Autoren des Bandes

Peter J. Brenner, Univ.-Prof. a. D., Dr. phil. habil., von 1991 bis 2009 Professor für neuere deutsche Literaturgeschichte an der Universität zu Köln, anschließend bis 2019 an der TU München. Zahlreiche Publikationen zur Literatur- und Kulturgeschichte, v. a. zur Reiseliteratur, sowie zur Theorie und Geschichte der Bildungseinrichtungen. Buchpublikationen u. a.: (Hg. zus. m. Helmut Reinalter), Lexikon der Geisteswissenschaften. Wien, Köln, Weimar 2011; Neue deutsche Literaturgeschichte. Vom „Ackermann" zu Günter Grass. Tübingen 1996 (3., überarb. u. erw. Aufl.: Berlin, New York 2011); Thomas Mann in München. Im Auftrag der TU München hg. Thalhofen 2013.
pj.brenner@imsw.de

Christoph Gardian ist Akademischer Rat auf Zeit und Mitarbeiter am Lehrstuhl für Allgemeine Literaturwissenschaft / Neuere deutsche Literaturgeschichte (Prof. Dr. Michael Scheffel) an der Bergischen Universität Wuppertal. Forschungsschwerpunkte sind die Literaturgeschichte des 19. Jahrhunderts, Schreibverfahren der klassischen Moderne im europäischen Kontext, Praktiken der Wiederherstellung und ihre literarische Umsetzung sowie historische Modelle von Medialität und Fiktionalität.
gardian@uni-wuppertal.de

Daniela Gretz, Professorin für neuere deutsche Literaturwissenschaft an der Universität Paderborn. Forschungsschwerpunkte: Medialität und Materialität der Literatur, insbesondere Journalliteratur des Realismus; Transnationale Magazinkultur und konservative Revolution in der klassischen Moderne; Ethnologie, (Post-)Kolonialismus und Literatur(wissenschaft), insbesondere Afrikanismus und afrodeutsche Gegenwartsliteratur. Ausgewählte Publikationen: Zus. mit Marcus Krause u. Nicolas Pethes (Hg.): Miszellanes Lesen. Interferenzen zwischen medialen Formaten, Romanstrukturen und Lektürepraktiken im 19. Jahrhundert / Reading Miscellanies – Miscellaneous Readings. Interrelations between Medial Formats, Novel Structures, and Reading Practices in the Nineteenth Century. Hannover 2022; (Hg.): Medialer Realismus: Freiburg i. Br. 2011.
daniela.gretz@uni-paderborn.de

Detlef Haberland war wiss. Mitarbeiter am Bundesinstitut für Kultur und Geschichte der Deutschen im östlichen Europa (Oldenburg) und apl. Professor am Institut für Germanistik der Carl von Ossietzky Universität Oldenburg. Präsident (2017–2022) und Vorstandsmitglied des Mitteleuropäischen Germanisten Verbandes. Zahlreiche Veröffentlichungen zur Literatur der Frühen Neuzeit, des 19. Jahrhunderts (auch Fontane) und der 1950er Jahre, zu Reiseliteratur und -geschichte sowie zu Literaturgeschichte im östlichen Europa, Druck- und Buchgeschichte im östlichen Europa, aktuell zum Aldinen-Bestand der Landesbibliothek Oldenburg.
detlef.haberland@bkge.uni-oldenburg.de

Christine Hehle, Herausgeberin und Lektorin für Wissenschaft und Sachbuch in Wien. Forschungsschwerpunkte: Wissens- und Kulturtransfer in Spätantike und Mittelalter, politische und Mentalitätsgeschichte in der Erzählliteratur, Mythos und Symbol in der Literatur des 19. bis 21. Jahrhunderts, Narratologie. 1997–2008 editorische Betreuung der Abteilung „Das erzählerische Werk" der GBA; Hg. mit Hanna Delf von Wolzogen Edition der Fragmente Fontanes. Berlin, Boston 2016. Seit 2011 Mitglied im Redaktionsbeirat der *Fontane Blätter.*
christine.hehle@grammatica.at

Natalia Igl, a. o. Professorin für deutschsprachige Literatur und Kultur am Østfold University College, Frederikstad. Wissenschaftliche Schwerpunkte: Deutschsprachige Literatur von der Romantik bis zur Moderne, von der Neuen Sachlichkeit bis zur Gegenwart; Illustrierte Zeitschriften um 1900; Medialität, Materialität und Multimodalität der Literatur; Narrativität in Literatur und Medien; Kognitive Literaturwissenschaft und Narratologie; Leserengagement und Emotionen beim Lesen von Literatur. Assoziierte Forscherin am interdisziplinären „LCE – Centre for Literature, Cognition and Emotions", Universität in Oslo (Norwegen).
natalia.igl@hiof.no

Florian Krobb ist Professor emeritus of German an der National University of Ireland Maynooth und Extraordinary Professor an der Universität Stellenbosch/Südafrika. Buchveröffentlichungen (Auswahl): Erkundungen im Überseeischen. Wilhelm Raabe und die Füllung der Welt (2009); Vorkoloniale Afrika-Penetrationen. Diskursive Vorstöße ins „Herz des großen Continents" in der deutschen Reiseliteratur (2017); „Afrikas Zukunft". Jugend- und Abenteuerliteratur in Deutschlands ‚afrikanischem Jahrhundert' ca. 1840–1940 (2021). Mitherausgeber der Jahrbücher Germanistik in Ireland (2005–2009), Austrian Studies (2010–2017) und des Jahrbuchs der Raabe-Gesellschaft (2011–2015), des Raabe-Handbuchs (2016) sowie zahlreicher Sammelbände, Übersetzungen und Texteditionen.
florian.krobb@mu.ie

Stefan Lindinger hat an der Universität Regensburg Deutsche Philologie, Geschichte und Latein studiert. Danach absolvierte er das Ph.D.-Programm der Abteilung für Deutsche Philologie der University of Chicago. Gleichzeitig war er Lektor (DaF) am College der University of Chicago, danach Lektor (DaF) an der Germanistischen Abteilung der Università degli Studi di Pisa und schließlich DAAD-Lektor am Fachbereich für deutsche Sprache und Literatur der Nationalen und Kapodistrias-Universität Athen. Derzeit ist er dort Associate Professor für Neuere Deutsche Literatur. Sein wissenschaftliches Interesse gilt der Literatur und Literaturgeschichte vom 18. bis zur Mitte des 20. Jahrhunderts.
slindinger@gs.uoa.gr

Klaus-Peter Möller, Sprach- und Literaturwissenschaftler, Studien in Sofia und Potsdam. Seit 1998 Archivar im Theodor-Fontane-Archiv Potsdam. Veröffentlichungen (Auswahl): Der Wahre E. Wörterbuch zur DDR-Soldatensprache (2000); Theodor Fontane: Der Stechlin. Große Brandenburger Ausgabe (Hg. 2001); Lion Feuchtwanger: Ein möglichst intensives Leben (Mitarb. 2018); Das Fontane-Denkmal in Neuruppin (2019).
klaus-peter.moeller@uni-potsdam.de

Rolf Parr, Professor für Germanistik (Literatur- und Medienwissenschaft) an der Universität Duisburg-Essen. Arbeits- und Veröffentlichungsschwerpunkte: Literatur-, Medien- und Kulturtheorie/-geschichte des 18. bis 21. Jahrhunderts; literarisch-kulturelle Gruppen, Diskurstheorie; Literatur/Medien-Beziehungen; Fernsehen; mediale Repräsentationen von Arbeit; Metropolenforschung.
rolf.parr@uni-due.de

Michael Scheffel, Professor für allgemeine Literaturwissenschaft und Neuere deutsche Literaturgeschichte an der Bergischen Universität Wuppertal. Besondere Forschungsgebiete: Realismus und Frühe Moderne; Formen metafiktionaler Literatur; Narratologie und Fiktionalitätstheorie. Zahlreiche Buchveröffentlichungen, Herausgaben, digitale historisch-kritische Editionen und Publikationen zu Theodor Fontane, Arthur Schnitzler und zur Erzähltheorie in deutscher, französischer und englischer Sprache.
scheffel@uni-wuppertal.de

Erzsébet Szabó, Oberassistentin an der Universität Szeged, Institut für Germanistik. Publikationen zur deutschsprachigen Literatur des 19. Jahrhunderts (Theodor Fontane), zur Literatur der Jahrhundertwende (Arthur Schnitzler), sowie zur Theorie der möglichen Welten und der kognitiven Narratologie. Mitglied der interdisziplinären Forschungsgruppe Kognitive Poetik und Mitherausgeberin der Zeitschrift *Studia Poetica, Supplementum lingua Hungarica editum.*
saboe@lit.u-szeged.hu

László V. Szabó, Univ.-Doz. an der Pannonischen Universität Veszprém (Institut für Germanistik und Translationswissenschaft), sowie an der Universität J. Selye (Lehrstuhl für deutsche Sprache und Literatur). Seine Forschungsschwerpunkte sind u. a.: interkulturelle Literaturwissenschaft, Wirkungsgeschichte Nietzsches in der deutschsprachigen und ungarischen Literatur, Nihilismus in der Literatur und Philosophie, deutsche Literatur des bürgerlichen Realismus, Literatur der Wiener Moderne, Komparatistik.
vszabol@gmail.com

Register

Gedruckte und ungedruckte Werke von Theodor Fontane

Personen